Annette Seemann,
Thomas A. Seidel,
Thomas Wurzel (Hrsg.)

Die Reformationsdekade „Luther 2017" in Thüringen

Dokumentation
Reflexion
Perspektive

Herausgeben von Dr. Annette Seemann, Dr. Thomas A. Seidel und Dr. Thomas Wurzel

Der Verlag und die Herausgeber bedanken sich bei allen Beiträgerinnen und Beiträgern sowie deren Institutionen für ihre vielfältige Unterstützung der Publikation.

Bibliografische Information der Deutschen Nationalbibliothek
Die Deutsche Nationalbibliothek verzeichnet diese Publikation in der Deutschen Nationabibliographie; detaillierte Daten sind im Internet
über http://dnb.de abrufbar.

© 2018 by Wartburg Verlag GmbH, Weimar
Printed in Germany

Das Werk einschließlich aller seiner Teile ist urheberrechtlich geschützt. Jede Verwertung außerhalb der Grenzen des Urheberrechtsgesetzes ist ohne Zustimmung des Verlags unzulässig und strafbar. Das gilt insbesondere für Vervielfältigungen, Übersetzungen, Mikroverfilmungen und die Einspeicherung und Verarbeitung in elektronischen Systemen.

Das Buch wurde auf alterungsbeständigem Papier gedruckt.

Redaktion und Gestaltung: Gato & Mono Design OHG, Weimar
Gestaltungskonzept: Michael Müller, Weimar
Druck und Binden: BELTZ Bad Langensalza GmbH

ISBN 978-3-86160-560-7
www.wartburgverlag.net

Inhalt

Vorwort (*Bodo Ramelow*) 7
Thüringen. Lutherland? Einführung der Herausgeber (*Annette Seemann, Thomas A. Seidel, Thomas Wurzel*) 8
Der RefoStab. Ein Bericht aus dem Maschinenraum (*Thomas A. Seidel*) 10
LutherCountry. Tourismuswirtschaftliche Erfahrungen und Einsichten (*Wolfgang Tiefensee*) 18

Geschichte und Identität. Das Netzwerk Reformationsforschung

Netzwerk Reformationsforschung in Thüringen. Genese – Projekte – Ausblick (*Christopher Spehr*) 22
Vom Wert der Arbeit mit den Quellen. Das Forschungsprojekt *Thüringen im Jahrhundert
der Reformation* (*Werner Greiling, Uwe Schirmer*) 27
Die Projektgruppe Reformationsgeschichte (*Ulrike Eydinger, Christopher Spehr*) 32
Das Reformationsportal Mitteldeutschland – ein Angebot für Forschung und Bildung
(*Dagmar Blaha*) 37
Die Forschungsbibliothek Gotha auf dem Weg zu einem Zentrum quellengestützter
Reformationsforschung (*Kathrin Paasch*) 41
Das Landesgraduiertenkolleg *Protestantische Bildungstraditionen in Mitteldeutschland* (*Ralf Koerrenz*) 47
Interdisziplinäre Graduiertengruppe *Kulturelle Wirkungen der Reformation* (*Christopher Spehr*) 51

Vergangenheit vergegenwärtigen. Ausstellungen und Projekte der Lutherdekade

Eine strategische Kooperation – Chronik des Arbeitskreises Luther 2017 des Museumsverbandes
Thüringen e. V. (*Günter Schuchardt*) 56
Der Steuermann der Reformation und andere Altenburger Entdeckungen (*Reinhard Kwaschik*) 59

Die ‚Reformationshauptstadt' 2017: Eisenach und die Wartburgregion

Von der Wartburg in die Welt – 500 Jahre Reformation und *Wandern auf Luthers Spuren –
117. Deutscher Wandertag* (*Katja Wolf, Ralf-Peter Fuchs*) 63
Bach ohne Luther? Das Bachhaus Eisenach und das Reformationsjubiläum (*Jörg Hansen*) 67
Von der Lutherbibel zum katholischen Luther. Das Lutherhaus Eisenach während der
Reformationsdekade (*Jochen Birkenmeier*) 72
Unterwegs auf Luthers Spuren. Das Reformationsjubiläum in der Wartburgregion (*Heidi Brandt*) 76

Die Thüringer Landeshauptstadt Erfurt in der Lutherdekade

Luther und Erfurt. Spuren und Wirkungen in Stadtgeschichte, Kunst und Rezeption
(*Anselm Hartinger, Kai Uwe Schierz*) 79
Strategien – Akzente – Ergebnisse aus evangelischer Sicht (*Matthias Rein*) 86
Von der Vorreformation bis zu Luthers ungeliebten Brüdern. Reformationsausstellungen
in Mühlhausen (*Thomas T. Müller*) 90
Luther und Cranach in Neustadt an der Orla (*Ronny Schwalbe*) 95

Die Lutherstadt Schmalkalden

Glaube – Politik – Bildung. Das Reformationsjubiläum in der europäischen Reformationsstadt Schmalkalden. Ein Rückblick *(Ralf Gebauer)* **99**

Die Reformationsdekade im Museum Schloss Wilhelmsburg. Ein Rückblick *(Kai Lehmann)* **102**

„Beherrsch mich!! – Schmalkalder Antithesen in 15 Lebensfragen". Ein Kunstprojekt zum Reformationsjubiläum 2017 *(Harald R. Gratz, Ralf Gebauer)* **105**

Landesausstellungen der Lutherdekade

Cranach in Thüringen 2015. Kooperation für einen Marketingmeister *(Günter Schuchardt)* **110**

Die Reformationsdekade in Gotha. Rückblicke und Perspektiven *(Timo Trümper, Friedegund Freitag)* ... **114**

Weimar und die Reformation. Projekte der Klassik Stiftung Weimar in der Reformationsdekade – Rückblick und Ausblick *(Gert-Dieter Ulferts)* **119**

Luther und die Deutschen. Eine nationale Sonderausstellung im „Hammerbündnis" 2017 *(Günter Schuchardt)* **124**

Das Erbe bewahren. Denkmalpflege in der Reformationsdekade

Schätze heben. Die Denkmalobjekte im Lutherland Thüringen *(Holger Reinhardt)* **128**

Erbe und Innovation. Die Städtebau-Projekte der Lutherdekade. Ein Überblick *(Birgit Keller)* **135**

Zeugnisse der Reformation. Höfische Denkmale in Thüringen *(Doris Fischer, Elisa Haß)* **139**

„Kurzporträts" der Gebäude und ihrer Renovierung

Die Vorburg der Wartburg Eisenach *(Günter Schuchardt)* **145**

Georgenkirche Eisenach *(Stephan Köhler)* **147**

Lutherhaus Eisenach *(Jochen Birkenmeier)* **149**

Schloss Wilhelmsburg Schmalkalden *(Kai Lehmann)* **151**

Augustinerkloster Gotha *(Friedemann Witting)* **153**

Oberkirche Arnstadt *(Martin Sladeczek)* **155**

Neues Kloster Ichtershausen *(Sebastian von Kloch-Kornitz, Thomas A. Seidel)* **157**

Augustinerkloster Erfurt *(Carsten Fromm)* **159**

Panorama Museum Bad Frankenhausen *(Gerd Lindner, Johanna Huthmacher)* **161**

Herderkirche Weimar *(Sebastian Kircheis)* **163**

Karmelitenkloster Jena *(Ulf Häder)* **165**

Lutherhaus Neustadt an der Orla *(Ronny Schwalbe)* **167**

Bartholomäikirche und Brüderkirche zu Altenburg *(Reinhard Kwaschik)* **169**

Orte des Heiligen? Kirchengebäude nach der Reformation

IBA Thüringen und Kirche. Querdenker für Thüringen 2017 *(Sonja Beeck, Elke Bergt, Ulrike Rothe)* **172**

Offene Kirchen in Mitteldeutschland *(Diethard Kamm, Ralf-Uwe Beck)* **177**

Die Kirche(n) und die theologischen Impulse der Reformation

Evangelische Kirche in Luthers Heimat. Einsichten und Erträge. Reformationsjubiläum und -gedenken: Anders *(Ilse Junkermann)* **182**

Ökumeneschub? Die katholische Perspektive auf 2017 *(Ulrich Neymeyr)* **187**

Licht auf Luther. Der Erfurter *Kirchentag auf dem Weg* 2017 *(Jürgen Reifarth)* **191**

Die Gretchenfrage. Das Reformationsjubiläum in Weimar *(André Poppowitsch)* 195
Jena 2017: Kirche – Stadt – Universität *(Klaus Dicke, Sebastian Neuß, Albrecht Schröter)* 199

Reformation und Musik in Thüringen
"...mit Lust und Liebe singen". (Nach-)reformatorische Musikkultur in Thüringen. Ein Überblick
(Eckart Lange, Dietrich Ehrenwerth) 204
Adjuvanten gesucht! Musikalisches Erbe ohne Erben? *Christoph Meixner* 209

Die Reformation als Bildungsbewegung
Reformationsprojekte für die Schule. Das ThILLM 2017 *(Rigobert Möllers)* 214
Mit Jugendlichen philosophieren. *DenkWege zu Luther (Dorothea Höck)* 218
Lutherfinder. Qualifizierte Gästebegleitung an den authentischen Orten *(Alice Frontzek, Anna Ruffert)* ... 222

Kulturelle Innovationen der Lutherdekade
Neue Veranstaltungsformate 2017 in Jena: *Propaganda* und *Bewegtes Land* *(Jonas Zipf, Birgit Liebold)* .. 228
Sechs Jahre *Weimarer Kinderbibel* – und kein Ende *(Annette Seemann, Sigrun Lüdde für das Projekt-Team)* 232

ACHAVA. Ein jüdischer Impuls für den interreligiösen Dialog
Die Festspiele – Idee und Realisierung *(Martin Kranz, Angelika Kranz)* 237
Erfurter Religionsgespräche und *Luther 2017 (Jascha Nemtsov)* 240

Dem Volk aufs Maul schauen ... und schauen lassen.
Die mediale Begleitung der Lutherdekade
Heiter gelassen bis beglückt – Das Reformationsjahr im MDR *(Boris Lochthofen)* 244
"Starker Typ, starkes Programm". 500 Jahre Reformation und das ZDF in Thüringen *(Andreas Postel)* . 248
Die Thüringer „Luther-Dispute". Der Reformator im Streit mit unserer Zeit *(Paul-Josef Raue)* 252
Spagat – Herausforderung – Chance. *Glaube und Heimat* kommentiert das Weltereignis 2017
(Willi Wild) 257

Zu Gast bei (Luther-)Freunden. Tourismus für das Lutherland Thüringen
Wege zu Luther. Vom Sinn und Nutzen touristischer Netzwerke *(Carmen Hildebrandt)* 264
Luther to go. *Lutherweg* in Thüringen *(Bärbel Grönegres, Christfried Boelter)* 268

Außer Thesen nichts gewesen? Innen- und Außenansichten
Perspektiven für das Reformationsjubiläum, Themenjahre und der Ertrag für Kirche und
Gesellschaft – ein Blick von außen *(Johannes Schilling)* 274
Facettenreich, multiperspektivisch, zeitgemäß. Die Lutherdekade in Thüringen – ein Blick
von innen *(Kai Uwe Schierz)* 278
Glaube und Kulturgeschichte – eine anspruchsvolle Synthese. Die Reformationsdekade aus
kulturpolitischer Sicht *(Tobias J. Knoblich)* 282
Mehr Luther wagen! Ein Rückblick auf 2017 *(Benjamin Hasselhorn)* 286

Autorenverzeichnis 290
Bildnachweis 294

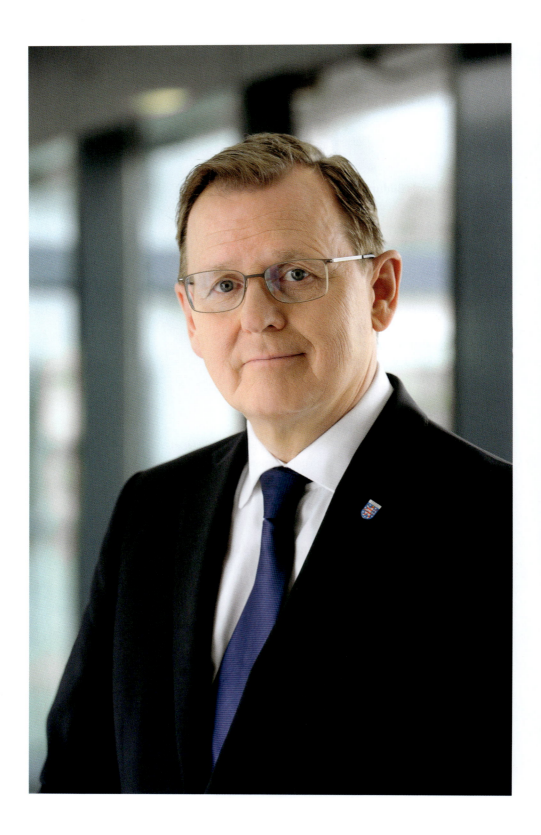

Vorwort

Die Reformationsdekade *Luther 2017* hat Spuren hinterlassen. Wo immer ich in Thüringen hinkomme, erlebe ich, dass es sich infolge eines gelungenen Jubiläums herumgesprochen hat, dass Thüringen „Lutherland" ist. Jene Erfahrung und Einsicht ist ganz unabhängig davon, ob sich diese Landsleute selbst als Christen verstehen oder nicht. Dies zeigt mir: Die Reformation hat unser Land nicht nur in der Vergangenheit geprägt, sondern tut es bis heute. Wichtige Luther- und Reformationsorte sind denkmalpflegerisch und baulich instand gesetzt worden. Zahlreiche Gäste aus nah und fern waren hier, und weitere sind auf Luthers Spuren zu uns unterwegs.

Gemeinsam ist es uns gelungen, die vielfältigen Impulse der Reformation aufzugreifen, um reformatorische Tradition und reformfreudige Avantgarde heute zur Wirkung kommen zu lassen: ohne „Heldenverehrung", ohne kulturpolitischen oder konfessionellen Triumphalismus, ohne die Kritik an Martin Luther oder an einzelnen Folgewirkungen der Reformation zu verschweigen und ohne die inhaltlich gebotene Trennung von Staat und Kirche auf dem Wege der Umsetzung dieses Gemeinschaftsprojektes preiszugeben.

Der konzeptionelle Leitgedanke: *Thüringen als Lutherland entdecken und entwickeln* verknüpfte den Blick zurück mit dem Blick nach vorn. So wurden die Vorbereitung des Reformationsjubiläums und das Festjahr 2017 selbst als einzigartige Chance spannender und anregender Zusammenarbeit aller relevanten Akteure aus Kirchen und Kommunen, Wirtschaft und Wissenschaft, Medien und Marketing, Kultur und Zivilgesellschaft begriffen und gestaltet. Diese Zusammenarbeit verdient Aufmerksamkeit, Dank und eine sorgfältige Analyse.

Nach dem bereits vorliegenden farbenfrohen Bild-Text-Band *Thüringen. Lutherland. Rückblicke. Einblicke. Ausblicke* (Wartburg Verlag, Januar 2018) wird mit dieser Publikation unter der Überschrift *Die Reformationsdekade Luther 2017 im Lutherland Thüringen* und den Leitworten *Dokumentation. Reflexion. Perspektive* eine facettenreiche Bilanz gezogen. Wiederum hat sich der Wartburg Verlag Weimar dieser Aufgabe gestellt. Die konzeptionelle und koordinierende Projektarbeit hat dankenswerterweise die Literarische Gesellschaft Thüringen e. V. übernommen.

An die achtzig Autorinnen und Autoren sind der Einladung gefolgt, über eigene Projekte oder Erfahrungen zu informieren, ihre Arbeit zu reflektieren und einer interessierten Öffentlichkeit zu präsentieren. Somit erfüllt dieser Band nicht allein das Ziel, Erreichtes festzuhalten, sondern auch Perspektiven für die Zukunft aufzuzeigen. Er soll kommenden Jubiläen ein Beispiel für die feierliche wie wissenschaftliche Umsetzung eines vergleichbaren Anlasses und gleichermaßen eine Grundlage zur kritischen Auseinandersetzung geben. In diesem Sinne wünsche ich allen Beiträgen eine ertragreiche Diskussion und Wirkung.

Bodo Ramelow
Ministerpräsident des Freistaats Thüringen

Annette Seemann, Thomas A. Seidel, Thomas Wurzel

Thüringen. Lutherland?
Einführung der Herausgeber

Mit dem Jahresende 2017 fand die Reformationsdekade in einigen Ländern Europas, in der Bundesrepublik Deutschland und selbstverständlich auch in Mitteldeutschland ein insgesamt sehr erfolgreiches Ende. Um das äußerst vielgestaltige Gedenken an 500 Jahre Reformation gebührend abzuschließen und die vergangenen Jahre Revue passieren zu lassen, haben wir knapp 80 Akteure und Mitgestalter des Jubiläums aus Kirche(n) und Politik, Wissenschaft und Bildung, Kommunen und Kultur, Marketing und Medien eingeladen, ihr jeweiliges Engagement zu erinnern und eine persönliche Bilanz über die Prozesse, Erfahrungen und Ergebnisse der Dekade im „Lutherland Thüringen" zu ziehen.

Für manche Beiträge haben sich „Partnerschaften" oder auch kleine „Autorengemeinschaften" zusammengefunden, die auf diese Weise die jeweiligen Projektkooperationen anschaulich und glaubhaft abbilden. Die Stichworte, die diese Bilanz begleitet haben und prägen, lauten: *Dokumentation*, *Reflexion* und *Perspektive*. Diese reflektierte Bilanz verfolgt somit nicht nur das Ziel, Erreichtes festzuhalten, sondern will auch Perspektiven für die Zukunft aufzeigen. Sie möchte kommenden Jubiläen Beispiel und Inspiration für die feierliche wie wissenschaftliche Umsetzung eines vergleichbaren Anlasses geben.

Im Unterschied zu dem Bildband *Thüringen. Lutherland 2008–2017. Rückblicke, Einblicke, Ausblicke* (Wartburg Verlag 2018) wurde nun die textlich-inhaltliche Darstellung ganz in den Vordergrund gerückt, gelegentlich aufgelockert und betont durch einige Grafiken und Bilder. Auch dieses Mal stand uns der Wartburg Verlag mit der Evangelischen Verlagsanstalt Leipzig, namentlich mit Annegret Grimm und Sebastian Knöfel, beratend und helfend zur Seite.

Wir sind dankbar für die großzügige Unterstützung durch den Freistaat Thüringen und die Sparkassen-Kulturstiftung Hessen-Thüringen und vor allem sehr froh darüber, dass mit der Literarischen Gesellschaft Thüringen e. V. eine erfahrene Trägerin und Organisatorin dieses Buchprojekt beantragt und professionell begleitet hat. Dank gebührt hier vor allem der Geschäftsführerin Sigrun Lüdde sowie dem Vorstandsmitglied Guido Naschert, der seine Expertise einbrachte. Ohne ihn hätte das Projekt in der knappen zur Verfügung stehenden Zeit nicht realisiert werden können. Für den professionellen Satz des Bandes danken wir der an der Weimarer Bauhaus-Universität tätigen Designerin Catalina Giraldo Vélez (Gato & Mono Design OHG).

Und was Sie nun in den Händen halten, ist unseres Erachtens ein überaus farbenfroher, facettenreicher „Blumenstrauß" populärwissenschaftlicher Texte mit Essaycharakter, ein gut lesbarer und vor allem nach vorn gerichteter Rückblick auf die Reformationsdekade im Lutherland Thüringen. Wir wünschen Ihnen eine vergnügliche und lehrreiche Lektüre.

Thomas A. Seidel

Der RefoStab
Ein Bericht aus dem Maschinenraum

Chronologie der Vorbereitung des Reformationsjubiläums *Luther 2017*

Es gibt wohl kein Jubiläum der jüngeren Geschichte, das so langfristig und aufwendig vorbereitet wurde, wie das Reformationsjubiläum *Luther 2017*. Den Anlass für diese besondere Staat-Kirche-Kooperation bildete das Gedenken an die 500. Wiederkehr des Thesenanschlags Martin Luthers am 31. Oktober 1517 in Wittenberg: ein Ereignis, das man gemeinhin als den Ausgangspunkt der reformatorischen Bewegungen des 16. Jahrhunderts in Deutschland und Europa bezeichnet. Die Anregung zu einer vorlaufenden „Lutherdekade" ging 2006 vom vormaligen Ministerpräsidenten des Landes Sachsen-Anhalt, Prof. Dr. Wolfgang Böhmer, aus und wurde vom damaligen Ratsvorsitzenden der Evangelischen Kirche in Deutschland (EKD), Prof. Dr. Wolfgang Huber, engagiert aufgenommen. Das Land Sachsen-Anhalt hatte die maßgeblichen Gremien ins Leben gerufen, d. h. ein Kuratorium *Luther 2017* (ab 2008 mit einem Vertreter der Bundesregierung, den Ministerpräsidenten, den Landesbischöfen Prof. Dr. Christoph Kähler und Axel Noack und dem Ratsvorsitzenden) und einen die Kuratoriumssitzungen vorbereitenden Lenkungsausschuss *Luther 2017* (auf Arbeitsebene der seitens Staat und Kirche Zuständigen), zunächst noch ohne die Beteiligung der anderen beiden „Kernländer der Reformation" Thüringen und Sachsen. Hier zunächst ein kurzer chronologischer Durchgang.

2006/2007

Bereits am 14. August 2006 fand auf meine Anregung hin und in Abstimmung mit Landesbischof Prof. Dr. Christoph Kähler ein erstes Arbeitsgespräch statt. Ich war zu dieser Zeit der Beauftragte der Evangelischen Kirchen bei Landtag und Landesregierung. Ein Jahr später hat sich dann das Kabinett unter Federführung durch den damaligen Kultusminister Prof. Dr. Jens Goebel (CDU) zum ersten Mal (am 30. Oktober 2007) mit dem Thema befasst. Es wurde eine Thüringer Arbeitsgruppe (ThüAG) „Reformationsjubiläum 2017" eingesetzt, unter Beteiligung des Kirchenbeauftragten und des für die Koordinierung der Aktivitäten in der Föderation evangelischer Kirchen in Mitteldeutschland (der späteren EKM) zuständigen Pfarrers Martin Lieberknecht. Parallel dazu wurde eine Interministerielle Arbeitsgruppe (IMAG) „Reformationsjubiläum 2017" eingerichtet, die der ressortinternen Abstimmung dienen sollte. Die ThüAG setzte die Expertengruppen „Bau/Denkmalpflege", „Tourismus", „Ausstellung/Museen" und „Lebenslanges Lernen/Bildung" ein, lud in der Folge Vertreter von Kommunen ein (unter Leitung von Bürgermeister Thomas Kaminski, Schmalkalden), ebenso Universitäten, die katholische Kirche u. a. In der dritten Sitzung des „Lenkungsausschusses Luther 2017" wurden die mitteldeutschen Freistaaten Thüringen (vertreten durch den Abteilungsleiter im Kultusministerium Dr. Werner von Trützschler) und Sachsen aufgenommen. Im Kuratorium *Luther 2017* ließ sich der Ministerpräsident durch den Kultusminister vertreten.

2008

Insbesondere in der Juni-Sitzung des Kabinetts wurden die maßgeblichen Aufgaben für die Folgezeit festgelegt: Über die ThüAG sollten sowohl der voraussichtliche Gesamtinnovationsbedarf ermittelt als auch erste Grobkonzepte für museale Nutzungen und kulturelle Veranstaltungen in Thüringen erarbeitet werden. Hinzugekommen waren nun Vertreter der Luther-Städte Erfurt, Eisenach und Schmalkalden, des Gemeinde- und Städtebundes und des Thüringer Landkreistages, der Theologischen Fakultät der Universität Jena, der Thüringer Tourismus GmbH und des Thüringer Ministeriums für Landwirtschaft, Naturschutz und Umwelt (letzteres vor allem mit Blick auf den in Planung befindlichen *Lutherweg*). Die thüringenweite Auftaktveranstaltung zur Lutherdekade fand am 19. September 2008 in Schmalkalden statt, der bundesweite Auftakt erfolgte tags darauf, am 20. September 2018 in Wittenberg. Die ThüAG „Reformationsjubiläum 2017" stellte eine Verknüpfung zum erstmals am 30. Juni 2008 durchgeführten „Luther-Forum Thüringen" her. Dieses von mir initiierte Staat-Kirche-Forum schuf eine regelmäßig zusammentretende Kommunikationsplattform in Gestalt einer Projektbörse sämtlicher am Prozess der Jubiläumsvorbereitung interessierter oder beteiligter „Luther-Akteure" aus allen Bereichen des gesellschaftlichen Lebens.

2009

Im Jahre 2009 befasste sich das Kabinett am 17. Februar und 12. Mai 2009 mit der Vorbereitung des Reformationsjubiläums 2017. In der Kabinettssitzung vom 7. Juli 2009 listete Kultusminister Müller die Arbeitsaufgaben und Aktivitäten in Thüringen seit dem Kabinettsbeschluss vom 30. Oktober 2007 auf. Bereits jetzt gab es ein Votum für eine „zentrale Thüringer Ausstellung" auf der Wartburg, doch wie schon zuvor kam es noch Mitte August 2009 zu Vorwürfen seitens der Presse. Unter der Überschrift „Wortbruch" schrieb Karsten Jauch: „Die Lutherdekade muss in der Staatskanzlei endlich zur Chefsache werden, auch wenn man dort eher an Rom hängt" (*TA* vom 11. August 2009).

Mit der Bildung einer Großen Koalition aus CDU und SPD Mitte Oktober 2009 unter Ministerpräsidentin Christine Lieberknecht (CDU) und dem stellvertretenden Ministerpräsidenten und Minister für Wissenschaft, Bildung und Kultur (TMBWK) Christoph Matschie (SPD) erhielt das Projekt *Luther 2017* neue Aufmerksamkeit und Dynamik.

2010

Überraschenderweise stellte der FDP-Fraktionsvorsitzende Uwe Barth zu Beginn des Jahres 2010 (Thüringer Landtag, 5. Wahlperiode, 8. Sitzung vom 27. Januar 2010) einen Antrag zum Thema: „Bekenntnis des Freistaats Thüringen zur Lutherdekade und zum Reformationsjubiläum". Dieses Anliegen fand engagierte Unterstützung seitens der Partei DIE LINKE. Der neue Kulturminister Matschie sah sich nun herausgefordert, auf die vorangegangenen und künftigen Planungen der Landesregierung einzugehen.

Die Kabinettsvorlage vom 24. August 2010 enthält einen Bericht des Kulturministers über die Tagung des Lenkungsausschusses (am 19. August 2010 in Köthen), gerade auch hinsichtlich der Grundlagen der Thüringer Marketingstrategie. In der Kabinettssitzung vom 21. September 2010 berichtet Minister Matschie darüber, dass sein Ministerium die Stelle eines „Luther-Beauftragten" eingerichtet und zum 1. September 2010 mit Oberkirchenrat Dr. Thomas A. Seidel als Koordinator für die Lutherdekade besetzt habe. Ich wurde direkt dem Minister zugeordnet, erhielt Arbeitsräume in der Kulturabteilung und – in enger Abstimmung mit der Abteilungsleiterin Elke Harjes-Ecker – Zugriff auf die Ressourcen des TMBWK. Der „LutherStab" (bestehend aus dem Beauftragten, einer Bürosachbearbeiterin und einer Sachbearbeiterin) sollte perspektivisch um einen oder zwei Referenten ergänzt werden. In der Kabinettssitzung vom 21. September 2010 wurde auch die Neuordnung der Vertretung des Freistaats Thüringen im Lenkungsausschuss *Luther 2017* beschlossen. Minister Matschie wurde gebeten, die Vertretung zu übernehmen (begleitet und/oder vertreten durch den Luther-Beauftragten). Dr. Werner von Tützschler und sein Vertreter Bernd Drößler wurden von ihrer bisherigen Aufgabe entbunden. Ministerpräsidentin Lieberknecht übernahm die Vertretung im Kuratorium.

Auf meine Anregung hin wurde 2011 ein „Luther-Beauftragten-Treffen Mitteldeutschland" (LBT) eingerichtet. Es erfolgte die gemeinsame Einladung mit dem Beauftragten von Sachsen-Anhalt Dr. Stefan Rhein des damaligen EKD-Lutherbeauftragten Prälat Stephan Dorgerloh und des Wittenberger Propsts Siegfried Kasparick für den 14. Oktober 2010 in das Lutherhaus Wittenberg. Die Luther-Beauftragten von Bund und Ländern bildeten nun einen separaten „Aufsichtsausschuss" (AAS) aller finanziell an der staatlichen Geschäftsstelle beteiligten Partner als Kontrollgremium der staatlichen Geschäftsstelle. Der AAS tagte zuletzt auf Einladung des Reformationsbeauftragten am 10. November 2017 im Erfurter Augustinerkloster.

2011

Die von mir federführend erarbeitete Kabinettsvorlage vom 31. Mai 2011 verbesserte die Vorbereitung des Reformationsjubiläums in strategischer und organisatorischer Hinsicht. Mit diesem Kabinettsbeschluss wurden

1. die Bedeutung dieses Welterbes für die Kulturlandschaft Thüringen und somit für die Thüringer Landesentwicklung herausgearbeitet,
2. weitere Weichenstellungen vorgenommen, um eine (interne und externe) erfolgreiche Planung und Durchführung des Reformationsjubiläums seiner nationalen und weltweiten Bedeutung entsprechend zu erreichen, und
3. die handlungsleitende, landespolitische Querschnittsaufgabe definiert: Wie kann Thüringen heute und für künftige Generationen als „Lutherland" entdeckt und entwickelt werden?

Ab sofort durfte ich an den wöchentlichen Abteilungsleitersitzungen des TMBWK teilnehmen und die entsprechenden Gremiensitzungen (IMAG, ThüAG Luther 2017, „Thüringer Luther-Forum") planen und leiten. Am 13. September 2011 fand in Dresden eine gemeinsame Kabinettssitzung mit dem Freistaat Sachsen statt. Dort wurden gemeinsame, länderübergreifende Themen beraten (*Lutherweg*, Vorbereitung des Themenjahres *Reformation und Musik* 2012 u. a.).

2012

Konzeption und Planung des *Lutherweges* erforderten viel Zeit und Kraft. Das Gesamtkonzept „Der Lutherweg in Thüringen" (vom

8. November 2011) wurde Anfang 2012 vom Kabinett zustimmend zur Kenntnis genommen. Dieses Gesamtkonzept war von mir unter Mitarbeit von Katrin Weisskopf vom Thüringer Ministerium für Wirtschaft, Arbeit und Technologie (TMWAT) mit Pfarrer Christfried Boelter vom Verein für Kirche und Tourismus e. V. und Martina Maas und Elfriede Grabe von der TTG erarbeitet worden. Es wurden u. a. der Ausbau und die länderübergreifende Vernetzung des *Lutherwegs*, die Vertiefung der Zusammenarbeit der Landestourismusorganisationen TTG und IMG mit Blick auf die internationale Wahrnehmung der beiden Lutherländer Thüringen und Sachsen-Anhalt und die Förderung der wissenschaftlichen Zusammenarbeit der Universitäten Halle-Wittenberg, Jena und Leipzig im Kontext von *Luther 2017* verabredet.

2013

Bei der Kabinettssitzung vom 26. Februar 2013 wurde die Vorbereitung des Reformationsjubiläums *Luther 2017* als wesentlicher Bestandteil des in Arbeit befindlichen Thüringer Kulturkonzeptes identifiziert. Die weitere Vorbereitung sollte fortlaufend mit weiteren landespolitischen Schwerpunktprojekten abgestimmt werden. Am 13. August 2013 berief der Kulturminister einen Fachbeirat *Luther 2017*, dessen Leitung mir aufgetragen wurde. Dieser Fachbeirat hat auch eigene Anregungen und Projektideen eingebracht.

2014

Am 26. August 2014 wurde das Thema „Fortschreibung des Gesamtkonzepts Thüringer Lutherweg" im Kabinett behandelt und beschlossen.
Auch die neue Landesregierung (eine Koalition aus DIE LINKE, SPD und Bündnis 90/Die Grünen) begriff die Vorbereitung des Reformationsjubiläums *Luther 2017* als eine bedeutende Querschnittsaufgabe und einen wichtigen Bestandteil der Kulturlandschaft Thüringen. Der RefoStab und ich selbst wurden direkt dem Ministerpräsidenten Bodo Ramelow zugeordnet.

2015

In seiner Sitzung vom 10. Mai 2015 beschloss das Kabinett auf Vorschlag des nun zuständigen Kulturministers Prof. Dr. Benjamin-Immanuel Hoff (DIE LINKE), dass

1. die Aktivitäten Thüringens im Reformationsjubiläumsjahr in einem „Reformationskalender 2017" unter dem Leitwort „Stimmen der Reformation im Lutherland Thüringen" gebündelt werden,
2. die Stadt Eisenach mit dem Wartburgkreis zur „Thüringer Reformationshauptstadt 2017" erklärt und die landesweite Auftaktveranstaltung zum Reformationsjubiläum in der Luther- und Bachstadt Eisenach durchgeführt wird. Die dafür notwendigen Maßnahmen sollten in einem bis Mitte Juni 2015 vorzulegenden Bericht ausgeführt werden,
3. der Beauftragte der Thüringer Landesregierung zur Vorbereitung des Reformationsjubiläums *Luther 2017*, bisher in der Kurzform als „Lutherbeauftragter der Landesregierung" (LuStab) bezeichnet, die Aufgaben künftig als „Reformationsbeauftragter der Thüringer Landesregierung" (RefoStab) wahrzunehmen habe.

Dadurch wurde deutlich, dass das Ereignis Reformation als gesamtdeutsches und europäisches Modernisierungsprojekt reflektiert und erinnert werden sollte. Daher wurden nun auch die damaligen Lutherkritiker in den Blick genommen: Thomas Müntzer, Karlstadt u. a., die oberdeutschen Reformatoren wie

Johannes Calvin und Ulrich Zwingli, aber auch die zum Thüringer Netzwerk gehörenden „Reformatoren der zweiten Reihe" wie Friedrich Myconius, Johannes Lang, Justus Jonas, Georg Spalatin und Nikolaus von Amsdorf. Der RefoStab sollte zeitnah eine personelle „Aufstockung" erhalten.[1] Den „Reformationskalender 2017" präsentierte ich in der Kabinettssitzung vom 7. Juli 2015.

2016

Im Fokus der weiteren Vorbereitung des Jubiläums 2017 stand nun, neben der Präzisierung des „Reformationskalenders 2017", vor allem ein konzeptionell und finanziell umfänglicher „Masterplan Eisenach", dessen Vorbereitung im Sommer 2014 abbrach und der nun vorangetrieben wurde, um dem Anspruch, die finanziell notleidende Stadt Eisenach als „Jubiläumshauptstadt" zu entwickeln, auch gerecht werden zu können.

2017

500 Jahre nach dem Thesenanschlag vom 31. Oktober 1517 erinnerten im Jubiläumsjahr 2017 in Deutschland und weltweit eine unübersehbare Vielzahl an Veranstaltungen an dieses Weltereignis. Der *Deutsche Evangelische Kirchentag* fand in Berlin und Wittenberg statt. *Kirchentage auf dem Wege* gab es in allen drei mitteldeutschen „Lutherländern", in Thüringen in Erfurt und in der Doppelstadt Weimar/Jena. In Berlin (*Der Luthereffekt. Die weltweite Wirkung der Reformation*), in Wittenberg (*Luther! 95 Schätze. 95 Menschen*) und auf der Wartburg bei Eisenach (*Luther und die Deutschen*) wurden gemeinsam und mit je eigenem Profil große nationale Sonderausstellungen gezeigt. Die Wartburg konnte einen absoluten Besucherrekord von rund 310.000 Gästen verzeichnen. Mit einer bemerkenswerten Ausstellung zum „Schmalkaldischen Bund" lud Schmalkalden 2017 auf die Wilhelmsburg ein. Die Welt war zu Gast im „Lutherland Thüringen".

Konzeptionelle Grundlagen der Lutherdekade

Noch vor der inhaltlichen Fixierung der Themenjahre der Lutherdekade wurde der vom Kuratorium eingesetzte „Wissenschaftliche Beirat" damit beauftragt, unter Leitung des Kirchenhistorikers Prof. Dr. Dr. Johannes Schilling, Kiel, ein „Thesenpapier" zu erarbeiten, das in einer geschärften Profilierung im September 2008 akzeptiert und unter der Überschrift *Perspektiven für das Reformationsjubiläum 2017* von den beiden Wittenberger Geschäftsstellen („Luther 2017 – 500 Jahre Reformation. Geschäftsstelle der EKD" und „Staatliche Geschäftsstelle *Luther 2017* c/o Stiftung Luthergedenkstätten in Sachsen-Anhalt") als Grundlage für die weitere Vorbereitung des Reformationsjubiläums veröffentlicht wurde.

Das Kuratorium zur Vorbereitung des Reformationsjubiläums 2017 hat in seiner 5. Sitzung (vom 4. Mai 2009) den Jahren vor dem Jubiläum 2017 thematische Schwerpunkte, sogenannte *Themenjahre*, zugewiesen. Sie fungierten als inspirierender Gestaltungsrahmen. Damit sollte dieses „Ereignis von Weltrang"[2] für Menschen von heute, unabhängig von religiöser Prägung und Weltanschauung, erkennbar und erfahrbar gemacht werden. Die Themenjahre lauteten: *2009 Reformation und Bekenntnis, 2010 Reformation und Bildung, 2011 Reformation und Freiheit, 2012 Reformation und Musik, 2013 Reformation und Toleranz, 2014 Reformation und Politik, 2015 Reformation, Bild und Bibel, 2016 Reformation und die Eine Welt* und *2017 – das Jubiläumsjahr.*

Außerdem beschloss die Thüringer Landesregierung meinem Vorschlag folgend in der Kabinettssitzung vom 31. Mai 2011 u. a. auch fünf orientierende *Dekaden-Grundsätze Luther 2017* in Frageform. Die Dekaden-Grundsätze tangierten keine bestehenden Förderrichtlinien und Bewilligungskriterien, sondern implizierten inhaltliche Aspekte, die dabei helfen sollten, den historischen sowie den landespolitischen Reformationsbezug von Projekten und Initiativen zu erkennen und zu entwickeln. Sie dienten als orientierende Handreichung zur Vorbereitung und Durchführung von Projekten und haben gewiss dazu beigetragen, die Qualität der Anträge und Projekte zu erhöhen.

Das Reformationsjubiläumsjahr 2017

Unter dem Leitwort „Stimmen der Reformation im Lutherland Thüringen 2017" konnte das Jubiläumsjahr 2017 mit einer Vielzahl von Veranstaltungen unterschiedlicher Akteure gefeiert werden. Leicht versetzt zu den bundesweiten Terminen wurden die „Martinstage" 2016 und 2017 (der 10. November ist der Geburtstag Martin Luthers und zugleich der Gedenktag des Heiligen Martin von Tours) als Beginn und als Abschluss der Feierlichkeiten bestimmt. Durch die Wahl des ökumenischen, für alle Bürger offenen „Martinstages" ist es gelungen, einen eigenen Akzent des Freistaates im bundesweiten Kalender zu setzen, der durch die auf der Wartburg und im Erfurter Augustinerkloster gezeigten einzigartigen Lichtkunstinstallationen der jungen Thüringer Firma Nivre Film & Studio GmbH, Weimar, bundes- und weltweit wahrgenommen wurde. Aufnahmen der Lichtkunstinstallationen konnten und können in der Öffentlichkeitsarbeit u. a. der Staatskanzlei, der Thüringer Tourismus GmbH und der Wartburg-Stiftung intensiv nachgenutzt werden.

Der Thüringer Reformationstag 2017 wurde am Morgen des 31. Oktober 2017 mit einem ökumenischen Gottesdienst in Schmalkalden mit den Bischöfen Prof. Dr. Martin Hein, Evangelische Kirche von Kurhessen und Waldeck, und Dr. Ulrich Neymeyr, Katholisches Bistum Erfurt, in der Stadtkirche St. Georg und einer anschließenden Podiumsdiskussion mit den Bischöfen und dem Ministerpräsidenten Bodo Ramelow auf dem Marktplatz begangen. Anschließend nahmen der Ministerpräsident und ich als Vertreter Thüringens am Staatsakt anlässlich des 500. Reformationsjubiläums in Wittenberg teil.

Nach der Eröffnung des Thüringer Reformationsjahres in der „Jubiläumshauptstadt" Eisenach (am Martinstag 2016) wurde das Jahr am Martinstag 2017, am 10. November, in der Landeshauptstadt Erfurt festlich beendet. Nach dem ökumenischen Gottesdienst auf dem Domplatz mit der EKD-Reformationsbotschafterin Prof. Dr. Margot Käßmann und der „Erhebung" einer Bronzeskulptur von Martin Luther als junger Augustinermönch an der Hauptfassade des Erfurter Rathauses (initiiert vom Alt-Oberbürgermeister Manfred Ruge, geschaffen vom Erfurter Bildhauer Christian Paschold) fand im Augustinerkloster ein Abschlusspodium statt. Unter der Überschrift „Luther 2017 in Thüringen: Was war? Was geht? Was bleibt?" zogen die Bischöfin Ilse Junkermann, Evangelische Kirche in Mitteldeutschland, EKM, Bischof Dr. Ulrich Neymeyr, Katholisches Bistum, Ministerpräsident Ramelow, der Leiter des ZDF-Landesstudios Andreas Postel und die aus Stotternheim stammende Poetry-Slam-Künstlerin Franziska Wilhelm ein erstes Fazit. Dazwischen, vom Martinstag 2016 bis zum Martinstag 2017, fand landauf und landab ein vielgestaltiges Jubiläumsprogramm statt.

Thüringen konnte im Jubiläumsjahr 2017 erfolgreich bundesweite und internationale Aufmerksamkeit als Kernland der Reformation, als Lutherland, auf sich ziehen. Dies ist umso mehr hervorzuheben, als hinsichtlich der Ausrichtung der Feierlichkeiten eine starke Konzentration auf Wittenberg stattgefunden hat. Eisenach ist seinem Anspruch als „Jubiläumshauptstadt" voll und ganz gerecht geworden.

Persönliches Fazit

Als ich 2010 die Aufgabe eines „Luther-Beauftragten", ab 2014 des „Reformationsbeauftragten", übernahm, wirkten manche der zahlreichen Gremiensitzungen allzu individualistisch, es fehlte zunächst der „common spirit". Dies hat sich in den zurückliegenden Jahren erheblich verändert. Mehr Professionalität entwickelte sich, einfachere Wege und strategische Kooperationen bildeten sich aus, solche zwischen Städten und Landkreisen (z. B. *Aktionsbündnis Eisenach-Wartburgkreis-Schmalkalden*), zwischen Kirche und Tourismus (z. B. *Thüringer Lutherweg*), zwischen schulischer, außerschulischer und universitärer Bildung (z. B. *Weimarer Kinderbibel*), zwischen evangelischer und staatlicher Erwachsenenbildung (z. B. *Lutherfinder*), zwischen unterschiedlichen kulturellen Institutionen und Stiftungen (z. B. „Cranach 2015", „Die Ernestiner 2016"), um nur einige zu nennen. Die signifikanten Kooperationserfolge sollten die Akteure dazu ermuntern, diese projektbezogene Zusammenarbeit auch über 2017 fortzusetzen.

Von besonderer Bedeutung ist, dass die Spuren der Reformation in Thüringen auch für den Schulunterricht aufgenommen wurden. Maßgeblich war hier die kontinuierliche Arbeit der *AG Schule/Bildung*, die vom (im vergangenen Jahr plötzlich verstorbenen) Mitarbeiter im Kultusministerium Dr. Christoph Werth und dem Bildungsreferenten des Augustinerklosters Erfurt Axel Große geleitet wurde. Diese AG setzt künftig unter der Überschrift *AG religiöse Bildung* ihre Netzwerkarbeit fort. Das Thüringer Institut für Lehrerfortbildung, Lehrplanentwicklung und Medien (ThILLM) hatte sich bereits 2010 mit einer Ausstellung eingebracht: *Martin Luther und der kulturelle Wandel im konfessionellen Zeitalter* tourte erfolgreich durch Thüringen und andere Bundesländer. Diese Ausstellung soll mit Blick auf die Jubiläen 2021 (Bibelübersetzung) und 2025 (Thomas Müntzer) ergänzt und überarbeitet werden. Flankiert wird sie durch interessante Onlineangebote für Schulen und andere Bildungseinrichtungen im *Thüringer Schulportal*.

Der Freistaat Thüringen hat sich in vielfältiger Weise innerhalb der Themenjahre seit 2008 und im Jubiläumsjahr 2017 für die Lutherdekade und das nationale und internationale Projekt Reformationsjubeljahr 2017 engagiert. Seit 2010 wurden rund 60 Millionen Euro für das Reformationsjubiläum eingesetzt. Diese Ausgaben wurden in den Bereichen Kulturförderung einschließlich Denkmalschutz, Wissenschaft, Infrastruktur und Tourismusförderung geleistet. Ein Teil dieser Aufwendungen fungierte auch als Eigenmittel, um weitere Förderungen beispielsweise seitens des Bundes, der EU oder von Sparkassen und Privatpersonen zu generieren. Nicht eingerechnet sind hier die Reformationsjubiläumsausgaben in den Jahren 2008 bis 2010, ebenso wenig die erheblichen Investitionen im Bereich Denkmalpflege und Stadtentwicklung in Lutherstätten und an Thüringer Reformationsorten seit 1990. Schätzungen ergeben hier weitere 20 bis 30 Millionen Euro, so dass die Gesamtinvestitionen ca. 80 bis 90 Millionen Euro betrugen.

Das Reformationsjubiläum wollte die historische Dimension der reformatorischen Bewegung in inhaltlicher und geografischer Breite thematisieren, dies über historische Grundlagenforschung, museale Vermittlung und kulturelle Transformation. Diese Wege konnten erfolgreich beschritten werden.

Die Vorbereitung und die Durchführung des Reformationsjubiläums 2017 war ein Erfolg auf der ganzen Linie. Die Beteiligung bis weit hinein in die Gesellschaft, unabhängig von Weltanschauung oder vorhandener historischer Kenntnisse, kann als eine Art „Bürgerbewegung" bezeichnet werden. Die eingesetzten Fördermittel und Investitionen haben sich gelohnt und werden sich auch weiterhin auszahlen. Die authentischen Orte und die touristische Infrastruktur sind für lange Jahre ertüchtigt, so dass das *Lutherland Thüringen* von den Thüringer Bürgerinnen und Bürgern sowie von interessierten Gästen aus dem In- und Ausland besucht werden kann.

Die Thüringer Landesregierung ist gut beraten, wenn sie das Identifikations- und Innovationsthema „Reformation" auch weiterhin auf den Feldern von Kulturpolitik und Kulturtourismus ebenso wie beim internationalen Landesmarketing thematisch und strukturell gezielt und geschickt einbindet. Es bedürfte einer Partei- und Legislaturperioden-übersteigenden „Strategie prospektiver Ergebnissicherung", einer „AG Lutherland", um die attraktive Marke „Lutherland" zu pflegen. Auf diese Weise können die enormen ideellen und materiellen Investitionen für das *Lutherland Thüringen* nach 2017 langfristig und nachhaltig zur Wirkung gebracht werden.

Gelegenheiten einer solchen prospektiven Ergebnissicherung sind bereits in Sicht, beispielsweise durch eine länderübergreifende Kooperation mit Rheinland-Pfalz und Sachsen-Anhalt im Jahre 2021 zum Thema „Worms. Wartburg. Wittenberg – 500 Jahre Reichstag und Bibelübersetzung" oder 2025 durch eine Landesausstellung zu „Thomas Müntzer und der Deutsche Bauernkrieg".

Anmerkungen
1. Im RefoStab haben als engagierte Sachbearbeiterinnen mitgearbeitet: Sandra Stemmer (16.01.2012 bis 31.12.2017 ff.), Karla Holzheu (01.11.2013 bis 25.11.2015), Katrin Rungweber (01.08.2016 bis 31.12.2017) und als umsichtiger Referent Markus Bleeke (01.10.2015 bis 31.12.2017).
2. Beschluss des Deutschen Bundestages, 2011.

Wolfgang Tiefensee

LutherCountry
Tourismuswirtschaftliche Erfahrungen und Einsichten

Das Angebot „Speisen wie zu Luthers Zeiten" stand und steht hoch im Kurs. Ein Angebot „Reisen wie zu Luthers Zeiten" dagegen wird man vergeblich suchen. Aus gutem Grund, denn vor 500 Jahren war Reisen kein Vergnügen. Damit viele Menschen reisen konnten und wollten, musste zwischenzeitlich nicht nur der bezahlte Urlaub erkämpft werden, das Reisen selbst musste zum Vergnügen werden. Wenn Touristiker heute Reisende anziehen wollen, dann reicht es nicht, ihnen nur einen überzeugenden Reisegrund zu bieten. Die bequeme Anreise über gut ausgebaute Verkehrswege ist genauso wichtig wie kulinarische Sensationen, komfortable Unterkünfte, intakte Wanderwege und spannende Führungen. Das alles macht die Tourismuswirtschaft zu einer sehr vielgestaltigen Branche und den Tourismus zu einem Faktor, der auch zahlreiche Wirtschaftszweige jenseits von Bewirtung und Beherbergung berührt. Fast notwendig wird so im Lutherland Thüringen das Reformationsjubiläum, das noch längst nicht abgeschlossen ist, zu einem auch dauerhaft bedeutenden wirtschaftlichen Faktor.

Aus Sicht der Thüringer Tourismuswirtschaft ist „Luther zieht!" die wichtigste Erfahrung der Reformationsdekade. Das zeigte sich im Jubiläumsjahr 2017 besonders eindrucksvoll, vorbereitet war der Erfolg aber von langer Hand. Er hatte eine Vielzahl von Müttern und Vätern, die im Rahmen seiner Zuständigkeit vom Thüringer Ministerium für Wirtschaft, Wissenschaft und Digitale Gesellschaft, dem TMWWDG, aktiv unterstützt wurden. Dabei sollten die Reformationsorte und Lutherstätten im Freistaat genutzt werden, um auch Thüringen selbst als vielfältiges Kultur- und Naturreiseland stärker ins Bewusstsein zu bringen. Das TMWWDG förderte deshalb vor allem Angebote mit überregionaler Relevanz. Insgesamt gingen über 20 Millionen Euro an 18 Projekte der touristischen Infrastruktur. Leuchtturmprojekt war und ist dabei der *Lutherweg*. Seit Mai 2015 verbindet er auf über 1.000 Kilometern mehr als 30 Thüringer Orte, die im Leben und Wirken Martin Luthers oder während der Reformation eine wichtige Rolle gespielt haben.

Unverzichtbar sind aber nicht nur intakte touristische Infrastrukturen, sondern auch professionelles Marketing und mediale Begleitung. Deshalb stellte das TMWWDG von 2012 bis 2017 sechs Millionen Euro für die Vermarktung des Reiselands Thüringen zur Verfügung. Kernmärkte waren dabei die protestantischen Länder des Westens, also die USA und Großbritannien, Österreich und die Schweiz sowie die skandinavischen Staaten. Vor allem in Übersee traten Thüringen und Sachsen-Anhalt konsequent gemeinsam als „LutherCountry/Lutherland" auf. Diese Bezeichnung wurde zum ersten Mal millionenfach aufgerufen, als Papst Benedikt XVI. am 23. September 2011 das Erfurter Augustinerkloster besuchte. National stand der Freistaat in Wettbewerb und in Kooperation mit Sachsen-Anhalt, das sich als „Ursprungsland der Reformation" präsentierte, und mit dem als „Mutterland der Reformation" firmierenden Freistaat Sachsen. Den Beinamen „Kernland der Reformation", der für Thüringen in der Überlegung war, haben wir schnell durch das schlagkräftigere „Lutherland Thüringen" ersetzt.

Zu Luther führten aber nicht nur die ausgetretenen oder auch neue Pfade der analogen Welt. Über die ganze Dekade hinweg hat die Thüringer Tourismus GmbH die Website www.lutherland-thueringen.de betrieben und mit immer neuen Geschichten zu Leben und Wirken des Reformators das Interesse an ihm befeuert. www.lutherland-thueringen.de war und ist eine Informationsplattform, von der aus es möglich ist, Zugang nicht nur zu den authentischen Luther-Stätten zu bekommen, sondern auch zu unzähligen Veranstaltungsangeboten mit regionaler und überregionaler Strahlkraft. Ich selbst war in den letzten Jahren der Reformationsdekade mehrfach auf dem *Lutherweg* unterwegs. Dabei habe ich die Vorzüge der Luther-App kennengelernt, die mit 150.000 Euro aus Mitteln des Freistaats Thüringen finanziert und von der TTG umgesetzt worden ist. Ich habe erlebt, wie die Kombination des Wanderns in der physischen Welt mit der Information aus der virtuellen Welt zu einer neuen Lesbarkeit der Landschaft und damit in ihre vertiefte Erfahrung führt.

Es ist bereits verraten: „Luther zieht!". Aus tourismuswirtschaftlicher Sicht waren die Lutherdekade und das Jubiläumsjahr 2017 ein großer Erfolg. Mit 9,9 Millionen touristischen Übernachtungen in Thüringen wurde 2017 ein neuer absoluter Rekord erreicht. Besonders erwähnenswert ist die Steigerung der Zahl der ausländischen Gäste. Allein die Ankünfte aus den USA verzeichneten ein Plus von 33,7 Prozent. Ganz offensichtlich hat das Marketingversprechen, Luther und die Reformationsgeschichte an den Originalschauplätzen zu erleben, den Nerv der Gäste getroffen. Dementsprechend waren auch die Lutherstätten besonders beliebt: Eisenach mit der Wartburg sowie Erfurt. Darüber hinaus müssen Weimar und Jena als 2017 besonders erfolgreiche touristische Destinationen genannt werden.

Natürlich hat das Jubiläum auch der Wartburg in Eisenach einen Besucherrekord beschert. Wo sonst durchschnittlich 350.000 Gäste die Burg besuchen, wurden 2017 etwa 459.000 Besucher gezählt. Mehr als jeder fünfte Wartburg-Besucher kam aus dem Ausland, den größten ausländischen Besucheranteil stellten zwei Länder mit einem hohen Anteil evangelischer Bevölkerung: die USA und Südkorea. Auch Eisenach profitierte vom Boom. Die Stadt verzeichnete 7,2 Prozent Plus bei den Übernachtungen und sogar 49 Prozent mehr lutherspezifische Gruppenführungen als 2016.

Der zweite große Profiteur war Erfurt. Das Jubiläumsjahr brachte der Stadt 519.742 Gäste (ein Plus von 4,3 Prozent gegenüber 2016), die 909.548 Übernachtungen buchten (+4,1 Prozent). Insgesamt 1.200 Stadtführungen hatten 28.000 Teilnehmer, und rund 60.000 Gäste besuchten die verschiedenen Lutherausstellungen in der Landeshauptstadt. Auch in Erfurt zogen die authentischen Lutherstätten die größte Aufmerksamkeit auf sich, allen anderen voran das Augustinerkloster und der Dom St. Marien. Im Rahmen von Stadtführungen konnten aber auch die Erfurter Georgenburse besucht werden, die Michaeliskirche, das Collegium maius, die Predigerkirche, der Lutherstein (Abb. S. 265) und das Lutherdenkmal am Anger.

Zusammenfassend kann aus tourismuswirtschaftlicher Sicht festgestellt werden, dass die Herausforderung der Reformationsdekade angenommen und zu einem Erfolg geführt wurde. Wie sich gezeigt hat, können die authentischen Luther-Orte Grundlage eines erfolgreichen Marketings sein. Die angebotene sinnliche Erfahrung dieser Orte war tourismuswirtschaftlich wirksamer, als es etwa die Diskussion der theologischen Lehren des Reformators hätte sein können. Die Thüringer Lutherstätten und Orte der Reformation haben sich damit als Pfund erwiesen, mit dem sich wuchern lässt. Wir sind gut beraten, das auch weiter zu tun. Die Gelegenheit dazu werden wir haben, denn das Jubiläum der Reformation ist ja längst nicht zu Ende. In den nächsten Jahren und Jahrzehnten werden sich immer wieder Ereignisse jähren, die den Verlauf der Reformation entscheidend beeinflussten und die Auswirkungen bis in unsere Gegenwart haben – sei es etwa die Bibelübersetzung auf der Wartburg, sei es der Bauernkrieg mit seinen Nordthüringer Zentren oder später die Einrichtung der Cranach-Werkstatt in Weimar. Das Reformationsjubiläum wird uns also weiter begleiten und ein Schwerpunkt der zukünftigen Thüringer Tourismuswirtschaft sein.

Das Marketing muss sich dabei nach innen und nach außen richten. Im Inneren sollten wir das Bewusstsein dafür schärfen, dass sich die Bedeutung der Reformation nicht auf Thüringen oder Deutschland beschränkt. Vor 500 Jahren hat in Mitteldeutschland ein Prozess eingesetzt, der seitdem die ganze Welt erfasst hat. Nach außen hin hat sich die Zusammenarbeit der mitteldeutschen Länder bewährt. Wir sollten an dem Marketingbegriff „Lutherland/LutherCountry" festhalten, um auch kommende Projekte gemeinsam zu bewältigen und um heranwachsende Generationen zu erreichen. Mithilfe unserer Investitionen wurde in Thüringen eine stabile Basis für die weitere touristische Entwicklung gelegt. Vielleicht lassen sich die Spitzenwerte des Luther-Jahres 2017 nicht in jedem Jahr erreichen. Aber die Thüringer Touristiker sind infrastrukturell, ideell und virtuell gut darauf vorbereitet, auch die nächsten Stufen des Reformations-Tourismus erfolgreich zu beschreiten.

Geschichte und Identität

Das Netzwerk Reformationsforschung

Christopher Spehr

Netzwerk Reformationsforschung in Thüringen
Genese – Projekte – Ausblick

Die „Lutherdekade" – besser „Reformationsdekade" – bot die einmalige Chance, theologische und historische Inhalte sowohl wissenschaftlich als auch populär zu bearbeiten und darzustellen. Während die Akteure des Bundes und der Evangelischen Kirche in Deutschland zwar Themenjahre der Dekade ausriefen und bewarben, blieben z. B. die vom Wissenschaftlichen Beirat *Luther 2017* angeregten Projekte überaus blass und profillos. Ideenlosigkeit und widerstreitende Interessen verhinderten eine sachgerechte und nachhaltige Konzeption. Durch Verlautbarungen einzelner EKD-Vertreter entstand zudem der Eindruck, dass genuine Reformationsforschung weder gewollt noch gefördert werde. Stattdessen sollte der Mainstream-Gegenwartsbezug hergestellt und mit theologischen und historischen Rückblenden verziert werden.

Dank des föderalen Systems der Bundesrepublik Deutschland gestaltete sich die Situation für die Reformationsforschung in den Bundesländern Sachsen-Anhalt und Thüringen deutlich positiver. Während in Sachsen-Anhalt die Martin-Luther-Universität Halle-Wittenberg mit ihrer Reformationsgeschichtlichen Sozietät und einzelnen vom Land geförderten Forschungsprojekten in Wittenberg Impulse setzte und in Sachsen vornehmlich der Lehrstuhl für Spätmittelalter und Reformation der Universität Leipzig einzelne Editionsprojekte realisierte, entwickelte sich in Thüringen ein institutionenübergreifendes Netzwerk zur Reformationsforschung. Dieses führte verschiedene Projekte zusammen, diente dem wissenschaftlichen Austausch und regte neue Projekte an. Wie dieses interdisziplinäre Netzwerk entstand, welche Aktivitäten es entfaltete und wie es künftig weiterarbeiten wird, soll im Folgenden thematisiert werden.

Pluralität in der Thüringer Forschungslandschaft

Weil Thüringen über reformationsgeschichtlich bedeutende Orte, historisch gewachsene Archive und Bibliotheken sowie zwei altehrwürdige Universitäten verfügt, entstand 2011 die Idee, die verschiedenen Initiativen der Reformationsforschung zusammenzuführen und innovative Projekte zu fördern. Auf Initiative von Dr. Thomas A. Seidel (TMBWK) und Prof. Dr. Klaus Dicke, Rektor der Friedrich-Schiller-Universität Jena, versammelten sich am 21. September 2011 im Alten Schloss Dornburg führende Vertreter der Universitäten Jena und Erfurt, der Historischen Kommission für Thüringen, der Wartburg-Stiftung Eisenach und des Thüringischen Hauptstaatsarchivs Weimar, um gemeinsam mit den Vertretern des Thüringer Ministeriums für Bildung, Wissenschaft und Kultur in einem Arbeitsgespräch Projektmöglichkeiten zu diskutieren und auszuloten. Weil hier eindrucksvoll das enorme Potenzial der Kooperation von Wissenschaftlern bei gleichzeitig unterschiedlichen Schwerpunktsetzungen deutlich wurde, erklärte sich der Freistaat Thüringen bereit, finanzielle Mittel zur Projektförderung zur Verfügung zu stellen. Bewusst wurde auf die Förderung nur eines einzigen Projektes zugunsten der Forschungspluralität verzichtet, so dass in der Folgezeit verschiedene wissenschaftliche Initiativen entstanden. Exemplarisch seien genannt:

- Zwischen den Universitäten Jena und Erfurt sowie der Stiftung Schloss Friedenstein wurde unter Leitung von Prof. Dr. Martin Eberle (Gotha), Prof. Dr. Christopher Spehr (Jena) und Prof. Dr. Anselm Schubert (Erfurt), später Dr. Kathrin Paasch (Forschungsbibliothek Gotha) die Projektgruppe *Reformationsgeschichte* (PRG) gegründet, welche mit Dr. des. Ulrike Eydinger die Koordination verschiedener Projekte übernahm.
- Die Historische Kommission für Thüringen und die Professur für Thüringische Landesgeschichte an der Universität Jena initierten unter Leitung von Prof. Dr. Werner Greiling und Prof. Dr. Uwe Schirmer (beide Jena) das Forschungsprojekt *Thüringen im Jahrhundert der Reformation*.
- Dem Thüringischen Hauptstaatsarchiv Weimar gelang es zusammen mit dem Hessischen Staatsarchiv Marburg und dem Landesarchiv Sachsen-Anhalt, das Digitalisierungsprojekt *Digitales Archiv der Reformation* unter Leitung von Dr. Bernhard Post und Dagmar Blaha umzusetzen. Ein zentraler Bestandteil des Vorhabens war die Erschließung der ersten Visitationsprotokolle aus den beteiligten Territorien.
- Vorangetrieben wurde unter Leitung von Dr. Kathrin Paasch (Gotha) zudem der Ausbau der Forschungsbibliothek Gotha zur *Forschungs- und Studienstätte für die Kulturgeschichte des Protestantismus in der Frühen Neuzeit*.
- Schließlich konnte das Graduiertenkolleg *Kulturelle Wirkungen der Reformation*, an dem die Universitäten Halle-Wittenberg und Jena beteiligt waren, realisiert und die Jenaer Stipendiaten durch Prof. Dr. Jens Haustein und Prof. Dr. Christopher Spehr (beide Jena) betreut werden.

Vom Arbeitsgespräch zum Workshop: *Thüringen als Erinnerungsraum der Reformation*

Die Arbeitsgespräche auf Leitungs- und Direktorenebene wurden am 11. Juni 2012 mit konkreten Projektvorstellungen in Jena, am 22. April 2013 mit der Präsentation erster Ergebnisse in Gotha und am 5. Februar 2014 mit Kurzberichten wiederum in Jena fortgesetzt. Hinzu traten Abendveranstaltungen und Tagungen, die von verschiedenen Akteuren ausgerichtet wurden. Große Resonanz und mediale Aufmerksamkeit fand z. B. die am 2. Februar 2012 an der Universität Jena durchgeführte Podiumsdiskussion *Wie schwierig ist das Erbe der Reformation?* mit Prof. Dr. Thomas Kaufmann (Göttingen), Propst Siegfried Kasparick (Wittenberg), Prof. Dr. Josef Freitag (Erfurt), Prof. Dr. Georg Schmidt (Jena) und Prof. Dr. Klaus Dicke (Jena) sowie als Moderator Prof. Dr. Christopher Spehr.

Dienten in den ersten drei Jahren die Arbeitstreffen der sich mittlerweile „Netzwerk Reformationsforschung in Thüringen" nennenden Einrichtung primär dem wissenschaftlichen und organisatorischen Austausch reformationshistorischer Akteure im Hinblick auf die Reformationsdekade, wurden diese 2014 auf Anregung von Prof. Dr. Siegrid Westphal (Osnabrück), Mitglied des sogenannten „Lutherbeirats des Freistaats Thüringen", und Prof. Dr. Christopher Spehr umgestaltet in Workshops zum Thema *Thüringen als Erinnerungsraum der Reformation*. Weil unter diesem

– nicht zu eng gedachten – Oberbegriff alle laufenden Projekte zusammengefasst werden konnten, bildete er von nun an den Konzeptrahmen des Netzwerks.

Im Vergleich zu den anderen „Lutherländern" Sachsen und Sachsen-Anhalt weist Thüringen ein Alleinstellungsmerkmal auf, das sich mit der Geschichte der Ernestiner, ihrer untrennbaren Verbindung mit der Reformation und dem räumlichen Bruch der Erinnerungskultur erklären lässt. Die damals initiierte Erinnerungskultur in Abgrenzung zu den Albertinern spiegelt sich in den zahlreichen Gedächtnis-Medien wider, die in den nachfolgenden Jahrhunderten identitätsstiftend wirkten und die heute vielfach in den thüringischen Archiven, Bibliotheken und Museen zu finden sind. Die Abhängigkeit dieser Medien von den Ernestinern und die zwischen ihnen bestehenden Wechselwirkungen wurden bislang jedoch in der vorhandenen Tragweite weder untersucht noch erfasst. Die neuen Workshops griffen diese Beobachtungen auf und fokussierten spezifische inhaltliche Fragestellungen, die von Einzelpersonen und Forschungsprojekten in Vorträgen vorbereitet wurden. Durch dieses Konzept wurde die Projektarbeitsebene integriert, so dass neben den renommierten Wissenschaftlern explizit Nachwuchswissenschaftler, d. h. Stipendiaten und Wissenschaftliche Mitarbeiter, zu Wort kommen sollten.

Workshops und die Doppeltagung *Reformatio & Memoria*

Wie zuvor erfolgte die Einladung zu den ganztägigen Workshops durch Dr. Thomas A. Seidel (TMBWK bzw. TSK). Die Organisation lag in den Händen der PRG und Prof. Dr. Siegrid

Westphal. Die Treffen thematisierten u. a. *Die Quellen* (16.06.2014), *Gotha als Forschungsstätte* (08.9.2014), *Bruch oder Kontinuität? Perspektiven auf das Zeitalter der Reformation* (10.07.2015), *Reformationsraum Thüringen? Faktoren, Funktionen und Konzeptionen der mitteldeutschen Reformation* (29.01.2016) und – in Ergänzung zur Landesausstellung in Gotha/Weimar – *Die Ernestiner! Gestaltungs- und Lebensfelder einer Dynastie* (17.06.2016).[1]

Als Höhepunkt wurde 2017 die zweiteilige interdisziplinäre und internationale Konferenz *Reformatio & Memoria* in Jena (12.–14.06.2017) und Gotha (21.–23.06.2017) veranstaltet. Beide Tagungen wurden von der Thüringer Staatskanzlei, der Evangelischen Kirche in Mitteldeutschland, der jenacon-foundation sowie dem Freundeskreis der Forschungsbibliothek Gotha e. V. unterstützt und stießen auf ein positives Echo.

Im ersten Teil stand *Die lutherische Reformation in ihren Kernlanden* im Mittelpunkt. Ausgangspunkte der Jenaer Tagung stellten hierbei einerseits die Reformation dar, die aus einer Vielzahl kirchlicher und gesellschaftlicher Veränderungsprozesse auf städtischer, territorialer und nationaler Ebene resultiert, und andererseits die regionalen Unterschiede bei der Ausdifferenzierung der religiösen Erneuerung. Die Tagung fragte nach der lokalen Ausformung dieser „lutherischen" Reformation(en) und ihrer Wirkung auf Gottesdienst, Musik und (Alltags-)Kunst, Bildung sowie Kommunikationsmedien. Sie fragte fernerhin nach den Instrumenten, die zur Festigung und Stabilisierung der Reformation bis in die 1580er Jahre hinein genutzt wurden. Im Fokus standen dabei die sogenannte „lutherischen Kernlande", d. h. die Orte und Territorien, in denen Luthers Lehre zwischen 1520 und 1540 besonders einwirkte und Früchte trug.[2]

Der zweite Teil der Tagungsreihe widmete sich in Gotha primär der „Memoria", genauer den *Neueren Forschungen zum Protestantismus in der Frühen Neuzeit – Erinnerungsräume der Reformation*. In fünf Sektionen wurden die Akteure reformatorischer Erinnerungskultur, die Gedächtnis-Medien wie auch die Gedächtnisspeicher und -orte der Reformation, die spezifischen reformatorischen Erinnerungskulturen und schließlich die Historiographen der Reformationsgeschichtsschreibung in den Blick genommen, um den identitätsstiftenden Zusammenhang von Reformation und Erinnerungskultur darzustellen. Die Idee des Netzwerkes, Thüringen nicht so sehr als Lutherland, sondern vielmehr als Erinnerungsraum der Reformation erscheinen zu lassen, ging auf. Die Tagung legte ausgehend von der inhaltlichen Schwerpunktsetzung auf Thüringen mit den Ausblicken auf die reformatorische Memoria im gesamten Reich die Weichenstellung für die weitere Arbeit des Netzwerkes.[3]

Perspektiven

Die Erforschung der Reformation samt ihrer Rezeptions- und Wirkungsgeschichte geht nach 2017 weiter. Denn obwohl in den einzelnen wissenschaftlichen Projekten überraschende Resultate zutage traten, wichtige Editionen wie die *Fliegenden Blätter* durch die PRG oder weiterführende Dissertationen durch die Projekte *Thüringen im Jahrhundert der Reformation* und *Kulturelle Wirkungen der Reformation* vorgelegt werden konnten und insgesamt die Digitalisierung von Quellen – wie im *Reformationsportal Mitteldeutschland* – beschleunigt wurde, bleiben erhebliche Defizite in der Reformationsforschung. Nach wie vor sind die ersten Jahre der Reformation, in denen das Herrschaftsgebiet Herzog Johanns von Sachsen und seines Sohnes Johann Friedrich – Teile des heutigen Thüringens – zu einem „Laboratorium der Reformation" avancierte und einen Facettenreichtum von Reformationen hervorbrachte (man denke nur an Müntzer, Karlstadt, Reinhard usw.), nur unzureichend erforscht. Auch der Konsolidierungsprozess des evangelischen Kirchenwesens nach 1525 mit der Einführung von neuen Gottesdienstordnungen, den kursächsischen Visitationen, ersten Superintendenten usw. bedarf weiterer Vertiefungen ebenso wie die Erforschung von Reformatoren der zweiten und dritten Reihe (z. B. Johannes Lang, Friedrich Myconius, Anton Musa usw.), von denen verschiedene handschriftliche Quellen in den Archiven und Bibliotheken erhalten sind. Weitere Themen ließen sich problemlos anschließen.

Auch wenn die politische, gesellschaftliche, kirchliche und mediale Aufmerksamkeit mittlerweile anderen Themen und Projekten gewidmet ist, sollte Thüringen als ein Kernland der Reformation auch in den nächsten Jahren den reformationsgeschichtlichen Themen verpflichtet bleiben. Es folgt 2021/22 das 500-jährige Jubiläum von Luthers Wartburgaufenthalt, und 2022 jährt sich Luthers Übersetzung des Neuen Testaments ins Deutsche zum 500. Mal. 2025 werden der Bauernkrieg und Thomas Müntzer im Zentrum der kulturhistorischen Aufmerksamkeit stehen. Um diese Jubiläen wissenschaftlich-interdisziplinär zu begleiten, ist die Weiterarbeit des „Netzwerks Reformationsforschung in Thüringen", dem mittlerweile über 70 Personen und Institutionen angehören, dringend notwendig. Die noch auf eine vertragliche Grundlage zu stellende Kooperation von universitärer und außeruniversitärer Forschung in der Reformationsgeschichte, welche auf die Frühe Neuzeit insgesamt ausgedehnt werden sollte, wird dazu beitragen, Theologie und Religion, Musik und Literatur, Politik und Obrigkeit, Gesellschaft und Lebenswelten vor 500 Jahren besser zu verstehen und als Herausforderungen für heute deuten zu können.

Anmerkungen

1. Vgl. z. B. Tagungsbericht: Reformationsraum Thüringen? Faktoren, Funktionen und Konzeptionen der mitteldeutschen Reformation, 29.01.2016 Jena, in: H-Soz-Kult, 14.04.2016, [www.hsozkult.de/conferencereport/id/tagungsberichte-6484]; Tagungsbericht: *Die Ernestiner! Gestaltungs- und Lebensfelder einer Dynastie* Arbeitsgespräch des Netzwerkes Reformationsforschung in Thüringen, 17.06.2016 Jena, in: H-Soz-Kult, 03.11.2016, [www.hsozkult.de/conferencereport/id/tagungsberichte-6780].
2. Vgl. Tagungsbericht: Reformatio & Memoria. Teil 1: Die lutherische Reformation in ihren Kernlanden, 12.–14.06.2017 Jena, in: H-Soz-Kult, 04.12.2017, [www.hsozkult.de/conferencereport/id/tagungsberichte-7425].
3. Vgl. Tagungsbericht: Reformatio & Memoria. Teil 2: Neuere Forschungen zum Protestantismus in der Frühen Neuzeit – Erinnerungsräume der Reformation, 21.–23.06.2017 Gotha, in: H-Soz-Kult, 22.11.2017, [www.hsozkult.de/conferencereport/id/tagungsberichte-7405].

Werner Greiling, Uwe Schirmer

Vom Wert der Arbeit mit den Quellen

Das Forschungsprojekt *Thüringen im Jahrhundert der Reformation*

Nach einer rund zweieinhalbjährigen Phase konzeptioneller und organisatorischer Vorbereitung nahm das Forschungsvorhaben *Thüringen im Jahrhundert der Reformation* im Oktober 2013 seine Arbeit auf. Es war gelungen, in Trägerschaft der „Historischen Kommission für Thüringen" und der Professur für Thüringische Landesgeschichte an der Friedrich-Schiller-Universität Jena ein Drittmittelprojekt zu etablieren, zu dessen Finanzierung die Sparkassen-Kulturstiftung Hessen-Thüringen, die Helaba Landesbank Hessen-Thüringen und der Freistaat Thüringen beitrugen. Zum Team gehörten neben den Projektleitern Prof. Dr. Werner Greiling und Prof. Dr. Uwe Schirmer der Projektkoordinator Dr. Alexander Krünes sowie fünf Doktoranden. Zudem standen Mittel für studentische bzw. wissenschaftliche Hilfskräfte zur Verfügung.

Das wissenschaftliche Anliegen war die Erforschung der tiefgreifenden politischen, sozialen, kulturellen und religiösen Veränderungen im „langen 16. Jahrhundert" (ca. 1470–1620), die durch die Reformation ausgelöst, beschleunigt oder auch modifiziert worden sind. Noch vor Auftakt legten die Projektleiter eine Problemskizze vor, in der sie die Konturen des Forschungsprogramms entwarfen und sich der öffentlichen Diskussion stellten.[1] Die Arbeiten waren auf den thüringisch-mitteldeutschen Raum fokussiert, da sich – so die Ausgangsthese – in den Städten und Dörfern dieser Region die lutherische Reformation vergleichsweise schnell und erfolgreich durchgesetzt hatte. Wenn man auf die Anfänge und Rezeption der evangelischen Bewegung, die Außenwahrnehmung, die irreversible Ausbreitung der Bewegung in Stadt und Land sowie den Aufbau eines evangelischen Kirchenwesens seitens verschiedener Herrschaftsträger blickt, kann Thüringen als die Pionierregion der lutherischen Reformation gelten.

Für alle Untersuchungen wurden archivalische Quellenbestände von beträchtlicher Dimension ausgewertet. Zugleich rekurrierten die beteiligten Wissenschaftler auf jeweils spezifische Weise auf aktuelle gesellschafts- und sozialgeschichtliche Forschungsfragen und -desiderata. Vorrangiges Ziel war es, mittels Qualifizierungsschriften, Fachtagungen sowie einer landesweiten Vortragsreihe, die Transformationsprozesse in Kirche und Staat, Justiz und Rechtsprechung, Schule und Universität sowie im städtischen Milieu und den bäuerlichen Gemeinden intensiv zu erforschen. Hierzu trugen insbesondere die fünf aus den Quellen gearbeiteten Dissertationsschriften bei, die sich dem Schulwesen in thüringischen Städten des 15. und 16. Jahrhunderts (Andreas Dietmann), der

Armenfürsorge und Armutsbekämpfung in Thüringen im späten 15. und 16. Jahrhundert (Julia Mandry), der Kirchenpolitik des Herzogs und Kurfürsten Johann des Beständigen zwischen 1517 und 1532 (Doreen von Oertzen Becker), der Reformation in der ländlichen Gesellschaft Thüringens (Martin Sladeczek) sowie der Landstandschaft der Universitäten Leipzig, Wittenberg und Jena auf den Ständeversammlungen des 16. und 17. Jahrhunderts (Philipp Walter) widmen.

Diese Studien stellen allesamt in Inhalt und Umfang ausgesprochene Schwergewichte dar und konnten in der Projektlaufzeit erfolgreich abgeschlossen werden. In den Promotionsverfahren an der Friedrich-Schiller-Universität Jena erhielten drei von ihnen das Prädikat „magna cum laude" und zwei die Höchstnote „summa cum laude".[2] Tragende Säulen des Forschungsprojekts waren darüber hinaus fünf interdisziplinäre Konferenzen, die – neben einer Vielzahl projektinterner Doktorandenkolloquien – für einen kontinuierlichen wissenschaftlichen Austausch gesorgt haben. Die Tagungen waren ausgewählten Problemen der Reformationsgeschichte in Thüringen sowie Aspekten der Reformationsrezeption gewidmet. Neben Historikern und Theologen haben sie auch Vertreter diverser Nachbardisziplinen wie Kultur- und Kirchenhistoriker, Medienhistoriker, Germanisten und Volkskundler sowie Erziehungswissenschaftler zusammengeführt. Im Einzelnen waren sie den Problemfeldern *Der Altar von Lucas Cranach d. Ä. in Neustadt an der Orla und die Kirchenverhältnisse im Zeitalter der Reformation* (Neustadt an der Orla 2013), *Negative Implikationen der Reformation?* (Eisenach 2014), *Luther als Vorkämpfer? Reformation, Volksaufklärung und Erinnerungskultur um 1800* (Gera 2015), *Thüringische Klöster und Stifte in vor- und frühreformatorischer Zeit* (Erfurt 2016) sowie *Reformation und Bauernkrieg* (Mühlhausen 2017) gewidmet. Mit der Mühlhäuser Konferenz wurde zugleich ein Bogen zu den Vorbereitungen des 500-jährigen Jubiläums des Bauernkriegs geschlagen und dessen wissenschaftliche Neujustierung eingeleitet. Hinzu kam eine Abschlusstagung, die unter dem Titel *Thüringen im Jahrhundert der Reformation. Bilanz eines Projektes – Perspektiven der Forschung* (Neustadt an der Orla 2017) stand.

Ein wichtiges Anliegen des Forschungsprojekts bestand darin, neben der Forschung und dem kontinuierlichen Diskurs unter Wissenschaftlern auch ein Publikum interessierter Laien zu erreichen. Deshalb waren alle Fachtagungen ausdrücklich für eine breite nichtakademische Öffentlichkeit zugänglich und haben sich auch eines großen Interesses erfreuen können. Vor allem aber wurde eine „wandernde Vortragsreihe" etabliert, die sich mit der „Reformation vor Ort" in verschiedenen Städten des Freistaats Thüringen und speziellen regionalen Themen, aber auch mit übergreifenden Fragen der Reformationsgeschichte befasste. Die Vorträge wurden in Zusammenarbeit mit den verschiedenen, in Thüringen ansässigen Kreissparkassen organisiert und fanden in Altenburg (2013), Saalfeld, Gotha, Ilmenau und Hildburghausen (2014), Jena, Mühlhausen, Schleiz und Sonneberg (2015), Bad Frankenhausen, Nordhausen, Eisenach, Schmalkalden und Weimar (2016) sowie in Sömmerda, Greiz und Heilbad Heiligenstadt (2017) statt. Sie haben allesamt einen überaus großen Zuspruch gefunden, zumeist mit weit mehr als 100 Zuhörern. Dies galt auch für den einzigen Vortrag außerhalb des Freistaats Thüringen im hessischen Eschwege (2016). Bei diesen Veranstaltungen kam ein tatsächlicher Dialog zwischen Wissenschaft und Gesellschaft zustande, der lange nachwirken wird.

Nach Abschluss des Projekts kann bilanziert werden, dass die in der Projektskizze mit den Worten „Nachhaltigkeit", „Tradition und Innovation" sowie „Öffentlichkeitsarbeit" umschriebenen Ziele ohne jede Einschränkung erreicht werden konnten. Zur Sicherung der

Forschungsergebnisse wurden zwei wissenschaftliche Schriftenreihen gegründet, die rasch vorangeschritten sind und sich auch buchkulturell hohen Standards verpflichtet fühlen. Der Veröffentlichung von Monografien und Tagungsbänden dient die Reihe *Quellen und Forschungen zu Thüringen im Zeitalter der Reformation*, die im Böhlau Verlag Köln/Weimar/Wien herauskommt. Dabei stand den Reihenherausgebern Werner Greiling und Uwe Schirmer ein wissenschaftlicher Beirat zur Seite, dem die Professoren Joachim Bauer (Jena), Enno Bünz (Leipzig), Ernst Koch (Leipzig), Armin Kohnle (Leipzig), Josef Pilvousek (Erfurt) und Ulman Weiß (Erfurt) angehören. Bis Ende 2018 wurden in dieser Reihe zwölf Bände herausgebracht. Kleinere Studien erschienen in der Schriftenreihe *Beiträge zur Reformationsgeschichte in Thüringen* im Verlag VOPELIUS Jena. Sie wird von den beiden Projektleitern in Zusammenarbeit mit dem Projektkoordinator Dr. Alexander Krünes herausgegeben, der zugleich als wissenschaftlicher Redakteur beider Reihen fungierte. In dieser wissenschaftlich anspruchsvollen, aber dennoch eher populär gehaltenen Reihe wurden die überarbeiteten Manuskripte der „wandernden Vortragsreihe" publiziert. Sie wird Ende 2018 insgesamt 19 Bände umfassen. Für beide Schriftenreihen, mit denen die Ergebnisse des Forschungsprojekts in hoher wissenschaftlicher Qualität gesichert werden, existiert in Thüringen kein historisches Vorbild. Bereits jetzt erweisen sie sich als unverzichtbare Arbeitsinstrumente für die universitäre Forschung sowie für Schulen und andere Einrichtungen im Freistaat Thüringen und in den benachbarten Bundesländern.

Anmerkungen

1. Vgl. WERNER GREILING/UWE SCHIRMER, Thüringen im Jahrhundert der Reformation. Kulturell-religiöser Wandel zwischen dem Ende des 15. und Beginn des 17. Jahrhunderts – Konturen eines Forschungsvorhabens, in: Zeitschrift für Thüringische Geschichte 67 (2013), 313–329.
2. Auf einer breiten Materialbasis beruht auch eine bereits publizierte und mit „sehr gut" bewertete Staatsexamensarbeit von Vivien Stawitzke, die das Verhältnis von Buchdruck und Reformation am Beispiel des ersten Standorts der neuen, für die rasche Ausbreitung der Reformation eminent wichtigen Technologie in Thüringen, der Stadt Erfurt, untersucht.

Dokumentation der Forschungsergebnisse

Quellen und Forschungen zu Thüringen im Zeitalter der Reformation, hrsg. von Werner Greiling und Uwe Schirmer (Böhlau Verlag Köln/Weimar/Wien)

Bd. 1: Joachim Emig/Volker Leppin/Uwe Schirmer (Hrsg.), Vor- und Frühreformation in thüringischen Städten, 2013, 482 S.

Bd. 2: Eckhard Bernstein, Mutianus Rufus und sein humanistischer Freundeskreis in Gotha, 2014, 429 S.

Bd. 3: Werner Greiling/Uwe Schirmer/Ronny Schwalbe (Hrsg.), Der Altar von Lucas Cranach d. Ä. in Neustadt an der Orla und die Kirchenverhältnisse im Zeitalter der Reformation, 2014, 527 S.

Bd. 4: Werner Greiling/Armin Kohnle/Uwe Schirmer (Hrsg.), Negative Implikationen der Reformation? Gesellschaftliche Transformationsprozesse 1470–1620, 2015, 438 S.

Bd. 5: Werner Greiling/Holger Böning/Uwe Schirmer (Hrsg.), Luther als Vorkämpfer? Reformation, Volksaufklärung und Erinnerungskultur um 1800, 2016, 364 S.

Bd. 6: Enno Bünz/Werner Greiling/Uwe Schirmer (Hrsg.), Thüringische Klöster und Stifte in vor- und frühreformatorischer Zeit, 2017, 461 S.

Bd. 7: Doreen von Oertzen Becker, Kurfürst Johann der Beständige und die Reformation (1513–1532). Kirchenpolitik zwischen Friedrich dem Weisen und Johann Friedrich dem Großmütigen, 2017, 541 S.

Bd. 8: Philipp Walter, Universität und Landtag (1500–1700). Akademische Landstandschaft im Spannungsfeld von reformatorischer Lehre, landesherrlicher Instrumentalisierung und ständischer Solidarität, 2018, 1093 S.

Bd. 9: Martin Sladeczek, Vorreformation und Reformation auf dem Land in Thüringen. Strukturen – Stiftungswesen – Kirchenbau – Kirchenausstattung, 2018, 720 S.

Bd. 10: Julia Mandry, Armenfürsorge, Hospitäler und Bettel in Thüringen in Spätmittelalter und Reformation (1300–1600), 2018, 1052 S.

Bd. 11: Andreas Dietmann, Der Einfluss der Reformation auf das spätmittelalterliche Schulwesen in Thüringen (1300–1600), 2018, 1096 S.

Bd. 12: Werner Greiling/Thomas T. Müller/Uwe Schirmer (Hrsg.), Reformation und Bauernkrieg (in Vorb., erscheint Ende 2018).

Beiträge zur Reformationsgeschichte in Thüringen,
hrsg. von Werner Greiling, Alexander Krünes und Uwe Schirmer (Verlag VOPELIUS Jena)

Bd. 1: Ernst Koch, „Mit Gottes und der Landesfürsten Hülf". Die Reformation in der Residenzstadt Gotha und ihrer Umgebung, 2014, 90 S.

Bd. 2: Alexander Jendorff, Religion und niederadliger Eigensinn. Konfessionsbildung, ständische Selbstbehauptung und Fürstenherrschaft im Werra-Weser-Gebiet während des langen 16. Jahrhunderts, 2015, 109 S.

Bd. 3: Ulman Weiss, Luther und Thüringen, 2015, 61 S.

Bd. 4: Hans Joachim Kessler/Alexander Krünes, Die Stadt Altenburg während der Reformation, 2016, 80 S.

Bd. 5: Volker Graupner, Reformation und Bauernkrieg in Thüringen, 2016, 60 S.

Bd. 6: Stefan Michel, Zur Reformation gezwungen? Die Lehre Luthers und die Herren von Gera, Schleiz und Lobenstein, 2016, 62 S.

Bd. 7: Joachim Bauer, Die Reformation in Jena und im Saaletal, 2016, 63 S.

Bd. 8: Kai Lehmann, Die Einführung der Reformation in Südthüringen, 2016, 69 S.

Bd. 9: Vivien Stawitzke, Reformation und Buchdruck. Erfurt als frühes Medienzentrum (1499–1547), 2017, 168 S.

Bd. 10: Astrid von Schlachta, Die Täufer in Thüringen. Von wehrhaften Anfängen zur wehrlosen Gelassenheit, 2017, 104 S.

Bd. 11: Stefan Michel, Das Bekenntnis zur Lehre Luthers in den reußischen Herrschaften. Wahrheit – Konfessionalisierung – Erinnerungspflege, 2017, 72 S.

Bd. 12: Torsten W. Müller, Reformation, Reformkatholizismus und Jesuiten im Eichsfeld. Bildung und Seelsorge als Voraussetzungen einer kirchlichen Erneuerung, 2018, 67 S.

Bd. 13: Dagmar Blaha, „Das man das lauter rein Euangelion on menschliche zusatzunge predigen sol ...". Reformation in Weimar, 2018, 71 S.

Bd. 14: Enno Bünz, Der Pfarrer, seine Köchin und weitere Teufel, die ihn quälen. Vom Alltag der Geistlichen in Thüringen vor der Reformation, 2018, 118 S.

Bd. 15: Thomas T. Müller, Die Reformation in Eisenach und Creuzburg (in Vorb., erscheint Ende 2018).

Bd. 16: Alexander Krünes, Die Reformation in den schwarzburgischen Landen (in Vorb., erscheint Ende 2018).

Bd. 17: Frank Boblenz, Die Einführung der Reformation im Amt Sömmerda (in Vorb., erscheint Ende 2018).

Bd. 18: Uwe Schirmer, Saalfeld und das Saalfelder Umland in der frühen Reformation (in Vorb., erscheint Ende 2018).

Bd. 19: Werner Greiling/Alexander Krünes/Uwe Schirmer (Hrsg.), Thüringen im Jahrhundert der Reformation. Bilanz eines Projektes – Perspektiven der Forschung (in Vorb., erscheint Ende 2018).

Ulrike Eydinger, Christopher Spehr

Die Projektgruppe Reformationsgeschichte

Die Stiftung Schloss Friedenstein Gotha bewahrt in ihrem Kupferstichkabinett einen weltweit einmaligen Bestand an Flugblättern des 15. bis 17. Jahrhunderts auf. Weil die wissenschaftliche Bearbeitung und Veröffentlichung dieser Einblattdrucke ein Forschungsdefizit bildete, griff die Projektgruppe Reformationsgeschichte (PRG) dieses Anliegen auf und initiierte die Erschließung und Edition eines ersten Teils der Sammlung – und zwar der xylographisch illustrierten Flugblätter der Reformationszeit. 2012 hatten sich die Friedrich-Schiller-Universität Jena mit Prof. Dr. Christopher Spehr (Lehrstuhl für Kirchengeschichte), die Universität Erfurt mit Prof. Dr. Anselm Schubert (Lehrstuhl für Evangelische Theologie/Kulturgeschichte des Christentums) und die Stiftung Schloss Friedenstein Gotha mit Prof. Dr. Martin Eberle zur PRG zusammengeschlossen. Nach dem Wechsel von Prof. Schubert an die Universität Erlangen-Nürnberg noch im gleichen Jahr konnte seitens der Universität Erfurt die Forschungsbibliothek Gotha mit Dr. Kathrin Paasch für die Mitwirkung in der PRG gewonnen werden. Die Forschergruppe setzte sich zum Ziel, Projekte, die in wissenschaftlicher Hinsicht zentrale Beiträge zur reformationsgeschichtlichen Forschung versprachen und die Wahrnehmung von Thüringen als Stammland der Reformation zu stärken suchten, zu konzipieren und – unter Einwerbung von geeigneten Drittmitteln – durchzuführen. Zudem sollte die Zusammenarbeit der verschiedenen wissenschaftlichen, musealen und forschungsrelevanten Institutionen in Thüringen unterstützt werden (siehe den Beitrag zum „Netzwerk Reformationsforschung in Thüringen"). Zur Einrichtung und Koordination der PRG war, finanziert durch das TMBWK (später das TMWWDG), eine wissenschaftliche Mitarbeiterstelle geschaffen worden, die mit Dr. des. Ulrike Eydinger besetzt wurde. Erstes Hauptprojekt war die wissenschaftliche Erschließung und Veröffentlichung der auf Schloss Friedenstein befindlichen Flugblätter der Reformationszeit.

Erschließung und Edition der xylographisch illustrierten Flugblätter

Knapp 700 illustrierte Einblattdrucke vom Ende des 15. bis zum Ende des 16. Jahrhunderts bilden den Kernbestand dieser historisch gewachsenen Sammlung von Flugblättern. Es wird angenommen, dass die Sammlung zeitgenössisch – möglicherweise bereits am Hof der ernestinischen Kurfürsten – entstanden ist. Bekannt ist, dass Herzog Ernst I. von Sachsen-Gotha die damals gebundenen Grafiken aus Weimar in seine neu eingerichtete Kunstkammer in Gotha überführte. In den Inventarbüchern von 1656 bis 1659 finden sich die ersten konkreten Hinweise auf den Bestand.

Viele der jetzt bearbeiteten Drucke lassen sich allein in Gotha nachweisen und waren der Forschung wie der Öffentlichkeit bis dato unbekannt. Zwei Drittel der Drucke sind mit hervorragend erhaltenen Farben koloriert, so dass die Kollektion höchst exklusiv ist. Künstler wie die Gebrüder Beham, Lucas Cranach d. Ä. und sein Sohn, Albrecht Dürer, Michael Ostendorfer, Georg Pencz, Erhard Schön, Virgil Solis, Niclas Stör oder auch Hans Weiditz gestalteten die Blätter. Ihre Themen erstrecken sich von Darstellungen der Landsknechte und Soldaten über Porträts, theologische Kontroversthemen und Glaubensinhalte sowie Wunder und Missbildungen bis hin zur Abbildung von Fabeln und Sprichwörtern. Die Texte, zumeist typographisch gedruckt, stammen von Hans Sachs, Sebastian Brant, Pamphilis Gengenbach, Martin Luther, Philipp Melanchthon und Johannes Calvin sowie weiteren evangelischen Persönlichkeiten.

Die vollständige Erschließung der kulturhistorisch wertvollen Einblattholzschnitte war nie erfolgt. Zwar gab es 1976 einen ersten Vorstoß zur Veröffentlichung der Sammlung durch Ingeburg Neumeister, die 50 *Flugblätter der Reformation und des Bauernkrieges* publizierte. Auch wurde seit Ende der 1970er Jahre im Kupferstichkabinett an einer Edition des gesamten Bestandes gearbeitet. Doch blieb dessen Manuskript nach 1989 ungedruckt.

Die PRG konnte diese Vorarbeiten aufgreifen, sie mit der aktuellen interdisziplinären Flugblattforschung verknüpfen und die Wissenschaft durch neue Erkenntnisse vitalisieren. Mit der Rückkopplung der Resultate an die Buch-, Handschriften- und Kunstsammlung der Ernestiner auf Schloss Friedenstein sollten Lücken im Bereich der sammlungsbezogenen Kontextualisierung der Drucke geschlossen und neue Untersuchungsansätze geschaffen werden. Zu den zahlreichen Forschungsaufgaben zählte schließlich die Frage, ob der sammelnde Akt an sich und/oder die Auswahl und Präsentation der Objekte eine dezidiert reformatorische Profilbildung unterstreiche.

Zusammen mit der Forschungsbibliothek Gotha wurden die Flugblätter nach DFG-Richtlinien digitalisiert. Als Förderer des Bestandskataloges konnte die Ernst von Siemens Kunststiftung gewonnen werden. Der renommierte Kunstbuchverlag, die Arnoldsche Verlagsanstalt GmbH, nahm das Projekt in sein Programm. Als Autoren für den Katalog fungierten neben Dr. des. Ulrike Eydinger der damalige Direktor des Bereiches Wissenschaft und Sammlungen und Leiter des Kupferstichkabinettes der Stiftung Schloss Friedenstein Gotha, Bernd Schäfer, sowie der ehemalige Stipendiat des Forschungszentrums Gotha und jetzige Mitarbeiter im Sammlungs- und Forschungsverbund Gotha, Matthias Rekow.

2016 wurde der voluminöse zweibändige Bestandskatalog der Öffentlichkeit vorgestellt (Abb. S. 36). Dieser enthält neben den technischen Daten die jeweilige Transkription der auf den Blättern angegebenen Texte sowie eine ausführliche Beschreibung von Darstellung und Inhalt bei gleichzeitiger kunsthistorischer und historischer Kontextualisierung. Großformatige Abbildungen machen die Beschreibungen nachvollziehbar und bieten eine Vergleichsmöglichkeit mit anderen Sammlungen. Seit 2018 ist dies auch online möglich (www.stiftungfriedenstein.de/sammlungen), wo die einzelnen Blätter mit kurzen Beschreibungen und technischen Daten abrufbar sind.

Wissenschaftliche Tagungen und eine Ausstellung

Die Erschließungsarbeiten zum Bestandskatalog wurden von zwei internationalen Fachtagungen in den Jahren 2013 und 2016 begleitet. Die erste interdisziplinär ausgerichtete Tagung fand zum Thema *Die Reformation und ihre Medien. Mediale Strategien im Umkreis der Wettiner im 16. Jahrhundert* (Gotha, 30.09.–02.10.2013) mit finanzieller Unterstützung der Ernst-Abbe-Stiftung statt. Eingeladen waren

Nachwuchswissenschaftler und ausgewiesene Experten aus den Bereichen der Theologie, Geschichte, Kunstgeschichte, Kultur- und Medientechnik sowie Germanistik. Inhaltlicher Ausgangspunkt war die Betrachtung der Reformation als neuartiges Medienphänomen, das auf die Konstituierung einer öffentlichen Meinung zielte. Gefragt wurde nach der strategischen Nutzung der so zahlreich überlieferten schriftlichen, bildpublizistischen und visuellen Medienformate in dem von beiden Linien der Wettiner beherrschten Gebiet. Die Durchsetzung von konfessionellen Überzeugungen war dabei nicht eine Frage einzelner Medien, sondern ein sich medial gegenseitig verstärkender Prozess, an dem unterschiedliche Informationsträger beteiligt waren und die seitens der Protagonisten bewusst eingesetzt wurden.

Die zweite Tagung veranstaltete die PRG vom 4. bis 6. April 2016 in Gotha. Sie widmete sich nun ausschließlich dem Medium Flugblatt und stellte es in den Kontext der konfessionellen Profil- und Identitätsbildung der Ernestiner im 16. Jahrhundert (*Das illustrierte Flugblatt im 16. Jahrhundert. Protestantische Profilbildung am Beispiel der Gothaer Sammlung*). Aufgrund der Vielfalt der auf den Flugblättern verhandelten religiösen, politischen und gesellschaftlichen Themen wurde schon früh der Wert jenes Kommunikationsmediums erkannt, so dass es neben dem üblichen Gebrauch auch als Sammlungsobjekt Gefallen fand. Daher legten im 16. und 17. Jahrhundert Fürsten, Kaufleute oder andere vermögende Personen Kollektionen von Einblattdrucken an, die heute als Beispiele für frühneuzeitliche Wissensspeicher gelten. Auffällig ist hierbei die konfessionelle Ausrichtung der Sammler: Nicht selten waren es evangelische Fürsten und Kaufleute, die sich für die Blätter begeisterten und durch ihre Sammlungen das protestantische Profil zu bewahren und zu schärfen suchten. Genau diese Aspekte wurden in Gotha eingehender untersucht und hierbei die Verschränkungen zwischen protestantischer Profilbildung, medialer Vermittlung und fürstlicher Sammlung aufgearbeitet. Die Tagung führte Expertinnen und Experten (Theologen, Kunsthistoriker, Historiker, Germanisten, Buch-, Kultur- und Erziehungswissenschaftler) aus Deutschland, den Niederlanden, Luxemburg, England, Tschechien und den USA nach Thüringen und veranschaulichte exemplarisch anhand des einmaligen Gothaer Flugblattbestandes die weltweite Bedeutung Thüringens als geistesgeschichtlichen Forschungsstandort. Gefördert wurde diese internationale und interdisziplinäre Tagung von der Deutschen Forschungsgemeinschaft und der Ernst-Abbe-Stiftung. Ein Tagungsband, in dem die Ergebnisse nachzulesen sind, ist derzeit in Vorbereitung.

Zeitgleich zur zweiten Tagung war zudem im Ausstellungskabinett des Herzoglichen Museums die Ausstellung *Satiren, Nachrichten und Wunderzeichen. Fliegende Blätter aus dem Jahrhundert der Reformation* (13.03.–12.06.2016) zu sehen. Hier wurden 48 Blätter in thematischen Gruppen gezeigt, die sowohl das Zeitgeschehen und die konfessionellen sowie ständischen Spannungen jener Zeit dokumentieren als auch Fabeln und Geschichten darbieten, mit denen das Publikum unterhalten und belehrt werden sollte. Die technischen Aspekte und der Gebrauch der Blätter wurden zusätzlich in der Ausstellung erläutert. In diesem Zusammenhang konnte als Leihgabe aus der Forschungsbibliothek Gotha ein Neufund präsentiert werden: In einer Flugschrift des 16. Jahrhunderts wurde ein mehrfach gefaltetes und mit kräftigen Farben koloriertes Flugblatt entdeckt, das Zitate aus jener Flugschrift wiedergibt und noch im 16. Jahrhundert eingebunden wurde.

Weiterentwicklung der Flugblattforschung

Die Edition der Flugblätter des 15. und 16. Jahrhunderts der Stiftung Schloss Friedenstein Gotha, die beiden Tagungen und die Ausstellung haben die Wahrnehmung der musealen Sammlung und die damit verbundenen Möglichkeiten des Ausbaus Gothas zu einem zentralen Wissenschaftsstandort in Thüringen deutlich verbessert. Dank der Erfahrungen des Editionsprojektes und angeregt durch die Ergebnisse der zweiten Tagung, plant die PRG zurzeit ein Folgeprojekt: die Vertiefung der Fragestellung nach der lutherischen Profilbildung unter Herzog Ernst dem Frommen am Beispiel der Gothaer Flugblattsammlung des 17. Jahrhunderts. Die im Kupferstichkabinett der Stiftung Schloss Friedenstein Gotha vorhandene Kollektion aus dem 17. Jahrhundert bildet in inhaltlicher und sammlungsgeschichtlicher Hinsicht ein noch bedeutenderes Zeugnis lutherischer Konfessionskultur, da sich der Sammler zweifelsfrei bestimmen lässt. Die aktive Sammeltätigkeit endet mit dem Tod Ernsts I. von Sachsen-Gotha-Altenburg im Jahre 1675.

Die einzelnen Flugblätter dieser Sammlung, die der Wissenschaft in großen Teilen vollkommen unbekannt sind, verweisen in ihrer thematischen Ausrichtung auf spezifische Interessen ihres Sammlers. Der Dreißigjährige Krieg, Ernsts militärische Beteiligung an diesem, die anhaltende Schmach durch den Verlust der Kurwürde und die damit einhergehende notwendige Identitätsfindung prägten den Herzog und sein Handeln. Im Zusammenhang mit der Identitätsbildung zum lutherischen Konfessionsstaat sei an das Ernestinische Bibelwerk, an die ebenfalls vom Herzog vorangetriebene Erweiterung des Kupferwerkes über die Grabplatten thüringischer Grafen und Landgrafen oder an die Anregung, eine Geschichte des Luthertums durch Veit Ludwig von Seckendorff schreiben zu lassen, erinnert. Die beiden Schwerpunkte, Theologie und Geschichte, die Festigung des Glaubens und der historisch-genealogische Hang zu einem Fortschreiben von Dynastie und Reformation spiegeln sich inhaltlich in den von Ernst gesammelten Einblattdrucken wider. Die naheliegende Hypothese, dass die Blätter als Teil der Kunstkammer auch zu pädagogischen Zwecken im Umfeld der Reformpädagogik Ernsts I. (zur Prinzenerziehung, aber auch in der benachbarten Schule) herangezogen wurden, verdient eingehendere Untersuchungen.

Es scheint, dass für eine fürstliche Sammlung diese Verknüpfung von pädagogischer und historisch-theologischer Funktionalisierung von Kunstkammer und Flugblättern zu diesem Zeitpunkt singulär ist.

Die PRG wird somit in den kommenden Jahren den bedeutenden Gesamtbestand an illustrierten Einblattdrucken des 15. bis 17. Jahrhunderts der Stiftung Schloss Friedenstein Gotha vollständig wissenschaftlich erschlossen sowie der Öffentlichkeit über digitale und analoge Medien zur Verfügung gestellt haben. Für die Reformations-, Konfessionalisierungs- und Flugblattforschung wird somit umfangreiches Arbeitsmaterial zur Verfügung gestellt, das unabhängig von Jubiläumsevents und schnelllebigen Forschungstrends auch noch in 100 Jahren Bestand haben wird.

Literatur
BERND SCHÄFER/ULRIKE EYDINGER/MATTHIAS REKOW, Fliegende Blätter. Die Sammlung der Einblattholzschnitte des 15. und 16. Jahrhunderts der Stiftung Schloss Friedenstein Gotha, 2 Bde., hrsg. von der Stiftung Schloss Friedenstein Gotha, Stuttgart 2016.

Dagmar Blaha

Das Reformationsportal Mitteldeutschland – ein Angebot für Forschung und Bildung

Bevorstehende Jubiläumsfeiern sind ein Impuls für die intensive Beschäftigung mit dem Gegenstand des Gedenkens. Das war auch und in besonderem Maße beim 500. Reformationsjubiläum so. Gleich eine ganze Dekade lang war es in den Mittelpunkt des Interesses vor allem von Theologen, Historikern und Germanisten, aber auch von geschichtsinteressierten Bürgern gerückt. Damit verbunden war eine sich stark intensivierende Nutzung von einschlägigem Archivgut. Besonders die Archive der ehemaligen Territorien des Heiligen Römischen Reiches Deutscher Nation, in denen die reformatorischen Ideen in die politische Praxis umgesetzt wurden, waren stark nachgefragt.

Die Archive, zu deren vornehmsten Aufgaben die Bereitstellung von Informationen für die historische Forschung und die Bildungsarbeit gehört, sehen sich ihrerseits gegenwärtig mit vielfältigen neuen Möglichkeiten im digitalen Zeitalter und mit veränderten Nutzererwartungen konfrontiert. Zunehmend wird gewünscht, dass archivalische Quellen digital präsentiert werden, weil dadurch ihre globale Erreichbarkeit zu jedem Zeitpunkt gesichert wird.

Das Digitale Archiv der Reformation

Das 500. Reformationsjubiläum und die damit verbundene Bereitstellung von zusätzlichen finanziellen Mitteln ermöglichte es Staatsarchiven aus Hessen, Sachsen-Anhalt und Thüringen in einem gemeinsamen Projekt mit dem *Digitalen Archiv der Reformation* (www.reformationsportal.de), neue Wege der Bereitstellung von archivalischen Quellen zu erproben. Die Aufgabenstellung war anspruchsvoll: In einem Internetportal sollten Dokumente zum Reformationsgeschehen in der Mitte Deutschlands präsentiert werden – und zwar für einen großen Nutzerkreis, der vom Schüler bis zum Wissenschaftler reicht. Finanziell wurde das Vorhaben durch die Bundesbeauftragte für Kultur und Medien, die Sparkassen-Kultur-Stiftung Hessen-Thüringen, die Länder Hessen und Sachsen-Anhalt sowie den Freistaat Thüringen abgesichert. Neben den projektbeteiligten Bundesländern wurde es durch den Freistaat Sachsen und das Land Brandenburg durch die Bereitstellung von archivalischen Quellen unterstützt. Diese bundesländerübergreifende Zusammenarbeit stellte ein Novum dar. Neben den Mitarbeitern aus sachsen-anhaltischen, hessischen und thüringischen Staatsarchiven, die vor allem den Inhalt erarbeiteten, zeichneten Informatiker der Thüringer Universitäts- und Landesbibliothek Jena (ThULB) für die technische Infrastruktur verantwortlich und fertigten einen großen Teil der notwendigen Digitalisate in hoher Auflösung (400 bzw. 600 dpi) an. Digitalisiert wurden besonders wichtige Dokumente zur Reformationsgeschichte und die Protokolle der ersten landesherrlichen Visitation in den Territorien (ca. 35.000 Stück).

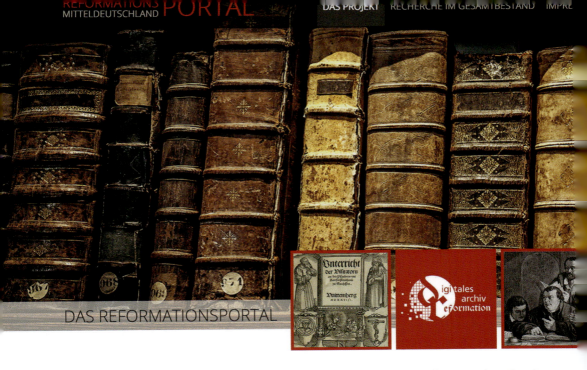

DAS REFORMATIONSPORTAL

Eine besondere Herausforderung stellte die große Spannbreite der Zielgruppe dar. Das *Digitale Archiv der Reformation* sollte interessierten Bürgern, Schülern und Studenten etwas bieten, aber auch dem Wissenschaftler und dem Heimatforscher von Nutzen sein. Deshalb wurden zwei Module entwickelt, die sich an diese unterschiedlichen Nutzerkreise wenden.

In einem ersten Modul – „Schaufenster" genannt – werden Dokumente präsentiert, die vor allem der Vermittlung von Grundwissen über die Reformation und der Illustration der damit verbundenen Vorgänge dient. Erreicht werden sollen damit vor allem eine breite Öffentlichkeit und Bildungseinrichtungen. Darüber hinaus war das „Schaufenster" aber auch schon Grundlage für die Ausstellungsplanung von Museen.

Neben dem Digitalisat der Quelle und einer kurzen Inhaltsbeschreibung des Dokumentes wird eine Transkription des meist schwer lesbaren Textes sowie eine Übertragung aus dem Frühneuhochdeutschen in modernes Deutsch bzw. eine Übersetzung aus dem Lateinischen geboten. Das alles kann nebeneinanderstehend betrachtet und verglichen werden in einem durch die Thüringer Universitäts- und Landesbibliothek (THULB) eigens dafür entwickelten Viewer. Die Präsentation der Dokumente wird ergänzt durch eine kurze Erläuterung der historischen Ereignisse und Prozesse, in deren Rahmen die gezeigten Quellen entstanden sind. Außerdem werden weiterführende Literaturhinweise und Hinweise auf gedruckte Editionen gegeben.

Ein intuitiver, spielerischer Zugang zu diesen wichtigen Schriftzeugnissen soll im „Schaufenster" die Freude am Entdecken wecken und zu weiteren Nachforschungen anregen. Die Quellen wurden 35 Schlagworten zugeordnet, die, alphabetisch gereiht, von „Abendmahlstreit" bis „Vorreformatorische Frömmigkeit" reichen. Alle Informationen und die Digitalisate der Quellen lassen sich im PDF-Format ausdrucken.

Die für die zweite Zielgruppe – Wissenschaftler, Heimatforscher und Ortschronisten – zur Verfügung gestellten Quellen sollen vorrangig Forschungsgrundlage sein. Sie sind über ein Recherchemodul ansteuerbar, dem eine topografische Karte zugrunde liegt. Das erlaubt

einen geografisch definierten und durch einen zugegebenen Zeitstrahl ermöglichten chronologischen Überblick zur Überlieferungslage. Ein Suchschlitz nimmt Stichworte für die Volltextsuche auf, die mit drei untereinander kombinierbaren Filtern (Zeitraum, Orte, Personen) eingeschränkt werden können. Die Treffer werden, sofern sie einen Ortsbezug haben, auf der Karte angezeigt. Die Präsentation der Dokumente erfolgt wie im „Schaufenster" im Viewer, allerdings ohne die aufwendige Transkription und Übertragung in modernes Deutsch.

Für die Präsentation in diesem „Forschungsmodul" wurden die Protokolle der ersten landesherrlichen Visitationen ausgewählt. Sie entstanden im Zuge der Überprüfungen der einzelnen Pfarren in den protestantischen Gebieten, deren Ergebnisse für jede Gemeinde protokolliert wurden. Diese Visitationsprotokolle ermöglichen Forschungen vom lokalen Ereignis bis hin zum epochalen Wandel. Diese virtuelle, georeferenzierte Vereinigung der Überlieferung der einzelnen Archive im Rahmen einer gemeinsamen Präsentation macht die Überlieferungslage für Forscher und Laien transparent, erweitert die Auswertungsmöglichkeit dieser Quellen in hohem Maße und wird als hoher Mehrwert für die Forschung angesehen.

Das Reformationsportal

In den zwei Jahren (2013–2015), die für die Bearbeitung zur Verfügung standen, konnten natürlich nur relativ wenige Dokumente aufgenommen werden. Diese Tatsache und die Zusammenarbeit mit Projekten zur Reformationsforschung ließ bereits frühzeitig Gedanken aufkommen, die einmal entwickelte Präsentationsplattform auch für Ergebnisse weiterer Vorhaben zur Reformationsgeschichte Mitteldeutschlands und Hessens zu öffnen. Folgerichtig wurde im Rahmen der Erarbeitung des *Digitalen Archivs der Reformation* nicht nur die Idee für ein *Reformationsportal Mitteldeutschland* geboren, sondern im Rahmen dieses Projekts auch geplant und technisch weitgehend umgesetzt. Besonders die Informatiker der ThULB und der Jenaer Firma Justorange haben daran einen herausragenden Anteil. Nach Ende des Förderzeitraumes gelang es so, die Ergebnisse weiterer Forschungsprojekte einer breiten Öffentlichkeit zugänglich zu machen und den Investitionen der Förderer des *Digitalen Archivs der Reformation* nachhaltige Wirkung zu verleihen. Inzwischen sind im *Reformationsportal Mitteldeutschland* die Ergebnisse von vier weiteren Forschungsvorhaben präsent.

In dem von der DFG geförderten Projekt zur Neuedition des *Unterrichts der Visitatoren* stellen Wissenschaftler der Universität Jena und der Sächsischen Akademie der Wissenschaften anhand von herausragenden Quellen Entstehungs- und Wirkungsgeschichte dieses normativen Gruppentextes vor. Alle im Jahr 1528 erschienenen Druckausgaben sowie wichtige Schlüsseldokumente für die Entstehung des *Unterrichts der Visitatoren* werden zur Benutzung im virtuellen Lesesaal des *Reformationsportals Mitteldeutschland* bereitgestellt.

Außerdem fanden die bereits in den Jahren 2008 bis 2010 in einem ebenfalls von der DFG finanzierten und gemeinsam von der ThULB und der Theologischen Fakultät der Universität Jena bearbeiten Projekt aufgearbeitete Schriften und Drucke von Georg Rörer, einem der engsten Mitarbeiter Martin Luthers, Aufnahme in das Reformationsportal. Im Rahmen des Projekts wurden Rörers Handschriften und Drucke digitalisiert und kodikologisch wie inhaltlich intensiv erschlossen.

Die ThULB Jena selbst stellte ihren „Gründungsbestand", die *Bibliotheca Electoralis*, digitalisiert, wissenschaftlich aufgearbeitet und virtuell zusammengefasst im Reformationsportal bereit. In dieser digitalen Umgebung wird die Sammlung (ca. 1.500 Einheiten) erstmals seit Jahrhunderten wieder geschlossen präsentiert.

Im Rahmen des vom Freistaat Thüringen geförderten Kooperationsprojekts der Wartburgstiftung Eisenach und der ThULB wurde die Flugschriftensammlung der Wartburg seit 2011 erschlossen, digitalisiert und 2017 im Reformationsportal online zugänglich gemacht.

An der Anhaltischen Landesbücherei Dessau wird zurzeit an der Digitalisierung der rund 437 Bände mit 1.710 gedruckten Titeln und 237 Handschriften der Bibliothek Herzog Georgs III. von Anhalt gearbeitet. Nach der Fertigstellung der wissenschaftlichen Bearbeitung werden auch sie über das Reformationsportal Mitteldeutschland erreichbar sein. Die Aufnahme weiterer Projekte ist geplant.

In bundesländer- und spartenübergreifender Zusammenarbeit ist es so gelungen, innerhalb von drei Jahren eine virtuelle Forschungsumgebung für die Reformationsgeschichte in Mitteldeutschland zu schaffen, die zudem erweiterungsfähig ist. Allerdings übersteigt die fachlich-inhaltliche Betreuung eines so umfangreich gewordenen Portals die Möglichkeiten von Staatsarchiven. Deshalb wurde im November 2017 diese Aufgabe an die Friedrich-Schiller-Universität Jena übertragen, die die technische Entwicklung und Betreuung durch die Informatiker der ThULB von Beginn an abgesichert hat. Der Präsident der Universität hat den Lehrstuhl Kirchengeschichte der Theologischen Fakultät sowie das Universitätsarchiv mit der fachlich-wissenschaftlichen Betreuung des *Reformationsportals Mitteldeutschland* beauftragt. Dadurch wird gewährleistet, dass das Portal künftig um Forschungsergebnisse erweitert und der Fachwelt wie dem interessierten Bürger wichtige Quellen zur Reformationsgeschichte in Mitteldeutschland digital bereitgestellt werden.

Kathrin Paasch

Die Forschungsbibliothek Gotha auf dem Weg zu einem Zentrum quellengestützter Reformationsforschung

Das Programm der Forschungsbibliothek zur Reformationsdekade

Die Forschungsbibliothek Gotha der Universität Erfurt ist eine der bedeutendsten historischen Bibliotheken Deutschlands. Als Hofbibliothek 1647 durch Herzog Ernst I. von Sachsen-Gotha (1601–1675) begründet, wurde sie durch die Erwerbungen der nachfolgenden Herzöge bis zum Erlöschen des Herzogtums 1825 als Universalbibliothek der Wissenschaften, Literaturen und Künste erweitert. Unter den frühneuzeitlichen Überlieferungen nehmen die reformationsgeschichtlichen Quellen hinsichtlich ihres Umfangs und ihrer Qualität einen herausragenden Platz ein. Für die Geschichte des Protestantismus vom 16. bis ins 18. Jahrhundert kann die Bibliothek somit den Rang einer Referenzsammlung beanspruchen. Die Quellen ermöglichen es der Wissenschaft, die geistesgeschichtlichen Grundlagen und die Formierungsphase der Reformation als eines europäischen Ereignisses, ihre Wirkungsgeschichte und Rezeption sowie die Lebenswelt des Protestantismus bis ins 19. Jahrhundert hinein zu erforschen.

Die Reformationsdekade bot der Forschungsbibliothek den geeigneten Anlass, ihre reichhaltigen, in der Forschung noch weitgehend unbekannten Sammlungen in den Mittelpunkt ihrer Aktivitäten zur Frühen Neuzeit zu stellen. Dazu hat die Forschungsbibliothek seit 2011 im Rahmen der Aktionslinie der DFG zur Förderung herausragender Forschungsbibliotheken das Vorhaben „Ausbau der Forschungsbibliothek Gotha zu einer Forschungs- und Studienstätte für die Kulturgeschichte des Protestantismus in der Frühen Neuzeit" mit eng aufeinander abgestimmten Maßnahmen der Erschließung ihrer handschriftlichen und gedruckten Bestände, der Verfügbarmachung von bibliografischen Daten und digitalisierten Werken und des Transfers der gewonnenen Erkenntnisse in Wissenschaft und breite Öffentlichkeit hinein durchgeführt. Dies geschah vor allem auf der Grundlage ihrer schon 2004 begonnenen Erschließung der reformationsgeschichtlichen Kernbestände.

Die Kernbestände zur Geschichte der Reformation und des Protestantismus, ihre Erschließung und Bewahrung

Die Forschungsbibliothek Gotha bewahrt über 7.900 mittelalterliche, frühneuzeitliche und neuzeitliche Handschriften aus Europa mit mehr als hunderttausend Einzeldokumenten. Den Kern ihrer frühneuzeitlichen Sammlungen machen dabei die knapp 260 sogenannten Reformationshandschriften mit fast 16.000 Einzeldokumenten aus dem 16. Jahrhundert aus, die es erstmals gründlich und online zu erschließen galt. Die reformationsgeschichtliche Sammlung ist das Ergebnis der gezielten Erwerbungen der Gothaer Herzöge, die sich als Sachwalter des Luthertums verstanden. Von allen bedeutenden Reformatoren der ersten und zweiten Generation, seien es Martin Luther, Philipp Melanchthon, Jean Calvin, Erasmus von Rotterdam, Johannes Bugenhagen, Paul Eber oder die beiden Thüringer Reformatoren Georg Spalatin und Friedrich Myconius, liegen zum Teil umfangreiche Sammlungen vor, zu denen Briefe, Manuskripte, Tischreden, Vorlesungsmitschriften und (Teil-)Nachlässe zählen. Die Forschungsbibliothek Gotha hat diesen Bestand bis 2009 erstmals ‚erschlossen'.

Für die Erforschung der Folgen der Reformation im 17. und 18. Jahrhundert besitzt die Bibliothek neben einer großen Anzahl von gedruckten Werken weitere bedeutende handschriftliche Bestände. Dazu gehört vor allem der Nachlass der beiden lutherischen Theologen Johann Gerhard (1582–1637) und Johann Ernst Gerhard (1621–1668) aus Jena mit insgesamt 202 Handschriftenbänden und rund 9.000 Einzelstücken. In diesem Umfang hat sich kein weiterer Nachlass eines lutherischen Theologen aus dieser Zeit erhalten. Die Erschließung erfolgte von 2009 bis 2013. Hieran schloss sich das voraussichtlich bis 2019 laufende Erschließungsprojekt zum Nachlass des Kirchenrats und Direktors der Herzoglichen Bibliothek Ernst Salomon Cyprian (1673–1745) an. Mit 3.900 Dokumenten aus der umfangreichen Cyprian-Korrespondenz sowie einer einzigartigen Sammlung von Zuarbeiten aus vielen protestantischen Ländern zur Dokumentation des Reformationsjubiläums von 1717 liegt damit ein großer Fundus zur Spätphase des orthodoxen Luthertums vor.

Die bibliografischen Daten wurden von der Forschungsbibliothek Gotha online in der bibliothekseigenen Datenbanken HANS bzw. im nationalen Verbundkatalog Kalliope erfasst und für die Forschung bereitgestellt. Von den Projekten zu den Reformationshandschriften und den Gelehrten Johann und Johann Ernst Gerhard liegen darüber hinaus auch gedruckte Kataloge vor. Im Zusammenhang mit den Erschließungen wurde zugleich die Restaurierung wichtiger Handschriften durchgeführt. Dabei und bei zahlreichen weiteren, im Folgenden genannten Aktivitäten wurde die Bibliothek vom Freundeskreis der Forschungsbibliothek Gotha e. V. unterstützt.

Ausstellungen, Tagungen und Publikationen

Da die Erschließungsprojekte einmal mehr das große, noch längst nicht ausgeschöpfte Potenzial der Forschungsbibliothek sichtbar gemacht haben, erarbeitete die Bibliothek einen umfangreichen infrastrukturellen Maßnahmenplan zur Reformationsdekade, der von 2011 bis 2017 mit Unterstützung der DFG sowie zahlreicher großer und kleiner Förderer in dem oben genannten Vorhaben zum Ausbau der Bibliothek umgesetzt werden konnte. Zu den inhaltlichen Schwerpunkten gehörten Ausstellungen, vom Freundeskreis organisierte Vorträge sowie Tagungen und Publikationen. Für die Forschungsbibliothek Gotha sind Ausstellungen nicht nur ein wichtiges Instrument zur Erforschung ihrer eigenen Bestände und ein Schaufenster für ihre Aktivitäten. Sie bieten zugleich die Möglichkeit, ihre hervorragenden Sammlungen bekannt zu machen und für die Arbeit der Bibliothek zu begeistern. Während der Reformationsdekade orientierten sich die Frühjahrsausstellungen an deren Themenschwerpunkten und erreichten dadurch eine große Resonanz. Zu allen Ausstellungen hat die Bibliothek Ausstellungskataloge erarbeitet, an denen zahlreiche Wissenschaftlerinnen und Wissenschaftler beteiligt waren.

2012 und 2013 veranstaltete die Bibliothek gemeinsam mit der Stiftung Schloss Friedenstein die Ausstellungen *Mit Lust und Liebe singen. Die Reformation und ihre Lieder* sowie *Gotha macht Schule. Bildung von Luther bis Francke*. 2014 zeigte sie mit der Schau *Aus erster Hand. Zeugnisse zur Reformationsgeschichte* die Spitzenstücke unter ihren Autographen. 2015 präsentierte sie unter dem Titel *Himmelsspektakel. Astronomie im Protestantismus der Frühen Neuzeit* gemeinsam mit Prof. Dr. Karl-Heinz Lotze (FSU Jena) astronomische Highlights und widmete sich 2016 gemeinsam mit der Stiftung Schloss Friedenstein Gotha der Thüringer Reformation in der Ausstellung *„Ich habe einen Traum". Myconius, Melanchthon und die Reformation in Thüringen*. Im Jubiläumsjahr 2017 setzte sie einen Akzent mit der Ausstellung *Im Kampf um die Seelen. Glauben im Thüringen der Frühen Neuzeit*. Alle Ausstellungen zählten jeweils mehrere tausend Besucherinnen und Besucher. Die Forschungsbibliothek Gotha präsentierte sich als ein wichtiger Ort des kulturellen Austauschs in Thüringen mit überregionaler Bedeutung. Darüber hinaus hat sie eine Vielzahl ihrer wertvollen Objekte in nationale und regionale Ausstellungen verliehen. Einen Höhepunkt ihrer Ausstellungsaktivitäten bildete die Entleihung ihrer Spitzenstücke in das große, 2016 in drei amerikanischen Großstädten gezeigte deutsche Ausstellungsprojekt „Here I stand …", das 195.000 Besucher zählte.

Um die mit historischen Quellen arbeitende nationale und internationale Wissenschaft mit den bemerkenswerten Gothaer Sammlungen bekannt zu machen und die gemeinsame und interdisziplinäre Diskussion vor Ort unter ganz unterschiedlichen Fragestellungen zu ermöglichen, hat die Forschungsbibliothek Forscherinnen und Forscher zu zahlreichen

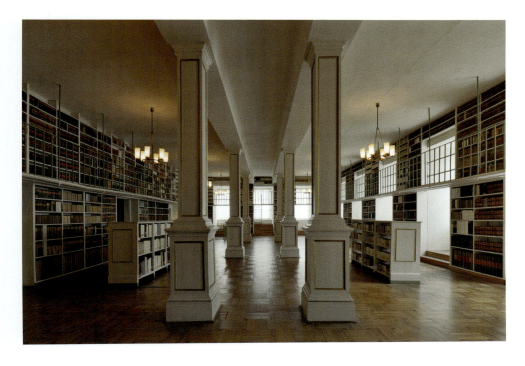

wissenschaftlichen Tagungen unter dem reformationsgeschichtlichen Fokus eingeladen bzw. gemeinsam mit ihnen veranstaltet. Von den 15 Tagungen, zu denen jeweils auch Sammelbände veröffentlicht wurden oder noch in der Vorbereitung sind, seien die Höhepunkte benannt.

Gemeinsam mit dem Institut für Europäische Geschichte Mainz führte die Bibliothek 2011 die Tagung *Fürstinnen und Konfession. Beiträge hochadliger Frauen zur Religionspolitik und Bekenntnisbildung* durch, im selben Jahr veranstaltete sie gemeinsam mit Prof. Dr. Volker Leppin (Universität Tübingen) die Tagung *Paul Eber (1511–1569). Humanist und Theologe der zweiten Generation Wittenberger Theologen*. Unter dem Thema *Duldung religiöser Vielfalt – Sorge um die wahre Religion. Toleranzdebatten in der Frühen Neuzeit* kamen in der zusammen mit Prof. Dr. Winfried Schröder (Universität Marburg) veranstalteten Tagung Wissenschaftlerinnen und Wissenschaftler in Gotha zusammen. Gemeinsam mit Prof. Dr. Markus Friedrich (Universität Hamburg) und Prof. Dr. Luise Schorn-Schütte (Universität Frankfurt am Main) veranstaltete die Bibliothek die Tagung *Konfession, Politik und Gelehrsamkeit: Der Jenaer Theologe Johann Gerhard (1582–1637) im Kontext seiner Zeit*. Zu den vier Tagungen erschienen zwischen 2014 und 2017 Sammelbände. Weitere Tagungen widmeten sich *Frühneuzeitlichen Bildungssystemen im interkonfessionellen Vergleich* (2014) – gemeinsam mit Dr. Christine Freytag (Universität Jena) und Prof. Dr. Markus Friedrich (Universität Hamburg) – und *Friedrich Myconius (1490–1546). Vom Franziskanerbruder zum Reformator Thüringens* (2015) sowie dem Thema *Bekennen und Bekenntnis im Kontext der Wittenberger Reformation* (2015) – gemeinsam mit PD Dr. Stefan Michel (Sächsische Akademie der Wissenschaften Leipzig). Im Jubiläumsjahr veranstaltete die Forschungsbibliothek gemeinsam mit Prof. Dr. Siegrid Westphal (Universität Osnabrück) und Prof. Dr. Christoph Spehr (Universität Jena) die Tagung *Reformatio & Memoria. Erinnerungsräume der Reformation*. Diese Tagung bildete den zweiten Teil der gemeinsam mit dem Netzwerk Reformationsforschung in Thüringen veranstalteten Reihe *Neue Forschungen zum Protestantismus in der Frühen Neuzeit*.

Mit ihrem Tagungsprogramm konnte sich die Forschungsbibliothek, die über prächtige Schauräume mit einer Bibliotheksgalerie und einem historischen Bibliothekssaal verfügt, als ein wichtiger Begegnungsort für Forscherinnen und Forscher aus aller Welt profilieren und sich aktiv nicht nur in die reformationsgeschichtlichen, sondern auch in die geistes- und kulturwissenschaftlichen Debatten zur Frühen Neuzeit einbringen.

Auf- und Ausbau digitaler Dienstleistungen

Gleichzeitig mit ihren Erschließungs-, Ausstellungs- und Tagungsaktivitäten hat die Bibliothek im Rahmen des von der DFG geförderten Vorhabens zu ihrem Ausbau als Studienstätte für die Kulturgeschichte des Protestantismus ihre digitalen Dienstleistungen weiterentwickelt. Mit großer Unterstützung des Landes Thüringen und mit Förderung der DFG konnte sie ihr Digitalisierungszentrum zur Digitalisierung der nur in Gotha überlieferten schriftlichen und gedruckten Quellen vorantreiben und sich als eine digitale Forschungsinfrastruktureinrichtung, die zugleich auf dem Feld der Digital Humanities aktiv ist, profilieren. Sie digitalisiert ihre unikalen Bestände zur Geschichte und Rezeption der Reformation forschungsgeleitet in von der DFG geförderten Projekten wie in dem Projekt *Religion und Politik in protestantischen Predigten des 16. und 17. Jahrhunderts im thüringisch-sächsischen Raum* (2008–2015) in Zusammenarbeit mit Prof. Dr. Luise Schorn-Schütte und im Projekt *Höfische Kulturräume in Mitteldeutschland* (2010–2016) zusammen mit Prof. Dr. Klaus Garber (Universität Osnabrück). Im Rahmen des nationalen Plans zur Digitalisierung der im deutschen Sprachraum erschienenen Drucke des 17. Jahrhunderts hat die Bibliothek nur in Gotha überlieferte Drucke digitalisiert. Die Digitalisate sind in der Digitalen historischen Bibliothek Erfurt/Gotha als Teil der von der Thüringer Universitäts- und Landesbibliothek (ThULB) Jena gehosteten Universal Multimedia Electronic Library (UrMEL) recherchierbar und werden durch die ThULB Jena langzeitgesichert. Darüber hinaus hat die Bibliothek für das Vorhaben zur Erschließung der Gothaer Flugblattsammlung, das von der Projektgruppe Reformationsgeschichte, einem Zusammenschluss der Forschungsbibliothek Gotha der Universität Erfurt, der Theologischen Fakultät Jena und der Stiftung Schloss Friedenstein, durchgeführt wird, die Digitalisierung der mehr als 900 Flugblätter übernommen. Auch hat die Bibliothek im Rahmen einer von der Universität Erfurt, der Saint Paul University und der University of Ottawa gemeinsam mit der Bibliothek der Saint Paul University die virtuelle Ausstellung *Die Reformation – Translation und Transmission: Bibliotheksschätze aus Deutschland und Kanada* konzipiert.

Neben den Digitalisierungsprojekten lag ein weiterer Schwerpunkt auf der Initiierung von Digital-Humanities-Projekten an der Bibliothek. Dazu gehören geplante digitale Editionsprojekte etwa zu den Korrespondenzen der Reformatoren Paul Eber und Friedrich Myconius, die sie zusammen mit Partnern aus der Wissenschaft und dem Digital Humanities-Bereich durchführen wird. Dafür kooperiert die Forschungsbibliothek seit 2017 in dem von der Thüringer Staatskanzlei geförderten Projekt zum Aufbau eines Editionsportals Thüringen. Auch baut die Bibliothek zusammen mit der ThULB Jena ein virtuelles Ausstellungsportal auf, das Ende 2018 mit der

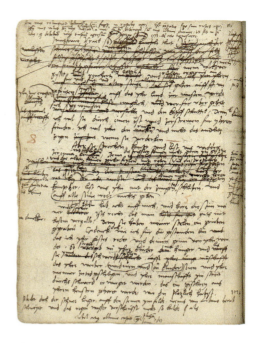

Schau *Hilaria Evangelica. Das Reformationsjubiläum 1717 in Europa* online gehen und Teil des Kulturportals Thüringen werden soll. Damit wird die Bibliothek eines der zentralen Werke der lutherischen Erinnerungskultur, das in Gotha geschaffen wurde, bekannt machen.

Fazit und Ausblick

In der Herzoglichen Bibliothek von Sachsen-Gotha-Altenburg spiegelt sich die von den Gothaer Herzögen in der Frühen Neuzeit inszenierte Erinnerungskultur als ein wesentlicher Aspekt der sich als Garant des Luthertums stilisierenden Ernestiner-Dynastie. Bis zum Beginn des 18. Jahrhunderts entstand in Gotha ein Fundus zur Geschichte der protestantischen Bewegungen, der die Forschungsbibliothek Gotha heute zu einem erstrangigen Gedächtnis-Speicher der Reformation macht. Darüber hinaus diente die Bibliothek den Gothaer Herzögen zugleich als Arsenal religionspolitischer Aktivitäten und Werkzeug machtpolitisch motivierter Reformationsgeschichtsschreibung. Nicht zuletzt durch die Initiative der von den Herzögen beauftragten Gelehrten etablierte sich die Herzogliche Bibliothek als frühes Zentrum der Reformationsforschung.

Für die Forschungsbibliothek Gotha stand es daher außer Frage, sich an der Reformationsdekade zu beteiligen. Darüber hinaus war es jedoch ihr wichtiges Anliegen, sich mit allen Akteuren der Reformationsdekade zu vernetzen, um ihr großes Potenzial sichtbar und fruchtbar zu machen. Dank der Unterstützung zahlreicher Förderer an der Universität Erfurt, in der Landesregierung Thüringen, in der Stadt Gotha sowie in den regionalen und nationalen Institutionen der Wissenschafts- und Kulturförderung und nicht zuletzt in enger Zusammenarbeit mit zahllosen Institutionen und Persönlichkeiten aus Wissenschaft, Kultur, Gesellschaft und Kirche ist dies der Bibliothek gelungen. Daran haben in der Bibliothek vor allem Dr. Hendrikje Carius, Dr. Daniel Gehrt, Cornelia Hopf, Gabriele Kern, Franziska König, Dr. Sascha Salatowsky, Dr. Thomas Töpfer und Dr. Petra Weigel mit Wissen, Können und Enthusiasmus mitgewirkt.

Zur großen Freude der Bibliothek wurde eine ihrer gedruckten Schriften, Martin Luthers Freiheitsschrift von 1521, zusammen mit weiteren Zeugnissen aus Thüringen 2015 in das UNESCO-Weltdokumentenerbe aufgenommen.

Zwar hat die Forschungsbibliothek nun ihre umfangreichen Aktivitäten im Rahmen des von der DFG geförderten Vorhabens zu ihrem Ausbau als Forschungs- und Studienstätte für die Kulturgeschichte des Protestantismus in der Frühen Neuzeit mit dem Ende der Reformationsdekade zu einem gewissen Abschluss gebracht. Doch heißt es nun fortzuschreiten und die Bibliothek zu einem Zentrum der quellengestützten Reformationsforschung mit internationaler Ausstrahlung auszubauen und sie als Ort und Kooperationspartnerin reformationsgeschichtlicher Quellen- und Forschungsarbeit weiterzuentwickeln. Einen wichtigen Impuls gibt dabei das seit 2015 und noch bis 2019 laufende, von der DFG geförderte, internationale und interdisziplinäre wissenschaftliche Netzwerk *Lutherische Orthodoxie* revisited. *Konfessionelle Muster zwischen Identitätsverpflichtung und ‚Weltoffenheit'*, das von Dr. Sascha Salatowsky in Kooperation mit Dr. Joar Haga/Universität Oslo initiiert wurde und in dem 15 Wissenschaftlerinnen und Wissenschaftler zur Erforschung der lutherischen Konfessionskultur in der Frühen Neuzeit zusammenarbeiten.

Der Wissenschaftsrat hat in seiner Stellungnahme aus dem Jahre 2015 die Bibliothek positiv evaluiert und anerkannt, dass sie sich „erfolgreich zu einer selbst forschenden Einrichtung entwickelt" habe. Das Land Thüringen und die Universität Erfurt haben der positiven Evaluation Rechnung getragen und die Bibliothek zu einer wissenschaftlichen Einrichtung der Universität weiterentwickelt. Auch haben sie in der Bibliothek zwei Stellen für einen wissenschaftlichen Mitarbeiter und einen wissenschaftlichen Bibliothekar geschaffen, die sich insbesondere der Weiterführung der quellengestützten Erschließung und Forschung zur Geschichte und Rezeption der Reformation widmen. Für den Rückenwind während der Reformationsdekade dankt die Forschungsbibliothek Gotha herzlich ihren vielen Förderern, Partnerinnen und Partnern sowie ihren neu gewonnenen Freundinnen und Freunden. Es gilt nun, den ertragreichen Weg gemeinsam fortzusetzen.

Ralf Koerrenz

Das Landesgraduiertenkolleg *Protestantische Bildungstraditionen in Mitteldeutschland*

Das Graduiertenkolleg *Protestantische Bildungstraditionen in Mitteldeutschland* wurde vom Land Thüringen von 2011 bis 2014 gefördert und hatte sich folgende Zielsetzungen gesteckt:

- In wissenschaftlicher Hinsicht ging es darum, den Zusammenhang von Bildung und Protestantismus in einem exemplarischen regionalen Kontext („protestantisches Kernland") mit einem bestimmten Fokus („Protestantismus als Religion der Bildung") zu untersuchen.
- In wissenschaftsstrategischer Hinsicht diente das Vorhaben dem Ausbau der bereits etablierten interdisziplinären Erforschung von Protestantismus und Bildung an der Friedrich-Schiller-Universität Jena.
- In kulturpolitischer Hinsicht wollte das Landesgraduiertenkolleg im Vorfeld des Reformationsjubiläums einen spezifischen Beitrag universitärer Forschung leisten.

Diese Ziele wurden erstens durch die Förderung von Promotionsprojekten, zweitens durch die Förderung von Editionsprojekten von Nachwuchswissenschaftlerinnen und -wissenschaftlern (Publikationsstipendien) und drittens durch die Organisation mehrerer Vorlesungsreihen sowie deren Publikation erreicht. Nachfolgend soll zunächst der inhaltliche Ansatz skizziert und anschließend auf einige exemplarische Ergebnisse verwiesen werden.

Der inhaltliche Rahmen des Forschungsprogramms

„Bildung" ist in anthropologischer Perspektive – so der Leitgedanke des Kollegs – mit der Frage nach der Bedeutung von Religion für den Menschen auf das Engste verknüpft. Dabei spielt das Verständnis von Freiheit eine entscheidende Rolle. Die Tradition, in der in besonderem Maße eine Verknüpfung des Motivs „Freiheit" mit wesentlichen Leitvorstellungen der Aufklärung wie Autonomie oder Mündigkeit zu einer neu verstandenen Anthropologie geführt hat, war – typologisch betrachtet – der Protestantismus. Dieser entwickelte eine neue Anthropologie im Einvernehmen mit den Postulaten der Aufklärung nicht gegen, sondern mit oder gar durch die Religion. Und der Protestantismus tat dies aus guten, in seiner eigenen Tradition wurzelnden Gründen.

Die neue Form der Freiheit, die im 18. Jahrhundert zwischen Naturbeobachtung und Erkenntnisphilosophie kontrovers diskutiert wurde, war im Protestantismus verbunden mit der Erfahrung der Zurückgeworfenheit des Menschen auf sich selbst. Auch wenn sich die politische Herrschaft weiterhin „christlich" definierte, auch wenn die Stabilisierung der Macht- und Unterdrückungsmechanismen weiterhin „christlich" legitimiert wurden und auch wenn schließlich die Kirche als institutioneller Rahmen weiterhin die Einzelnen umfing – in letzter Konsequenz führten Leitgedanken wie das Priestertum aller Gläubigen oder die Unmittelbarkeit der Einzelnen vor Gott dazu, dass der Mensch auf sich selbst verwiesen wurde. Den Rahmen bildete auf der einen Seite eine universal gedachte Vernunft, die in funktionaler Hinsicht überaus unterschiedlich bewertet wurde, und auf der anderen Seite die je individuell gegebenen Möglichkeiten des Verstandes. In diesem Rahmen bekam der Freiheitsgedanke den faden Beigeschmack der Verlassenheit und der Einsamkeit, da sich das Individuum vor die Unausweichlichkeit der Wahl und der je individuellen Entscheidung gestellt sah. Innerhalb des deutschsprachigen Protestantismus gab es ganz bestimmte Leitmotive, mit denen das Neue der Situation zu bewältigen versucht wurde. Die Reaktionen konnten in einem Spektrum von pietistischen Frömmigkeitsübungen bis zu rationalistischer Bibel- bzw. Kirchenkritik sehr unterschiedlich ausfallen. Strukturelle Grundlage von Wahl und Entscheidung war das Aufeinandertreffen von Freiheit und Einsamkeit in einem Rahmen, in dem kein höchstes Lehramt und kein substantialistisch gedachtes Sakrament eine tragende Entlastung versprach. Ganz im Gegenteil: Die Suche nach einer solchen Entlastung durch eine reine, absolute Lehre hatte sich im 17. Jahrhundert im Rahmen der protestantischen Orthodoxie gerade als keine angemessene Weiterentwicklung der reformatorischen Grundanliegen erwiesen. Insofern musste Freiheit als ein Wesenskern des Protestantismus in ihrem Ernstcharakter angesichts einer neuen Wertschätzung menschlicher Vernunft neu bestimmt werden. Die in der Rückverwiesenheit des Menschen auf sich selbst aufbrechende Einsamkeit verlangte nach einer Kompensationsstrategie, in der Freiheit und Einsamkeit gleichermaßen aufgehoben werden konnten. Diese Kompensationsstrategie, diese Bewältigungsstrategie von Freiheit und Einsamkeit aber war: Bildung.

Bildung wurde zum Modell, in dem der Protestantismus die neu akzentuierte Anthropologie mit den Leitgedanken der Reformation in Einklang bringen wollte. Der Mensch sollte sich mit sich selbst und auch mit Gott in der verantwortlichen Gestaltung des Lebenslaufs in Einklang bringen. Die Wertvorstellungen der Aufklärung wurden dabei mit zentralen Leitmotiven der Reformation verschmolzen. Der entscheidende Modus der Bildung war Reflexion, Selbstreflexion. Bildung war und ist – in ihrem protestantischen Ursprungssinn – immer Selbstbildung.

Diese Interpretation – wenn sie denn die Sache adäquat zu beschreiben vermag – besagt, dass Bildung als Bewältigungsstrategie von Freiheit und Einsamkeit eine konzeptionelle Geburt aus dem Geist des Protestantismus ist. Diese Lesart hat Konsequenzen sowohl für das Verständnis von (protestantischer) Theologie als auch für die Bestimmung der Grundlagen von Bildungswissenschaft.

Heute wird vielerlei unter „Bildung" verstanden. Im 19. Jahrhundert hat eine Deformation des Modells „Bildung" eingesetzt, die bis heute wirksam ist. In dieser Deformation wurde „Bildung" mit der Kontrolle über bestimmte Wissensbestände (individuell und kollektiv) gleichgesetzt. Der in dem Freiheitsmoment liegende Impuls, der die Anerkennung absoluter innerweltlicher Machtansprüche grundsätzlich infrage stellte, wurde in der Vorstellung des gelehrten Untertans geradezu in sein Gegenteil verkehrt. Heute wabern alle möglichen und unmöglichen Bildungsbegriffe durch die mediale Landschaft, so dass mit guten Gründen Adornos Diktum von einer „Halbbildung" zu der kulturkritischen Fundierung einer „Theorie der Unbildung" (Konrad Paul Liessmann) weiterentwickelt wurde.

In heutigen Debatten wird in der Regel vorausgesetzt, dass der Mensch – inmitten aller faktischen Abhängigkeiten – seinen Lebensweg als Lernweg unter dem Anspruch und der Maßgabe eines kritisch-reflektierten Vernunftgebrauchs selbst gestaltet. Eine solche Betonung von (relativer) individueller Autonomie hängt zugleich eng mit der Sozialphilosophie westlicher Gesellschaften zusammen, die idealtypisch als Vereinigungen freier, vernunftgeleiteter Menschen verstanden werden. Zur Diskussion der Frage, wie und durch was ein Mensch auf seinem Lebensweg zu einer dafür notwendig kritischen Handhabung der je eigenen Vernunft ermächtigt wird und befähigt bleibt, vermögen die protestantischen Wurzeln des Modells „Bildung" eine notwendige Erinnerung einzutragen. Denn hier zeigt sich – in aller Verschiedenheit – eine spezifische Form des Selbstbezugs, wie mit den im Kontext der Aufklärung formulierten Maßstäben der Freiheit, Mündigkeit und Autonomie umgegangen werden kann. Bildung wird in einem umfassenden Sinne unter religiösen Vorzeichen an die tätige Weltaneignung des Individuums gebunden und (in einer heutigen Deutungskategorie ausgedrückt) mit der Ambivalenz von Möglichkeit und Anspruch einer *Selbstbildung* verknüpft.

Dieses Forschungsprogramm wurde innerhalb der wöchentlichen Treffen des Kollegs und insbesondere auch im Rahmen von verschiedenen Veranstaltungsformaten diskutiert. So wurden in der Eröffnungskonferenz zunächst grundlegende Rückbindungen an die Reformation geklärt (vgl. RALF KOERRENZ/HENNING SCHLUSS, Reformatorische Ausgangspunkte protestantischer Bildung. Orientierungen an Martin Luther, Jena: PReQ 2011). Eine zeitgeschichtliche Kontextualisierung erfolgte durch eine Analyse der kirchlichen Rahmung der Offenen Arbeit in der DDR (vgl. RALF KOERRENZ/ANNE STIEBRITZ [Hrsg.], Kirche – Bildung – Freiheit. Die Offene Arbeit als Modell einer mündigen Kirche, Paderborn: Schöningh 2012).

Der systematische Zusammenhang von Bildung und Protestantismus wurde in einer Vorlesungsreihe zu *Bildung als protestantisches Modell* mit interdisziplinären Zugängen entfaltet (vgl. RALF KOERRENZ [Hrsg.], Bildung als protestantisches Modell, Paderborn: Schöningh 2013). Dabei wurde gezeigt, dass bzw. wie „Bildung" im Gefolge der Aufklärung als ein protestantisches Muster zur Selbstverständigung des Individuums mit sich selbst über sich selbst verstanden werden kann. In diesen inhaltlichen Rahmen, der die Arbeit im gesamten Kolleg konturierte, brachten die Kollegiatinnen und Kollegiaten dann ihre je eigenen Forschungsperspektiven auf wesentliche Teilaspekte ein.

Nicht nur inhaltlich, sondern auch organisatorisch war die Förderung des Kollegs Protestantische Bildungstraditionen nachhaltig. Eine institutionelle Fortsetzung fand das Kolleg in zweifacher Hinsicht. Zum einen wurde von Michael Wermke (Direktor) und Ralf Koerrenz gemeinsam mit anderen im November 2011 das „Zentrum für religionspädagogische Bildungsforschung" (ZRB) auf den Weg gebracht. Zum anderen wurde im Jahr 2013 als Nachfolgeeinrichtung das *Kolleg Globale Bildung* gegründet, das sich inzwischen durch ein internationales Netzwerk mit Kolleginnen und Kollegen u. a. aus Brasilien, China, Japan, Kanada und den USA auszeichnet. Diese Arbeit knüpft unmittelbar an die im Kolleg Protestantische Bildungstraditionen diskutierten Zusammenhänge mit globalen Aspekten einerseits (vgl. ANNIKA BLICHMANN/RALF KOERRENZ [Hrsg.], Pädagogische Reform im Horizont der Globalisierung, Paderborn: Schöningh 2014) und sozialen Herausforderungen anderseits (vgl. RALF KOERRENZ/BENJAMIN BUNK [Hrsg.], Armut und Armenfürsorge. Protestantische Perspektiven, Paderborn: Schöningh 2014) an.

Ausgewählte Ergebnisse und Publikationen des Forschungsprogramms

1. Folgende Promotionsprojekte wurden im Kolleg abgeschlossen:

BENJAMIN BUNK: Bildung und Soziale Bewegungen. Eine pädagogische Perspektive auf die Movimento dos Sem Terra (die brasilianische Landlosenbewegung) und das World Social Forum (das Weltsozialforum) als Raum für Bildungsprozesse (publiziert unter dem Titel: Bildung und soziale Bewegung. Die brasilianische Landlosenbewegung und das Weltsozialforum als Räume für Bildungsprozesse, Paderborn: Schöningh 2018).

SOPHIA GROSSKOPF: Johannes Daniel Falk (1768–1826) und die Sonntagsschule im Herzogtum Sachsen-Weimar-Eisenach.

SYLVIA E. KLEEBERG: Die Entwicklung der Schulaufsichtsfrage im Großherzogtum Sachsen-Weimar-Eisenach und den reußischen Fürstentümern in der Zeit von 1871 bis 1918 (publiziert unter dem Titel: Staat – Kirche – Volksschule im Reußenland, 2 Teile, Leipzig: Evangelische Verlagsanstalt 2016).

THERESA SCHMITHÜSEN: Die protestantische Bildungskonzeption G. E. Lessings.

ANNE STIEBRITZ: Die Offene Arbeit der evangelischen Kirche in der DDR (publiziert unter dem Titel: Werkstatt: Offene Arbeit: Biographische Studien zu jungen Frauen in der kirchlichen Jugendarbeit der DDR, Leverkusen: Budrich 2018).

ULRIKE WEISSBACH: Die Rezeption des Ersten Weltkrieges in ausgewählten zeitgenössischen religionspädagogischen Publikationen.

2. Folgende Editionsprojekte wurden im Kolleg abgeschlossen:

HIRAM KÜMPER (Hrsg.), Historia und Exempel. Geschichte und Geschichtsunterricht im deutschen Protestantismus zwischen Reformation und Frühhistorismus, Leipzig: Evangelische Verlagsanstalt 2014 (Quellen zur protestantischen Bildungsgeschichte, 8).

ULRIKE LÖTZSCH (Hrsg.), Die „Rosenschule bey Jena". Ein Schulversuch von 1762, Leipzig: Evangelische Verlagsanstalt 2014 (Quellen zur protestantischen Bildungsgeschichte, 7).

MATTHIAS HENSEL (Hrsg.), Pennalismus. Ein Phänomen protestantischer Universitäten im 17. Jahrhundert, Leipzig: Evangelische Verlagsanstalt 2014 (Quellen zur protestantischen Bildungsgeschichte, 6).

MARTIN GOLDFRIEDRICH (Hrsg.), Ganzheitlicher Religionsunterricht bei Salzmann und Guts-Muths. Schriften zur Leiblichkeit und zur Leibeserziehung, Leipzig: Evangelische Verlagsanstalt 2014 (Quellen zur protestantischen Bildungsgeschichte, 5).

JENS NAGEL (Hrsg.): „Historische Bilder" und „Fragen aus der Historia". Die Schulbücher von Johann Buno und Christoph Cellarius im Geschichtsunterricht der Frühen Neuzeit, Leipzig: Evangelische Verlagsanstalt 2014 (Quellen zur protestantischen Bildungsgeschichte, 4).

ZSUZSANNA KISÉRY (Hrsg.), Matthias Bél: Ohnmaßgebliches Project, Leipzig: Evangelische Verlagsanstalt 2013 (Quellen zur protestantischen Bildungsgeschichte, 2).

ANJA RICHTER (Hrsg.), Inszenierte Bildung: Historische Festreden als Spiegel protestantischer Schulkultur, Leipzig: Evangelische Verlagsanstalt 2013 (Quellen zur protestantischen Bildungsgeschichte, 1).

KATHARINA FREUDENBERG (Hrsg.), Kloster Volkenroda als Ort evangelischer Bildung, Jena: PReQ 2012.

Christopher Spehr

Interdisziplinäre Graduiertengruppe *Kulturelle Wirkungen der Reformation*

Die Reformation und ihre Wirkungen waren Gegenstand eines länderübergreifenden Forschungsprojektes. Statt sich in regionalgeschichtlichen Details zu verlieren und Konkurrenzen zwischen einzelnen Forschungsstandorten aufzubauen oder fortzuschreiben, zielte dieses Projekt von Anfang an auf bundesländerübergreifende Zusammenarbeit, diskursive Ergänzung und methodische Interdisziplinarität. 2012 wurde zwischen den Bundesländern Sachsen-Anhalt, Thüringen und Sachsen eine vertiefte Zusammenarbeit auf wissenschaftlicher Ebene angeregt. Hierbei sollte das von der Martin-Luther-Universität Halle-Wittenberg angestoßene Programm „Spurenlese" aufgegriffen und durch den mitteldeutschen Universitätsbund im Themenfeld „Kulturelle Wirkungen der Reformation" vertieft werden. Die seit 2012 tätigen Rektoratsbeauftragten der drei Universitäten Halle-Wittenberg (Prof. Dr. Ernst-Joachim Waschke), Leipzig (Prof. Dr. Klaus Fitschen) und Jena (Prof. Dr. Christopher Spehr) erarbeiteten für das Reformationsjubiläum eine doppelte Strategie: Zum einen wurde ein gemeinsamer Kongress für das Jahr 2017 geplant und durchgeführt. Zum anderen konnte in Vorbereitung dieses Kongresses ein gemeinsames Graduiertenkolleg installiert werden.

Das Graduiertenkolleg

Zur Stärkung und Förderung des wissenschaftlichen Nachwuchses in den Geisteswissenschaften wurde ein die drei mitteldeutschen Universitäten Halle-Wittenberg, Leipzig und Jena umfassendes Konzept entwickelt, das unter dem Thema „Kulturelle Wirkungen der Reformation" verschiedene Fragestellungen bearbeiten sollte. Aus dem facettenreichen Spektrum der kulturellen Wirkungen der Reformation ergaben sich drei Forschungsfelder: 1. Medialität, 2. Identität und 3. Normativität. Während Leipzig für den Bereich Identität und Halle-Wittenberg für Normativität schwerpunktmäßig zuständig waren, befasste sich Jena in Anknüpfung an die dortigen Reformationsforschungen (u. a. Projektgruppe Reformationsgeschichte, Tagungen zur Medialität, Digitales Archiv der Reformation) mit der Medialität. Während Sachsen-Anhalt für das Graduiertenkolleg fünf Stipendien zur Verfügung stellte, beteiligte sich Sachsen – trotz anderslautender Signale – an diesem Projekt nicht. Thüringen ermöglichte immerhin noch zwei Stipendien dank einer Kofinanzierung der Ernst-Abbe-Stiftung und des Freistaates Thüringen, so dass die Universität Jena eine kleine Graduiertengruppe zum Thema Medialität ausschreiben konnte. Unter der Leitung von Prof. Dr. Jens Haustein (Lehrstuhl für Germanistische Mediävistik) und Prof. Dr. Christopher Spehr (Lehrstuhl für Kirchengeschichte) wurden nach einem gestuften Auswahlverfahren der Theologe Jonathan Reinert und der Germanist Franz Schollmeyer mit ihren Dissertationsprojekten ins Programm aufgenommen, das die Laufzeit 1. April 2015 bis 31. März 2018 umfasste.

Neben der Arbeit an der Dissertation nahmen die Jenaer Stipendiaten sowohl regelmäßig an den Treffen der Graduiertengruppe vor Ort als auch am Graduiertenkolleg in Wittenberg teil. Sie engagierten sich mit Vorträgen im *Netzwerk Reformationsforschung in Thüringen* (u. a. bei den Workshops, der Tagung *Das illustrierte Flugblatt im 16. Jahrhundert* [Gotha 2016] und *Reformatio & Memoria* Teil 1 [Jena 2017]) sowie im *Internationalen Kongress ‚Kulturelle Wirkungen der Reformation'* (Wittenberg 2017). Der gute Fortschritt an den substanzhaltigen Qualifikationsschriften wurde durch Vorträge und Diskussionsrunden im Rahmen der Kollegsitzungen dokumentiert. Die beiden Qualifikationsschriften werden in Kürze an den jeweiligen Fakultäten eingereicht und voraussichtlich 2019 im Buchhandel erscheinen.

Passionspredigten im 16. Jahrhundert

Der Titel der theologischen Dissertation lautet: *Passionspredigten im 16. Jahrhundert. Vom Leiden und Sterben Jesu Christi in den Postillen Martin Luthers, der Wittenberger Tradition und altgläubiger Prediger.* Jonathan Reinert geht hierin der Frage nach, ob und inwiefern sich im 16. Jahrhundert eine typisch „lutherische Passionspredigt" entwickelte. Dafür werden Predigten über das – zeitgenössisch für Theologie und Kirche, Frömmigkeit und Mentalität überaus bedeutsame – Thema des Leidens und Sterbens Jesu Christi in den Postillen Martin Luthers und lutherischer Prediger in der Zeit vom Beginn der Reformation bis zum Konkordienbuch (1580) analysiert. Ebenso werden altgläubige Passionspredigten aus demselben Zeitraum in die Untersuchung einbezogen und dargelegt, wie die theologischen und kirchenpolitischen Kontrahenten wahrgenommen wurden, welche Wechselwirkungen zwischen den Konfessionen und welche Entwicklungen innerhalb der Konfessionen stattfanden. Durch den Zugang über die – in der Forschung bislang viel zu wenig bearbeitete – Postille als einem Medium, das durch die Reformation besondere Bedeutung erlangte, liegen der Arbeit Quellen zugrunde, bei denen aufgrund der Auflagenzahlen von einem regen Gebrauch in der Pfarrerschaft und damit von einer großen Breitenwirkung ausgegangen werden kann.

Literarisierungsstrategien in lutherischen Flugschriften

Der Titel der philologischen Dissertation lautet: *Literarisierungsstrategien in lutherischen Flugschriften zu Konkordienformel und Konkordienbuch (1568–1600)*. In ihr beschäftigt sich Franz Schollmeyer mit den seit 1568 einsetzenden Bemühungen Jacob Andreäs um die Einigung des Luthertums und die Beilegung der innerprotestantischen Streitigkeiten, die nach Luthers Tod 1546 und dem Augsburger Interim 1548 ausgebrochen waren. Diese Bestrebungen mündeten 1577 in der Konkordienformel und 1580 im Konkordienbuch, das bis heute zu den Bekenntnisschriften vieler deutscher Landeskirchen gehört. Die Arbeit behandelt aus germanistischer Perspektive eine Auswahl der in der Diskussion um dieses Einigungswerk entstandenen deutschsprachigen, lutherischen Flugschriften. Sie fragt nach den literarischen Strategien, die in den seit 1569 und auch noch nach 1580 zahlreich erschienenen Texten für oder gegen das Einigungswerk verwendet wurden, um den theologischen Gegner zu diskreditieren, die eigene Position aber als wahr darzustellen und das Publikum für diese zu gewinnen. Seit den 1560er Jahren rückte auf allen konfessionellen Seiten die Abgrenzung untereinander in den Vordergrund, und es kam zu einer Radikalisierung, die sich auch in einer zunehmenden Schärfe, Polemik, Aggressivität und Bildhaftigkeit der Flugschriften niederschlug. Der Hauptfokus der Untersuchung liegt dabei auf den Rollenzuschreibungen der beteiligten Personen in den Flugschriften, insbesondere Jacob Andreäs, aber auch realer oder medial konstruierter Personengruppen wie den sogenannten ‚Flacianern' oder ‚Osiandristen' und übergreifender Bezugsautoritäten, wie Luther, Melanchthon, der Papst oder allgemein die ‚Obrigkeit' sie darstellten. Untersucht werden u. a. Texte von Christoph Irenäus, Johannes Wigand, Nikolaus Selnecker, Jacob Andreä, Johann Habermann, Caspar Füger, aber auch anonyme Schriften, die zwischen 1568 und 1600 überwiegend im mitteldeutschen Raum verfasst worden sind. Ziel der Untersuchung ist die literaturwissenschaftliche, beispielhafte Erschließung kontroverstheologischer Flugschriften. Die Arbeit leistet einen Beitrag zum Zusammenhang von Theologie und Literatur, Sprache und Handeln, Reformation und Medialität.

Der Kongress 2017 in Wittenberg

Die Arbeit des Graduiertenkollegs fand Eingang in den interdisziplinären und internationalen Kongress *Kulturelle Wirkungen der Reformation*, der vom 7. bis 11. August 2017 in der Stiftung Leucorea der Lutherstadt Wittenberg stattfand und ein großer Erfolg wurde. Er zielte darauf ab, neu zu beschreiben, was unter ‚Wirkungen' der Reformation zu verstehen sei. In drei Themenfeldern wurden Wirkungen der Reformationen des 16. Jahrhunderts aufeinander und Wechselwirkungen mit ihren kulturellen Umfeldern beschrieben, die globale Ausbreitung der Reformation im Kontext ihrer Inkulturationen beleuchtet und der Zusammenhang gegenwärtiger Kulturphänomene mit Rezeptionen der Reformation erfragt. Die besondere Aufmerksamkeit galt dabei den mittelbaren und teilweise schwer bestimmbaren Wirkungen in Kunst und Medien, Politik und Rechtsprechung, Wissens- und Lebensformen – und in der Religion selbst. Neben Plenarvorträgen wurde die Thematik in zehn Sektionen vertieft. Die Ergebnisse sind nun in zwei Kongressbänden dokumentiert.

Perspektive in der mitteldeutschen Forschungsarbeit

Die Zusammenarbeit der mitteldeutschen Landesuniversitäten Halle-Wittenberg, Jena und Leipzig im Rahmen des Universitätsbundes hat sich in den hier beschriebenen Projekten bewährt. Auch der gemeinsame Auftritt auf der Leipziger Buchmesse 2017 zum Thema „Reformation als Message" war ein Publikumsmagnet und verlangt nach Fortsetzung. Zudem konnte im Jahr 2018 die Reformationsgeschichtliche Forschungsbibliothek Wittenberg eröffnet werden, an der die drei Universitäten ebenfalls durch Wissenschaftler beteiligt sind und die neben der Forschungsbibliothek Gotha zu einem weiteren Leuchtturm in der mitteldeutschen Protestantismusforschung werden wird. Konkret ist geplant, die Erfahrungen und die Synergien aus dem Graduiertenkolleg zu bündeln und sich um ein größeres interdisziplinäres Graduiertenkolleg zur Reformations- und Konfessionalisierungsforschung zu bewerben, in das auch die katholischen Gegenentwürfe einbezogen werden. Denn erst durch das ergänzende Miteinander wird die kulturelle Facettenhaftigkeit der Reformation und ihrer Wirkungen in ihren Tiefendimensionen verständlich.

Literatur
KLAUS FITSCHEN/MARIANNE SCHRÖTER/CHRISTOPHER SPEHR/ERNST-JOACHIM WASCHKE (Hrsg.), Kulturelle Wirkungen der Reformation. Cultural Impact of the Reformation. Kongressdokumentation Lutherstadt Wittenberg, August 2017, 2 Bde., Leipzig 2018 (Leucorea-Studien zur Geschichte der Reformation und der lutherischen Orthodoxie, 36/37).

Vergangenheit vergegenwärtigen

Ausstellungen und Projekte der Lutherdekade

Günter Schuchardt

Eine strategische Kooperation – Chronik des Arbeitskreises *Luther 2017* des Museumsverbandes Thüringen e. V.

Noch vor der zentralen Eröffnung der Lutherdekade am 21. September 2008 in der Wittenberger Schlosskirche konstituierte sich beim Thüringer Museumsverband ein Arbeitskreis, der sich vornahm, die in Aussicht genommenen Themenjahre der EKD aufzugreifen und mit inhaltlich passenden Sonderausstellungen auszufüllen.

Am 1. April 2008 hatten sich zunächst Vertreter von sieben Museen – des Schloss- und Spielkartenmuseums Altenburg, des Panorama-Museums Bad Frankenhausen, des Lutherhauses und der Wartburg-Stiftung Eisenach, der Städtischen Museen Jena, der Mühlhäuser Museen sowie des Museums Schloss Wilhelmsburg Schmalkalden – und den Mitarbeiterinnen der Geschäftsstelle des Museumsverbandes mit dem zuständigen Referatsleiter des Kulturministeriums getroffen, um den Arbeitskreis zu gründen. Im Sitzungsprotokoll heißt es einleitend: „Im Jahr 2017 jährt sich zum 500. Mal der Thesenanschlag Luthers an der Schlosskirche in Wittenberg. Aus diesem Anlass und dem nachhaltigen Wirken Luthers auch in Thüringen werden innerhalb der nächsten neun Jahre bis zum Jubiläum 2017 die Thüringer Museen Veranstaltungen und Ausstellungen zum Thema Reformation erarbeiten und präsentieren." Besonders gefördert werden sollten laut Information des Beauftragten der Bundesregierung für Kultur und Medien (BKM) in Thüringen drei Lutherstädte – Eisenach, Erfurt und Schmalkalden –, „für die Mittel für Sanierung, Forschung und Ausstellungen bereitgestellt werden" würden. Schon in dieser Sitzung einigten sich die Teilnehmer darauf, dass für diesbezügliche Aktivitäten der Arbeitstitel „Wege zur Reformation – Programme der Thüringer Museen" Verwendung finden soll.

Um über Ausstellungsinhalte und Finanzierungsmöglichkeiten zu diskutieren, traf man sich erneut am 5. Juni 2008. Mittlerweile waren elf Thüringer Museen vertreten. Da allen Anwesenden bewusst war, dass Landesmittel für die Museen nur in beschränktem Maße zur Verfügung stehen, wurde verabredet, besonders wichtige Vorhaben als Premiumausstellungen zu kennzeichnen und insbesondere deren Förderung der Thüringer Landesregierung ans Herz zu legen. Für eine erste Außenwirkung wurde der Druck eines Faltblattes beschlossen.

Schon im Folgemonat war ein drittes Treffen auf der Wartburg anberaumt worden, für das nunmehr bereits 17 Museen ihr Interesse signalisiert hatten. Das zunächst vorgesehene Faltblatt mauserte sich zu einem 24-seitigen Heft und wurde zur Eröffnung der Thüringer Lutherdekade am 19.

September 2008 auf der Wilhelmsburg in Schmalkalden vorgestellt. Noch fehlte jegliche Verbindung zu Tourismusakteuren. Über geeignete Werbestrategien wurde während der vierten Sitzung am 25. September 2008 beraten. Auf Nachfrage bei der Deutschen Zentrale für Tourismus (DZT) war darüber informiert worden, dass eine international ausgerichtete Marketingkampagne erst ab dem Jahr 2014 in Aussicht genommen sei. Die regionalen Tourismusverbände sollten jedoch jetzt bereits von den ortsansässigen teilnehmenden Museen mit der ersten Publikation beliefert werden. Ein zweites Heft wurde verabredet. Es sollte 2009 erscheinen und für die Ausstellungen und Veranstaltungen der Jahre 2010 und 2011 werben. Noch einmal kam die Arbeitsgruppe im Dezember 2008 zusammen. Der Leiter der Abteilung Öffentlichkeitsarbeit der Wartburg-Stiftung berichtete über sein Treffen mit Vertreterinnen der Thüringer Tourismusgesellschaft (TTG). Es bestünde die Möglichkeit, das zweite Werbeheft *Wege zu Luther* in Zusammenarbeit mit der Landesmarketinggesellschaft zu erstellen und zu finanzieren. Aus diesem Grund soll eine Vertreterin der TTG zum nächsten Arbeitskreistreffen eingeladen werden.

Dieses Treffen fand am 1. April 2009 in der Geschäftsstelle des Museumsverbandes in Erfurt statt. Neben der Marketingleiterin der TTG legte die vertraglich gebundene Werbeagentur zwei Entwürfe für die Broschüre vor, die nun im Format A5 erscheinen sollte. Um das Projekt endgültig planen zu können, wurde festgelegt, dass vorerst keine weiteren Museen in den Arbeitskreis aufzunehmen sind. Anlass für die darauffolgende Sitzung im Stadtmuseum Saalfeld war die Festlegung der Themenjahre der Lutherdekade durch die EKD. Danach konnten sich die Premiumausstellungen ausrichten, die unter den Mitgliedern des Arbeitskreises einmütig bestimmt worden waren.

In der zehnten Sitzung des Arbeitskreises am 25. August 2009 wurde der Entwurf der Werbebroschüre für die Jahre 2010 und 2011 bestätigt. Sie erschien noch im Spätherbst. Ihre Finanzierung wurde anteilig durch die TTG und den Museumsverband abgesichert.

Im Jahr 2010 traf sich der Arbeitskreis drei Mal. An der zwölften Sitzung am 14. September auf der Wartburg nahm erstmals der durch den Kulturminister berufene Luther-Beauftragte für Thüringen teil. Seine Tätigkeit sollte der Koordinierung sämtlicher Veranstaltungsvorhaben rund um die Lutherdekade in Thüringen dienen. Für das EKD-Themenjahr *Reformation und Musik* 2012 wurde eine Einzelproduktion im großen TTG-Format verabredet und mit dem Landesmusikrat abgestimmt.

Schwerpunkt des 16. Treffens am 23. Januar 2012 in der Herzogin Anna Amalia Bibliothek Weimar war die Festlegung der Premiumausstellungen für die beiden kommenden Jahre. Der Arbeitskreis einigte sich auf vier Ausstellungen 2013 im Lutherhaus Eisenach (*Bibel ohne Halleluja*), im Stadtmuseum Gera (*Zwischen Kaiser und Kurfürst – Auf den Spuren der Reformation in Gera*), in den Mühlhäuser Museen (*Umsonst ist der Tod! – Alltag und Frömmigkeit am Vorabend der Reformation*) und die Ausstellung *Leben und Sterben im Dreißigjährigen Krieg* auf der Wilhelmsburg Schmalkalden. Für 2014 wurden verabredet: *Georg Spalatin. Steuermann der Reformation* in Altenburg, *Das Lutherbild im 1. Weltkrieg* im Thüringer Museum Eisenach, *Zwischen Bildersturm und Wiederauferstehung – die Jenaer Marienkrönung* im Stadtmuseum Jena, *Von Glaubensdingen und Geldsachen – Das ‚Große Hospital' zu Luthers Zeiten* im Museum für Thüringer Volkskunde Erfurt, *Pracht, Toleranz und Mord – Juden und Christen im Mittelalter* im Stadtmuseum Erfurt, eine Ausstellung über Philipp den Großmütigen in Schmalkalden sowie *Reformatio in Nummis. Luther und die Reformation auf Münzen und Medaillen* auf der Wartburg. Nicht alle Vorhaben konnten aus unterschiedlichsten Gründen realisiert werden.

Die nachfolgende Sitzung noch im selben Jahr befasste sich bereits mit dem Themenjahr *Reformation – Bild und Bibel* 2015. Das Werk von Vater und Sohn Lucas Cranach, den Illustratoren der Reformation, sollte dabei im Mittelpunkt stehen und durch drei Ausstellungen in Weimar, Gotha und auf der Wartburg gewürdigt werden (siehe dazu die Beiträge von Günter Schuchardt, Friedegund Freitag/Timo Trümper und Gert-Dieter Ulferts).

Während des 18. Treffens am 8. Juli 2013 in der Erfurter Georgenburse konnte ein positives Resümee über das Themenjahr *Reformation und Musik* gezogen werden. Der Luther-Beauftragte forderte die beteiligten Museen auf, eine Dramaturgie für die kommenden Jahre bis zum Reformationsjubiläum zu entwickeln und Kostenpläne einzureichen, um die Finanzierung der Ausstellungsvorhaben abzusichern. Gleichzeitig wurde mit der TTG eine kulturtouristische Werbebroschüre für die kommenden drei Jahre verabredet, die während der Internationalen Tourismusbörse Berlin (ITB) vorgestellt wurde.

Die Reformationsdekaden-Dramaturgie des Ministeriums für Bildung, Wissenschaft und Kultur für die Jahre 2015 bis 2017 wurde von den Arbeitskreismitgliedern während des Treffens am 11. Juni 2014 im Schloss- und Spielkartenmuseum Altenburg diskutiert. Sie enthielt insgesamt 28 Vorhaben, darunter 20 Ausstellungen von Mitgliedern des Arbeitskreises bzw. Mitgliedsmuseen des Thüringer Museumsverbandes in Apolda, Eisenach, Erfurt, Gotha, Jena, Nordhausen, Schmalkalden und Weimar. Diese Dramaturgie bezog sich auf die vom Freistaat insbesondere zu fördernden Vorhaben. Die Gesamtzahl der Ausstellungen bis zum Reformationsjubiläum erreichte mehr als das Dreifache. Die Thüringer Museen waren gut vorbereitet und empfingen in dieser Zeit wiederum mehr als vier Millionen Besucher im Jahr.

Die 20. Sitzung in Altenburg war zugleich die letzte dieses zeitweiligen Arbeitskreises, der nach mehr als sieben Jahren seines Bestehens auf ein gutes Zusammenwirken zurückblicken kann. So war ein Netzwerk entstanden, das die beteiligten Partner einander fachlich und organisatorisch nähergebracht hat und – wenn auch nicht unmittelbar in dieser Zusammensetzung – weiterhin wirksam sein kann.

Reinhard Kwaschik

Der Steuermann der Reformation und andere Altenburger Entdeckungen

Altenburg ist mit Georg Spalatin ein ganz besonderer Ort der Reformation. Nicht von ungefähr wurde die St.-Bartholomäi-Kirche, an der Georg Spalatin von 1525 bis 1545 wirkte, durch Herrn Minister Christoph Matschie am 7. September 2011 mit dem Europäischen Kulturerbe-Siegel ausgezeichnet. Georg Spalatin war entscheidend als „Fluchthelfer" tätig, indem er die „Schutzhaft" Martin Luthers auf der Wartburg organisierte und auch den Kontakt zu ihm hielt. Im Besitz der Stadt ist die sogenannte Spalatin-Bibel, die Martin Luther bei seiner Bibelübersetzungsarbeit nutzte.

Es ist das Verdienst vieler Mitwirkender, dass sich das Thema *Reformation und Politik* 2014 für Altenburg auf Georg Spalatin konzentrierte und vor allem rechtzeitig und mit großer Stringenz vorbereitet und gestaltet wurde. Beschlüsse der Stadtverordnetenversammlung, des Gemeindekirchenrates, der Kreissynode und des Kreiskirchenrates unterstrichen den gemeinsamen Willen, dass das Jahrhundertjubiläum der Reformation ein Projekt der gesamten Stadt Altenburg ist. In Projekt- und Arbeitsgruppen engagierten sich Mitarbeitende der Stadtverwaltung, der Kirchgemeinde, der Altenburger Tourismusinformation, des Lindenau-Museums, des Staatsarchivs, des Residenzschlosses, des Christlichen Spalatin-Gymnasiums, des Landestheaters, des wissenschaftlichen Beirates usw.

Gelingen konnte das Reformationsprojekt nur mit einer unkomplizierten Begleitung und Förderung des Freistaates, der Landeskirche, des Kirchenkreises und einiger Sponsoren.

Stadtverwaltung und Kirchgemeinde traten unter einem gemeinsamen Spalatin-Logo auf – ‚Spalatin, Steuermann der Reformation' – und konnten so öffentlichkeitswirksam auf Altenburgs berühmten Sohn aufmerksam machen.

Entscheidend zur Vorbereitung des Themenjahres 2014 war die Historikertagung im Residenzschloss *Vor- und Frühreformation in Thüringischen Städten* unter Federführung von Dr. Joachim Emig (Staatsarchiv Altenburg) im Oktober 2010 und das wissenschaftliche Kolloquium im Lindenau-Museum/Residenzschloss zur Entwicklung einer Spalatin-Ausstellung inklusive Dokumentationsband *Spalatin in Altenburg – eine Stadt plant ihre Ausstellung"* vom 1. bis 3. Dezember 2011.

Unter dem Thema *Lebendige Reformation* haben sich Schüler des Christlichen Spalatin-Gymnasiums und weiterer Schulen aus Altenburg und Zeitz in die Zeit der Reformation zurückversetzt – in Kleidung, Essen und Pilgerschaft –, dies angeleitet von Frau Christine Büring.

Insbesondere haben sich die Schüler des Christlichen Spalatin-Gymnasiums am Geburtstag/Todestag von Georg Spalatin, am 16./17. Januar, in Foren mit Leben und Werk Spalatins beschäftigt und wurden auch zu Stadtführern des Spalatinweges ausgebildet.

Die Kirchgemeinde hat seit 2008 ihre Jahresempfänge auf den Vorabend des Reformationsfestes verlegt, wo Persönlichkeiten des öffentlichen Lebens, u. a. Ministerpräsident a. D. Reinhard Höppner, Bischöfin Ilse Junkermann, Altbischof Axel Noack, auftraten, aber auch etwa Theateraufführungen Impulse der Reformation in unsere Gegenwart einbrachten.

Am Reformationsfest wurde jeweils eine Altenburger These proklamiert! So konnte am 31. Oktober 2008 die erste Altenburger These „Die Bibel bringt uns in Form" an die Schlosskirchentür zu Altenburg geschlagen werden, so wie es einst Kollege Martin Luther zu Wittenberg tat.

Mit den zehn Altenburger Thesen hat die Kirchgemeinde die Kraft der Reformation, die aus dem Evangelium erwächst, ins Heute übersetzt. Deshalb lautete die achte These im Jahre 2015, als unsere Städte und Dörfer die Flüchtlingswelle direkt spürten: „Ich war ein Fremder und ihr habt mich aufgenommen."

Alle Aktivitäten kulminierten im Themenjahr 2014 *Reformation und Politik*. So fand die Auftaktveranstaltung des Freistaates und der Landeskirche am 17. Januar in der Brüderkirche

Literatur

ARMIN KOHNLE/CHRISTINA MECKELNBORG/UWE SCHIRMER (Hrsg.), Georg Spalatin, Steuermann der Reformation. Begleitband zur Ausstellung „Georg Spalatin – Steuermann der Reformation", Residenzschloss und Stadtkirche St. Bartholomäi Altenburg, 18. Mai bis 2. November 2014, Halle (Saale) 2014, 400 S.

HANS JOACHIM KESSLER/JUTTA PENNDORF (Hrsg.), Spalatin in Altenburg. Eine Stadt plant ihre Ausstellung. Protokollband zum Kolloquium „Georg Spalatin und Altenburg" im Schloss Altenburg und im Lindenau-Museum Altenburg in Vorbereitung der Ausstellung „Spalatin – Steuermann der Reformation" vom 1. bis 3. Dezember 2011, Halle (Saale) 2012, 208 S.

mit Minister Christoph Matschie (Abb. S. 60 unten) und Propst Siegfried Kasparick und im Rathaus mit Oberbürgermeister Michael Wolf und Propst Diethard Kamm statt.

Am 17. Mai wurden dann unter der Schirmherrschaft von Frau Ministerpräsidentin Christine Lieberknecht und Frau Landesbischöfin Ilse Junkermann die Dauerausstellung in der St.-Bartholomäi-Kirche und die Privilegausstellung im Residenzschloss eröffnet (Abb. S. 185). Die Privilegausstellung konzipierte und kuratierte Hans Joachim Kessler, begleitet von einem wissenschaftlichen Beirat, die Dauerausstellung verantwortete Christine Büring. Beide Ausstellungen wurden von Herrn Detlef Lieffertz gestaltet. Der Begleitband zur Privilegausstellung wurde von Armin Kohle, Christina Meckelnborg und Uwe Schirmer herausgegeben.

Die ‚Reformationshauptstadt' 2017: Eisenach und die Wartburgregion

Katja Wolf, Ralf-Peter Fuchs

Von der Wartburg in die Welt – 500 Jahre Reformation und Wandern auf Luthers Spuren – 117. Deutscher Wandertag

Mag der Gewinn, den die Reformationsdekade allen Beteiligten gebracht hat, am Anfang stehen: Unabhängig von unterschiedlichen gedanklichen Ansätzen und Konzepten, brachte sie Menschen zusammen, die – über konfessionelle Grenzen hinweg – von dem Wunsch getragen waren, das Reformationsjubiläum in Eisenach zu etwas ganz Besonderem werden zu lassen.

Ein erster Teilerfolg war 2011 die Entscheidung, die Wartburg neben Berlin und Wittenberg als dritten Standort einer nationalen Sonderausstellung zu etablieren. Wichtige Weichenstellungen wie die finanzielle Sicherstellung der Sanierung der Wartburg und des Lutherhauses erfolgten nun. Pläne zur Sanierung der Georgenkirche und zur Umgestaltung der Nikolaikirche nahmen Gestalt an. Das Projekt des *Thüringer Lutherweges*, der Eisenach berührt und im April 2015 eröffnet wurde, hatte einen Vorlauf von fünf Jahren.

Eine besondere Zwischenetappe auf dem Weg zum Jubiläum war die bundesweite Eröffnung des Themenjahres 2012 *Reformation und Musik* am 30. Oktober 2011 in der Eisenacher Georgenkirche. Sich um die Ausrichtung des 117. Deutschen Wandertages zu bewerben, beschloss der Rennsteigverein, Ortsgruppe Stedtfeld, am 20. April 2013. Die Bewerbung zeitigte zum 113. Deutschen Wandertag im Juni 2013 in Obersdorf schließlich vollen Erfolg. Ein wichtiger Markstein auf dem Weg nach 2017 war schließlich die Welturaufführung des Musicals *Luther! Rebell wider Willen* am 15. Juni 2013 im Eisenacher Landestheater.

Am 1. Januar 2014 berief die Stadt Eisenach einen Beauftragten für das Reformationsjubiläum, und im Herbst 2014 definierte der Stadtrat seine Zielstellungen für 2017. In etwa zeitgleich wurde auch im Kirchenkreis Eisenach-Gerstungen ein Pfarrer mit der Vorbereitung des Reformationsjubiläumsjahres betraut und die Kirchengemeinden der Wartburgregion in die Vorbereitung einbezogen. Fortan wuchs eine zunehmend vertrauensvolle Zusammenarbeit zwischen Stadt und Kirche. Das sanierte Lutherdenkmal auf dem Karlsplatz wurde am 18. Juli 2014 enthüllt, die wiederhergestellte Georgenkirche am 27. Oktober des Jahres eröffnet. Ein Jahr später, am 26. September 2015, öffnete das sanierte und neu gestaltete Lutherhaus seine Pforten, insgesamt war schon der Vorlauf eine Erfolgsgeschichte.

Das Jubiläumsjahr 2016/17 selbst mit seinen Ereignissen und die Resonanz darauf reichten weit über die Grenzen der Stadt hinaus. Eisenach und die Wartburgregion haben sich sehr bewusst dafür entschieden, ihren Charakter als *Erlebnisort der Reformation* zu betonen. Alle Aktivitäten dienten diesem Anspruch. Niemals zuvor ist es gelungen, ein solch anspruchsvolles Thema so tief und vielfältig in die Stadt und die Region zu tragen. Luthers Texten begegnete man in den Straßen Eisenachs. In zahlreichen hochkarätigen Konzerten erklangen Texte Luthers in wunderbaren musikalischen Übersetzungen. Sein Leben kam auf die Bühnen der Stadt und der Region. Die Beziehung der Deutschen zu Luther wurde in der großartigen Nationalen Sonderausstellung analysiert. Kinder und Erwachsene haben über die heutige Gesellschaft nachgedacht, den reformatorischen Anstoß aufgegriffen und ihre Ansprüche und Visionen in Worte gefasst. Der Ratsvorsitzende der Evangelischen Kirche in Deutschland, Prof. Dr. Heinrich Bedford-Strohm, zeigte sich zutiefst beeindruckt: „Unter den vielen Orten, an denen ich in diesem Jahr das Reformationsjubiläum feiern durfte, hat mich Eisenach besonders beeindruckt ... vor allem durch die breite Beteiligung und die Sichtbarmachung dieses so besonderen Jubiläums in der Stadt – und das jenseits der Grenzen religiöser Bindungen."

Gleichzeitig galt es, Eisenach und die Region als *Erfahrungsorte der Reformation* zu etablieren. Religiöse wie weltliche Dimensionen der Reformation sollten erfahrbar werden. Alle Aktivitäten der Kirche, aber auch schulische und kulturelle Bildungsangebote dienten diesem Anspruch. Aus der Vielzahl der Veranstaltungen seien erwähnt: die Kunstin-stallation *In Bed with Martin Luther* des japanischen Künstlers Tatzu Nishi, die Reformationsfestwoche *Von der Wartburg in die Welt*, die Premieren des Eisenacher Theaters mit drei dem Thema verpflichteten Stücken, die Kinderkulturnacht mit dem Motto „Mit Martin Luther seine liebe Stadt entdecken ...", das erste Eisenacher Bachfest *Musik und Reformation* und schließlich der Sommergewinn mit seinem Leitmotiv „In Luthers lieber Stadt".

Wichtig war nämlich auch die Identifikation der Einheimischen mit jenem „besonderen Jahr 2017". Nur so konnte es gelingen, dem selbst gesteckten Anspruch, guter Gastgeber sein zu wollen, voll zu entsprechen. Gleichzeitig öffneten die Veranstaltungen den Raum für einen innerkommunalen Diskurs, der die „reformatorischen Fragestellungen" in die Gegenwart holte.

Die wohl glücklichste Fügung des Jahres 2017 bestand in der Überlagerung zweier Attraktionen. Eisenach war einerseits „Thüringens Reformationshauptstadt" und andererseits „Deutsche Wanderhauptstadt 2017". Das eröffnete unterschiedliche Perspektiven auf ein historisches Ereignis, an das gemeinsam in verschiedenen Formaten erinnert wurde. Ein erster Höhepunkt wurde zweifelsohne die Eröffnung des Jubiläums am 10. November 2016 durch den Freistaat Thüringen in seiner Reformationshauptstadt. Eingebettet in das jährlich stattfindende „Martinifest", haben Tausende Menschen an diesem Tag das Tor in das Jubiläumsjahr durchschritten (Abb. S. 62). Glanzvoll leuchtete die Wartburg, künstlerisch illuminiert, in diesen Tagen über der Stadt.

Da war das großartige Reformationsfest „Von der Wartburg in die Welt", getragen von einem Geist, der über Konfessionsgrenzen reichte, der die Reformationserinnerung mit aktuellen Fragestellungen in die Gegenwart trug, der den globalen Charakter der Reformation durch Einbeziehung der internationalen Partnerstädte betonte, der Haupt- und Ehrenamt in gemeinsamer Aufgabe vereinte und der Jung und Alt zusammenbrachte. Der als Gast in Eisenach weilende Präsident des Schweizerischen Evangelischen Kirchbunds, Dr. Gottfried Wilhelm Locher, beschrieb diesen Geist mit den Worten: „Geistlich, herzlich und weltoffen: So hat Eisenach die Reformation gefeiert, Luther selbst hätte bestimmt seinen Gefallen daran gehabt. In der frischen Thüringer Luft lagen

nicht Personenkult noch Konfessionalismus, sondern viel Dankbarkeit für 500 Jahre Glaubensfreude und Gottvertrauen."

Da war das Bachfest *Reformation und Musik*, das mit grandiosen Konzerten der musikalischen Wirkungsgeschichte der Reformation nachspürte. Schließlich waren da auch noch die zahlreichen Aktivitäten ganz unterschiedlicher Vereine, Institutionen und sonstiger Interessengruppen. Getragen von dem Wunsch, am großen Jubiläumsjahr mitwirken zu wollen, entfalteten auch sie eine Kreativität, die die Festlichkeiten noch bereicherte und zum Ansehen der Region beitrug.

Und da war schließlich der 117. Deutsche Wandertag „Wandern auf Luthers Spuren", der die Reformationserinnerung in die Lutherregion trug und sie gleichzeitig als Erfahrungsraum auch Nichtgläubigen öffnete.

Alle Beteiligten blicken dankbar zurück auf das Erlebte in diesen fulminanten Jahren. Dankbar sind sie auch dafür, dass das Jubiläum in vielerlei Hinsicht nachhaltig weiter wirken wird, etwa durch die vielen Restaurierungsmaßnahmen im Rahmen der Reformationsdekade.

Aber ebenso wichtig ist noch etwas anderes. Mit der gemeinsamen Gestaltung des Jahres 2017 wurde etwas erreicht, dessen Nachhaltigkeit niemand bezweifeln wird: Stadtgemeinde, Kirchgemeinde, Lutherregion und Wartburgkreis sind in einer Weise zusammengewachsen, die uns auch in die Zukunft tragen wird.

Von diesen Feststellungen ausgehend, darf das „Projekt 2017" sowohl im Hinblick auf seine Außenwahrnehmung, aber auch bezüglich der „Binnenintegration" als ein voller Erfolg betrachtet werden. Es diente sowohl dem Imagegewinn von Stadt, Kirche und Region als auch der Stärkung der kommunalen Basis. Eisenach und die Region sind demnach beiden Ansprüchen – Reformationshauptstadt Thüringens und deutsche Wanderhauptstadt sein zu wollen – in ganz besonderer Weise gerecht geworden. Der Ministerpräsident des Freistaates Thüringen fasste dies treffend zusammen: „Eisenach hat seinen Ruf als ‚Luthers liebe Stadt' und seiner Rolle als Reformationshauptstadt alle Ehre gemacht. Sie ist gut gerüstet für weitere Herausforderungen und Jubiläen. Dabei denke ich auch an das 500. Jubiläum der Übersetzung des Neuen Testaments durch Martin Luther im Jahr 2021 – das Geburtsdatum unserer deutschen Nationalsprache."

Jörg Hansen

Bach ohne Luther?
Das Bachhaus Eisenach und das Reformationsjubiläum

Bach ohne Luther?

„Kein Bach ohne Luther", heißt es. Ohne Luthers Musikliebe hätte es nicht die vielen Musikerstellen gegeben, die Bachs mitteldeutsche Karriere ermöglichten. Doch das trifft auch auf Bachs Kollegen zu. Keiner gilt wie er als „Kirchencomponist" (Philipp Spitta) oder „fünfter Evangelist" (Nathan Söderblom). Wie lässt sich fassen, was Bachs Glaube für sein Schaffen bedeutete? Die Texte, die er vertonte, schrieb er nicht selbst. Das „Soli deo gloria", mit dem er viele Werke begann, ist leicht zu überschätzen: Solche Motti waren verbreitet – wo beginnt die Floskel? Bachs Verhältnis zur Religion spielt kaum eine Rolle in den wenigen erhaltenen Quellen.

Am 17. Mai 2007 eröffnete das Bachhaus neu, nach über zehnjähriger Planungs- und Bauzeit, völlig umgestaltet, restauriert und um einen Neubau ergänzt. Das Ereignis fiel in den Auftakt der „Lutherdekade", doch trotz der Parallele zum Eisenacher Lutherhaus, das zum Schluss der Dekade neu gestaltet wurde, hatte beides nichts miteinander zu tun: Der Termin zum Bach-Jahr 2000 war verpasst, ebenso die Feiern zu *500 Jahre Bachfamilie* 2004. Zumindest das 100-jährige Jubiläum des 1907 gegründeten Museums sollte nun nicht versäumt werden.

Die 1900 in Leipzig gegründete Neue Bachgesellschaft (NBG), der das Bachhaus gehört, hat sich besonders der Verbreitung von Bachs geistlichen Werken verschrieben. In ihrem Museum war davon bis lange nach der Wende nichts zu spüren. Am 30. November 1971 hatte die NBG auf politischen Druck den Museumsbetrieb an die Stadt Eisenach übergeben. Mit Bachs Religion konnte die neue Führung nichts anfangen: Bachs Kirchenmusik entstand, weil Bach zu ihrer Komposition verpflichtet war. Weltliche Vorlagen für geistliche Großwerke wie die h-Moll-Messe, Dramma per musica wie die Bauern- oder die Kaffeekantate, Instrumentalwerke für das Kaffeehaus sowie Auftragswerke und Glückwunschkantaten bestätigten diese Sicht. Den Namen „Luther" suchte man in der 1972/73 neugestalteten Ausstellung vergeblich.[1]

Als ich 2001 ein Museumskonzept für das neue Bachhaus erstellen sollte, hatte ich die Idee, im ungenutzten Renaissancekeller einen „Raum der Stille" vorzusehen. Keine Musik sollte erklingen, sondern das nächste Sonntags-Evangelium auslegen, mit dem Text einer zugehörigen Bach-Kantate. 2002, nach Klärung der Eigentumsfragen, hatte die NBG unter ihrem Vorsitzenden Martin Petzoldt, Theologieprofessor in Leipzig, die Bauherrschaft von der Stadt übernommen. Unter ihm überlebte die Idee bis 2006. Dann musste ich davon wieder abraten: Das Mauerwerk war feucht, die Fluchtwegsituation schwierig, der Platz im Instrumentensaal mit seinen stündlichen Konzerten, durch den der Abgang führen müsste, würde deutlich beschränkt. Um vom Geld zu schweigen.

Eine andere Idee, die Religion ins Bachhaus zu bringen, hatte Franziska Nentwig,

Bachhaus-Direktorin von 2002 bis 2005. Ein großer Raum sollte dreigeteilt werden: Stadt, Hof, Kirche hießen die Schlagworte, unter denen Bachs Biografie behandelt werden sollte. Doch die meisten Kirchenwerke entstanden in Leipzig, als Bach Angestellter der Stadt war, und die zweitmeisten während Bachs Dienst am Weimarer Hof. Ab Dezember 2005 erneut Bachhaus-Leiter, tat ich mich mit der Umsetzung schwer. Religion durchdrang zur Bach-Zeit alle Lebensbereiche. Der Bereich wurde entwirrt und klarer nach Orten gegliedert.

Es ist nicht so, dass auch nach der Neueröffnung 2007 die Religion im Bachhaus nicht vorkam. Bachs Stundenplan zeigt, dass die Schultage mit Unterricht in je einem der sechs Katechismus-Stücke begannen – und dem Singen des zugehörigen Lutherlieds. Kantaten, Oratorien, Passionen und das Orgelwerk werden erläutert. Der Thomanerchor konzertierte zur Eröffnung, der Posaunenchor von St. Georg spielte, die Kurrende sang, der Vertreter der Evangelischen Kirche im Aufsichtsrat war zufrieden. Doch ein Schwerpunkt, der Kritiker der bis 2006 gezeigten, 1972 nach marxistisch-leninistischen Grundsätzen erstellten Ausstellung zufriedenstellen konnte, fehlte.

Bachs Bibliothek

In Bachs Nachlassverzeichnis, Kapitel 12 „An geistlichen Büchern", sind 52 Titel in 81 Bänden als Privatbesitz des 1750 verstorbenen Musikers aufgeführt. Ein Viertel enthält Werke Luthers. Ein Viertel betrifft Kirchengeschichte und Apologetik, darunter Werke von Martin Chemnitz, Nikolaus Hunnius und ein Bericht über das Regensburger Religionsgespräch. Ein Viertel sind Predigten, etwa der Leipziger Theologen August Pfeiffer und Martin Geier oder des Dortmunder Superintendenten Christoph Scheibler. Der Rest ist Erbauungsliteratur, etwa von Johann Arndt, Heinrich Müller und Johann Jakob Rambach. Das älteste Buch enthält Predigten des Mystikers Johannes Tauler. Die Pietisten Philipp Jakob Spener und August Hermann Francke fehlen nicht. Das einzige genannte Werk, das bislang mit Bachs Signatur aufgefunden wurde, ist der dreibändige Bibelkommentar von Abraham Calov: Anstreichungen, Korrekturen und Randnotizen belegen Bachs intensive Lektüre.

Ende 2006 stieß ich auf sie, Bachs Bibliothek, beim Schreiben der Texte für die „Componirstube". Hier sollten neben Tintenfass, Clavichord und Bierkrug auch einige religiöse Bücher stehen, um Bachs Wohn- und Arbeitssituation in Leipzig vorzustellen. Ausgewählt worden war aus dem Bestand Calovs *Biblia Illustrata* von 1672. Das Werk hatte Bach aber nicht besessen! Der Eintrag „Calovii Schrifften 3. Bände" im Nachlassverzeichnis meint Calovs Bibelkommentar von 1681/82.[2] Doch der ist rar. So eröffnete die neue Ausstellung mit einem falschen Exponat.

Als 2008 die Reformationsdekade begann, erinnerte ich mich an das Thema. Bachs Bibliothek war umfangreicher als manche Kirchenbibliothek. War es eine Arbeitsbibliothek? In Leipzig lag die Bibliothek der Thomasschule neben Bachs Wohnung. Also zum privaten Gebrauch, zur familiären Erbauung? Gibt es Lieblingsautoren? Gibt es Parallelen zu Bachs Kirchenmusik? Bachs privat erworbene theologischen Bücher könnten einzigartige Einblicke in seine Glaubenswelt verschaffen.

Im Archiv fand ich heraus, weshalb wir im Besitz von Calovs *Biblia Illustrata* waren: Conrad Freyse, Bachhaus-Direktor von 1923 bis 1964, hatte vor, Bachs Bibliothek nachzustellen, und dazu sechs Titel in mehr oder weniger zutreffenden Ausgaben erworben. An sein Projekt anzuknüpfen, um bis zum Ende der Dekade eine komplette Rekonstruktion von Bachs theologischer Bibliothek ausstellen zu können, sollte nun der Beitrag des Bachhauses werden. Unterstützt wurde das Vorhaben durch Martin Petzoldt, der bis zu seinem Tod 2015 an ihm mitwirkte.

Das zehnjährige Sammlungsprojekt war zweifach begünstigt: zum einen durch die

Forschung, die inzwischen zu überzeugenden Auflösungen der teils kryptischen Angaben im Nachlassverzeichnis gelangt war,[3] zum anderen durch das im Online-Zeitalter völlig veränderte Antiquariatswesen. Einige persönliche Kontakte ergaben sich: Ein Essener Pfarrer trennte sich für uns von seiner Jenaer Lutherausgabe. Ein Ehepaar aus dem Unterallgäu verhandelte hart über ihren Band der Calov-Bibel – eine Ausstellung ohne „Bachs Bibel" war aber undenkbar. In einem Café am Nauener Tor in Potsdam sah ich mit einem hoffnungsvollen Erben Bücher von Johann Jakob Rambach durch. Die Bonner Dieter-und-Elisabeth-Boeck-Stiftung unterstützte nötige Restaurierungen mit 2.500 Euro.

Bach, der Lutheraner

Wer Bach als „Lutheraner" bezeichnet und mehr meint, als dass Bach am 23. März 1685 getauft wurde und Kirchenbücher seinen regelmäßigen Gang zu Beichte und Abendmahl nachweisen, kann auf drei Projekte Bachs verweisen: zum einen die theologische Bibliothek, die er hinterließ. Zum Zweiten seinen Leipziger „Choralkantaten-Jahrgang" von 1724/25: Jede Kantate sollte als Grundlage für Text und Musik einen zum Evangelium passenden Gesangbuch-Choral verwenden. Idee und Aufwand waren beispiellos – Bach konnte das Projekt kaum befohlen worden sein, er hat es selbst initiiert.[4] Zum Dritten Bachs *Dritter Teil der Clavier-Übung*: Im Zentrum stehen Luthers sechs Katechismus-Lieder. Anlass für das Werk, das Bach 1739 auf eigene Kosten stechen und drucken ließ, war offenbar das 200. Leipziger Reformationsjubiläum. Jedes Projekt lässt sich nur durch Interesse, Enthusiasmus, ja einen Glauben Bachs an die Religion erklären, für deren Praxis er Musik zu schreiben hatte.

Während die Rekonstruktion von Bachs Bibliothek fortschritt, blieb sie nicht der ein-

zige Beitrag des Museums zur Lutherdekade: Die Sonderausstellung 2011 *Bachs Passionen – zwischen lutherischer Tradition und italienischer Oper* beleuchtete die Melange von reformatorischen Chorälen, Bibeltext und opernhaften Arien und Rezitativen, die Bachs Passionen prägt. *Luther und [Bachs] Musik* stellte 2012 den Musiker Luther vor: die in Eisenach begonnene Musikausbildung, die im Erfurter Kloster entwickelte Liebe zu lateinischen Kirchengesängen, Entstehung und Absicht seiner 37 Lieder, die Gemeinde-Gesangbücher, seinen Aufruf zur Vertonung der Psalmen und den maßlosen Rang, den er der Musik „nächst der Theologie" einräumte. Es war ersichtlich die einzige Ausstellung, die sich im Themenjahr *Reformation und Musik* explizit Luthers Musikliebe widmete. Ihren Widerpart fand sie 2017 in der Ausstellung *Text: Luther & Musik: Bach*, welche Bachs Vertonungen von Luthers Katechismusliedern sowie die Choralkantaten in den Vordergrund rückte. Eingeschoben war 2016 die Ausstellung *Luther, Bach – und die Juden*: Sie beschäftigte sich mit dem Anteil der jüdischen Aufklärung an Bachs Wiederentdeckung und mit der schwierigen Frage: Sind Bachs Passionen judenfeindlich? Sie führte zur bachzeitlichen Sicht auf die Juden und so unausweichlich zu Luthers antijüdischen Schriften und zugleich nach vorne, in die Zeit von etwa 1865 bis 1945, in der die Frage ganz selbstverständlich bejaht worden war.[5]

Zum Bachgeburtstag am 21. März 2017 eröffnete schließlich der neue Raum „Bachs innere Welt". Hier wird Bachs theologische Bibliothek so präsentiert, wie sie wohl bei Bach gestanden hat: in der Ordnung des Nachlassverzeichnisses, die schweren Folio-Bände unten, die Quarto-Bände darüber, die Oktavbändchen oben. Vier Hörspiele zu den Themen „Bibel", „Luther", „Mystik, Pietismus und Orthodoxie" und „Lieblingsbücher" erläutern die Bücher, zitieren aus ihnen und stellen Zusammenhänge zu Bachs Musik her, während die Titel angestrahlt werden. Nicht alle Werke von Bachs Bibliothek fanden sich bislang ein. Zwei Leihgaben stellte das Landeskirchenarchiv zur Verfügung, fünf Blindbände weisen auf Fehlendes hin. Das Projekt wird weitergehen. Doch die Religion hat auf Dauer Einzug ins Bachhaus gehalten.[6]

Anmerkungen

1. Die Texte der Bachhaus-Ausstellung 1973–2006 sind dokumentiert in: ILSE DOMIZLAFF, Sammeln, Ordnen, Vermitteln – Die 1972 neu konzipierte Gestaltung und Arbeitsweise des Bachhauses Eisenach, Diplomarbeit, Karl-Marx-Universität Leipzig, Sektion Kultur- und Kunstwissenschaften, 31.05.1977.
2. Vgl. CHRISTOPH TRAUTMANN, ‚Calovii Schrifften. 3 Bände' […], in: Musik und Kirche 39 (1969), 145–160. Aufgrund eines Erschließungsfehlers war Bachs „Calov-Bibel" noch bis 1968 für eine Ausgabe der „Biblia Illustrata" gehalten worden (ebd., 146–147), was den Fehler des Bachhauses beim Ankauf erklärt.
3. Unter anderem: HANS PREUSS, Bachs Bibliothek, in: Festgabe für Theodor Zahn zum 90. Geburtstag, Leipzig 1928, 105–129; THOMAS WILHELMI, Bachs Bibliothek. Eine Weiterführung der Arbeit von Hans Preuß, in: Bach-Jahrbuch 65 (1979), 107–129; ROBERT LEAVER, Bachs theologische Bibliothek, Neuhausen-Stuttgart 1983; JOHANNES WALLMANN, Johann Sebastian Bach und die ‚geistlichen Bücher' seiner Bibliothek, in: Ders., Theologie und Frömmigkeit im Zeitalter des Barock, Tübingen 1995, 124–145.
4. Vgl. CHRISTOPH WOLFF, Johann Sebastian Bach, Frankfurt am Main 2007, 299–303.
5. Zur seit 1980 geführten Kontroverse um Spuren von Luthers Antijudaismus in Bachs Musik vgl. die Bibliografie im Katalog: Luther, Bach – und die Juden, Eisenach 2016, weiter JOHANN MICHAEL SCHMIDT, Die Matthäuspassion von Johann Sebastian Bach, Leipzig ^{2}2018.
6. Ich danke dem Freistaat Thüringen für seine Förderung der Projekte des Bachhauses Eisenach im Rahmen der Reformationsdekade 2008–2017.

Jochen Birkenmeier

Von der Lutherbibel zum katholischen Luther

Das Lutherhaus Eisenach während der Reformationsdekade

Der Beginn der Reformationsdekade 2008 markierte den Anfang eines grundlegenden Erneuerungsprozesses für das Lutherhaus Eisenach. Von der Gründung der Stiftung Lutherhaus Eisenach 2013 über die Sanierung und Erweiterung der historischen Lutherstätte (2013–2015) und die Neukonzeption des Museums mündete dieser Prozess schließlich in eine ganz anders strukturierte Dauerausstellung, die – zusammen mit dem neuen Haus – am 26. September 2015 feierlich eröffnet wurde.

Während das alte Lutherhaus zwei Dauerausstellungen zeigte – eine zu Martin Luther und eine weitere zur Geschichte des evangelischen Pfarrhauses –, konzentriert sich das neue Lutherhaus mit der Dauerausstellung *Luther und die Bibel* auf Luthers Bibelübersetzung, ein Thema, das weltweit mit Luthers Aufenthalt in Eisenach verbunden wird. In einer zeitgemäßen Ausstellungsarchitektur wird anhand von historischen Objekten, Trickfilmen und interaktiven Stationen erklärt, warum, wie und mit wem Luther die Bibel übersetzte – und welche Wirkung seine Bibel auf Sprache, Literatur und Musik hatte. Dabei werden auch dunkle Kapitel nicht ausgeblendet, etwa Luthers Antijudaismus und das ‚entjudete' Neue Testament des Eisenacher ‚Entjudungsinstituts' während der NS-Zeit.

Die Ausstellung bietet dabei nicht nur neue Themen, sondern präsentiert auch bislang noch nie im Lutherhaus gezeigte Stücke: Meisterwerke mittelalterlicher Schnitzplastik, erstmals öffentlich ausgestellte Werke aus dem *Römhilder Textilschatz*, zwei Gemälde von Lucas Cranach d. J. und das Kirchenbuch mit dem Taufeintrag von Johann Sebastian Bach gehören zu den Höhepunkten der neuen Schau.

Für die Ausstellung wurde ein neuer und konsequent zweisprachiger Rundgang durch das historische Gebäude geschaffen, auf dessen drei Etagen die drei Teilbereiche der Präsentation (Voraussetzungen, Übersetzungsprozess und Wirkungsgeschichte der Lutherbibel) angeordnet sind. In den Ausstellungsparcours fügen sich ein baugeschichtlicher Rundgang und eine ergänzende Informationsebene (z. B. zur Verbreitung der Lutherbibel) harmonisch ein. Eine ausgefeilte Museumsdidaktik, prägnante Texte und verschiedene Vertiefungsmöglichkeiten erlauben einen individuellen Zugang zu den Inhalten der Ausstellung, unabhängig von Alter und Vorkenntnissen der Besucher. Der bewusste Wechsel von verschiedenen Vermittlungsformen, von interaktiven Stationen und Ruhepolen, historischem Ambiente und moderner Gestaltung gliedert dabei die Ausstellung, verschafft ein abwechslungsreiches

Besuchserlebnis und spricht unterschiedliche Zielgruppen gleichermaßen an.

Um das Angebot der Dauerausstellung zu ergänzen, zeigt das Lutherhaus regelmäßig wechselnde Ausstellungen, die sich während der Reformationsdekade an den bundesweiten Themenjahren orientierten. Der neu geschaffene Sonderausstellungsraum des Lutherhauses bot dabei erstmals die konservatorischen Bedingungen, um auch empfindliche und besonders hochwertige Leihgaben präsentieren zu können. Die Stiftung Lutherhaus Eisenach nutzte diese Möglichkeit, um die Sonderausstellung *Die Bibel in Bildern. Zeichnungen von Julius Schnorr von Carolsfeld* (30. 04.–31.07.2016) mit einzigartigen, teilweise noch nie öffentlich ausgestellten Werken aus dem Kupferstich-Kabinett der Staatlichen Kunstsammlungen Dresden zu zeigen. Die Ausstellung verband die Themenjahre 2015 (*Bild und Bibel*) und 2016 (*Reformation und die Eine Welt*), indem sie mittels der international bekannten Zeichnungen des dezidiert lutherischen Künstlers Julius Schnorr von Carolsfeld das Themenfeld ‚Bibelillustration' einem breiten Publikum zugänglich machte. Das Lutherhaus ergänzte auf diese Weise nicht nur seine Dauerausstellung, indem es die Wirkungsgeschichte der Lutherbibel in der bildenden Kunst exemplarisch darstellte, sondern lieferte über die Ausstellung auch einen wichtigen Nachtrag zum Themenjahr 2015, das im mitteldeutschen Raum fast ausschließlich als ‚Cranach-Jahr' begangen worden war.

Während das Thema *Bild und Bibel* in der öffentlichen Wahrnehmung überwiegend auf das Bild und die Kunst des 16. Jahrhunderts reduziert wurde, eröffnete die Sonderausstellung im Lutherhaus die Möglichkeit, auch die Bibelillustrationen späterer Jahrhunderte und die Bibel selbst ins Blickfeld zu rücken. Dass die Staatlichen Kunstsammlungen Dresden als einer der renommiertesten Museumsverbünde Europas ihre empfindlichen Schätze dem neuen Lutherhaus anvertrauten, darf dabei als Zeichen des Vertrauens in das neue Museum und seine fachliche Qualifikation gewertet werden.

In der Vorbereitung auf das Jubiläumsjahr 2017 stand die Stiftung Lutherhaus Eisenach vor der Frage, welches Ausstellungsthema sie angesichts des zu erwartenden Überangebots an Ausstellungen anbieten könnte, um Überschneidungen und Doppelungen zu vermeiden. Als eine der wenigen noch in kirchlicher Trägerschaft befindlichen Lutherstätten entschied sich das Haus für etwas scheinbar Unmögliches: einen theologischen Schwerpunkt der Reformationsdekade aufzugreifen, dabei aber ein auch für konfessionell nicht gebundene Besucher geeignetes Angebot zu schaffen und zugleich Informationen zu liefern, die selbst unermüdlichen Luther-Touristen im Jubiläumsjahr noch zu neuen Einsichten verhelfen würden. Eine thematische Anregung bot dabei die ökumenische Annäherung der beiden großen Kirchen, die zur Entscheidung führte, das Reformationsjubiläum als konfessionsübergreifendes „Christusfest" zu begehen. Das warf die Frage auf, wie Luther eigentlich von katholischer Seite gesehen wurde und wird.

Tatsächlich hat das katholische Lutherbild in den vergangenen Jahrzehnten einen geradezu dramatischen Wandel erfahren. Während sich die evangelische und die katholische Kirche auf dem Weg „vom Konflikt zur Gemeinschaft" heute immer näher kommen, sind die veränderte Wahrnehmung des Reformators und ihre Hintergründe in Kirche und Öffentlichkeit weitgehend unbekannt. Aus diesem Grunde empfahl es sich für das Lutherhaus Eisenach, in seiner Sonderausstellung *Ketzer, Spalter, Glaubenslehrer – Luther aus katholischer Sicht* (13.04.–05.11.2017; danach verlängert) zu zeigen, wann und wie sich das katholische Lutherbild veränderte. Der innovative Ausstellungsparcours führte dabei

durch die konfliktreiche Geschichte zwischen 1517 und 2017 und erläuterte anhand von Grafiken, Texten und Schaubildern, warum Luther aus katholischer Perspektive lange Zeit als „Ketzer" und „Spalter" galt und wie es dazu kam, dass er heute auch von katholischen Gläubigen als „Glaubenslehrer" gesehen werden kann.

Die Ausstellung vollzieht diesen fundamentalen Wandel in fünf Kapiteln nach, die sowohl durch ihre grafische Gestaltung als auch durch ihre raumskulpturale Anordnung sichtbar machen, wie es um die katholische Sicht auf Luther jeweils bestellt war. Das Besondere daran: Ausstellungstexte und -illustrationen beruhen sowohl auf katholischen als auch auf evangelischen Quellen und sind in zwei Farben, Rot und Blau, übereinander gedruckt. Durch rot-blaue Brillen und Visoren kann jeder Besucher somit entweder die katholische oder die evangelische Sicht auf Luther einnehmen und auf diese Weise Unterschiede, Besonderheiten, aber auch Gemeinsamkeiten erkennen. Die Ausstellung nimmt mit diesem Konzept ganz bewusst das kirchliche Anliegen zum Reformationsjubiläum 2017 auf, das Gedenken an die Reformation – anders als bei den Reformationsfeierlichkeiten früherer Jahrhunderte – in ökumenischer Verbundenheit zu begehen. Sie ergänzt zugleich die Nationale Sonderausstellung *Luther und die Deutschen* auf der Wartburg um eine wichtige, aber in der breiten Öffentlichkeit noch wenig beachtete Facette.

Um beide Konfessionen gleichberechtigt und unverfälscht zu Wort kommen zu lassen, wurden die Vorbereitungen der Ausstellung von einem ökumenisch besetzten wissenschaftlichen Fachbeirat begleitet; Landesbischöfin Ilse Junkermann (Evangelische Kirche in Mitteldeutschland) und Bischof Dr. Ulrich Neymeyr (Bistum Erfurt) waren deshalb gerne bereit, gemeinsam die Schirmherrschaft zu übernehmen. *Ketzer, Spalter, Glaubenslehrer* wurde trotz geringer Ausstellungsgröße und starker Konkurrenz überregional wahrgenommen: Die anhaltende Nachfrage veranlasste die Stiftung Lutherhaus Eisenach deshalb nicht nur, im Herbst 2017 noch einen Begleitband mit allen Texten und Grafiken der Ausstellung zu veröffentlichen, sondern auch, die Laufzeit der Ausstellung bis Ende 2018 zu verlängern. Zum Erfolg trugen – neben der Ausstellungsdidaktik – auch die innovative Ausstellungskonzeption und -gestaltung bei, die einen bewussten Kontrast zu traditionellen, stark objektorientierten kulturhistorischen Ausstellungen bildete und auf diese Weise frische Eindrücke vermitteln und überraschende Impulse geben konnte.

Der Erfolg und die Attraktivität der neuen inhaltlichen Angebote lässt sich an den Besucherzahlen des Lutherhauses während der Reformationsdekade ablesen: Seit Gründung der Stiftung stieg die Anzahl der – überwiegend überregionalen und internationalen – Gäste von 23.474 im Jahr 2013 auf 71.029 im Jahr 2017 (+202 Prozent). Das neue Lutherhaus überzeugte dabei auch die Fachleute: So erhielt das Museum den renommierten ICONIC AWARD in der Kategorie „Architecture – Best of Best" und den „Thüringer Tourismuspreis" für die Dauerausstellung sowie einen Sonderpreis des „Museumspreises der Sparkassen-Kulturstiftung Hessen-Thüringen" und das begehrte „Museumssiegel" des Thüringer Museumsverbands e. V. für die Neukonzeption und die museumsfachliche Qualität des gesamten Museums. Die neue, zertifizierte Barrierefreiheit von Museumsgebäude sowie Dauer- und Sonderausstellungsräumen wurde zudem mit dem bundesweiten Qualitätssiegel „Geprüfte Barrierefreiheit" gewürdigt. Das Lutherhaus Eisenach – als meistausgezeichnete Lutherstätte in Deutschland – konnte sich damit überregional in nur wenigen Jahren gestalterisch, touristisch und museumsfachlich als moderner und innovativer Erinnerungsort der Reformation profilieren.

Heidi Brandt

Unterwegs auf Luthers Spuren
Das Reformationsjubiläum in der Wartburgregion

Bewegung war viel rund um die Wartburg im denkwürdigen Jahr 2017. So wie der Reformator einst mit seinem Wort und seiner Art die Welt bewegte, so bewegt sein Erbe, lebendig angeeignet und zum Anlass des Jubiläums noch einmal kritisch beleuchtet, die Menschen in der Gegend, in der die Wurzeln der Luther-Familie den Ackerboden tief durchdringen.

Aus Möhra bei Eisenach stammt Martin Luther und hatte immer eine Bindung in die bäuerliche Lebenswelt. Die Möhraer fühlen sich ihm nahe, gestalten seit vielen Jahren den Reformationstag als ein Fest, laden Gäste ein in ihre Höfe und feiern voller Stolz den großen Mann aus ihrem Ort. In ihrer munteren gastlichen Lebensart haben sie an Luthers Geburtstag 2016 das Reformationsjubiläum für den Freistaat Thüringen in Eisenach eröffnet, ihren bäuerlichen Markt in die nahe Stadt gebracht und den Genius Loci mit regionalen Köstlichkeiten und Brauchtümern authentisch zelebriert.

Im Lutherstammort selbst hat die Kirchgemeinde um Pfarrer Rudolf Mader das Gemälde *Dr. Martin Luther predigt im Dorfe Möhra* von Carl August Schwerdgeburth auf einem Großfoto ganz lebensecht mit heutigen Dorfbewohnern nachgestellt und übers Jahr 2017 Stück für Stück enthüllt: Da steht der Reformator predigend und doch als einer von ihnen und verleiht dem Jubiläum Dauer.

Luther bewegt nicht nur im Geiste, er kann auch in der Tat verbinden und tut das heute noch. Im Aktionsnetzwerk Luther-Region e. V. fanden sich zur Vorbereitung auf das große Jahr viele zusammen, die sonst eher getrennte Wege gehen: Staat und Kirche, große und kleine Kultureinrichtungen, einzelne Künstler, ambitionierte Bürger und Vereine aller Art. Gemeinsam und aus eigner Kraft haben sie Höhepunkte in Eisenach, Möhra, Bad Liebenstein und Schmalkalden gestaltet, dadurch die ganze Luther-Region sichtbar gemacht und zum Leuchten gebracht.

Im Musical *Luther! Rebell wider Willen* und im Tanz-Experiment *RE:FORMATION* haben Landestheater und Landeskapelle Eisenach als aktive Netzwerkpartner eine einzigartige künstlerische Annäherung an die Kraft und Erneuerung der Reformation gewagt und einen großen Bewundererkreis aus nah und fern gewonnen.

Andere Maschen im Netz waren die Förderer von Schloss und Park Wilhelmsthal, die mit Telemann-Serenaden und Parkführungen zeigten, welche kulturelle Strahlkraft von der lange vergessenen Kulturerbestätte künftig zu erwarten ist, oder die Enthusiasten von Park und Schloss Altenstein, die die Romantik in Thüringens schönsten Landschaftspark zurückholten und „Luthers Entführung" im Liebensteiner Comödienhaus schon für das nächste Jubiläum 2021 inszenierten.

Voller Anmut ist die Landschaft rund um die Wartburg, die in der Region überall gegenwärtig ist und viele Aussichten krönt. Der *Lutherweg Thüringen* belohnt die Mühe des

Wanderers mit einmaligen Waldbildern, weiten Horizonten und vielen sicht- und spürbaren Zeugnissen für Martin Luthers Wirken und Nachwirken. Die „deutscheste aller Burgen" war denn auch im Jahre 2017 der beste Ort, um die Wanderfreunde aus allen Landesteilen zum größten deutschen Wanderfestival zu empfangen.

Der 117. Deutsche Wandertag bot ein Programm aus 95 herrlichen Wandertouren: auf dem Rennsteig durch das Land, von Luthers Entführungsort zur Wartburg, über die sagenhaften Hörselberge, in das satte Grün des Nationalparks Hainich, durch die weiten Werra-Auen auf stolze Burgen hinauf, in das Reich der Störche, auf dem Grünen Band entlang, in die Rhön, das Land der offenen Fernen, und durch die kühlen Felsenschluchten bei Eisenach.

Tausende Wanderer waren beeindruckt und tief berührt – und fühlten sich zu Gast bei Freunden. Hunderte Helfer machten die Sommertage 2017 zu einem unvergesslichen Fest. Viele Wandervereine führten voller Stolz durch ihre Reviere. Und die Mitarbeiter von ThüringenForst inszenierten ein Naturerlebnis, das dem Grünen Herzen würdig war. Voll Dank und Ehrerbietung zogen denn auch Tausende Wanderfreunde mit ihren bunten Fahnen und Wimpeln durch die Wartburgstadt und zehrten noch lange von den einmaligen Wandertagen.

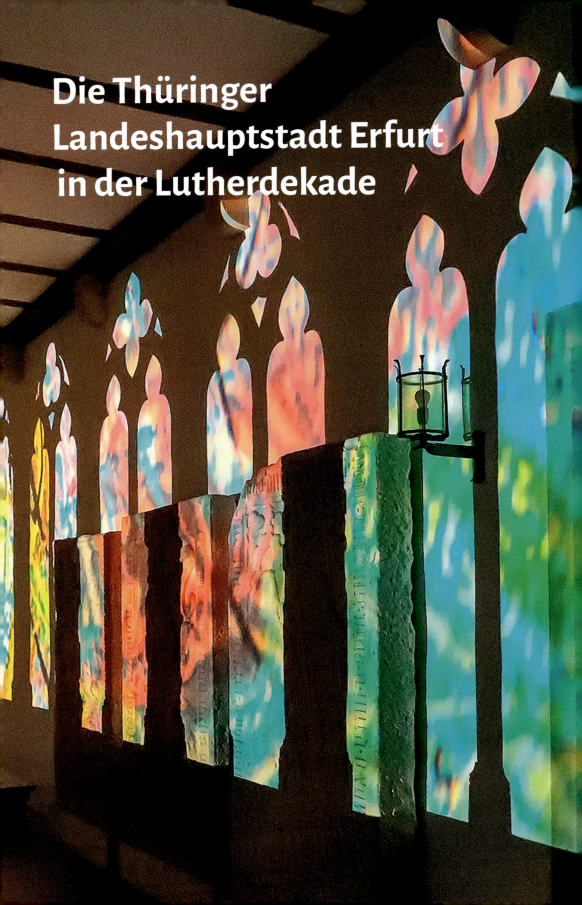

Die Thüringer Landeshauptstadt Erfurt in der Lutherdekade

Anselm Hartinger, Kai Uwe Schierz

Luther und Erfurt
Spuren und Wirkungen in Stadtgeschichte, Kunst und Rezeption

Luther und Erfurt – damit ist ein Thema aufgerufen, das bereits seit Jahrhunderten ein zwar fester, jedoch in seiner Bewertung auch umstrittener Bestandteil der städtischen Memorialkultur ist. Denn Martin Luther in Erfurt, das ist jener Luther vor Beginn der Reformation; das ist ab 1501 der Studierende an der Hierana, der 1505 ins streng observante Kloster der Augustinereremiten eintrat, in der Stiftskirche St. Marien zum Priester geweiht wurde und 1509 seine Sentenzenvorlesung im Auditorium Coelicum hielt. Sein weiterer akademischer Weg zum Doctor theologiae jedoch und seine Karriere als Reformator sind mit Kursachsen und Wittenberg verbunden. Die von dort ausgehenden reformatorischen Neuanstöße veränderten ab 1517 binnen weniger Jahre und Jahrzehnte den theologischen Diskurs und die seelsorgerliche Praxis sowie die religionspolitische Landkarte Mitteleuropas vollkommen. Was also kann die Stadt Erfurt mit Blick auf die eigenen historischen Konditionen zur Reformationsdekade und zum Reformationsjahr beitragen? Einiges, kann man mit Blick auf die Erfurter Veranstaltungen und Ausstellungen der Reformationsdekade sagen. Auch heute verspricht die interdisziplinäre Beschäftigung mit der Geschichte der Reformation, ihren Voraussetzungen, ihrer Rezeption und Deutung vielfach lohnende Erkenntnisse.

Die Geschichts- und Kunstmuseen der Landeshauptstadt Erfurt haben im Verlauf der Reformationsdekade, vor allem aber im Jubiläumsjahr 2017, bewusst auf vielseitige Ausstellungsprojekte gesetzt, die neben der Faszination der in Erfurt reich vorhandenen Originalstätten von der Georgenburse bis zu den großen Bettelordenskirchen einerseits die Wechselwirkungen von Stadtgesellschaft und Klosterkonventen in der Herausbildung der reformatorischen Ideen Luthers erkundeten und andererseits deren Nachwirkungen in der Erinnerungskultur vor allem des 20. Jahrhunderts und in der Kunst des 20. und 21. Jahrhunderts in den Blick nahmen.

Im Folgenden werden einige der Erfurter Ausstellungsprojekte kurz rekapituliert.

ROM sehen und sterben ... Perspektiven auf die Ewige Stadt. Um 1500–2011

Innerhalb der Reformationsdekade widmete die Stadt Erfurt 2010/11 Martin Luther ein ganzes Themenjahr. Unter dem Leitgedanken *Luther. Der Aufbruch* versammelten sich zahlreiche Akteure und organisierten Veranstaltungen (Vorträge, Führungen, Tagungen, Lesungen, Konzerte, Aufführungen, Workshops etc.) und Ausstellungen, oft mit Blick auf die Romreise Luthers. Dabei orientierten sich die Veranstalter noch an der älteren Hypothese Heinrich Böhmers, nach der Luther im Oktober oder November 1510 von Erfurt aus nach Rom aufbrach und Ende März 1511 zurückkehrte.[1] Erst 2011 legte Hans Schneider eine Hypothese vor, die Reisemotiv und -datum neu erklärt, sie zwischen November 1511 und April 1512 annimmt, so dass der Ausgangspunkt für Luther das Augustinerkloster in Wittenberg gewesen wäre.[2] Unstrittig ist jedoch, dass Luther als Mönch nach Rom reiste, dort wie Tausende andere Pilger die Kirchen besuchte, sich an einer großen Wallfahrt beteiligte, fastete und Bußübungen unternahm, um seinen Verwandten Entlastung im Fegefeuer zu schaffen.

Die Ausstellung der Kunsthalle Erfurt *ROM sehen und sterben ... Perspektiven auf die Ewige Stadt. Um 1500–2011* (08.05.–17.07.2011) nahm die Romfahrt Luthers zum Anlass, um sich der besonderen Reise- und Betrachterperspektive auf die Stadt Rom vom Mittelalter bis in die Gegenwart zu widmen. Denn auf Rom richteten sich viele Jahrhunderte lang zahlreiche positive Projektionen, was sich sowohl aus ihrer exponierten Rolle in der antiken Welt als auch aus derjenigen als Sitz des „Heiligen Stuhls" ergibt. So war Rom seit jeher ein bedeutender Anziehungspunkt für Reisende – ob sie als Pilger kamen, die römischen Wallfahrtskirchen besuchten und Pilgerzeichen mitbrachten, als geistliche Amtsträger auf dem Weg in den Vatikan oder als „Cavaliere" auf der Grand Tour, der gesellschaftlich angesehenen Bildungsreise zu den Quellen der europäischen Kultur. Am Ende des 18. und Beginn des 19. Jahrhunderts unternahmen die Reise auch zahlreiche deutsche Maler und Schriftsteller – darunter Johann Wolfgang Goethe, Jakob Philipp Hackert und Joseph Anton Koch, die Gruppe der Lukasbrüder, Friedrich Nerly, Carl Blechen und Ernst Willers. Sie entwickelten jeweils eigene Perspektiven auf die „Ewige Stadt" und ihre Umgebung, wie später auch Max Klinger und Arnold Böcklin. Ab den 1920er Jahren kamen vermehrt wieder deutsche Künstler nach Rom; nunmehr als Stipendiaten der Villa Massimo. Einer Auswahl von Werken dieser Stipendiaten bis in die Gegenwart war das letzte Kapitel der Ausstellung gewidmet, zu der im Kerber Verlag ein Buch erschien, für das 16 Autoren Beiträge leisteten.[3]

Tolle Jahre! An der Schwelle der Reformation. Neue Dauerpräsentation des Stadtmuseums Erfurt (eröffnet 2012) mit Geschichtslabor *Rebellion – Reformation – Revolution*

Die Reformation war ein wesentlich städtisches Ereignis – das Schicksal und die praktische Umsetzung der neuen Lehre entschied sich zuerst in den großen Städten, bevor sie sich in zahlreichen Territorien des Alten Reiches durchsetzte. Die Wechselwirkung von Stadtgesellschaft und Glaubensspaltung in den Blick zu nehmen, lag deshalb im Vorfeld des Jubiläums nahe und wurde 2012 mit dieser Ausstellung umgesetzt.[4] Es wurde eine stadthistorische Dauerausstellung neuer Art konzipiert, die die Stadtentwicklung nicht chronologisch und additiv nacherzählt, sondern thematische Zugänge in den Mittelpunkt stellt, die sich von einer Generation zur nächsten sowie mit Blick auf gewandelte Publikumserwartungen auch verändern können.

Zwei Räume im Erdgeschoss des „Hauses zum Stockfisch" widmen sich zunächst den Emblemen und Strukturen der kommunalen Verfassung um 1500. In einem zweiten Bereich wird die Stadt als geistliche Gemeinschaft vorgestellt, deren Orientierungssuche wesentlich zum Durchbruch neuer Formen der Seelsorge und Kirchenverfassung beitrug. Die mit dem

Hammelburger Vertrag 1530 festgeschriebene Teilung der Bürgerschaft in eine evangelische und katholische Sphäre wird als Schritt hin zu einer modernen und nicht mehr allein von religiösen Letztbegründungen getragenen kommunalen Identität erlebbar. Die von den Kuratoren Hardy Eidam und Gudrun Noll mit externen Fachleuten erarbeitete Präsentation diente als Hinleitung zur Reformationsthematik; sie wurde 2017 temporär überarbeitet, um Eingang in die Ausstellung zu Luther und den Bettelorden zu finden. Einzelne Erträge dieser Sonderausstellung wie das interaktive Totenbuch der Predigerkirche und das in der Barfüßerkirche angesiedelte „Jenseitsspiel" konnten im Anschluss in die Dauerpräsentation einbezogen werden.

Angeschlossen ist das Geschichtslabor *Rebellion – Reformation – Revolution*, das die Geschehnisse des 16. Jahrhunderts zum Anlass nimmt, um über Toleranz, religiöse Gewalt und verantwortungsbewusstes Miteinander heute nachzudenken. Neben Sammlungsstücken wie den Universitätskleinodien, dem Lutherkästchen und einer beim Massaker 2002 durchschossenen Tür des Gutenberg-Gymnasiums sind inszenatorische Elemente wie eine Visualisierung der Zehn Gebote sowie eine Annäherung an das von Thüringen ausgehende Handeln des NSU Teil der Präsentation, die in den kommenden Jahren stärker partizipativ ausgestaltet werden soll.

Kontroverse und Kompromiss – Der Pfeilerbilderzyklus des Mariendoms und die Kultur der Bikonfessionalität im Erfurt des 16. Jahrhunderts

Eine Ausstellung im Angermuseum Erfurt widmete sich vom 27. Juni bis zum 20. September 2015 den acht erhaltenen konvexen Pfeilerbildern im Erfurter Dom St. Marien. Sie bilden das bedeutendste Ensemble von Tafelgemälden der Reformationszeit, das sich in der Stadt erhalten hat, und sind als einheitlicher Zyklus von Malereien auf gekrümmtem Holz deutschlandweit einzigartig. Geschaffen zwischen 1505 und ca. 1570, zeigen sie überwiegend Themen, die nicht erst heute als dezidiert katholisch angesehen werden: „Himmelfahrt Mariens", „Gregorsmesse", „Hostienmühle" etc. Es liegt nahe, in diesen Bildern Positionsbestimmungen und Bekenntnisse ihrer Stifter, meist Mitglieder des Chorherrenstifts St. Marien und Professoren der Universität Erfurt, im Rahmen der beginnenden Konfessionalisierung zu sehen. So ist die Gruppe der Pfeilerbilder ein wichtiges Zeugnis für die künstlerischen und kulturellen Auswirkungen der Machtkämpfe zwischen der römisch-katholischen Geistlichkeit und der lutherisch-protestantischen Bewegung im Erfurt der Frühen Neuzeit, aber auch jener zwischen prosächsischen und promainzischen Kräften. In den Pfeilerbildern spiegelt sich die komplizierte Lebenspraxis einer bikonfessionellen Stadt im 16. Jahrhundert, in der plötzlich zwei Wahrheiten nebeneinander existierten.

Kunsthistorisch betrachtet, zeigen sich Einflüsse der Cranach-Werkstatt (Sachsen) und des Kreises um Albrecht Dürer (Franken, Meister der Crispinus-Legende), aber auch vom Mittelrhein. Mit diesen drei Kunstregionen sind zugleich die damals wichtigsten politisch-geografischen Bezüge der Stadt benannt. Zur Vorbereitung der Schau fand im Mai 2014 eine internationale Tagung in Erfurt statt, deren Ergebnisse in die 22 Aufsätze und die Katalogtexte der ausstellungsbegleitenden Publikation einmündeten.[5]

Cranach vor und nach der Reformation. Leihgaben aus Privatbesitz in der Dauerausstellung des Angermuseums Erfurt

Erfurt beherbergt im Angermuseum zwölf Werke, die Lucas Cranach d. Ä., seiner Werkstatt bzw. deren Umkreis zuzuordnen sind. Seit dem 25. März 2017 präsentiert das Angermuseum zusätzlich zum eigenen Bestand zehn Leihgaben aus Privatbesitz – Tafelbilder aus der Werkstatt Lucas Cranachs d. Ä., die exemplarisch auf sein Schaffen vor und nach dem Beginn der Lutherischen Reformation 1517 verweisen. Darunter sind vier Mariendarstellungen, eine *Gregorsmesse*, eine Tafel *Predigt Johannes des Täufers im Wald*, eine *Gnadenstuhl*-Darstellung sowie Porträts von Luther und Katharina von Bora. Ein Gemälde schildert das *Martyrium der Heiligen Barbara* in kostbaren Farben und korrespondiert nun mit mehreren kürzlich restaurieren Altarbildtafeln zur *Legende der Heiligen Barbara*, seit 1907 als Dauerleihgabe der Staatlichen Museen zu Berlin im Angermuseum Erfurt. Initiiert von der Erfurter Restauratorin Prof. Dr. Sabine Maier, wird die Präsentation der neuen Leihgaben im Angermuseum Erfurt durch Dr. Michael Hofbauer, Cranach-Experte aus Heidelberg und Betreiber des umfangreichen digitalen Werkverzeichnisses der Werkstätten Cranach und ihrer Nachahmer, wissenschaftlich begleitet.

Luther. Der Auftrag. Martin Luther und die Reformation in Erfurt. Rezeption und Reflexion

Im Jahr 1917 eröffnete anlässlich des 400. Jubiläums des Thesenanschlags zu Wittenberg der Direktor des städtischen Museums Erfurt Edwin Redslob eine temporäre Ausstellung in seinem Museum, die Luther und der Reformation in Erfurt gewidmet war. Bereits 1915 war der spätere Reichskunstwart der Weimarer Republik vom Erfurter Magistrat mit der Zusammenstellung einer Luthersammlung beauftragt worden. Auf diese Weise sollte der Rückstand Erfurts zu anderen, prominenteren Lutherstädten wie Wittenberg, Eisleben und Eisenach aufgeholt werden. Es galt, die geistigen Ursprünge des Reformators in seinem Studium an der Erfurter Universität und in seinem Wirken als Mönch im Augustinerkloster Erfurt herauszustellen. Im Jahr 1983 organisierte die Führung der DDR mit verschiedenen Veranstaltungen und Ausstellungen eine staatliche Lutherehrung – mit Blick auf die jahrzehntelang praktizierte Kirchenferne dieses Staates durchaus verwunderlich. Erfurt spielte in diesem Kontext eine wichtige Rolle. Während das Lutherkomitee der Evangelischen Landeskirchen in der DDR ihre zentrale Ausstellung *Martin Luther. Leben und Werk* vom 7. Mai bis zum 31. Oktober 1983 im Predigerkloster Erfurt einrichtete, präsentierte der Staat in der städtischen Galerie am Fischmarkt vom 05. Mai bis zum 15. November 1983 die Ausstellung *Erfurt-Luther-Dialoge*. Darin korrespondierten zahlreiche Werke zeitgenössischer bildender Künstler mit historischen Zeugnissen zu Luther und der Reformationszeit in Erfurt. Die von Gabriele Muschter verantwortete Auswahl der Kunstwerke beschränkte sich nicht auf die aktuelle Rezeption der Reformationsthematik und Luthers, sondern war explizit weiter gefasst – schloss die Bauernkriegsthematik ebenso ein wie die Thematisierung von sozialen Befreiungsbewegungen weltweit. Integriert wurden auch Auftragswerke des Leipziger Malers Heinz Zander, die er 1981 und 1982 für Erfurt geschaffen hatte: den Gemäldezyklus *Das Tolle Jahr von Erfurt* und das *Luther-Triptychon*.

Für die vom 23. April bis zum 18. Juni 2017 im Angermuseum Erfurt präsentierte Ausstellung *Luther. Der Auftrag. Martin Luther und die Reformation in Erfurt* wurden zentrale Elemente der gut dokumentierten Luther-Ausstellungen von 1917 und 1983 rekonstruiert, um die jeweiligen Perspektiven auf Luther, sein Wirken und die Reformationszeit vorzustellen. Neben Heinz Zanders Gemäldezyklen wurden auch sämtliche Vorstudien und Zeichnungen dazu präsentiert. Eine eigene Abteilung bildeten zahlreiche Objekte der Luthersammlung, die Edwin Redslob hauptsächlich zwischen 1916 und 1917 für das städtische Museum Erfurt erwarb – eine Sammlung, die später erweitert und nach 1983 zu großen Teilen dem Stadtmuseum Erfurt überstellt wurde. Ausstellungsbegleitend wurde ein Katalog publiziert, für den sieben Autoren Beiträge leisteten.[6]

Harald Reiner Gratz. Luthers Stein in Schmalkalden und andere Merkwürdigkeiten der deutschen Geschichte

Zu Martin Luthers Leben und Wirken gibt es neben historischen Daten zahlreiche legendäre Episoden oder ganze Erzählungen, die bis ins 20. Jahrhundert hinein untrennbar mit dem populären Bild von Luther verschmolzen wurden. Legendär ist das Blitzerlebnis bei Stotternheim, der Wurf mit dem Tintenfass nach dem Teufel, der ihn auf der Wartburg beim Übersetzen der Bibel gestört haben soll, oder die wundersame Heilung einer schweren Kolik durch einen Trunk aus dem Quell des Tammichgrunds bei Tambach. Auch wenn das Legendäre an Luthers Leben volkstümlich ist und kaum einen Historiker begeistert: Sie lassen das Lebensbild Luthers plastisch werden. Seit 2014 nahm der 1962 in Schnellbach bei Schmalkalden geborene Künstler Harald Reiner Gratz in zahlreichen Malereien, darunter vierzehn Gemälde im Format von je 170 mal 170 Zentimeter, in Zeichnungen und Radierungen die Fäden der Geschichten um Martin Luther auf, spann sie weiter und verknüpfte sie mit seinen ganz persönlichen Visionen zu Luther und zur deutschen Geistesgeschichte, in denen nicht selten die Zeiten und Akteure wechseln und Unerwartetes wie in einem Märchen aufeinanderprallt. Den expressiven wie auch figürlichen Traditionen der deutschen Malerei des 20. Jahrhunderts folgend, gestaltet Gratz die Protagonisten und Themen der antiken und christlichen Mythologie, der Märchen, der europäischen Literatur, Philosophie und Geschichte – all jener Geschichten in den Historien, häufig biografisch eingefärbt und inspiriert von filmischen und theatralischen Bearbeitungen dieser Stoffe bis in die Gegenwart. Den modernen Historienbildern von Harald Reiner Gratz widmete das Angermuseum Erfurt vom 8. Juli bis zum 3. September 2017 eine Sonderausstellung. Sie wurde von einem Katalog begleitet, der im Mitteldeutschen Verlag Halle erschienen ist.[7]

Barfuß ins Himmelreich? Martin Luther und die Bettelorden in Erfurt. Ausstellung im Stadtmuseum "Haus zum Stockfisch" vom 18. Mai bis zum 12. November 2017, mit Begleitprogramm im Stadtraum und in den Bettelordenskirchen Erfurts

Am Anfang standen Fragen: Was konnte Erfurt 2017 an originären Beiträgen einbringen? Worum ging es Luther bei seinem folgenschweren Bruch mit haltgebenden Traditionen und ehrwürdigen Hierarchien? Hinsichtlich des Standortes lag die Antwort auf der Hand – natürlich musste es um den Studenten und Bettelmönch Luther gehen! Denn wie immer man das von ihm eher vage beschriebene Geschehen um Blitzschlag und Gelübde bewerten will – der Bruch mit Familie und Karriereplanung sowie die Jahre als Novize und angehender Augustinermönch waren *die* schicksalhafte Wende in Luthers Leben. Die Bettelorden der Barfüßer, Dominikaner und Augustiner-Eremiten prägen mit ihren erhaltenen Kirchenbauten zudem noch heute das Erfurter Stadtbild. Luthers Hinwendung zu den Mendikanten, aber auch seine spätere Abwendung vom mönchischen Lebenskonzept und von der im Ablasshandel gipfelnden Heilsökonomie der Bettelorden ließ sich daher an keinem anderen Ort so überzeugend darstellen wie an den authentischen Wirkungsstätten Erfurts.

Die Ausstellung thematisierte die Wandlungen des Mönchsideals vom Hochmittelalter bis zur Klosterzeit Luthers sowie die Bedeutung der Bettelorden für Stadtgesellschaft, Ökonomie und universitäre Bildung Erfurts. Dazu gehörten für Luther relevante Bücher und Autoritäten ebenso wie Zeugnisse der mendikantischen Seelsorge und Homiletik aus Museen, Archiven und Klostergemeinschaften des ganzen deutschsprachigen Raums. Die Besucher wurden durch die etappenweise Wegführung in das von Gelübden und Versuchungen geprägte Drama des klösterlichen Lebens einbezogen. Zugleich ging es um die von Luthers Verabschiedung des klösterlichen Heilskonzeptes angestoßene und anhand von Inventaren und umgearbeitetem Abendmahlsgerät gezeigte Transformation von Klöstern in Pfarrkirchen und ehemaligen Mönchen in Mitbürger. Die einstigen Ordenskirchen dienten als Wegmarken im Stadtraum; für das Langhaus der Barfüßerkirche wurde in Zusammenarbeit mit der Fachhochschule Erfurt eine mediale Vermittlungsebene entwickelt, mit der sich die Besucher anhand von authentischen Geschichten selbst einen Weg zu Himmel, Hölle und Fegefeuer bahnen konnten. Ein vielgestaltiges Begleitprogramm griff aktuelle Fragen rund um Armut, Gerechtigkeit und Lebenssinn auf. Der Begleitband[8] dokumentiert nicht nur Bestand und Making-of der Ausstellung, sondern versammelt auch die vom Projekt angestoßenen Forschungen zu bisher kaum behandelten Fragen der mendikantischen Präsenz in der gesamten Region.

Die kontroverse Aufnahme der Ausstellung zeigte, dass das auf Diskussion und einprägsame Vergegenwärtigung gerichtete Konzept aufging und die gewünschte Auseinandersetzung mit dem, was die Reformation an Konflikten wie befreienden Potenzialen anstieß, tatsächlich stattfand. Inszenierungsideen wie Laufband, Boxsack und WG-Schreibtisch erwiesen sich dabei als notwendig, um von heute aus nur noch schwer verständlichen Frontstellungen wieder jene Schärfe und Mobilisierungskraft zu geben, die sie zu Luthers Zeit auszeichnete.

Es sei zum Schluss darauf hingewiesen, dass die aufgeführten Ausstellungen der Geschichts- und Kunstmuseen Erfurt nicht allein das Programm der Aktivitäten der Landeshauptstadt in der Reformationsdekade repräsentieren. Sie stehen nur Pars pro Toto für die Vielfalt der Auseinandersetzungen mit der reichen Kulturgeschichte der Stadt und der Region und die Vielzahl der Akteure, zu denen im Jubiläumsjahr unter anderen auch das Museum für Thüringer Volkskunde gehörte, in dem vom 19. Mai bis zum 19. November 2017 die Ausstellung *Pilgern. Auf der Suche nach dem Glück* sich den Traditionen, Wegen und Aussichten des christlichen Pilgerwesens widmete.[9] Dabei ging es den Veranstaltern nicht nur um die Orte und Wege des Pilgerns in vergangener Zeit, sondern explizit auch um die Frage, welche Spuren das Pilgern im Leben heutiger Pilger hinterlässt. Alle aufgeführten Projekte zeichnet das Bemühen aus, vertiefte Einsichten in die Kulturgeschichte mit Fragestellungen zu verbinden, die unser aktuelles Leben betreffen. Die Reformationsdekade und das Reformationsjubiläum 2017 boten allen Akteuren besondere Möglichkeiten, Beiträge zu einem modernen, das heißt weltoffenen und kritischen Geschichtsbewusstsein zu leisten.

Anmerkungen
1. HEINRICH BÖHMER, Luthers Romfahrt, Leipzig 1914.
2. HANS SCHNEIDER, Martin Luthers Reise nach Rom – neu datiert und neu gedeutet, in: WERNER LEHFELDT (Hrsg.), Studien zur Wissenschafts- und zur Religionsgeschichte (Abhandlungen der Akademie der Wissenschaften zu Göttingen, N. F., Bd. 10), Berlin/New York 2011, 1–157.
3. SUSANNE KNORR/ULRIKE PENNEWITZ/KAI UWE SCHIERZ (Hrsg.), ROM sehen und sterben … Perspektiven auf die Ewige Stadt. Um 1500–2011, Bielefeld 2011.
4. **Stadtgeschichte. Erfurt historisch**. Begleitbuch zur Ausstellung Tolle Jahre. An der Schwelle der Reformation. Rebellion – Reformation – Revolution. Ein Geschichtslabor im Stadtmuseum Erfurt, Landeshauptstadt Erfurt, Erfurt 2012.
5. ECKHARD LEUSCHNER/FALKO BORNSCHEIN/KAI UWE SCHIERZ (Hrsg.), Kontroverse und Kompromiss – Der Pfeilerbilderzyklus des Mariendoms und die Kultur der Bikonfessionalität im Erfurt des 16. Jahrhunderts, Dresden 2015.
6. KAI UWE SCHIERZ (Hrsg.), Luther. Der Auftrag. Martin Luther und die Reformation in Erfurt. Rezeption und Reflexion, Erfurt 2017.
7. KAI UWE SCHIERZ (Hrsg.), Harald Reiner Gratz. Bilder zur Geschichte. Malerei, Zeichnungen, Druckgrafik, Halle 2017.
8. KARL HEINEMEYER/ANSELM HARTINGER (Hrsg.), Barfuß ins Himmelreich? Martin Luther und die Bettelorden in Leipzig. Textband und Katalog zur Ausstellung im Stadtmuseum Erfurt 2017, Dresden 2017.
9. ANDREA STEINER-SOHN (Hrsg.), PILGER(N): Auf der Suche nach dem Glück (Schriften des Museums für Thüringer Volkskunde, 41), Erfurt 2017.

Matthias Rein

Strategien – Akzente – Ergebnisse aus evangelischer Sicht

In der Stadt Erfurt spielen Martin Luther und die reformatorische Bewegung für die evangelischen Christen, für das ökumenische Miteinander und für das kulturelle und touristische Leben in der Stadt eine zentrale Rolle. Erfurt beherbergt mit dem Augustinerkloster, der Georgenburse, der Michaelis- und Kaufmannskirche, dem Dom, dem Collegium Maius, der Andreaskirche und dem Lutherstein (Abb. S. 265) bei Stotternheim eine große Zahl authentischer Orte des Lebens und Wirkens Martin Luthers. Die Stadt und ihre Kirchengemeinden haben verschiedene Traditionen und Formate des Gedenkens an Martin Luther ausgebildet. Die Reformationsdekade bot nun Anlass und Rahmen, dieses reiche Erbe zu vergegenwärtigen und neue Themen und Formen der Präsentation zu entwickeln.

Die Gestaltung der Luther- bzw. Reformationsdekade in Erfurt lässt sich in zwei Abschnitte unterteilen. Zunächst lag die Federführung der Planung und Koordination bei dem Lutherausschuss 2011, der sich 2008 konstituierte. Er koordinierte Veranstaltungen zur 500-jährigen Wiederkehr der Rom-Reise Luthers im Jahr 1510/11 in Erfurt unter dem Motto *Luther. Der Aufbruch.*[1] Hierzu legte die Kulturdirektion ein kulturelles Jahresthema für Jahre 2010/11 auf, das mit rund 400.000 Euro Haushaltsmitteln untersetzt war.

Am 23. September 2011 besuchte Papst Benedikt XVI. das Augustinerkloster und traf dort eine Delegation der EKD. Papst Benedikt bezeichnete Martin Luther als wichtigen Zeugen des christlichen Glaubens. Dieser Besuch war ein wichtiges Zeichen für die Ökumene und für die Öffentlichkeit und prägte den Geist und das Profil der Reformationsdekade.

Mit dem Jahr 2012 begann ein zweiter Abschnitt. Hatten sich die Erfurter Aktivitäten bislang locker an den Themenvorgaben der EKD-Reformationsdekade orientiert, änderte sich dies ab 2012 mit dem Themenjahr *Reformation und Musik*. Von da an bündelte die Steuerungsgruppe Reformationsgedenken des evangelischen Kirchenkreises die Aktivitäten.[2] Ab 2014 fanden Vertreter der verschiedenen Institutionen im Programmausschuss für den Erfurter *Kirchentag auf dem Weg* zusammen.

Drei wichtige Anliegen wurden in Erfurt verfolgt:

- Nachhaltige Erschließung und Präsentation der authentischen Lutherorte sowohl für die eigene Bevölkerung als auch für die zahlreichen Touristen, die Erfurt besuchen,
- enge Kooperation der verschiedenen Erfurter Akteure und Förderung der Kompetenzen vor Ort, Entwicklung passender Formate,
- zeitgemäße Erschließung der Bedeutung der Reformationsereignisse für Gesellschaft, Kirche und Kultur heute.

In die Jahre der Reformationsdekade fallen wichtige bauliche Entwicklungen an den Erfurter Lutherstätten.[3] Das historische Hauptgebäude der Erfurter Universität, das Collegium Maius, wurde rekonstruiert und 2011 als Sitz des Landeskirchenamtes der EKM in den Dienst ge-

nommen. Im Jahr 2011 wurde die Georgenburse zugänglich gemacht, die als Veranstaltungs- und Ausstellungsort sowie als Pilgerherberge dient. Mit der Einweihung der mittelalterlichen Glasfenster wurde die umfassende bauliche Sanierung des Augustinerklosters 2014 abgeschlossen, die 2000 begonnen hatte. Im Jahr 2015 wurde die aufwendige Restaurierung des Chorraums der evangelischen Kaufmannskirche beendet. Seitdem erstrahlt der frühbarocke Friedemann-Altar als eindrückliches Zeugnis protestantischer Kirchraumgestaltung in neuem Glanz. Ein Zentrum der Entstehung der evangelischen Kirche in Erfurt bildet die Michaeliskirche in unmittelbarer Nähe zum Collegium Maius. Sie wird seit 2014 baulich ertüchtigt. Im Zuge der Sanierung von historischen Grabsteinen aus der Kirche wurde 2015 der Grabstein des Erfurter Reformators und Lutherfreundes Johannes Lang wiederentdeckt. Er steht seit 2015 wieder in der Michaeliskirche.

In Erfurt wurden im Laufe der Reformationsdekade Vorträge, Podiumsdiskussionen, Ausstellungen, Konzerte, Kunstaktionen und Angebote für Touristen entwickelt und präsentiert. Erfurt erhielt eine neue Wegebeschilderung, die den internationalen Luther-Pilgerweg und die Erfurter „Luther-Meile" kenntlich macht.[4] Seit 2016 gehört die Stadt Erfurt dem Netzwerk europäischer Reformationsstädte an, das von der Gemeinschaft Evangelischer Kirchen in Europa aufgebaut wurde. Die Bewerbung dafür entstand in enger Zusammenarbeit zwischen dem Evangelischen Kirchenkreis, dem Martin-Luther-Institut der Universität Erfurt und der Kulturdirektion.

Welche Rolle die Gestaltung der einzelnen Themenjahre der EKD-Reformationsdekade in Erfurt spielte, soll anhand ausgewählter Beispiele aufgeführt werden:

Zum Themenjahr *Reformation und Bildung* (2010) veranstaltete die Evangelische

Stadtakademie Meister Eckhart in Kooperation mit dem Evangelischen Ratsgymnasium Erfurt und der Kulturdirektion eine Vortragsreihe unter dem Motto *Große Texte aus 500 Jahren Protestantismus – Prominente im Gespräch*. Anfang September 2010 wurden Straßen und Stätten der Reformation in Erfurt mit Lichtinstallationen in Szene gesetzt. Im März 2011 präsentierte die Alte Synagoge in Erfurt ein Ausstellungsprojekt unter der Überschrift *Judenhass! Luther im Kontext judenfeindlicher Einstellungen*. Im Frühjahr zeigte die Kunsthalle Erfurt eine Ausstellung unter dem Titel *ROM sehen und sterben ...*, die auf Luthers Rom-Reise Bezug nimmt. Am 31. Oktober 2011 wurde die neu erarbeitete Dauerausstellung *An der Schwelle der Reformation – tolle Jahre* im Stadtmuseum Erfurt eröffnet.

Die reiche Erfurter Kirchenmusik-Tradition und die lebendige Kirchenmusik-Szene in Erfurt prägten das Themenjahr *Reformation und Musik* 2012 in Erfurt in besonderer Weise. Am 14. November 2012 fand ein Wandelkonzert statt, in dem Variationen zu dem Choral „Wachet auf, ruft uns die Stimme" erklangen. Unter Leitung Erfurter Kirchenmusiker musizierten Erfurter Chöre. Dieses Konzert war Bestandteil der deutschlandweiten, vom EKD-Kulturbüro initiierten Konzertreihe *366+1 Kirche klingt*.

Zum Themenfeld *Reformation und Bekenntnis* zeigte der Evangelische Kirchenkreis im Oktober 2013 eine Ausstellung zu 450 Jahren Heidelberger Katechismus in der Michaeliskirche.

Das Themenjahr *Reformation und Politik* (2014) wurde in Erfurt mit der Aufarbeitung der Geschichte der Erfurter evangelischen Kirchengemeinden im Nationalsozialismus und dem Gedenken an 25 Jahre Friedliche Revolution verbunden. Im Sommer 2014 präsentierte der Kirchenkreis eine Ausstellung zur Geschichte der Erfurter Kirchengemeinden zwischen 1933 und 1945. Am 7. Oktober 2014 fand ein Gedenkgottesdienst in der Kaufmannskirche in Erinnerung an den „Wende-Gottesdienst" am 7. Oktober 1989 statt. Zeitzeugen berichteten.

Vielfältige Aktivitäten fanden im Jahr 2015 zum Thema *Reformation – Bibel und Bild* statt. In vielen Gemeinden wurden Themenpredigten zu Bildern in den Kirchen gehalten. Die Reihe *Augustinergespräche* befasste sich mit dem Zusammenhang Bibel und Bilder in der Sprache. Am 14. März 2015 malte Christoph Lammers (München) ein Bild live auf eine große Leinwand, die den Altar in der Michaeliskirche verdeckte. Taery Kim (Südkorea) zeigte eine Performance zum Thema Zeit nach Meister Eckhart in der Predigerkirche, ein Jahr später verhandelte sie Raum und Zeit bei Meister Eckhart mit Performances und Videoinstallationen in der städtischen Galerie Waidspeicher. Der Friedemann-Altar in der Kaufmannskirche präsentierte das protestantische Bildprogramm innerhalb der Ausstellung *Kontroverse & Kompromiss. Der Pfeilerbilderzyklus des Mariendoms und die Kultur der Bikonfessionalität im Erfurt des 16. Jahrhunderts* im Angermuseum Erfurt.[5]

Die Erfurter Kreissynode befasste sich im Herbst 2015 in Vorbereitung des Erfurter Kirchentages mit ihrer Verbundenheit mit der Jüdischen Gemeinde in Erfurt seit 1945.

Im Themenjahr *Reformation und die Eine Welt* (2016) wurde die weltweite Verbundenheit der Christen durch Konzertreihen, thematische Gottesdienste und Veranstaltungen vergegenwärtigt und erfahrbar gemacht. Zudem wurde die aktuelle Herausforderung der Aufnahme von Flüchtlingen auch in Erfurt thematisiert. Die Augustiner-Kantorei unternahm im Oktober 2016 eine Konzertreise nach Japan und trat dort als Reformationsbotschafter auf. Am 31. Oktober 2016 predigte Bischof Nick Baines aus der anglikanischen Partnerdiözese Leeds im Festgottesdienst in der Augustinerkirche.

Höhepunkt der zweiten Phase der Erfurter Reformationsdekade war der *Kirchentag auf dem Weg* unter dem Motto „Licht auf Luther" am Himmelfahrtswochenende 2017. In 220 Veranstaltungen und Angeboten wurden die Themenfelder „Unterwegs zu Luther", „Christen und Juden gemeinsam", „Ökumene leben" und „Evangelisch heute" entfaltet.[6]

Über den Kirchentag hinaus wurde das Reformationsgeschehen in 2017 bedacht und gefeiert.[7] Das Erfurter Stadtmuseum zeigte die Ausstellung *Barfuß ins Himmelreich? Martin Luther und die Bettelorden in Erfurt.* Die Thüringer Landesregierung lud zu einem offiziellen Festakt zum Abschluss der Reformationsdekade in Thüringen am Martinstag 2017 in das Augustinerkloster. Die EKD-Reformationsbeauftragte Margot Käßmann predigte vor 10.000 Menschen in der Ökumenischen Martinsfeier auf dem Erfurter Domplatz.

Die Erinnerung an die 500. Wiederkehr der Veröffentlichung der Ablassthesen von Martin Luther fand im Jahr 2017 unter vergleichsweise günstigen gesellschaftspolitischen, ökonomischen sowie auch ökumenischen Rahmenbedingungen statt. So konnten lang aufgeschobene Sanierungsvorhaben an wichtigen Lutherstätten realisiert werden. Für die Gäste der Stadt Erfurt wurden die Erfurter Lutherstätten neu erschlossen (Herrichtung, Wegeführung, thematische Führungsangebote). Dazu trug auch eine große Anzahl von Ausstellungen in Museen und Kirchen der Stadt bei. Aber auch die internationale Wahrnehmung der Bedeutung Erfurts für die reformatorische Bewegung fand ihren Ausdruck. Ein wichtiges Anliegen der Evangelischen Kirche in Erfurt war, mit den Menschen in der Stadt und der Region zu erkunden, welche große Bedeutung das reformatorische Erbe für die Identität und die heutige Lebenswirklichkeit der Region hat. Daran haben sich u. a. die lokalen und regionalen Medien intensiv beteiligt. Die Reformationsdekade wurde unter den Bedingungen einer mehrheitlich säkularen Gesellschaft gestaltet. Viele Menschen, die mit Kirche und christlichem Glauben nicht vertraut sind, machten positive Erfahrungen mit der christlichen Religion und der Kirche und entwickelten ein neues Bewusstsein für die Schätze, die ihre Heimat bergen, und die große weltpolitische Relevanz, die das Wirken Luthers und seiner Freude hatte und hat.

Anmerkungen

1. Vgl. dazu die von den Vertretern der beteiligten Seiten unterschriebene Konzeption aus dem Jahr 2008 (Manuskript).

2. Vgl. z. B. die Grobkonzeption der EKM für die Lutherdekade und das Reformationsjubiläum 2017 vom 14.09.2012 und den Bericht von Landesbischöfin Junkermann vom 22.11.2012 vor der Landessynode in Erfurt. Siehe weiter die Konzeption des Kirchenkreises „Evangelisch in Erfurt: Spiritualität und Bildung", beschlossen vom Kreiskirchenrat am 28.01.2013.

3. Siehe dazu die Auflistung der Investitionsvorhaben in Erfurt in Vorbereitung auf das Reformationsjubiläum vom 28.06.2010 (Manuskript).

4. Vgl. unter www.wege-zu-luther.de und www.luther-meile-erfurt.de.

5. Siehe dazu die Programmflyer des evangelischen Kirchenkreises zu 2015 und 2016. Vgl. ferner den umfangreichen Ausstellungskatalog, der dazu erschienen ist.

6. Vgl. dazu den Veranstaltungskatalog mit 160 Seiten und JÜRGEN REIFARTH, Licht auf Luther. Die Themen des Erfurter Kirchentages auf dem Weg 25.–28.5.2017, in: Ev. Kirchenkreis Erfurt (Hrsg.), Reformation in Bewegung. Erfurt zwischen 1517 und 2017, Leipzig 2017, 302–312.

7. Vgl. unter www.erfurt.de/ef/de/erleben/besuch/luther/index.html / Stichwort Luther 2017 – 500 Jahre Reformation.

Thomas T. Müller

Von der Vorreformation bis zu Luthers ungeliebten Brüdern
Reformationsausstellungen in Mühlhausen

Als die Evangelische Kirche in Deutschland (EKD) im Jahr 2008 in der Schlosskirche zu Wittenberg feierlich eine Dekade zur Vorbereitung auf den 500. Jahrestag der Veröffentlichung von Martin Luthers 95 Thesen eröffnete, war diesem ersten Großereignis der zeitgenössischen Reformations-Erinnerungskultur eine lange Diskussion vorangegangen. Besonders intensiv gerungen wurde in den zuständigen Gremien über den Titel der Dekade. Für eine „Reformationsdekade" waren die einen, die anderen favorisierten eine „Lutherdekade".

Am Ende entschieden sich die Verantwortlichen als vermeintlichen Kompromiss für eine fürderhin zu nutzende Wort-Bild-Marke: Unter einer modernistischen Abwandlung von Cranachs berühmten Luther-Porträt prangte in großer Schrift „Luther 2017". Deutlich kleiner fand sich darunter der Hinweis „500 Jahre Reformation".

Die Wortmarke verbände „wichtige Aspekte des Jubiläums: Luther als zentrale Figur und zugleich die gesamte Wirkungsgeschichte der Reformation in Kirche, Politik und Gesellschaft", hieß es in einer Pressemitteilung der EKD. Schnell wurde im innerkirchlichen Gebrauch ebenso wie im öffentlichen Raum aus der „Reformationsdekade" eine reine „Lutherdekade". Selbst auf der offiziellen „Jubiläums-Homepage" (www.luther2017.de) wurde fast ausschließlich von der „Lutherdekade" geschrieben. Allein an dieser Tatsache zeigt sich exemplarisch, wie trotz verschiedener Versuche, dem entgegenzuwirken, am Ende doch fast überall der Lutherzentrismus vorangegangener Reformationsjubiläen seine Fortsetzung fand.

Seither hat sich durchaus einiges getan. Müntzer und die anderen alternativen Reformatoren sind sicher nicht mehr die „Erzteufel", als die sie Martin Luther einst verunglimpfte. Dennoch fremdelt die evangelische Kirche noch immer mit ihnen. Dabei ist zu bemerken, dass die Evangelische Kirche in Mitteldeutschland dem Thema deutlich positiver gegenübersteht, als dies in den meisten anderen deutschen Landeskirchen der Fall ist.

Nur ein Beispiel ist hierfür das Engagement des Kirchenkreises Mühlhausen in der Thomas-Müntzer-Gesellschaft. Auch das Interesse der mitteldeutschen Landesbischöfin Ilse Junkermann an der Thematik war in den vergangenen Jahren deutlich zu spüren. Dies eint sie im Übrigen mit jenem Ministerpräsidenten, der Thüringen im Jubiläumsjahr regierte.

Dennoch: Während man inzwischen selbst in den sozialistischen Parteien, in welchen einige der alternativen Reformationsideen Thomas Müntzers durchaus noch geschätzt werden, verstanden hat, dass die einstige Vereinnahmung jenes Mannes, dessen Erbe man in der

DDR erst vollenden wollte und es schließlich in der politischen Eigenwahrnehmung gar getan zu haben glaubte, wohl der falsche Weg war, wurden Müntzer und die anderen „ungeliebten Brüder" Martin Luthers in der „Reformationsdekade" – von Mitteldeutschland und Thüringen im Besonderen einmal abgesehen – vielerorts im besten Fall einfach vergessen oder gar bewusst übergangen.

Luthers ungeliebte Brüder

Um dem entgegenzuwirken, wurde am 30. Oktober 2016 im Beisein des Thüringer Ministerpräsidenten Bodo Ramelow (DIE LINKE) im Mühlhäuser Bauernkriegsmuseum die Ausstellung *Luthers ungeliebte Brüder – Alternative Reformationsideen in Thüringen* eröffnet. Dabei stellt die von der Thüringer Staatskanzlei maßgeblich geförderte und inzwischen zur Dauerausstellung umgewandelte Exposition ganz bewusst nicht den großen Reformator in den Fokus, sondern widmet sich denjenigen, die abseits des Wittenberger Weges eigene reformatorische Gedanken verfolgten.

Dabei wird jedoch keinesfalls in Zweifel gezogen, dass Martin Luther Großes geleistet und enormen persönlichen Mut bewiesen hat. Er stieß eine Reformation der bestehenden Kirche an, die erst zu grundlegenden Veränderungen in Europa und schließlich in der ganzen Welt geführt hat! Er hinterließ der Menschheit bedeutende theologische Werke und schenkte den Deutschen nicht nur eine sprachgewaltige deutsche Bibelübersetzung, sondern legte damit auch einen wichtigen Grundstein zur Entwicklung einer einheitlichen deutschen Hochsprache!

Gleichwohl ist die Reformation niemals das Werk eines Einzelnen gewesen. Doch während Luthers engsten theologischen Mitstreitern wie Philipp Melanchthon, Johann Agricola oder Georg Spalatin in der 2008 ausgerufenen „Lutherdekade" noch ein Platz im Halbschatten des großen Reformators zugestanden wurde, erhielten die Theologen, welche von der reinen lutherischen Lehre abweichende oder gar eigene reformatorische Ideen verfolgten, in der Regel noch nicht einmal einen Platz auf der Ersatzbank des Jubiläumsteams.

„Luthers ungeliebte Brüder" gerieten in der Dekade fast völlig aus dem Blick. Dabei gaben die Prediger, die in der Frühphase der Reformation mit eigenen theologischen Ideen an die Öffentlichkeit traten, der jungen Bewegung viele neue Impulse: Andreas Bodenstein (Karlstadt) in Orlamünde, Jakob Strauß in Eisenach, Thomas Müntzer in Allstedt und Mühlhausen, Heinrich Pfeiffer oder Matthäus Hisolidus, der Reformator Creuzburgs.

Luther erkannte sehr bald, dass solcherlei abweichende theologische Tendenzen ehemaliger Weggefährten die Einheit der Reformation gefährdeten. Letztlich beanspruchte er die alleinige Deutungshoheit in reformatorischen Fragen. Er sah sich selbst als höchste Instanz der noch jungen Bewegung und verteidigte seine Stellung mit allen ihm zur Verfügung stehenden Mitteln. Luther war eben auch ein begnadeter Realpolitiker. Wäre er dies nicht gewesen, hätte die reformatorische Bewegung niemals einen solch großen Erfolg gehabt.

Und dennoch sind es „Luthers ungeliebte Brüder" wert, endlich als das wahrgenommen zu werden, was sie wirklich waren: bedeutende Theologen der Frühzeit der Reformation, die einen alternativen Weg zu Luthers „Reformation von oben" suchten und mit ihren Ideen und Plänen naturgemäß am Widerstand der Obrigkeit scheitern mussten. Hierzu sollte und soll die Mühlhäuser Ausstellung einen Beitrag leisten.

Umsonst ist der Tod

Bei der Vorbereitung der von Sarah Lösel und Thomas T. Müller konzipierten Ausstellung

über Luthers ungeliebte Brüder konnten beide auf Erfahrungen aus einem Projekt zurückgreifen, das drei Jahre zuvor umgesetzt worden war. Auch in diesem war es zentral gewesen, alten Vorurteilen neue wissenschaftliche Erkenntnisse entgegenzusetzen und für ein breites Publikum aufzubereiten. So galten die Jahrzehnte vor dem Beginn der deutschen Reformation lange als Krisenzeit, die von klerikalen Missbräuchen, kirchlicher Unordnung und einer allgemeinen sozialen Unruhe geprägt gewesen sei. Diesem populären Geschichtsbild war in der zweiten Hälfte des 20. Jahrhunderts zwar eine Reihe von profunden Forschungsergebnissen entgegengestellt worden, die in eine ganz andere Richtung weisen, doch wirklich populär waren diese neuen Erkenntnisse kaum geworden.

Aus diesem Grund nahmen sich die Mühlhäuser Museen im Verbund mit weiteren wissenschaftlichen und musealen Institutionen in Thüringen, Sachsen und Sachsen-Anhalt bereits zu Beginn der Reformationsdekade vor, durch die museale Vermittlung der inzwischen gewonnenen umfassenderen wissenschaftlichen Einsichten über die „Vorreformation" zu einer Veränderung der populären Meinungen über diesen Zeitraum beizutragen.

Dabei erwies sich der geringe Forschungs- und allgemeine Wissensstand über die religiöse Praxis des Spätmittelalters im mitteldeutschen Raum als Ursprungsregion der Reformation allerdings als besonders schwerwiegendes Problem. Diese Situation war insofern verständlich, als die protestantische Prägung dieser Regionen ältere Formen der Frömmigkeit zum Verschwinden brachte. Die ideologische Dominanz des Dritten Reiches und der DDR behinderten zudem ein halbes Jahrhundert lang die historische Erforschung

Sichtungen und Einblicke

Dem Projekt vorangegangen waren bereits zwei Ausstellungen zu rezeptionsgeschichtlichen Themen. Im Jahr 2011 eröffnete im Mühlhäuser Bauernkriegsmuseum Kornmarktkirche unter dem Titel *Sichtungen und Einblicke* eine Kooperationsausstellung mit dem Deutschen Bauernkriegsmuseum Böblingen zur künstlerischen Auseinandersetzung mit den Themen Reformation und Bauernkrieg (Abb.).

Seit dem 19. Jahrhundert waren der Bauernkrieg und seine Protagonisten ein immer wieder rezipiertes Thema in der deutschen Kunst. Dabei wurden die jeweiligen Objekte sowohl unter positiven als auch negativen künstlerischen Vorzeichen beleuchtet. Vor allem in der DDR kam dem Bauernkrieg eine besondere Bedeutung zu, gründete sich doch ein Großteil des Selbstverständnisses dieses Staates auf den „Aufstand des gemeinen Mannes". Doch auch die Reformation avancierte im Zusammenhang mit ihrer Einbeziehung in das wissenschaftliche Konstrukt der „frühbürgerlichen Revolution" spätestens seit dem Luther-Jubiläum 1983 zu einem auch künstlerisch im staatspolitischen Auftrag geförderten Thema.

In der Bundesrepublik nahm die Reformation in der Kunst hingegen traditionell eine wichtigere Stellung ein als der Bauernkrieg. Doch auch hier gab es durchaus anerkannte Maler und Grafiker, die sich dem Thema widmeten. Auch wenn im Osten in der Folge der Umbrüche der Jahre 1989/90 erst einmal viele Werke dieser Thematik als „Staatskunst" aus dem öffentlichen Raum entfernt wurden, sind doch viele Bilder in Sammlungen und Magazinen erhalten geblieben. Erstmals wurde in Mühlhausen eine Auswahl der seit 1970 im Osten wie im Westen Deutschlands entstandenen Arbeiten in der Exposition gemeinsam vorgestellt und in einem umfangreichen Begleitband dokumentiert.

religiöser Kultur und löschten das Bewusstsein für diese Aspekte der eigenen Geschichte weithin aus.

Vor diesem gesellschaftlichen und wissenschaftsgeschichtlichen Hintergrund begann unter der Federführung des Berliner Kirchenhistorikers Hartmut Kühne und des Leipziger Historikers Enno Bünz sowie des Mühlhäuser Museumsdirektors Thomas T. Müller schon im Jahr 2008 ein Forschungs- und Ausstellungsprojekt, das auf die Wiederentdeckung der in Mitteldeutschland weithin vergessenen religiösen Lebenswelt des späten Mittelalters zielte. Die abschließende bundesweit beachtete Ausstellung war unter dem Titel *Umsonst ist der Tod – Alltag und Frömmigkeit am Vorabend der Reformation* von 2013 bis 2015 in Mühlhausen, Leipzig und Magdeburg zu sehen (Abb. S. 94).

Eines anderen Spezialgebietes nahm sich die Mühlhäuser Sonderausstellung *Der geprägte Reformator. Thomas Müntzer auf Münzen und Medaillen* an, die vom 4. Mai bis zum 30. September 2012 im Bauernkriegsmuseum Kornmarktkirche gezeigt wurde. Auch hierbei handelte es sich um ein Novum: nämlich die erste umfassende Schau zur Rezeption des Reformators in Numismatik und Faleristik. Rund 150 Mal finden sich Bezüge auf seine Person auf Münzen und Medaillen. Aber auch auf Papiergeld – nicht nur auf dem Fünfmarkschein der DDR – wurde der Reformator mehrfach abgebildet.

Reformation und Bauernkrieg

2017 ist nun vorbei, und der Jubel rund um das Jubiläum ist ebenso Bestandteil resümierender Betrachtungen wie der Trubel, den alle größeren und kleineren Reformationsorte erleben durften. Neben dem Rückblick bleibt der Ausblick. Und dieser führt, sofern der Blick der Reformationsforschung nicht vom 16. Jahrhundert abgewandt werden soll, zur Frage, ob aus der konsequenten Auslegung reformatorischer Gedanken tatsächlich auch eine sozialrevolutionäre Bewegung entstand. Und vor allem rückt der bereits von den Zeitgenossen heftig geführte Disput, ob sich mit den reformatorischen Schriften Luthers oder Zwinglis auch theologisch begründete Gewalt legitimieren ließ, wieder in den Fokus. Erstmals kulminierten diese ebenso komplexen wie fragilen Entwicklungen in den Bauernkriegen der Jahre 1524 und 1525.

Es ist ein großer Gewinn für die Forschung und auch für die museale Präsentation, dass die Thüringer Landesregierung die Bedeutung jener Aufstände für die deutsche Geschichte klar erkannt hat. Und da die wichtigsten mitteldeutschen Zentren des Bauernkrieges, Mühlhausen und Bad Frankenhausen, auf dem Gebiet des heutigen Freistaates Thüringen liegen, ist es nur konsequent, dass die Verantwortlichen sich schon jetzt dazu entschieden haben, mit den Museen in beiden Städten intensiv auf eine Landesausstellung zum Bauernkrieg im Jahr 2025 hinzuarbeiten.

Ronny Schwalbe

Luther und Cranach in Neustadt an der Orla

Abseits der großen Touristenstraßen, aber inmitten der alten Kulturlandschaft Thüringens liegt Neustadt an der Orla. Hierher hat es immer wieder große Persönlichkeiten der Geschichte verschlagen. Kaiser Karl V., Martin Luther und Johann Wolfgang von Goethe waren hier, um nur einige zu nennen. Und diese Persönlichkeiten sind es auch, die in wunderbarer Weise die Stadt mitgeprägt haben.

Obwohl sie sich in Neustadt an der Orla nicht persönlich begegnet sind, stehen Martin Luther und Lucas Cranach d. Ä. in der Stadt für den Aufbruch in die Neuzeit. Der eine lieferte der Stadt ein Bild gewordenes Glaubenszeugnis, der andere gab den Anstoß, mutig aus der Tradition zu neuen Wegen aufzubrechen.

Neustadt konnte sich vor 500 Jahren zu Recht als Zentrum des Handels, der Zünfte und der administrativen Gewalt der Region bezeichnen. Was der Stadt bis dahin aber noch fehlte, war die Eigenherrlichkeit kirchlicher Gewalt. Vikare und Laienbrüder waren in der Johanniskapelle zuständig für den öffentlichen Gottesdienst, denn den Status einer Kirche hatte keine der zahlreichen städtischen Kapellen inne. Zudem verrichteten die Mönche des Augustiner-Eremitenklosters den seelsorgerischen Dienst in der Stadt, weil Neustadt neben 27 weiteren Gemeinden zur Pfarrei Neunhofen gehörte, die wiederum abhängig vom Saalfelder Benediktinerkonvent war. Mit mehr als 2.800 Einwohnern besaß also die Stadt vor der Reformation keinen eigenen Pfarrer.

Auf diese Gemengelage trafen die Ideen der Reformation, die über den Konvent der Augustiner-Eremiten weite Verbreitung in der Stadt fanden. Die mindestens zwei Aufenthalte Martin Luthers von 1516 und 1524 lassen darauf schließen, dass diese Ideen auf fruchtbaren Boden fielen. So ist es auch nicht verwunderlich, dass die Bürger der Stadt keinen Geringeren als den kursächsischen Hofmaler Lucas Cranach d. Ä. baten, für die neu errichtete Johanniskapelle, die man zur prächtigen Kirche ausgebaut hat, den Hauptaltar zu liefern.

Dieses Meisterwerk empfängt bis heute am authentischen Ort in der Stadtkirche seine Besucher. Es gehört zu den ersten Aufträgen, die der Wittenberger Hofmaler von der Bürgerschaft einer Stadt erhielt. 1513 traf das kostbare Werk in der Stadt ein und steht bis heute unverändert an seinem Platz – das ist einmalig für die Altäre von Cranach d. Ä. Außerdem handelt es sich um das größte Frühwerk des Meisters, bei dessen Betrachtung man sich in die Darstellung des Jüngsten Gerichts auf der Predella vertiefen und in dem reichen Skulpturen- und Bildwerk Heiligenlegenden und die biblische Geschichte in Cranachs früher Formensprache erleben kann.

Mit Luther und Cranach – den beiden Protagonisten – arbeitet die Stadt nun seit mehreren Jahren, um die Vergangenheit der Reformation zu vergegenwärtigen. So haben in einer fast zehn Jahre währenden Hinführung zum 500-jährigen Reformationsjubiläum Staat, Land, Städte, Kommunen und die Kirchen mit zahlreichen Ausstellungen,

Konzerten, Tagungen und weiteren Veranstaltungsformaten versucht, das weite Themenspektrum der Reformation und ihrer Impulse in die heutige Zeit zu tragen. Auch die Stadt Neustadt an der Orla bezog ihr Tun in diese Hinführung ein, stärkte jedoch, je nach Anlass, auch die lokalen Jubiläen.

So fand bereits 2011 eine Veranstaltung im Rahmen der Vortragsreihe des Fördervereins für Stadtgeschichte e. V. mit dem thüringischen Landesbeauftragten für das Reformationsjubiläum, Dr. Thomas A. Seidel, statt, der die Bedeutung des Ereignisses für den Freistaat Thüringen in den Blickpunkt rückte. Der städtische Kulturamtsleiter erläuterte anschließend in einer Zukunftsperspektive die daraus resultierenden städtischen Ideen und Profile für die kommenden Jahre. So beging die Stadt beispielsweise 2013 ein groß angelegtes Themenjahr *Eine Stadt und ihr Altar*, in dessen Fokus die Erinnerung an die 500-jährige Altarweihe des Cranach-Altars in der Stadtkirche St. Johannis stand. Neben zahlreichen Konzerten, Lesungen, einem Renaissancemarkt und weiteren Veranstaltungen ist für dieses Jahr die gleichnamige Ausstellung *Eine Stadt und ihr Altar* im Museum für Stadtgeschichte herauszuheben (Abb.). Sie hat das Retabel Cranachs in besonderer Art und Weise in den Blick genommen und widmete sich der Stadt wie auch dem Altar in der Zeit des Umbruchs vom Mittelalter zur Frühen Neuzeit in sozialgeschichtlicher sowie kirchen- und kunstgeschichtlicher Perspektive. In sechs Themen- einheiten gab die Ausstellung Einblick in das Leben und Wirken der spätmittelalterlichen Stadt, beleuchtete die Praxis Pietatis, erläuterte den Altar entstehungs- und rezeptionsgeschichtlich und präsentierte mit großartigen weiteren Altarretabeln, grafischen Werken und Gemälden von Hans Gottwald, Valentin Lendenstreich, Lucas Cranach d. Ä., Albrecht Dürer und vielen anderen eine weitumspannende Dimension. Die Vorbereitung der Sonderschau nahm mehr als zwei Jahre in Anspruch und umfasste schließlich ca. 250 Exponate von 25 Leihgebern aus ganz Deutschland. Nur durch die große Bereitschaft von zahlreichen Leihgebern aus dem gesamten Bundesgebiet konnte es der Stadt gelingen, diese Schau zu realisieren. Leider mussten die Verantwortlichen des kleinen und unbekannten Hauses auch Hindernisse aus dem Weg räumen und das Konzept der Ausstellung immer wieder ändern. Grund hierfür war die fehlende Bereitschaft öffentlicher Einrichtungen Thüringens, die gerade die kleinen Häuser meist nicht ernst nehmen und ihre Unterstützung versagten.

In den folgenden Jahren wurde kontinuierlich weiter durch Veranstaltungen, Konzerte, Lesungen, Ausstellungen, Thementage und dergleichen dem reformatorischen Erbe der Stadt gedacht. So gab es beispielsweise eigens aus Anlass des ersten, 1516 nachweislich erfolgten Aufenthaltes Luthers in der Stadt einen Thementag „Luther in Neustadt",

zu dem alle Bildungseinrichtungen sowie die Öffentlichkeit ganztägig an zwölf verschiedenen Veranstaltungsprofilen teilnahmen. Auch eine Kabinettausstellung „In Luthers Angesicht" konnte in diesem Rahmen eröffnet werden. Sie zeigte die Instrumentalisierung des Lutherporträts vom 16. Jahrhundert bis heute. Zudem wurde eigens eine szenische Stadtführung für drei Spieler (mit den vier Rollen: Magd, Martin Luther, Prior Dressel und Johannes Weber) geschrieben und mehrfach zur Aufführung gebracht, die alle steinernen reformationsgeschichtlichen Zeugen in der Stadt verband.

Besonders hervorzuheben ist jedoch das Lutherhaus in Neustadt an der Orla. Schon im Jahr 2011 beschloss der Stadtrat, das Lutherhaus als begehbares Schaudenkmal mit musealer Präsentation einzurichten. Entstanden ist ein Haus mit den Themen Haus-, Bau- und Nutzungsgeschichte. Darüber hinaus sollte der Reformationsgeschichte der Stadt und der Region breiten Raum gegeben werden. Am Reformationstag 2016 konnte das Neustädter Lutherhaus unter großer Anteilnahme der Bevölkerung eröffnet werden. Mit dem Haus, seinen modernen Vermittlungsformen und seiner besonderen Architektur ist ein Ort entstanden, der der reformationsgeschichtlichen Auseinandersetzung in besonderer Weise gerecht wird. Das Jahr 2017 stand nun ganz im Zeichen des neu eröffneten Lutherhauses und Reformationsgedenkens selbst. So wagten beispielsweise die *Neustädter Reformationsgespräche* im Lutherhaus einen Blick auf das Erbe der Reformation in historischer, kirchlicher und kulturwissenschaftlicher Perspektive. Vom 30. Oktober bis 3. November wurde das Lutherhaus mittels Videomapping und Lasershow „ins rechte Lichte gerückt", das mehr als 1.900 Besucher erlebten. Der Reformationstag selbst bot für die zahlreichen Besucher neben einem Wandelkonzert vom Lutherhaus zur Stadtkirche und zahlreichen Führungen für Kinder und Erwachsene in Lutherhaus und

Stadtkirche eine Andacht in der selbigen und einen kulinarischen Luther-Abend.

Seit 2011 ist die Stadt auch mit dem mitteldeutschen Städtenetzwerk *Wege zu Cranach* verbunden. In der Balance zwischen Wissenschaft und Tourismus wird sich hier länderübergreifend dem reichen künstlerischen Erbe Cranachs gewidmet. Neustadt ist neben Eisenach, Gotha, Erfurt und Weimar der fünfte thüringische Ort, der mit besonderen Formaten einen Fokus auf das Leben und Werk des großen Malers der Reformation legt.

Zudem war die Stadt zweimal Gastgeber für die öffentlichen Tagungen des Projektes *Thüringen im Jahrhundert der Reformation*. So fand im September 2013, veranstaltet von der Historischen Kommission für Thüringen, dem Förderverein für Stadtgeschichte e. V., der Evangelisch-Lutherischen Kirchgemeinde Neustadt und der Stadt Neustadt im Rathaussaal die interdisziplinäre Tagung unter dem Titel *Der Altar von Lucas Cranach d. Ä. in Neustadt an der Orla und die Kirchenverhältnisse im Zeitalter der Reformation* statt. Hier betrachteten mehr als 20 renommierte Theologen, Historiker, Kunst- und Kirchenhistoriker das Altarretabel von Lucas Cranach d. Ä. in der Stadtkirche St. Johannis und nahmen die Kirchenverhältnisse im Zeitalter der Reformation neu in den Blick. Im November 2017 konnte das Projekt *Thüringen im Jahrhundert der Reformation* in Gänze resümiert werden. Alle Publikationen, Vorträge, Tagungen und die zahlreichen weiteren Initiativen wurden bilanziert und für den Freistaat gefestigt. Dass dabei die Stadt Neustadt zweimal als Tagungsort gewählt wurde, hängt auch damit zusammen, dass die Bedeutung der Stadt für die Reformation in Kirchen-, Kunst- und Sozialgeschichte auch abseits der großen Reformationsorte und Touristenstraßen erkannt wurde.

Literatur

Werner Greiling/Uwe Schirmer/Ronny Schwalbe (Hrsg.), Der Altar von Lucas Cranach d. Ä. in Neustadt an der Orla und die Kirchenverhältnisse im Zeitalter der Reformation, Köln/Weimar/Wien 2014.

Alexander Krünes, Der Hauptaltar in der St. Johanniskirche in Neustadt an der Orla als frühe Werkstatt-Arbeit Lucas Cranach des Älteren. Kauf und Finanzierung dargestellt nach archivalischen Quellen, in: Heiner Lück u.a. (Hrsg.), Das ernestinische Wittenberg: Spuren Cranachs in Schloss und Stadt, Petersberg 2015, 301–312.

Sabine Maier/Rüdiger Maier, Der Cranach-Altar zu Neustadt an der Orla (1513). Unterzeichnung und malerische Ausführung, Regensburg 2014.

Ronny Schwalbe, Lucas Cranach d. Ä. und Neustadt an der Orla bilden eine Symbiose, in: Thüringer Museumshefte 2 (2013), 40–43.

Ronny Schwalbe, Eine Stadt und ihr Altar. Sozialgeschichte, Kirchengeschichte. Kunstgeschichte, Neustadt an der Orla 2013.

Ronny Schwalbe/Rainer Söntgen, Das Lutherhaus in Neustadt an der Orla. Ein Haus, eine Stadt, die Geschichte(n) und ihre Präsentation, Neustadt an der Orla 2017.

Die Lutherstadt Schmalkalden

Ralf Gebauer

Glaube – Politik – Bildung
Das Reformationsjubiläum in der europäischen Reformationsstadt Schmalkalden. Ein Rückblick

Schon lange vor Beginn des Reformationsjubiläums war in Schmalkalden deutlich, dass verschiedene Akteure sich in die Gestaltung des Jahres 2017 einbringen würden. Weit weniger klar war, wie deren verschiedene Aktivitäten zueinander in Beziehung stehen und koordiniert werden konnten. Sinnvoll erschien es, alle an einem Tisch zu versammeln und die Planung des Jubiläumsjahres gemeinsam anzugehen. Die Idee für die *Luther AG* war geboren.

Beteiligt waren neben der Stadt Schmalkalden und dem Evangelischen Kirchenkreis

Schmalkalden das Museum Schloss Wilhelmsburg, die Tourist Information, die Geschichtsvereine, Geschäftsleute, Architekten, Künstler sowie der Arbeitskreis christlicher Kirchen. Rückblickend lässt sich sagen: Die Arbeitsweise des Gremiums hat maßgeblich zum großen Erfolg der Jubiläumsfeierlichkeiten beigetragen.

Für Schmalkalden besitzen drei Themenfelder einen besonderen Bezug zur Reformationszeit. Der Bereich Glaube ist durch Luthers Schmalkaldische Artikel eng mit der Stadt verbunden, der Bereich Politik durch das Wirken des hessischen Landgrafen Philipp und durch den Schmalkaldischen Bund. Hinzu kommt durch das Wirken Philipp Melanchthons in der südthüringischen Stadt als drittes Themenfeld die Bildung. Die geplanten Aktivitäten sollten sich in diesen Themenkreis einordnen.

Insgesamt entstand ein vielfältiges und vielschichtiges Programm mit 70 Veranstaltungen. Die einzelnen Veranstaltungen aufzuzählen, ist an dieser Stelle nicht möglich. Exemplarisch sollen wenige Schlaglichter verdeutlichen, wie das Jubiläumsjahr konzipiert und begangen wurde.

Einen ersten Höhepunkt fanden die Feierlichkeiten Anfang Dezember 2016. Schmalkalden war eine der 68 Städte, die im Rahmen des Europäischen Stationenweges von einem Truck besucht wurden, der zwischen Turku in Finnland und Rom, zwischen London und Sibiu Orte miteinander verband, die im Zusammenhang der Reformationsgeschichte eine besondere Bedeutung besitzen. Der jeweiligen Station oblag es, ein Tagesprogramm zu entwerfen und zu gestalten. In Schmalkalden eröffneten wir den Tag mit einem Thementag zum Thema „Glaube und Wissenschaft", an dem etwa 700 Schüler der weiterführenden Schulen im Altkreis Schmalkalden teilnahmen. Am Nachmittag wurde das Programm in modifizierter Form mit Erwachsenen fortgesetzt. Am Abend kamen auf dem Weihnachtsmarkt etwa 1.500 Menschen zusammen, die im Kerzenschein gemeinsam Weihnachtslieder sangen. Insgesamt erlebten etwa 2.500 Menschen an diesem Tag, dass die Reformation eine Bildungs- und auch eine Singebewegung war – ein deutlicher inhaltlicher Akzent. Nicht unerwähnt soll bleiben, dass Schmalkalden im Rahmen des Europäischen Stationenweges das Prädikat „Reformationsstadt Europas" verliehen wurde.

Zentral für die Konzeption des Jubiläumsjahres war jedoch der Gedanke der Vernetzung. Dies kam exemplarisch zum Ausdruck bei kleineren Anlässen wie dem Fußballturnier der Lutherstädte im Lutherstammort Möhra oder bei der Mitwirkung im Gottesdienst auf der Wartburg, aber auch in der größten Aktion des Jubiläumsjahres – dem Festtag *Die Welt zu Gast in Schmalkalden*. Hier gelang es, örtliche, regionale und überregionale Ressourcen zu koordinieren und zu einem großen Event zusammenzuführen. Beteiligt waren neben der Stadt Schmalkalden die Evangelische Kirche von Kurhessen-Waldeck und ihre Kirchenkreise, der Verein für Schmalkaldische Geschichte, der Briefmarkensammlerverein, der Amateurfunkverein und die mit Schmalkalden befreundete Stadt Dinkelsbühl sowie Gäste aus insgesamt sechs Nationen. Die Anteile der Akteure waren folgende:

Der Verein für Schmalkaldische Geschichte reiste eine Woche lang auf historischen Pfaden unter dem Motto „Wir holen Luther" mit Planwagen, Reiterei und Fußvolk nach Eisenach und wieder zurück nach Schmalkalden. Von großem öffentlichem Interesse begleitet, trafen die Ausreiter am Sonntag, dem 14. Mai wieder in Schmalkalden ein.

Auf diesen Tag luden die Kirchenkreise der Evangelischen Kirche von Kurhessen-Waldeck, zu der auch der Kirchenkreis Schmalkalden gehört, ihre internationalen Partner auf den Schmalkalder Altmarkt ein. Gäste aus Indien und Südafrika waren ebenso vertreten wie solche aus Tansania, Kamerun und Estland. Der Einladung nach Schmalkalden schloss sich eine mehrtägige Partnerschaftskonsultation für die internationalen Gäste an.

Um ein reichhaltiges gastronomisches Angebot vorhalten zu können, legte die Stadt Schmalkalden den Termin für das örtliche Weinfest auf das gleiche Wochenende. Weiterhin wurde für den Tag eine Einladung ausgesprochen an die befreundete Stadt Dinkelsbühl, in der Reformationszeit ebenfalls Mitglied des Schmalkaldischen Bundes.

Zusätzlich schlossen sich verschiedene Vereine den Aktivitäten an. Der Briefmarkensammlerverein nutzte den historischen Ausritt für eine Sonderpostbeförderung, der Amateurfunkerverein stellte am Festtag Funkverbindungen in alle Welt her.

Am 14. Mai bot sich dann folgendes Bild: Die Ausreiter zogen auf dem Altmarkt ein, begleitet von Trommlern und Pfeifern aus Dinkelsbühl. Im Gepäck hatten sie den Postsack des Briefmarkensammlervereins. Begrüßt wurden sie von Gästen aus sechs Nationen. Nach einer kurzen Begrüßung feierten alle auf dem Altmarkt einen Gottesdienst mit Bischof Prof. Dr. Martin Hein, in dem auch Martin Luther und Katharina von Bora auftraten. Es schlossen sich ein buntes Markttreiben und zahlreiche Stadtführungen für die auswärtigen Gäste an.

Insgesamt erlebten etwa 3.500 Menschen diesen Tag. Bemerkenswert ist neben der außerordentlich guten Resonanz, dass die Koordinierung und Zusammenführung der verschiedenen Aktivitäten maßgeblich der *Luther AG* zu verdanken war. Die Verbindungen, die sich hier ergeben haben, tragen auch über das Reformationsjubiläum hinaus.

Einen letzten Höhepunkt fand das Jubiläumsjahr am Reformationstag 2017, der als Reformationstag für den Freistaat begangen wurde. Der ökumenische Gottesdienst mit Bischof Hein aus Kassel und Bischof Neymeyr vom Bistum Erfurt wurde in Anwesenheit des Ministerpräsidenten und zahlreicher Gäste aus nah und Ffern gefeiert. Einer Talkrunde auf dem Altmarkt folgte als weiterer Höhepunkt ein Bild aus vielen Menschen: Die Anwesenden formierten auf dem Altmarkt den Schriftzug M*2017*L (Martin Luther 2017), der von einer Drohne aus fotografiert und als Erinnerung an das Jubiläumsjahr erworben werden konnte.

Insgesamt haben mehr als 25.000 Menschen an den 70 Veranstaltungen teilgenommen. Hinzu kamen die zahlreichen Besucher der neuen Dauerausstellung im Schloss Wilhelmsburg, über die in einem separaten Beitrag berichtet wird. Die Stadt Schmalkalden blickt auf ein äußerst erfolgreiches Jubiläumsjahr zurück.

Kai Lehmann

Die Reformationsdekade im Museum Schloss Wilhelmsburg
Ein Rückblick

Auf Schloss Wilhelmsburg in Schmalkalden wurde 2008 die Thüringer Reformationsdekade eröffnet. Das Museum brachte sich gleich mit vier großen Premiumausstellungen, die großzügig vom Freistaat Thüringen und vom Bund gefördert wurden, in diese zehn Jahre ein.

Los ging es im Dezember 2011 mit der Eröffnung der Sonderausstellung *Luther und die Hexen – Hexenverfolgung im Gebiet südlich des Thüringer Waldes*. Der große Reformator wurde bisher wegen seiner markigen Worte – z. B. „Ich will der Erste sein, der Feuer an sie legt!" – als großer Befürworter der Hexenverfolgung betrachtet. Fälle aus dem sowohl der Landgrafschaft Hessen als auch den sächsischen Erben der Henneberger unterstehenden Zentgericht Benshausen werfen allerdings ein ganz anderes Licht auf Martin Luther bzw. seine diesbezügliche Rezeption. Denn hier wurde mit Argumenten des Reformators gearbeitet, um das Leben von Menschen zu retten. Die Ausstellung zeigte die ganz Breite von Luthers Einstellung zu Hexerei/Zauberei, aber auch zum Aberglauben auf und kam zu dem Schluss: Hätten sich protestantische Obrigkeiten an Martin Luther gehalten, wäre es zu keinen Massenverfolgungen von Hexen gekommen. Anhand der hessischen Herrschaft Schmalkalden konnte diese These eindrucksvoll belegt werden. Gleichzeitig wurde aber auch schonungslos offengelegt, dass mit weit über 1.000 Fällen das unter sächsischer Verwaltung stehende Henneberger Land zu den Kernregionen der europäischen Hexenverfolgung zählte. Mehr als 25.000 Besucher erfuhren, warum damals die Werra zwischen Schwallungen und Barchfeld auch eine Grenze zwischen Leben und Tod auf dem Scheiterhaufen war.

Noch übertroffen wurden diese Besucherzahlen durch die am 14. Dezember 2013 eröffnete Sonderausstellung *Leben und Sterben im Dreißigjährigen Krieg*. Der Westfälische Friede, der die wohl größte Katastrophe des 17. Jahrhunderts beendete, markiert zugleich das Ende des Reformationszeitalters. In dieser Ausstellung erfuhren die Besucher nichts über Feldherren wie Wallenstein oder Tilly, nichts über Schlachten wie die am Weißen Berg oder Lützen. Vielmehr begleiteten sie zwei damals lebende Familien durch die 30 Jahre des Krieges. Eine Familie stammte aus der Stadt Schmalkalden, die andere aus dem unweit gelegenen Dorf Fambach. Ihre Schicksale wurden anhand der Kirchenbücher ermittelt. Durch den Schmalkalder Künstler Harald Reiner Gratz wurde den einzelnen Familienmitgliedern mit lebensgroßen Zeichnungen ein Gesicht gegeben. So erlebten die Besucher hautnah die Geschichte des einfachen Volkes. Sie lachten und litten mit den Liebaugs und den Hellers – so die Familiennamen –, sie feierten und trauerten mit ihnen und lernten so die Modernität des ausgehenden Reformationszeitalters, aber auch die Gräuel und Schrecken eines vorder-

gründigen Religionskrieges kennen, der spätestens mit dem Kriegseintritt von Frankreich (1635) keiner mehr war. Im Übrigen leben direkte Nachfahren der Liebaugs und der Hellers bis heute in Schmalkalden bzw. Fambach.

Auf den Tag genau zwei Jahre später wurde am 14. Dezember 2015 die nächste große Sonderausstellung eröffnet: *Fatale Lust – Landgraf Philipp von Hessen und seine Doppelehe*. Landgraf Philipp war, als maßgeblicher Mitbegründer und Mithauptmann des Schmalkaldischen Bundes, einer der Vorreiter der Reformation. Doch seine heute weitgehend unbekannte Doppelehe wurde zum Grund für das Scheitern dieses so mächtigen protestantischen Bündnisses. Erneut waren es lebensgroße Exponate, dieses Mal aber Fotografien, anhand derer der Besucher die einzelnen Lebensstationen des hessischen Landgrafen von seiner Geburt bis zum Tod durchlief. Im Mittelpunkt stand freilich die zentrale Causa der Doppelehe. Getrieben von Liebe, aber auch durchdrungen von einer tiefen Frömmigkeit, ging der standesgemäß verheiratete Philipp mit der Zustimmung von Martin Luther und Philipp Melanchthon Anfang März 1540 eine zweite Ehe ein. Die Heirat mit dem 17-jährigen Hoffräulein Margarethe von der Saale sollte und musste unter allen Umständen geheim bleiben; nicht zuletzt, weil auf Bigamie die Todesstrafe stand. Es dauerte aber gar nicht lange, da war zumindest auf protestantischer Seite das Geheimnis kein Geheimnis mehr. Philipp wollte daraufhin seine Beweggründe öffentlich verteidigen, was aber zur Folge hatte, dass alle Verbündeten von ihm abfielen. Die Isolation des Landgrafen im schicksalhaften Sommer 1540 geschah zum ungünstigsten Zeitpunkt. Der Schmalkaldische Bund stand kurz davor, eine europäische Dimension anzunehmen: Mit Dänemark hatte man sich schon verbündet, nun sollten Polen, England und Frankreich folgen. Es war jetzt aber ausgerechnet Philipp, der normalerweise jedes antihabsburgische Bündnis erstrebt hatte, der diese europäische Lösung vereitelte. Für ihn lag der einzige Ausweg darin, sich dem Kaiser anzunähern und sich von ihm die Doppelehe vergeben zu lassen. Er bot Karl V. Geheimverhandlungen an, die der Kaiser sehr willig annahm. Sie mündeten im Geheimvertrag von Regensburg vom Juni 1541. Darin verpflichtete sich Landgraf Philipp, dass der Schmalkaldische Bund kein Abkommen mit England, Frankreich oder einer anderen gegen den Kaiser gerichteten Macht schließen würde. Der Hesse hielt sich an diese und andere Bestimmungen des Geheimvertrages und half so Karl V., den Schmalkaldischen Krieg vorzubereiten.

Ihren unzweifelhaften Höhepunkt erreichte die Reformationsdekade in Schmalkalden mit der Eröffnung der neuen Dauerausstellung *Schmalkaldischer Bund – der Beginn der Kirchenspaltung in Europa* am 29. April 2017 durch den Ministerpräsidenten des Freistaates Thüringen Bodo Ramelow. Es ist vor allem die ungewöhnliche Art der Präsentation, die die Begeisterung der Besucher bis heute auslöst. Durch ein riesiges, begehbares Stadtmodell von Schmalkalden (Abb. S. 103) führt lebensgroß und lebensecht Herzogin Elisabeth von Rochlitz mit ihrer dramatischen Lebensgeschichte durch die Ausstellung – sie als einzige Frau im Schmalkaldischen Bund. Ein in Thüringen wohl einmaliger visueller Audioguide entstand so. Zahlreiche Animationsfilme lassen äußerst unterhaltsam die große Politik und schwere Theologie jener Zeit auch für Kinder verständlich werden. Leihgaben sämtlicher ehemaliger Mitglieder des Schmalkaldischen Bundes sind zu bestaunen; und dieser reichte von Riga bis Straßburg, von Bremen, Hamburg und Lübeck bis nach Memmingen, Konstanz und Ravensburg. Unter dem Motto „Bitte anfassen" erfahren Klein und Groß – im wahrsten Sinne des Wortes – spielerisch alles über den politischen Arm und militärischen Schutzpanzer der Reformation; auch über das damalige Reisen, das Essen und Trinken während der Tagungen, über Federkriege und Geheimschriften.

Diese Ausstellung über den Schmalkaldischen Bund wurde nicht nur von der ehemaligen thüringischen Ministerpräsidentin Christine Lieberknecht, sondern auch von vielen Besuchern im Gästebuch als die beste deutsche Reformationsausstellung 2017 bezeichnet.

Harald R. Gratz, Ralf Gebauer

„Beherrsch mich!! – Schmalkalder Antithesen in 15 Lebensfragen"
Ein Kunstprojekt zum Reformationsjubiläum 2017

Die Schlosskirche im Schloss Wilhelmsburg zu Schmalkalden schließt in ihrer Grundkonzeption eng an das Vorbild der Torgauer Schlosskirche an. Im Jahr 1590 fertiggestellt, ist sie einer der ältesten nach protestantisch-theologischen Erwägungen konzipierten Kirchenräume. Erstmals wurden Altar, Kanzel und Orgel in einer Achse übereinander angeordnet.

In der Erbauungszeit war der Sakralraum mit einer ausführlichen Bildpredigt ausgestattet. In insgesamt dreißig Bildtafeln wurden biblische Szenen der päpstlichen Praxis des 16. Jahrhunderts gegenübergestellt. Durch erläuternde Bildunterschriften verdeutlicht, wurde das Handeln Christi mit dem vermeintlichen Missbrauch des Evangeliums durch den Papst kontrastiert. Vorbild war das *Passional Christi und Antichristi*, eine Holzschnittfolge von Cranach d. Ä. Stark konfrontativ ausgestaltet, befasste sich jeweils ein Bilderpaar mit einem Thema.

Leider sind die Bilder nicht mehr erhalten. Zu Beginn des 17. Jahrhunderts wurden sie im Zusammenhang des Übergangs zum reformierten Bekenntnis in der Landgrafschaft Hessen aus der Schlosskirche entfernt. Ihre Spur verliert sich im Laufe der Geschichte, der Verbleib im Dunkeln.

Anstelle der Bilder verblieben die leeren Felder der Emporenbrüstungen der Schlosskirche. Erhalten sind lediglich die Inschriften an den Emporenfeldern, die einen Hinweis auf das ursprüngliche Bildprogramm geben. Dem Besucher stellt sich der Sakralraum inzwischen zwar in einer erhabenen Schlichtheit dar, in der Zeit der Erbauung war der Raumeindruck jedoch ganz anders beabsichtigt.

Zum Reformationsjubiläum im Jahr 2017 entwarf der Künstler Harald Reiner Gratz in enger Abstimmung mit der Stiftung Thüringer Schlösser und Gärten ein zeitgenössisches Bildprogramm für die Schlosskirche (Abb. S. 106). Dreißig großformatige Bilder mit zeitgenössischen figürlichen Motiven traten an die Stelle der verschollenen Originalgemälde und ermöglichten dem Besucher eine Wahrnehmung des Sakralraums, die einerseits die ursprüngliche Intention aufnimmt und andererseits einen Brückenschlag in die Gegenwart ermöglicht. Die Installation war temporär von Pfingsten bis zum Reformationstag geplant.

Thematisch handelt es sich bei den modernen Bildern nicht um eine Reillustrierung des ursprünglichen Bildprogramms. Vielmehr orientierten sich die Werke von Harald Reiner Gratz an den Themen, die die erhaltenen Emporeninschriften vorgaben. So erfahren unter anderem die Themen „Macht" und „Leid" ebenso eine Gestaltung wie die Bereiche „Leistung" und „Geschäfte". Die ursprünglich vorgenommene paarweise Zuordnung

zweier Emporenfelder unter einem Thema, das in einem Gegensatzpaar verhandelt wird, wurde beibehalten. Insgesamt 15 Antithesen entstanden auf diese Weise. Die Bilder von Harald Reiner Gratz fügten sich farblich und motivisch hervorragend in den Raum ein und wurden nicht als moderner Fremdkörper, sondern als bereichernde Vervollständigung wahrgenommen.

Schon frühzeitig entstand die Idee, der Installation ein ausführliches Begleitprogramm zur Seite zu stellen – das Projekt „Beherrsch mich!! – Schmalkalder Antithesen in 15 Lebensfragen". Die 15 Themen der Bilderpaare wurden in Fragen gefasst: Wer will mich beherrschen? Was sind Bilder wert? Woran erkenne ich, dass jemand etwas zu sagen hat? Wer sagt mir, wie ich leben soll? Was steht an höchster Stelle?

Personen des öffentlichen Lebens wurden eingeladen, sich diesen und weiteren Fragen und dem jeweils dazugehörigen Bildpaar zu widmen und eine Rede vorzubereiten. Insgesamt 15 Bildreden wurden im Jahresverlauf in der Schlosskirche vorgetragen. Im Wechselspiel von Frage, Bildaussage und historischen Inschriften nahmen sie die Themenstellungen im zeitgenössischen Kontext auf und formulierten ihre Gedanken dazu. Auf diese Weise entstand ein lebendiges Gesamtkunstwerkt, das den Besuchern vor Augen führte, was „Reformation heute" bedeuten kann. Beteiligt waren, wie aus der beigefügten Übersicht ersichtlich, Politiker, Künstler, Kulturschaffende, Journalisten, Historiker, Manager, Polizisten sowie Theologen beider Konfessionen.

Von Beginn an erfreute sich die Reihe eines unerwartet großen Interesses. Ursprünglich an ein spezielles Publikum gerichtet, haben insgesamt mehr als 1.500 Besucherinnen und Besucher die verschiedenen Veranstaltungen besucht. Das Projekt „Beherrsch mich! – Schmalkalder Antithesen in 15 Lebensfragen" gehörte damit zu den Überraschungserfolgen des Reformationsjubiläums in Schmalkalden.

Die Liste der Bildreden:

- Dr. Kai Lehmann, Historiker, Museumsdirektor: Festrede zur Vernissage zu Beginn des Projekts
- Andreas Postel, Journalist: Was sind Bilder wert?
- Bernd Kauffmann, Volljurist, künstlerischer Leiter: Wer nimmt mir meine Lasten ab?
- Prof. Dr. Ludwig-Georg Braun, Unternehmer: Woran erkenne ich, dass jemand etwas zu sagen hat?
- Prof. Dr. Ute Lotz-Heumann, Historikerin: Sind alle Weichen schon am Anfang gestellt?
- Prof. Dr. Helmut-Eberhard Paulus, Stiftungsdirektor: Muss es immer das Beste sein?
- Thomas Kaminski, Bürgermeister: Lasse ich andere meine Überlegenheit spüren?
- Prof. Dr. Martin Hein, Bischof: Wie viel zählt, was ich vermag?
- Robert Koch, Geschäftsführer Elisabethklinikum: Kann ich dem Schweren ausweichen?
- Ralf Gebauer, Dekan: Kann ich mir Geschenke leisten?
- Dr. Ulrich Neymeyr, Bischof: Wer sagt mir, wie ich leben soll?
- Thomas Thieme, Schauspieler: Womit lässt sich handeln?
- Dr. Stefan Korbach, Vorstand SV Sparkassenversicherung: Wer sorgt für mich?
- Friederike Zurhausen, Polizeipräsidentin: Was steht an höchster Stelle?
- Uwe Hoppe, Dramatiker, Schauspieler: Wer legt fest, was gilt?
- Prof. Dr. Kai Uwe Schierz, Direktor der Kunstmuseen Erfurt: Wer will mich beherrschen?

Landes-ausstellungen der Lutherdekade

Günter Schuchardt

Cranach in Thüringen 2015
Kooperation für einen Marketingmeister

Vorbemerkung

Das EKD-Themenjahr 2015 innerhalb der Lutherdekade stand unter dem Motto *Reformation – Bild und Bibel*. Den konkreten Anlass bot der 500. Geburtstag von Lucas Cranach d. J. am 4. Oktober. Die Stiftung Luthergedenkstätten in Sachsen-Anhalt begann mit der Vorbereitung der ersten Personalausstellung für den in Wittenberg geborenen und verstorbenen Künstler überhaupt, der bislang im Schatten seines weitaus berühmteren Vaters stand.

Die Sammelleidenschaft der thüringischen Fürstenhäuser, die auf das einstige Kursachsen zurückgehen, führte hierzulande zu einer Dichte von erhaltenen Werken Lucas Cranachs d. Ä. und seiner Söhne. Vor allem die Museen der ehemaligen Herzogtümer Sachsen-Weimar und Sachsen-Gotha bewahren einen reichen Schatz. Die Klassik Stiftung Weimar, die Stiftung Schloss Friedenstein Gotha und die Wartburg-Stiftung Eisenach verabredeten eine gemeinsame Würdigung durch drei zeitgleiche Ausstellungsvorhaben, die sich der Cranach-Familie widmeten. Unter dem gemeinsamen Motto „Bild und Botschaft" war die Exposition *Cranach im Dienst von Hof und Reformation* im Herzoglichen Museum Gotha, *Cranach in Weimar* im dortigen Schiller-Museum und *Die Lutherporträts der Cranach-Werkstatt* in zwei Ausstellungsräumen auf der Wartburg zu sehen (Abb. S. 111).

Die Thüringer Tourismusgesellschaft (TTG) übernahm das Gesamtmarketing für die drei Ausstellungen. Das Thüringer Ministerium für Bildung, Wissenschaft und Kultur (TMBWK) und die Beauftragte der Bundesregierung für Kultur und Medien (BKM) förderten die Expositionen anteilig. Die Eisenacher Ausstellung sahen 118.000 Besucher; in Gotha waren es 52.000, in Weimar 46.000 Gäste. Zu allen drei Ausstellungen erschienen Begleitpublikationen.

Die Luther-Porträts der Cranach-Werkstatt – Die Ausstellung auf der Wartburg

Die Cranach-Forschung hat in den vergangenen vier Jahrzehnten große Fortschritte verzeichnen dürfen. Einsetzend mit der viel beachteten Baseler Werkschau 1974 und ihrem zweibändigen Katalog von Dieter Koepplin und Tilman Falk, die dem 500. Geburtstag Cranachs d. Ä. nachfolgte, hat es immer wieder Ausstellungen, wissenschaftliche Tagungen und Publikationen gegeben. Gleichzeitig sind weitere Gemälde entdeckt, zugeordnet, erstmals ausgestellt und publiziert worden, die sich überwiegend in Privatbesitz befinden. Die Dimension des Schaffens, die durch die beispiellose Werkstattorganisation erreicht wurde, ist einmalig. Problematisch bleibt die Händescheidung zwischen Vater und Söhnen ab der Zeit um 1530. Insbesondere das Werk von Hans Cranach dem Erstgeborenen

(um 1513–1537), findet in der Forschung bislang nur wenig Berücksichtigung. Im lateinischen Trauergedicht des Dichters Johann Stigel auf den Tod von Hans heißt es, dass der Verstorbene Luthers Bildnis in tausend Exemplaren gemalt haben soll.

Den ersten Versuch einer Typisierung der Lutherbildnisse aus der Cranach-Werkstatt unternahm Johannes Ficker 1934 im Nachgang zum 450. Geburtstag des Reformators. Die Ausstellung auf der Wartburg griff diese Einteilung unter Berücksichtigung weiterer, seitdem aufgefundener Porträts sowie neuerer wissenschaftlicher Publikationen auf und versuchte sie zu aktualisieren und zu ergänzen.

Gezeigt wurden 101 Porträts, darunter 50 Leihgaben aus deutschen, österreichischen Museen und Privatsammlungen. Sämtliche sieben Bildnistypen konnten anhand von Originalen vorgestellt werden. Besonders eindrucksvoll präsentierten sich die frühen Kupferstiche in jeweils mehreren Zuständen und die vier Varianten der Hochzeits- und Ehebildnisse. Ein ungleiches Paar – Luther als Junker Jörg und Katharina als Ehefrau – aus der Bergkirche Penig wurde für die Ausstellung im Sächsischen Landesamt für Denkmalpflege restauriert. Seine Signatur mit dem Schlangenzeichen und Datierung mit der Jahreszahl 1537 sorgte für eine Debatte unter Fachleuten hinsichtlich der Echtheit dieses Diptychons, die bislang nicht abgeschlossen ist. Zu den jüngsten Luther-Porträts in der Ausstellung zählten ein großformatiges Emaillebild des Doktor Luther von Moritz Götze (2004) und ein Bildnis des Augustinermönchs von Jost Heyder (2011).

Das erste authentische Porträt des Augustiner-Eremiten Martin Luther, der sogenannte „kleine Luther", entstand in dessen Alter von 37 Jahren in der Cranachwerkstatt als Kupferstich. Bei seitenverkehrter Ansicht ergibt sich die größte realistische Nähe. Seine Bekanntmachung fiel der Zensur Georg Spalatins zum Opfer. Das erste verbreitete grafische Porträt des aufrührerischen Mönchs im Vorfeld des Wormser Reichstags ist das „Nischenporträt", ebenfalls aus dem Jahr 1520, das als frühestes Beispiel einer Luther-Inszenierung gelten kann. Der sogenannte „große Luther", das Bildnis mit dem Doktorhut, kennzeichnet den zweiten Bildnistyp. Es wurde im Folgejahr ebenfalls noch vor dem Wormser Reichstag in zwei Varianten vor zuerst hellem, dann dunklem Hintergrund geschaffen. Die Darstellung als Doktor der Theologie diente dem Nachweis der Wissenschaftlichkeit seiner Lehre.

Mit den Porträts als Junker Jörg – des dritten Porträttyps – auf der Wartburg 1522 setzte auch das gemalte Bildnis Luthers ein. Dabei stehen der seitenverkehrte Holzschnitt und die Gemälde des Vollbärtigen, vor allem in Leipzig und Weimar, womöglich auch ein barhäuptiges Einzelbild in Nürnberg sowie die unmittelbar nach der Rückkehr entstandenen Porträts als Augustiner mit Doktorhut, jedoch ohne Bart, in Kreuzlingen, Gotha und Wittenberg, in engem Zusammenhang.

Hochzeits- oder Ehebildnisse von Martin und Katarina Luther gehörten zum bevorzugten Programm der Cranach-Werkstatt zwischen 1525 und 1529. Dieser vierte Bildnistyp lässt sich wiederum in vier aufeinanderfolgende Gruppen gliedern. Diese Gemälde dienten vor allem der Dokumentation der Priesterehe sowie des evangelischen Pfarrhauses und richteten sich gegen Zölibat und Konkubinat der Geistlichen.

Der fünfte Typus des Reformators oder Kirchenvaters – Luther im fünften Lebensjahrzehnt – setzte in der Malerei nach 1528 ein und glich zunächst dem Porträt der letzten beiden Gruppen der Ehebildnisse. Dabei wurde das Pendant der Katharina aufgegeben und bei den Doppelbildnissen als „Freundschaftsbilder" durch Philipp Melanchthon ersetzt. Vermutlich hat Hans Cranach bis zu seinem frühen Tod 1537 den größten Teil der Bilder dieses Typus geschaffen. Noch einmal, 1543, sind diese Darstellungen mit Barett und Schaube nachzuweisen. Druckgrafische Entsprechungen dieser Diptychen zu Luthers Lebzeiten gibt es aus Wittenberg nicht, weil Cranach d. Ä. keine entsprechende Werkstatt mehr betrieb.

Seit 1539 wurde Luther als gealterter Mann, barhäuptig mit Mantel, weißem Hemd und roter Weste porträtiert, zunächst zeitgleich zum vorhergehenden Typus. Vermutlich geht diese Darstellungsweise allein auf Lucas Cranach d. J. zurück. Sie wurde auch nach Luthers Tod im 16. und vor allem in der Historienmalerei des 19. Jahrhunderts häufig wieder aufgenommen.

Schließlich bilden die Totenbildnisse den siebenten Porträttyp. Sie lassen sich in drei Gruppen gliedern, die auf zwei oder drei unterschiedlichen, verlorengegangenen Bildnisvorlagen von zwei Malern, einem ungenannten aus Eisleben und Lucas Furtennagel aus Halle, basieren. Die im Berliner Kupferstichkabinett aufbewahrte Zeichnung kann nicht dazugehören, hier fehlt das Brustbild mit dem Kittel, das sich auf allen Gemälden gleich oder ähnlich wiederfindet.

In den beiden folgenden Jahrhunderten konzentrierten sich Lutherporträts vor allem auf Druckgrafik. Luthers individuelle Gesichtszüge schwanden nach und nach, die Bildnistypen der Wittenberger Werkstatt an sich wurden jedoch beibehalten. Die beabsichtigte Aussage änderte sich. Sie wandelte sich vom unmittelbar-authentischen Porträt hin zur Symbolfigur der Reformation im Sinne der weitreichenden Auswirkungen der protestantischen Lehre. Die größte Verbreitung fand dabei das Altersporträt mit Schaube, unbedecktem Haupt und Buchattribut.

Die Säkularfeier bot ebenso den Anlass für Gedächtnisblätter, die beispielsweise Luther mit Melanchthon, Friedrich den Weisen und Georg von Sachsen unter dem Kruzifix wiedergeben. Allegorische Darstellungen vor allem zu Jubiläen des Thesenanschlags, der Augsburger Konfession und zu Luthers Geburtstag zeigen den Reformator als Lichtbringer mit Verweis auf das Matthäusevangelium oder im Kreis seiner Familie. Geistige Reformbewegungen – wie der Pietismus oder die Aufklärung – spielten mit seinen Gesichtszügen, die dem Betrachter entweder lächelnd verklärt oder markant sachlich gegenübertreten.

Um 1600 entwickelte sich das Schwanenattribut zu einem beliebten Motiv der Darstellungen des Reformators, das bis in das späte 18. Jahrhundert seine Bildnisse in protestantischen Kirchen, auf Frontispizen und Einblattdrucken maßgeblich prägen sollte. Bereits in der zweiten Hälfte des 17. Jahrhunderts setzten zudem grafische Zyklen ein, die Luthers Leben illustrieren. Nach 1800 wurden auch die Lutherporträts der Cranach-Werkstatt „wiederentdeckt"; sie waren nun in den mittlerweile zugänglichen fürstlichen Sammlungen zu besichtigen. Sie ermöglichten die Rückbesinnung auf die Originale des 16. Jahrhunderts und fanden weitgehende Berücksichtigung vor allem in der Historienmalerei und bei der einsetzenden Errichtung von Denkmälern auf öffentlichen Plätzen. Eines der prominentesten Beispiele ist der für das „Denkmal der Reformation" auf der Wartburg geschaffene Gemäldezyklus zu Luthers Leben. Großherzog Carl Alexander von Sachsen-Weimar-Eisenach verpflichtete vier Professoren seiner eigenen Großherzoglich-Sächsischen Kunstschule in Weimar, wesentliche Episoden aus Luthers Leben bildnerisch festzuhalten. In zwei Staffeln, ab 1872 und nach 1880, schufen Ferdinand Pauwels, Paul Thuman, Willem Linnig d. J. und Alexandre Struys 18 Gemälde für drei neu eingerichtete sogenannte Reformationszimmer neben der authentischen Lutherstube, die allerdings für die allgemeine Öffentlichkeit nie zugänglich waren. Das 20. Jahrhundert hat sich mit Lutherporträts weitgehend zurückgehalten. Karl Bauer und Otto von Kursell bilden dabei Ausnahmen im Sinne der Propagierung des „Nationalhelden" Luther angesichts des aufkeimenden, völkisch geprägten Nationalismus. Erst 1967, zum 450. Jahrestag des Beginns der Reformation, und 1983, anlässlich des 500. Geburtstags Martin Luthers, mehrten sich entsprechende Reflexionen in der bildenden Kunst, die das quantitative Niveau vergangener Jahrhunderte jedoch bei weitem nicht erreichten.

Alle Porträttypen dienten propagandistisch-dokumentarischen und somit werbend lehrhaften Zwecken. Es kam nicht darauf an, ein im heutigen Verständnis ästhetisch und anatomisch befriedigendes künstlerisches Meisterwerk zu schaffen, sondern eine Botschaft im Sinne der Wahrhaftigkeit und Richtigkeit der lutherischen Theologie zu vermitteln. In diesem Programm übernahm das in der Cranach-Werkstatt geschaffene Porträt Luthers als lückenlose Illustration seines biografischen Werdegangs eine wesentliche Funktion. Der vorübergehende Verlust des weitgehend authentischen Bildnisses zugunsten einer umfassenderen Aussage und Botschaft wurde mit der Wiederentdeckung der Vorbilder der Cranach-Werkstatt in öffentlichen und privaten Sammlungen durch die Historienmalerei getilgt. Heute ist uns Luthers Porträt wieder genauso nah wie seinen Zeitgenossen.

Timo Trümper, Friedegund Freitag

Die Reformationsdekade in Gotha
Rückblicke und Perspektiven

Die Stiftung Schloss Friedenstein Gotha beteiligte sich mit zahlreichen Veranstaltungen an der thüringischen Reformationsdekade *Luther 2017*. Neben Vorträgen, Sonderführungen, Restaurierungen, Erschließungs- und Katalogprojekten sind vor allem die zahlreichen großen und kleineren Ausstellungen hervorzuheben.

Das Jahr 2015 wurde in Thüringen dem Thema *Reformation – Bild und Bibel* gewidmet. Dadurch wurde insbesondere die reformatorische Bildsprache in den Mittelpunkt gerückt und die thematische Anknüpfung zum Cranach-Jahr geschaffen, das aus Anlass des 500. Geburtstages Lucas Cranachs d. J. mit Ausstellungen in Bayern, Sachsen, Sachsen-Anhalt und auch in Thüringen begangen wurde. Wie kaum ein anderer Künstler prägte Lucas Cranach d. Ä. gemeinsam mit seinen Söhnen unser Bild von Martin Luther und der Reformation. Die Gothaer Ausstellung *Bild und Botschaft. Cranach im Dienst von Hof und Reformation* (29.03.–19.07.2015, Herzogliches Museum) (Abb. S. 115) legte inhaltlich zum ersten Mal einen Schwerpunkt auf den Aspekt der ‚Propaganda', die für Cranachs Wirken im Dienste von Hof und Reformation von zentraler Bedeutung war. Als Hofmaler Friedrichs des Weisen und seiner Nachfolger oblag es dem Künstler, repräsentative Werke für deren Residenzen zu schaffen und das Antlitz der Fürsten im Bild zu verbreiten. Schon früh mit Luther befreundet, avancierte Cranach ab 1521 zum wichtigsten Maler der Reformation: Mit seinen Lutherporträts gab er der Bewegung ein Gesicht, er setzte lutherische Glaubensinhalte ins Bild und griff mit seiner Druckgrafik in den publizistischen Streit um die rechte Lehre ein. Im Zuge des wachsenden Engagements der sächsischen Kurfürsten für die Sache Luthers intensivierte sich in den 1540er und 1550er Jahren das Wirken der Cranach-Werkstatt für den Hof und die Reformation mehr und mehr ineinander. Ziel der Ausstellung war es, darzustellen, unter welchen Bedingungen und in welchen Formen im 16. Jahrhundert mit bildlichen Mitteln propagandistische Botschaften verbreitet wurden. Die Gothaer Ausstellung entstand gemeinsam mit der Museumslandschaft Hessen-Kassel. Mit 52.230 Besuchern in Gotha und noch einmal rund 40.000 Besuchern in Kassel war es eine der erfolgreichsten Cranach-Schauen des Jahres 2015.

Die Sammlungen von Schloss Friedenstein verfügen über eine Reihe von Gemälden, die für Cranachs Wirken mit politisch-religiöser Zielsetzung überaus repräsentativ sind. Die Bildnispaare von Friedrich dem Weisen und Johann dem Beständigen, Letzterem und Sibylle von Sachsen, Martin Luther und Katharina von Bora sowie Martin Luther und Philipp Melanchthon sind Beispiele für Serienbildnisse aus der Cranach-Werkstatt, ein *Parisurteil* sowie eine kleine Tafel mit *Herkules bei Omphale* für die von den Ernestinern

bevorzugte profane Repräsentationskunst. Die beiden kleinen Tafeln *Christus segnet die Kinder* und *Christus und die Ehebrecherin* stellen biblische Ereignisse dar, die in den Auseinandersetzungen der Anhänger Luthers mit den Altgläubigen und den Wiedertäufern eine besondere Rolle spielten und aus diesem Grund von der Cranach-Werkstatt in zahlreichen Varianten gemalt wurden. Absolute Spitzenstücke der Reformationskunst sind die beiden Tafeln mit *Judith und Holofernes* sowie das Gemälde *Gesetz und Gnade*. Erstere lassen sich als eine Stellungnahme zu dem unter Protestanten umstrittenen Widerstandsrecht gegen den Kaiser interpretieren, Letzteres als einen der ersten Versuche, die lutherische Lehre bildlich zu vermitteln.

Einen breiten Querschnitt durch das grafische Schaffen der Künstlerfamilie bietet das Kupferstichkabinett in Schloss Friedenstein. Die große Sammlung protestantischer Flugblätter aus dem 16. Jahrhundert ermöglichte es, die reformatorische Publizistik der Cranach-Werkstatt in ihrem medialen Umfeld darzustellen und als immanenten Teil eines komplexen Kommunikationsprozesses darzustellen. Besonderes Augenmerk wurde in diesem Zusammenhang auf die kursächsische Medaillenkunst gerichtet, zu der Cranach mehrere, in Hinblick auf das Ausstellungsthema hochinteressante Entwürfe beisteuerte.

Die Tatsache, dass die Wurzeln der Gothaer Kunstkammer in den Kunstsammlungen der sächsischen Kurfürsten mit ihrer großen Anzahl höchstqualitativer Cranach-Werke liegen, machte Gotha zu einem idealen Ort für die Ausstellung. Gemälde wie die Allegorie von *Gesetz und Gnade* wurden von dem Hofmaler exklusiv für die Ernestiner geschaffen und haben sich über die Jahrhunderte in den Kunstsammlungen der Familie erhalten. Die Bedeutung der Gothaer Sammlung mit über 20 Gemälden von Cranach und seiner Werkstatt sowie zahlreichen Druckgrafiken kann daher kaum überschätzt werden. Ausgewählte Spitzenwerke von 25 nationalen und internationalen Leihgebern bereicherten die Ausstellung zusätzlich.

Das Jahr 2016 wartete mit einer Reihe ambitionierter Ausstellungen und Publikationen auf. Nach vierjähriger Bearbeitungszeit durch die Projektgruppe Reformationsgeschichte (Universität Erfurt, Stiftung Schloss Friedenstein, Friedrich-Schiller-Universität Jena) erschien 2016 der zweibändige Bestandskatalog *Fliegende Blätter – Die Sammlung der Einblattholzschnitte des 15. und 16. Jahrhunderts der Stiftung Schloss Friedenstein Gotha*. Diese Publikation machte die entsprechende Gothaer Sammlung, die zu den größten aus der Reformationszeit zählt, erstmals vollständig der Öffentlichkeit zugänglich. Eine Kabinettausstellung im Herzoglichen Museum präsentierte unter dem Titel *Satiren, Nachrichten und Wunderzeichen – Fliegende Blätter aus dem Jahrhundert der Reformation* vom 13. März bis zum 12. Juni 2016 den Besuchern die spektakulärsten Flugblätter jener Zeit, unter anderem von Künstlern wie Albrecht Dürer, den beiden Cranachs, Bartel Beham und Virgil Solis. Um die vielen teils immer noch unbekannten Schätze des Gothaer Kupferstichkabinetts einem größeren Publikum bekannt und für die Forschung nutzbar zu machen, soll in den kommenden Jahren auch die Sammlung der Flugblätter aus dem 17. Jahrhundert wissenschaftlich erschlossen werden.

Im Mittelpunkt einer Zusammenarbeit der Forschungsbibliothek Gotha und der Stiftung Schloss Friedenstein Gotha stand der bedeutende lutherische Theologe und Reformator Friedrich Myconius, dem die Ausstellung *„Ich habe einen Traum" – Myconius, Melanchthon und die Reformation in Thüringen* (03.04.–05.06.2016) im Spiegelsaal der Forschungsbibliothek gewidmet war.

Das Staatliche Museum für Bildende Künste A. S. Puschkin zeigte in Kooperation mit der Stiftung Schloss Friedenstein Gotha vom 3. März bis zum 15. Mai 2016 in Moskau die erste monographische Ausstellung zur Kunst Cranachs in Russland. Die umfangreiche Präsentation *Cranachs Familie zwischen Renaissance und Manierismus* erlaubte es dem Besucher, sich anhand von zentralen Arbeiten einen repräsentativen Überblick über das Gesamtwerk zu verschaffen und die seit 1945 geteilte Gothaer Sammlung in ihrer ursprünglichen Gesamtheit zu erleben. Mit weit über 200.000 Besuchern war die Moskauer Ausstellung ein enormer Erfolg, was sich auch in der medialen Berichterstattung niederschlug. Von der russischen Presse wurde in diesem Zusammenhang immer wieder auch auf die politische Dimension der Schau vor dem Hintergrund der ungeklärten Frage des weiteren Schicksals der kriegsbedingt verlagerten Kunstwerke hingewiesen.

Die wissenschaftliche und museale Auseinandersetzung der Stiftung Schloss Friedenstein Gotha mit der Cranach-Werkstatt dauert an. Als Leihgabe der Joachim und Susanne Schulz Stiftung (Amorbach) konnte 2017 erstmals das Porträt des Gothaer Kanzlers Christian Brück von Lucas Cranach d. J., der seinen Schwager im Jahr 1555 malte, im Herzoglichen Muse-

um präsentiert werden. Längerfristig ist ein Ankauf des Gemäldes geplant.

Noch im Jahr 2016 folgten mit dem durch das Bundesaußenministerium maßgeblich geförderten Projekt *Here I stand ...* verschiedene Ausstellungen zu Martin Luther in den USA. Diese standen unter der Federführung des Landesamts für Denkmalpflege und Archäologie Sachsen-Anhalt, das sie zusammen mit der Stiftung Luthergedenkstätten in Sachsen-Anhalt, dem Deutschen Historischen Museum Berlin und, last but not least, der Stiftung Schloss Friedenstein Gotha organisierte und durchführte. Neben Ausstellungen in The Morgan Library & Museum in New York und der Pitts Theology Library der Emory University in Atlanta fand die umfangreichste Schau zu Martin Luther und der Reformation im Minneapolis Institute of Art in Minneapolis statt. Eines der spektakulärsten Objekte dieser Ausstellung war sicherlich der sogenannte Gothaer Tafelaltar, der zu diesem Anlass umfassend restauriert wurde. In Deutschland wurde dieses Kunstwerk erstmals wieder 2017 anlässlich der Ausstellung *Der Gothaer Altar – Ein monumentales Bilderbuch der Reformationszeit* im Herzoglichen Museum Gotha gezeigt. Nach über vier Jahrhunderten kehrte er damit im Reformationsjahr für die Dauer von vier Monaten an seinen Ursprungsort zurück. Aus der intensiven Beschäftigung mit dem Gothaer Altar ergab sich ein Forschungsprojekt, das sich in den kommenden zwei Jahren unter Beteiligung verschiedener Wissenschaftler mit weiterführenden Fragen zu der Entstehung, Funktion und dem theologischen Konzept des Altars auseinandersetzen wird.

Die Thüringer Landesausstellung 2016 *Die Ernestiner – Eine Dynastie prägt Europa* rückte in einer Kooperation zwischen der Stiftung Schloss Friedenstein Gotha und der Klassik Stiftung Weimar erstmals die Dynastie der Ernestiner in den Fokus einer breiten Öffentlichkeit. Den ernestinischen Kurfürsten kam im Hinblick auf die Verbreitung der Reformation eine Schlüsselrolle zu, da sie sich in der ersten Hälfte des 16. Jahrhunderts nachdrücklich und teils unter großen persönlichen Opfern für den Schutz Luthers und die Förderung des Protestantismus einsetzten. In letzter Konsequenz führte dies unter Kurfürst Johann Friedrich dem Großmütigen (Abb. S. 116) 1547 zu dem Verlust der Kurwürde, der territorialen Beschränkung der einst mächtigen Landesherren auf den mitteldeutschen Raum und einer nicht mehr zu revidierenden Machteinbuße der gesamten Dynastie. Teilweise konnte dies zwar durch das Prestige aufgewogen werden, welches die Ernestiner dadurch gewannen, dass sie sich fortan gezielt zu „Beschützern des wahren Luthertums" und den gestürzten Kurfürsten Johann Friedrich den Großmütigen zum „Märtyrer der Reformation" stilisierten. Tatsächlich konnten sie den politischen Niedergang der Dynastie aber erst ab dem beginnenden 19. Jahrhundert wieder wettmachen, als es ihnen durch eine geschickte Heiratspolitik gelang, sich mit zahlreichen bedeutenden Herrscherhäusern zu vernetzen und auf diese Weise Einfluss in ganz Europa zu gewinnen. Der historischen Relevanz der Ereignisse im 16. Jahrhundert Rechnung tragend wie auch aufgrund des Förderformats fügte sich die Landesausstellung in die Reihe der Veranstaltungen zur Reformationsdekade in Thüringen ein. Der inhaltliche zeitliche Rahmen war jedoch mit den Eckdaten 1485 und 1918 sehr viel weiter gespannt und erlaubte es, Einblicke in mehr als vierhundert Jahre mitteldeutscher und europäischer Geschichte und Kultur zu geben.

An insgesamt vier historischen Standorten, in Schloss Friedenstein und dem Herzoglichen Museum in Gotha sowie dem Stadtschloss und dem Neuen Museum in Weimar, wurden insgesamt sechs große, inhaltlich eng miteinander verknüpfte und wiederum in mehrere Unterkapitel unterteilte Themenblöcke gezeigt. Im Nordflügel von Schloss Friedenstein waren die Bereiche „Land" und „Familie", im Herzoglichen Museum die „Künste" zu sehen. (Für den Ausstellungsteil in Weimar mit den Themenfeldern „Reich", „Glaube" und „Wissenschaft" sei auf den Beitrag von Gert-Dieter Ulferts im vorliegenden Band verwiesen.)

Die Landesausstellung wurde maßgeblich durch den Freistaat Thüringen finanziert; weitere Fördermittel kamen von der Kulturstiftung der Länder und der Ernst von Siemens Kunststiftung. Obgleich ein Großteil der über 300 in Gotha gezeigten Exponate aus den Sammlungen der Stiftung Schloss Friedenstein Gotha und der Klassik Stiftung Weimar stammte, war doch die Zusammenarbeit mit Museen, Archiven und Bibliotheken aus Thüringen, Deutschland sowie mit internationalen Leihgebern aus Belgien, Großbritannien, Schweden und Österreich essenziell. Erst sie erlaubte es, die europäische Dimension des Themas anschaulich darzustellen, und schuf vielversprechende Anknüpfungspunkte für künftige Projekte.

Die Landesausstellung wurde in Weimar und Gotha von einem umfangreichen Bildungs- und Vermittlungsangebot begleitet. Ein Großteil dieser Projekte wurde mit einem Programm zur Förderung von Jugend- und Breitenkultur durch die Thüringer Staatskanzlei finanziert. Besonders erfolgreich war in diesem Zusammenhang das kostenfreie Angebot „Mit dem Bus durch Ernestinien", das Thüringer Schulklassen der fünften bis neunten Jahrgangsstufe, aber auch Teilnehmern aus Deutsch- und Integrationskursen einen Tagesausflug zu den Ausstellungsorten ermöglichte. Derartige Modelle für eine erleichterte kulturelle Teilhabe erscheinen den Verfassern unbedingt ausbauwürdig und zukunftsfähig.

Die Landesausstellung war mit insgesamt 168.972 Besuchen, davon allein 106.356 in Gotha, außerordentlich erfolgreich und konnte sich einer sehr positiven Resonanz sowohl in der Öffentlichkeit als auch in der medialen Berichterstattung erfreuen. Neben der bereits erwähnten großzügigen Unterstützung durch den Freistaat Thüringen und dem Zusammenwirken verschiedener Kulturinstitutionen, Tourismusverbände und Bildungsträger trug zu dem Gelingen des Projektes vor allem auch die intensive Kooperation zwischen der Stiftung Schloss Friedenstein Gotha und der Klassik Stiftung Weimar bei. Die Stiftung Schloss Friedenstein sieht viel Potenzial, um diese die Erwartungen aller Beteiligten weit übertreffende Kooperation künftig mit gemeinsamen Forschungs- oder Ausstellungsprojekten fortzusetzen.

Mit der Sonderausstellung *Schauplätze der Reformation* des Berliner Fotografen Henning Kreitel (31.10.2017–11.02.2018, Herzogliches Museum) eröffnete die Stiftung Schloss Friedenstein ungewöhnliche Blickweisen auf die Wirkungsstätten Martin Luthers sowie auf andere bedeutende Erinnerungsorte jener bewegten Zeit. Obgleich am Ende der Reformationsdekade stehend, setzte diese Ausstellung doch nur einen vorläufigen Schlusspunkt hinter die diesbezüglichen Aktivitäten der Stiftung. Wie gezeigt, haben sich in Bezug auf museale Konzepte, Forschungsprojekte und Ausstellungen zahlreiche neue Ideen und Möglichkeiten ergeben, deren Umsetzung das Ziel der kommenden Jahre sein wird.

Gert-Dieter Ulferts

Weimar und die Reformation
Projekte der Klassik Stiftung Weimar in der Reformationsdekade –
Rückblick und Ausblick

Den Höhepunkt der Weimarer Ausstellungsaktivitäten in der Reformationsdekade bildete die Thüringer Landesausstellung *Die Ernestiner*, die seit 2013 in Kooperation mit der Stiftung Schloss Friedenstein Gotha vorbereitet und 2016 an beiden Standorten realisiert wurde. Insgesamt sechs Themenbereiche beleuchteten in Gotha und Weimar, in den Museen und Residenzbauten der Hauptlinien des ernestinischen Herzogshauses nach 1640, die Geschichte der Dynastie, die sich von Anfang an als Schutzmacht des protestantischen Glaubens verstand. Weimar wurde zur Zeit Herzog Johanns in den 1520er Jahren und erneut nach dem Schmalkaldischen Krieg zum zentralen Ort der politischen Umsetzung des reformatorischen Programms. Vor diesem Hintergrund erhielt das Thema Reformation in Weimar besonderes Gewicht – gleichwohl sind sämtliche Handlungsfelder der Dynastie ohne eine Grundierung durch den Protestantismus nicht darstellbar (zum Konzept der Landesausstellung ausführlich im Beitrag von Friedegund Freitag und Timo Trümper).

Der Weimarer Ausstellungsteil konzentrierte sich daher – neben dem Thema der Förderung von „Wissenschaft" an den Höfen und an der von allen Ernestinern gemeinsam unterhaltenen Universität Jena – auf die Themen „Glaube" und „Reich". Im Zeitalter der Konfessionalisierung waren Religion und Politik untrennbar miteinander verbunden. Als Verfechter der „teutschen Libertät" standen die Ernestiner an der Spitze der Stände des Heiligen Römischen Reichs Deutscher Nation zur Abwehr des universalmonarchischen Anspruchs des habsburgischen Kaiserhauses. Die Frage der Konfession und das Eintreten für das „wahre Luthertum" waren für die Ernestiner bis zum Ende der Monarchie von entscheidender Bedeutung. Die Märtyrerrolle des 1547 entmachteten Kurfürsten Johann Friedrich I. war in die DNA der Dynastie gleichsam eingeschrieben, ebenso wie der gewaltreiche Kampf um Glaube und Macht im 17. Jahrhundert, dem fast die gesamte Generation der um 1600 geborenen Weimarer Prinzen im Dreißigjährigen Krieg zum Opfer fiel. An dessen Ende stand dann – als Ausdruck nun konsolidierter Herrschaft nach dem Westfälischen Frieden – der anspruchsvolle Ausbau der Regierungssitze in Gotha durch Ernst I. (den Frommen) und Wilhelm IV. in Weimar.

Im 18. Jahrhundert fand die Theologie des aufgeklärten Luthertums mit dem Philoso-

phen, Oberkonsistorialrat und zugleich Seelsorger der herzoglichen Familie Johann Gottfried Herder im Klassischen Weimar einen mehr als prominenten Vertreter. Im bürgerlichen 19. Jahrhundert gehörte die Erinnerung an die Reformation zum Kanon der Memorialpolitik und wurde Bestandteil der Selbstbehauptung der Dynastie in einer Zeit der revolutionären Umbrüche; die weithin sichtbare Manifestation dieses Selbstverständnisses war die Wiedererrichtung der Wartburg als Nationaldenkmal durch Großherzog Carl Alexander.

Ausstellungen leben von Objekten, die Geschichte anschaulich machen – aufbereitet zu einem räumlichen Parcours, der den Erzählstrang der Ausstellung bildet. Die ersten Abschnitte der Weimarer Präsentation im Neuen Museum waren der Reformationszeit mit ihren neuen Medien gewidmet: Kunstwerke und kulturhistorische Artefakte aus den Museen, Schriftgut aus den Bibliotheken und Dokumente aus den Archiven des Freistaats Thüringen. Einige der Exponate kehrten dafür temporär in die Region zurück; sie wurden durch die Zeitläufte auf Sammlungen weltweit verstreut und trugen in der Ausstellung zur Rekonstruktion der materiellen Überlieferung und des historischen Kontextes der Dynastie bei. Die in den Weimarer Sammlungen neu erschlossenen Bestände, nicht zuletzt diejenigen, die aufgrund der Gesamtstruktur der Ausstellung nicht zum Einsatz kommen konnten, werden zukünftig in den dauerhaften Präsentationen zum Thema Reformation in Weimar einen anschaulichen Beitrag leisten.

Die Vorstellung einiger ausgewählter Exponate, die als Schlüsselobjekte in der Landesausstellung zu sehen waren, kann das näher erläutern: Ein geradezu sprechendes Zeugnis der vorreformatorischen Frömmigkeit ist die auf dem Friedenstein bewahrte Darstellung der Pilgerfahrt Friedrich des Weisen ins Heilige Land 1493 – eine überaus detailreiche und erzählfreudige Schilderung des Unternehmens, dessen touristische Logistik wiederum mit Hilfe des Abrechnungsbuches im ‚Ernestinischen Gesamtarchiv' nachzuvollziehen ist, das mit dem Umzug von Wittenberg nach Weimar gelangte. Zu den reformationsgeschichtlichen Zimelien gehört das ebenfalls dort archivierte Redemanuskript Luthers, das offenbar vor dessen zweiter Anhörung auf dem Reichstag in Worms 1521 entstand. Luthers im Oktober 1522 in der neu ausgestalteten Weimarer Schlosskirche St. Martin gehaltenen „Obrigkeitspredigten" wurden im Jahr darauf mit Widmung an Johann von Sachsen publiziert und befinden sich im Altbestand der heutigen Herzogin Anna Amalia Bibliothek. Zu deren Schätzen gehört nicht zuletzt die Weimarer Lutherbibel, die Gesamtausgabe des Alten und Neuen Testaments, die 1534 auf der Leipziger Buchmesse angeboten wurde; das Weimarer Exemplar zeichnet sich bekanntlich durch die besonders reiche bildliche Ausstattung in der Cranach-Werkstatt aus.

Zur Durchsetzung des neuen Glaubens gehörte der Aufbau des evangelischen Kirchenwesens: Das Porträt des Johannes Grau im Weimarer Stadtmuseum zeigt den ersten lutherischen Pfarrer an St. Peter und Paul (‚Herderkirche'). Grau gehörte zu denjenigen, die vorbildlich die reine Lehre Luthers verbreiteten, auf die Herzog Johann alle Geistlichen per Dekret in Weimar verpflichtete, bevor er im August 1525 als Kurfürst in seine neue Residenz Torgau aufbrach und damit die Entwicklung des evangelischen Landeskirchentums einleitete.

Zur weiteren Phase der politischen Durchsetzung der Reformation gehört die Gründung des Schmalkaldischen Bundes. Die Bekräftigung des Verteidigungsbündnisses gegen die zu erwartende militärische Reaktion des Kaisers nach der ‚Protestation' auf dem Augsburger Reichstag 1530 zeigt sich in einer Urkunde, deren 34 angehängte Wachssiegel noch heute eindrucksvoll die Entschlossenheit der protestantischen Stände verdeutlichen.

Johann Friedrich I. bezahlte am Ende sein Eintreten für die Sache der Protestanten mit dem Verlust der Kurfürstenwürde, die nun der albertinischen Linie der Wettiner zufiel. Noch in der Residenz Wittenberg entstand zuvor eine Folge lebensgroßer Darstellungen der Ernestiner als sächsische Kurfürsten in der Cranach-Werkstatt. Die letzte in dieser Reihe bildete in der Landesausstellung den inszenatorischen Gegenpart zum eleganten Porträt Kaiser Karls V. von Jakob Seisenegger aus dem Kunsthistorischen Museum in Wien: das gravitätische Bildnis Johann Friedrichs I. mit Kurschwert und in vollem Ornat. Dieses Porträt – ebenso wie die beiden Bildnisse seines Vaters Johann dem Beständigen bzw. seines Onkels Friedrich dem Weisen – (Abb. S. 120) wurden mit dem Hof 1547 nach Weimar überführt und erlebten eine für die dynastische Memoria in Weimar charakteristische Karriere: Ab 1562 wurden sie im Grünen Schloss bewahrt, später in der Schlosskapelle der barocken Residenz, deren Brand die großformatigen Bilder 1774 fast wie durch ein Wunder überstanden, für einige Jahrzehnte in der Kirche St. Peter und Paul der Grablege im Chor gegenüber präsentiert, dann in der herzoglichen Bibliothek ausgestellt, wo sie gewissermaßen musealisiert wurden, um schließlich nach dem Ende der Monarchie in den Bestand der Staatlichen Kunstsammlungen überzugehen.

Für die Öffentlichkeit wiedergewonnen werden konnte ebenso der 1555 entstandene Weimarer Reformationsteppich, der zu den herausragenden Bildzeugnissen der frühen Reformationsgeschichte in Mitteldeutschland gehört. Der von Seger Bombeck ausgeführte Wandteppich mit der Darstellung der Erlösungstheologie im Zentrum ist allerdings noch in weiterer Hinsicht bemerkenswert. Er ist ein Exempel dafür, wie nach dem Ende der Monarchie versucht wurde, die kulturelle Überlieferung staatlicherseits zu schützen, nachdem mit dem Regierungsverlust der

Fürstenhäuser auch die Verantwortung für die Überlieferung und die sinnstiftende und legitimierende Kraft des Patrimoniums verlorenging. Der Teppich blieb im Eigentum des 1918 abgedankten Herzogs Ernst II. von Sachsen-Altenburg und gelangte 1928 in den Kunsthandel. Unter den Bedingungen des NS-Staats erfolgte 1935 die Erwerbung für die Weimarer Kunstsammlungen auf einer der sogenannten „Judenauktionen" des Auktionshauses Graupe in Berlin. Entsprechend den Richtlinien der Washingtoner Erklärung von 1998 wurde der Reformationsteppich den Erben des Kunsthändlers Jakob Oppenheimer als inzwischen identifiziertes NS-Raubgut 2004 zugesprochen. Gegen eine Entschädigung blieb dieses für die Geschichte der Reformation überaus bedeutsame Zeugnis schließlich im Bestand der Klassik Stiftung.

Im Vorfeld der Landesausstellung 2016 kam es zu einer Art Ausstellungs-Dreisprung, ausgerichtet auf die Bildpolitik der Cranach-Werkstatt: Zwei Kabinettausstellungen mit den Titeln *Cranachs Sibylle* (2012) – aus Anlass des 500. Geburtstag der Sibylle von Cleve, die 14-jährig Johann Friedrich ehelichte und seit 1547 ohne ihren vom Kaiser inhaftierten Gatten in Weimar residierte – sowie *Cranach zeigt Luther* (2014) mit den Porträts aus verschiedenen Lebensphasen des Reformators bildeten den Anfang. Es folgte schließlich die große Ausstellung im Rahmen des Jahresthemas der Reformationsdekade *Bild und Bibel* 2015 mit dem Titel *Cranach in Weimar*, die von einer wissenschaftlichen Tagung vorbereitet und vom Jahrbuch der Klassik Stiftung zum Thema *Bild und Bekenntnis. Die Cranach-Werkstatt in Weimar* begleitet wurde. Die gemeinsam mit der Friedrich-Schiller-Universität Jena und der Evangelischen Akademie Thüringen im selben Jahr veranstaltete Tagung *Weimar und die Reformation. Luthers Obrigkeitslehre und ihre Wirkungen von Weimar in die Moderne* aus Anlass der Predigten Luthers 1522 in der Weimarer Schlosskapelle (Abb. S. 123)(der Tagungsband erschien im Oktober 2016) war insbesondere in der ersten, die historische Situation des 16. Jahrhunderts rekonstruierenden Sektion von Bedeutung und hatte Konsequenzen für die Präzisierung des Konzepts der Ausstellungsthemen „Glaube" und „Reich". Die Beiträge deuteten die Rolle der Residenz und Stadt Weimar in der frühen Phase der Reformation neu, deren Ergebnisse in eine zukünftige ‚Topographie der Reformation' als Teil der Hof- und Residenzkultur einfließen werden. Die Erkenntnisse des seit 2012 von der Klassik Stiftung Weimar betriebenen Projekts zur Erschließung der Quellen zum Schlossbau im 16. Jahrhundert waren hierfür grundlegend und analysierten die Residenz als historischen Ort der Reformation.

Das aktuell in Konzeption befindliche Projekt einer Ausstellung im Renaissancesaal des Grünen Schlosses, des Stammgebäudes der heutigen Herzogin Anna Amalia Bibliothek, kann auf dem skizzierten Fundus der Landesausstellung aufbauen. Zu weiteren altdeutschen Gemälden und Druckgrafiken der Cranachzeit treten Exponate, die im Zusammenhang mit den Ausstellungen der Reformationsdekade noch nicht oder nur in geringem Umfang Berücksichtigung fanden. Dazu gehören die oft reich illustrierte theologische Literatur ebenso wie die auf die Reformationsgeschichte spezialisierte, im 19. Jahrhundert zusammengetragene Medaillen- und Münzsammlung oder die propagandistischen Flugschriften. Ausgehend vom umfangreichen Bestand der ‚Bilderfabrik' Cranachs soll die Frage nach den in der frühen Neuzeit aufkommenden medialen Formen im Mittelpunkt stehen, die für die Verbreitung der reformatorischen Ideen sorgten. Im Erdgeschoss des im 18. Jahrhundert zur herzoglichen Bibliothek umgebauten Schlosses wird eine Präsentation zu erleben sein, die zeigt, welchen Anteil dieser Prozess an der dynastischen Selbstbe-

hauptung übernahm, in dem die Darstellung der Ernestiner als Schutzmacht des Protestantismus Teil der fürstlichen Memoria wurde. Dieser Prozess hinterließ Spuren in der Weimarer Topographie des 16. Jahrhunderts, die es als Ganze zu entdecken gilt, da sie an vielen Orten auffindbar sind: Nicht allein am Residenzschloss mit dem Renaissancetorbau, der sogenannten Bastille, wo erst jüngst in der ehemaligen Kanzlei Wandmalereien entdeckt wurden, oder über Zeugnisse der heute baulich nicht mehr erlebbaren Schlosskapelle der Reformationszeit; ebenso finden sich diese Spuren in Gestalt der Grablege der Ernestiner im Chor von St. Peter und Paul in Verbindung mit dem Cranach-Altar wie auch in den Dokumenten des ‚Ernestinischen Gesamtarchivs' im heutigen Thüringer Landesarchiv, das sich in dem durch Großherzog Carl Alexander errichteten Archivbau des 19. Jahrhunderts befindet.

Günter Schuchardt

Luther und die Deutschen
Eine nationale Sonderausstellung im „Hammerbündnis" 2017

Die Wartburg ist mit jährlich 350.000 Gästen die weltweit meistbesuchte Lutherstätte. Mit ihrem Namen sind Luthers beginnende Bibelübersetzung, die Entwicklung der einheitlichen deutschen Sprache und die erste bürgerlich-demokratische Kundgebung, das Wartburgfest der deutschen Studenten, eng verknüpft.

Am 10. Juni 2011 beschloss das Kuratorium zur Vorbereitung des Reformationsjubiläums, das auf der Wartburg tagte, dass es drei respektive vier Ausstellungen im Jahr 2017 mit dem Prädikat „Nationale Sonderausstellung" geben sollte. Nachdem bereits die Luthergedenkstätten in Sachsen-Anhalt in Wittenberg und das Deutsche Historische Museum in Berlin dafür auserkoren waren, hatten auch die beiden anderen mitteldeutschen Bundesländer ihre Berücksichtigung gefordert, der das vom EKD-Ratsversitzenden geleitete Gremium schließlich nachgab. So wurden die Ausstellungen *Luther und die Fürsten* 2015 in Torgau, organisiert durch die Staatlichen Kunstsammlungen Dresden, und *Luther und die Deutschen* 2017 auf der Thüringer Wartburg in den nationalen Reigen einbezogen.

Für die Außenwirkung sollte neben der bereits eingeführten Dachmarke „Am Anfang war das Wort – Luther 2017. 500 Jahre Reformation" ein eigenes Erscheinungsbild geschaffen werden, das die drei Ausstellungen des Jubiläumsjahres als korrespondierende Expositionen erkennbar werden lassen würde. Nach ausgelobtem Ideenwettbewerb 2013 setzte sich eine Berliner Agentur durch, die den vermeintlichen Hammer des Thesenanschlags 1517 zum Symbol für die Trias erkor. Zuspitzend wurde die dazugehörige Website mit der Adresse „www.3xhammer.de" versehen und erhielt den Untertitel „Die volle Wucht der Reformation". Die Provokation war beabsichtigt, gedachten deren Erfinder doch, gerade so ein jüngeres, wenig erfahrenes Ausstellungspublikum zu erreichen.

In Fachkreisen allerdings wurde damit eine kontroverse „Hammerdebatte" ausgelöst. Kritisiert wurde die Besinnung auf das Lutherbild des 19. Jahrhunderts, von dem man sich ganz bewusst durch das Reformationsjubiläum 2017 verabschieden wollte. Zugegeben, der Reformator mit dem Hammer als deutscher Nationalheld passt nicht ins 21. Jahrhundert, das ausdrücklich Luthers Ambivalenz hervorzuheben gedachte. Aber die erwartete Wirkung trat ein, die Ausstellungen wurden international und deutschlandweit wahrgenommen und konnten sich über das erhoffte Besucherinteresse freuen.

Die Ausstellung auf der Wartburg wurde am Vorabend von Luthers Ankunft, am 3. Mai 2017, eröffnet. 310.233 Gäste sahen sie bis zum 6. November, ein Viertel davon waren ausländische Besucher.

Bereits auf dem Burggelände waren die Besucher durch zwei inszenierte Nachbauten, eine Gutenberg-Druckerpresse und „Luthers" Reisewagen, auf das Ereignis eingestimmt worden. Die Ausstellung selbst gliederte sich in fünf Teile. In ihrem Eingangsbereich wurden die Gäste mit Ergebnissen einer aktuellen Publikumsfrage des MDR zu den Begriffen Wartburg, Martin Luther oder Reformation sowie einer biografischen Übersicht empfangen. Hier konnten sie sich selbst mit Kreidestiften an den Wänden zu den Themen äußern. Im anschließenden Palas-Sockelgeschoss stieß der Besucher zuerst auf den *Reformator mit dem Hammer*, das Bild aus Luthers biografischem Wartburg-Zyklus, 1871 von Ferdinand Pauwels gemalt, das wesentlich für den Unmut in Fachkreisen gesorgt hatte. In den Räumen selbst aber wurden die Zeit nach 1500 und die unmittelbaren Ereignisse widergespiegelt, die zu Luthers nicht ganz freiwilligem Wartburgaufenthalt geführt hatten: die politische und religiöse Lage im Heiligen Römischen Reich Deutscher Nation, Ablass, Thesenanschlag, Hauptschriften, Kirchenbann, Reichsacht und seine Übersetzungsleistung der Bibel ins Deutsche. Im nachfolgenden Palas-Speisesaal war erläutert worden, wie die Wartburg zur Lutherstätte, zum Gedenkort der Reformation wurde. Die Kuratoren erinnerten daran, dass der „Wartburgerneuerer" Großherzog Carl Alexander von Sachsen-Weimar-Eisenach schon Mitte des 19. Jahrhunderts vorausschauend ökumenisch gedacht hat, indem er das Kreuz auf dem Bergfried beiden großen christlichen Konfessionen widmete. In der Burgvogtei hatte er außerdem ein „Denkmal der Reformation" geplant. Daran knüpfte auch die Palas-Kapelle an, die bis ins 20. Jahrhundert hinein als Lutherkapelle Verehrung fand, obwohl Luther dort niemals predigte. Im Treppenhaus zum Festsaal verwies eine Wandinstallation auf Luthers Übersetzungsleistung und seine Wortschöpfungen.

In den Sammlungsräumen der Neuen Kemenate und der Dirnitz folgten die Abteilungen „Luthers Glaube und sein Einfluss auf Kultur und Bildung" sowie „Die politische Instrumentalisierung der Reformation". Hier wurde jeweils ein Spannungsbogen über die Jahrhunderte und deren Lutherinterpretationen bis hin zur friedlichen Revolution des Jahres 1989 geschlagen. Thematische Schwerpunkte bildeten Termini wie „Freiheit und Gehorsam", „Ehe und Familie", „Pfarrhaus", „Erziehung und Bildung", „Glaube und Standhaftigkeit", „Feindbilder" sowie „Reich und Nation".

Ausgehend vom historischen Gesichtspunkt und von Luthers Sicht und Haltung wurde jeweils ein wirkungsgeschichtlicher Bogen bis in die Gegenwart geschlagen. So konnten die prägnantesten Erscheinungsformen der widergespiegelten Themen veranschaulicht und in Bezug gesetzt werden zu den Herausforderungen des modernen Menschen in einer globalen Welt. Dadurch waren Entwicklungslinien und Effekte aufzuzeigen, die in der lutherischen Reformation wurzeln und zu spezifisch „deutschen Merkmalen" stilisiert wurden. Dabei ging es nicht zuletzt darum, den ‚Heros' Luther, den das 19. Jahrhundert erfunden und das 20. Jahrhundert gepflegt hat, vom Sockel zu holen und auf die Füße zu stellen. Den Abschluss bildeten Lutherstube, Lutherbibliothek und Museumsladen. Das Reformationsjubiläum 2017 besaß, so hat die Erfahrung gezeigt, auch eine starke kommerzielle Komponente.

Die Luther zugewiesenen Räume im Obergeschoss der Burgvogtei waren bereits im 16. Jahrhundert zum Denkmal und zur viel besuchten Memorialstätte geworden. Nach und nach übertrug sich dieser Charakter auf die gesamte Burganlage, die spätestens im 19. Jahrhundert zum protestantischen ‚Nationalheiligtum' avancierte. Die Ausstellung *Luther und die Deutschen* auf der Wartburg konnte sich somit auf eine schon jahrhundertealte Tradition stützen. In ihr hatte die Erinnerungskultur bald auch die vermeintliche „Lutherkapelle" im Palas ergriffen und trat in der Bezeichnung „Lutherburg" schließlich sogar namensgebend in Erscheinung. Das authentische Domizil des Reformators samt damit verbundener Assoziationen wie Luthers Bibelübersetzung und Tintenfasswurf bildeten im Denkmalkonzept Mitte des 19. Jahrhunderts den Kern eines neuen Memoria-Ensembles aus drei Reformationszimmern, Luthergang, Lutherbibliothek, dem sogenannten Pirckheimer Stübchen und dem Nürnberger Erker. Stücke zu Luther und Reformation dominierten auch von Anfang an die Kunstsammlung.

Über den unmittelbaren Bezug hinaus bot die Wartburg Anknüpfungspunkte zu der von Luthers Reformation ausgelösten Täuferbewegung und zu Deutschlands erster bürgerlich-nationaler Kundgebung, dem Wartburgfest deutscher Studenten 1817, die sich in ihren politischen Forderungen auf Luther beriefen. Allein aus der Geschichte des Hauses ergaben sich somit gleich mehrere Interpretationen Luthers durch seine Zeitgenossen und folgende Generationen.

Auch die beiden anderen nationalen Sonderausstellungen des Jahres 2017 dürfen als großer Erfolg gewertet werden. Im Wittenberger Augusteum bestaunte man *Luther! 95 Schätze – 95 Menschen* und im Berliner Martin-Gropius-Bau befasste sich *Der Luthereffekt* mit der weltweiten Wirkung der Reformation. Insgesamt 600.000 Menschen sahen die drei Expositionen. Eine nicht zu unterschätzende Unterstützung erfuhren ihre Veranstalter durch die Staatliche Geschäftsstelle *Luther 2017* die sämtliche überregionale Marketingmaßnahmen organisierte.

Das Erbe bewahren

Denkmalpflege in der Reformationsdekade

Holger Reinhardt

Schätze heben
Die Denkmalobjekte im Lutherland Thüringen

Ein Überblick

Nichts ermöglicht einen mental besseren und unmittelbareren Zugang zu historischen Ereignissen als Zeitzeugnisse, egal ob es sich dabei um Berichte von Zeitzeugen, archäologische Artefakte oder Werke der Kunst und Architektur handelt. Mit Letzteren werden wir fast täglich und überall in unserem alltäglichen Lebensumfeld konfrontiert, ohne deren Zeugniswert für die Herkunft unserer Kultur, unserer Werte und bis hin zu den heutigen politischen und gesellschaftlichen Umständen immer gleich im Bewusstsein zu haben. Doch um verstehen zu können, muss man Zusammenhänge erkennen und um sie wissen.

Eines *der* entscheidenden Ereignisse für den Beginn der Neuzeit, in der wir trotz erkennbar großer bevorstehender gesellschaftlicher Umbrüche leben, war die Reformation in der ersten Hälfte des 16. Jahrhunderts. Sie beschränkte sich nicht auf das Datum des Thesenanschlages am 31. Oktober 1517. Sie speiste sich aus vielen Quellen, hatte eine Vorgeschichte und diverse einschneidende politische, wirtschaftliche, soziale und kulturelle Folgen mit Auswirkungen bis in die Gegenwart. Sie beschränkte sich auch nicht auf die Person Martin Luthers, sondern sie hatte Vorkämpfer, Protagonisten und Antagonisten. Die Reformation und ihre Folgen lassen sich auch nicht an einem Ort oder einer begrenzten Region festmachen. Gleichwohl ist unstrittig, dass die mitteldeutschen Länder Sachsen, Sachsen-Anhalt, Thüringen und Hessen die Kernländer der Reformation bilden. Hier haben sich trotz seitdem vergangener 500 Jahre, trotz Industrialisierung und Moderne und trotz verheerender Zerstörungen durch Kriege, insbesondere im Zweiten Weltkrieg, besonders viele Objekte erhalten, die bis heute anschaulich Zeugnis dieser Epoche, aber auch ihrer Würdigung in den nachfolgenden Jahrhunderten ablegen. Diese aufzuarbeiten und zu vermitteln, sollte eine Selbstverständlichkeit einer selbstbewussten, modernen, demokratisch organisierten Gesellschaft sein.

Die Thüringer Denkmalfachbehörde hatte bereits 2006 die im Thüringer Denkmalbuch aufgeführten und in Zusammenhang mit der Reformation oder dem Reformationsgedenken stehenden Bauten und Kunstwerke aufgelistet. In Zusammenarbeit mit den Kunstgutbeauftragten der in Thüringen vertretenen Evangelischen Landeskirchen und Katholischen Bistümer wurde diese Liste sukzessive ergänzt. Das geschah nicht ganz uneigennützig. Nach der Wiedervereinigung 1990 wurden enorme Anstrengungen unternommen, um den riesigen Instandhaltungs- und Instandsetzungsstau an der Bausubstanz insgesamt und auch an den Kulturdenkmalen zu reduzieren. Verständlicherweise ging es dabei zunächst um Maßnahmen der baulichen Sicherung und Beseitigung wesentlicher Schadensursachen, vornehmlich die Herstellung intakter Dachstühle, Dachdeckungen und Dachentwässerungen sowie um die Verbesserung der ästhetischen stadt- und dorfräumlichen Wirkung durch Fassadeninstandsetzungen. Innenräume und künstlerische Ausstattungen hingegen mussten zunächst weitgehend zurückstehen. Dabei sind es gerade Kunstwerke und die gestalteten Innenräume, die geistige und geistliche Auffassungen, das Fühlen und Denken der Menschen in ihrer Entstehungszeit und deren Alltagskultur besonders anschaulich und nah vermitteln können. Die Brisanz der Situation in den ersten Jahren nach 2000 sei an einem Beispiel illustriert: Drei große Stadtkirchen mit wertvoller, nachreformatorisch geprägter Ausstattung waren in den 1990er Jahren baupolizeilich gesperrt. Wegen Einsturzgefahr musste ihre Ausstattung in den 1980er bzw. frühen 1990er Jahren geborgen und ausgelagert werden. Hierbei handelte es sich um die seit dem Stadtbrand 1581 als Hauptkirche der Stadt dienende Oberkirche in Arnstadt, die Marktkirche in Bad Langensalza und die Stadtkirche St. Peter und Paul in Weißensee. Um es vorwegzunehmen: Alle drei Kirchen sind mittlerweile baulich gesichert, ihre Ausstattung konserviert, teilweise restauriert und wieder eingebaut (Weißensee) bzw. ist das Ende Wiedereinrichtung der konservierten und teilweise restaurierten Ausstattung absehbar (Arnstadt). In Bad Langensalza ist die bauliche Instandsetzung abgeschlossen, die Restaurierung der inneren Raumschale steht vor dem Abschluss, die künstlerische Ausstattung ist aber bisher nur teilweise zurückgekehrt.

Die zunehmende Verschuldung der öffentlichen Haushalte und die Folgen der Wirtschaftskrise nach Zusammenbruch der New Economy ab März 2000 führten zu einer deutlichen Reduzierung aller freiwilligen Ausgaben, also auch der für Denkmalpflege. Die über das TLDA auszureichenden Zuschüsse

für Investitionen zum Erhalt von Kulturdenkmalen wurden 2002 gegenüber dem Vorjahr im Landeshaushalt auf nahezu ca. 2 Millionen Euro halbiert. Auch in den Folgejahren blieb es trotz des nach wie vor bestehenden hohen Bedarfs bei diesen Größenordnungen. Angesichts der Verpflichtungen aus laufenden denkmalpflegerischen Maßnahmen blieb damit wenig Spielraum für neue Projekte, geschweige denn für größere Konservierungs- und Restaurierungsvorhaben an Raumkunstwerken.

Da große Ereignisse bekanntlich ihre Schatten vorauswerfen und damit absehbar war, dass das 500. Jubiläum der Reformation – oder besser des Jahres des Thesenanschlages in Wittenberg – angemessen zu begehen sein würde, war dies ein willkommener Anlass, im Juni 2007 dem damals zuständigen Ministerium die Liste mit den Reformations- und Reformationsgedenkobjekten mit einer entsprechenden überschlägigen Bedarfsmeldung übermitteln zu können. Der ermittelte Bedarf in Höhe von 79.650.000 Euro setzte sich aus teilweise vorhandenen Kostenermittlungen zusammen, basierte aber größtenteils auf groben Kostenschätzungen und Hochrechnungen und stand unter Vorbehalt der Auswahl der tatsächlich infrage kommenden Objekte. In der Folge wurden unter Verweis auf das bevorstehende Reformationsjubiläum ab 2009 im Landeshaushalt die durch die Denkmalfachbehörde jährlich zu vergebenden Zuschüsse für Investitionen zum Erhalt von Kulturdenkmalen im Vergleich zu den Vorjahren verdoppelt.

Die nach verschiedenen Kriterien geordnete Liste von 2007 umfasste 683 Gebäude und Ausstattungsobjekte, freilich ohne Anspruch auf Vollständigkeit und ohne die in Sammlungen und Museen aufbewahrten Artefakte. In einem längeren Prozess wählte eine zur Vorbereitung des Reformationsjubiläums berufene interministerielle Arbeitsgruppe bis zum Jahr 2010 17 denkmalpflegerische Schwerpunktobjekte mit Bezug zur Reformation bzw. zur Reformations-Rezeption aus, von denen allerdings einige nicht Bestandteil der von der Denkmalfachbehörde erarbeiteten Liste waren. Die Schwerpunktförderung wurde durch einige Initiativprojekte von Eigentümern und weitere wichtige Projekte aus Sicht des TLDA, so u. a. für den Cranach-Altar in der Stadtkirche in Neustadt an der Orla (Abb. S. 131), ergänzt. Später kam noch die systematische Erfassung und Konservierung der nachreformatorischen protestantischen Herrschaftsgrablegen hinzu.

Durch kluge Projektstrategien konnten bei einigen der Schwerpunktprojekte die eingesetzten Landesmittel durch Mittel der Bundesbeauftragten für Kultur und Medien (BKM) zum Erhalt national bedeutsamer Denkmale verdoppelt werden.

Letztlich hat der Freistaat Thüringen bei nahezu 50 Objekten mit Bezug zur Reformation oder zum Reformationsgedenken bis 2017 über Denkmalfördermittel denkmalpflegerische Maßnahmen mit 16.053.000 Euro bezuschussen können. Zählt man die Mittel der Bundesbeauftragten für Kultur und Medien hinzu, waren es über 20 Millionen Euro.

Abschließend sollen einige der letztlich in der sogenannten Reformationsdekade bis 2017 denkmalpflegerisch bearbeiteten Objekte, geordnet nach den Kriterien der 2006 erarbeiteten Liste, kurz benannt werden.

Lebens- und Wirkungsstätten Martin Luthers

- **Eisenach, Wartburg.** Ort von Luthers Bibelübersetzung in das Deutsche. Restaurierung der Schwind-Räume im Palas einschließlich Maßnahmen zur Klimastabilisierung, Restaurierung von Torhaus, Ritterhaus und Vogtei.
- **Eisenach, Lutherhaus.** Angeblicher Wohnort Luthers als Schüler in Eisenach und seit 1956 Erinnerungsort an Luthers Aufenthal-

te in Eisenach. Fassadeninstandsetzung für bauliche Instandsetzung als Pfarrhausmuseum, 2015 abgeschlossen.
- **Erfurt, Augustinerkloster**. Eintritt Luthers in das Kloster der Augustiner-Eremiten 1505, lebt dort mit Unterbrechung bis 1511 als Mönch. Steinkonservierung der Fassaden der Kirche, statische Sicherung des Ostgiebels und grundhafte Konservierung der mittelalterlichen Glasmalerei im Chor, u. a. mit dem Motiv der Lutherrose (Abb. S. 134).
- **Erfurt, Georgenburse Augustinerstr. 10**, wahrscheinlicher Wohnort Luthers als Student. Instandsetzung von Fassaden und Dach.

Luther-Denkmale und -Gedenkobjekte (Gemälde, Glocken, Glasmalerei, Lutherkirchen usw.)

- **Apolda, Lutherkirche**. Zu Ehren des Reformators 1890 bis 1894 errichtet. Eine von nur noch drei unverändert erhalten gebliebenen Bauten von Johannes Otzen, einem der bedeutendsten deutschen Kirchenbauarchitekten des 19. Jahrhunderts. Restaurierung der Innenraumgestaltung und statische Sicherung der Orgelempore, Orgelrestaurierung in Vorbereitung.
- **Eisenach, Lutherdenkmal von Adolf von Donndorf**, 1895. Grundhafte Restaurierung.
- **Erfurt, Lutherdenkmal von Fritz Schaper**, 1889. Metallkonservierung und Reinigung.
- **Wormstedt, seltenes Porträtmedaillon Martin Luthers aus Pappmaché**, 1595. Konservierung und Restaurierung.
- **Diverse überlebensgroße Lutherbildnisse**, z. B. in Schönbrunn und Mellingen, beide 19. Jahrhundert. Konservierung und Restaurierung.

Lebens- und Wirkungsstätten anderer Persönlichkeiten der Reformation

- **Altenburg, Bartholomäikirche**. Wirkungsstätte von Wenzeslaus Linck, neben Johannes Lang und später Melanchthon Luthers engster Vertrauter. Sein Nachfolger Georg Spalatin war an St. Bartholomäus der erste Superintendent. Ein Gemäldezyklus mit ganzfigurigen Darstellungen aller Superintendenten seit Spalatin bis in das 18. Jahrhundert auf Gemälden in Schmuckrahmen verewigt und würdigt sie. Restaurierung und neuerliche Hängung der seit Jahrzehnten abgenommenen Superintendentengemälde im Kirchenschiff zwischen 2014 und 2017. Weiterhin Steinkonservierung des Turmuntergeschosses und der Fassaden des Kirchenschiffes sowie Dachinstandsetzung.
- **Erfurt, Allerheiligenstraße**, Kirchhöfe der Allerheiligen- und der Michaeliskirche, Epitaphe für Persönlichkeiten aus dem Umfeld

der Erfurter Universität, u. a. von Luthers Vertrautem und Mentor Johannes Lang. Steinkonservierung, teilweise Neuaufstellung.
- **Erfurt, Allerheiligenstraße 20/21**, sogenannte „Engelsburg", Entstehungsort der humanistisch geprägten *Dunkelmännerbriefe* und 1537 Aufenthaltsort Luthers während einer schweren Erkrankung im Haus des Arztes Georg Sturz. Restaurierung der Bohlenstube im Haus „Zum schwarzen Ross".
- **Neustadt an der Orla, Rodaer Straße 12**, Lutherhaus, vermeintlicher Aufenthaltsort Luthers bei seinen Aufenthalten in Neustadt. Bemerkenswert gut erhaltene Ausstattung eines repräsentativen Bürgerhauses aus dem 16. und 17. Jahrhundert. Statische Sicherung, Restaurierung der Raumfassungen und verbliebenen Ausstattung für Nutzung als Bestandteil des Stadtgeschichtsmuseums.

Zeugnisse der Folgen der Reformation:

Liturgie:
- **Eisenach, Stadtkirche, St. Georg** mit Predigtkanzel Luthers. Wirkungsort des Reformators Jakob Strauß. Restaurierung des Innenraumes und der Ausstattung; Konservierung der protestantischen Herrschaftsgrablege und Restaurierung ihrer Prunksärge.
- **Erfurt, Kaufmannskirche St. Gregor**. Ausstattung des Chores aus der Werkstatt Friedemann nach einer rein protestantischen Ikonografie zwischen 1598 und 1625, Restaurierung der Prinzipalstücke und Epitaphe sowie der Kuchner-Glocke.
- **Schmalkalden, Wilhelmsburg**. Nebenresidenz des Landgrafen Wilhelm IV. von Hessen mit der 1590 geweihten Schlosskirche. Mit deren Emporenanlage und der Anordnung von Altar, Kanzel und Orgel übereinander wurde sie zum Prototyp zahlreicher protestantischer Kirchenbauten des 17. Jahrhunderts im westlichen Thüringen und in Hessen. Dachinstandsetzung.
- **Weißensee, Stadtkirche St. Peter und Paul**. Innenraum mit kompletter Ausstattung als protestantische Predigtkirche von 1623/24. Statisch-konstruktive Instandsetzung, Innenraumrestaurierung mit Wiederaufstellung aller geborgenen Ausstattungselemente. In Nutzung als Kulturkirche seit 2014.

Bildung:
- **Arnstadt, Kirche des ehemaligen Franziskanerklosters (Oberkirche)**, ehemalige Hohe Schule der Grafschaft Schwarzburg-Sondershausen, später städtische Schule und damit ein Zeugnis für die Errichtung von Bildungseinrichtungen und deren Finanzierung aus ehemaligem Klosterbesitz nach Aufhebung der Klöster. Nach Stadtbrand 1581 auch Hauptkirche der Stadt. Nach Abschluss der baulichen Instandsetzung der seit den 1970er Jahren baulich gefährdeten Kirche Konservierung und Wiedereinbau der teilweise geborgenen Ausstattung des späten 16. und frühen 17. Jahrhunderts. Der wertvolle, für die Hohe Schule zusammengetragene und später erweiterte Bibliotheksbestand sowie das zugehörige Mobiliar in der ehemaligen Sakristei wurden konservatorisch bearbeitet.

Politik:
- **Schmalkalden, Neumarkt 5, Hessenhof**. Tagungsort des Schmalkaldischen Bundes und Wohnort der daran teilnehmenden protestantischen Theologen, die vermutlich hier die Schmalkaldischen Artikel unterzeichneten. Grundlagenermittlung für die Instandsetzung des leerstehenden Gebäudes und präventiv-konservatorische Maßnahmen zur Bestandssicherung der um 1230 entstandenen Wandmalerei mit Darstellung des *Iwein*-Epos des Hartmann von Aue im sogenannten Iweinkeller.

- **Weimar, Stadtkirche St. Peter und Paul**. Bedeutendes Zeugnis protestantischen Staats-Kirchen-Verständnisses und Grablege des „gewesenen Kurfürsten" Johann Friedrich der Großmütige und seiner Gemahlin Sibylle von Cleve mit dem als Epitaph für beide zu verstehenden Altarretabel von Lucas Cranach d. J. Neugestaltung des Innenraumes, Restaurierung des Chores mit den Epitaphien sowie des Cranach-Altares.
- **Wolfersdorf, Schloss Fröhliche Wiederkunft** (Abb. S. 129). Von Nikol Gromann auf Veranlassung des „gewesenen Kurfürsten" Johann Friedrich aus dessen Gefangenschaft nach dem verlorenen Schmalkaldischen Krieg errichtet und nach seiner Entlassung aus kaiserlicher Haft 1547 erster Begegnungsort mit seiner Familie als namensgebendes Ereignis. Mitte des 19. Jahrhunderts durch Herzog Joseph von Sachsen-Altenburg zum Gedenkort für die Leistungen seines Vorfahren in der Reformation ausgebaut. Statisch-konstruktive Sicherung des Hauptgebäudes von 1547, Restaurierung ausgewählter Innenräume des 19. Jahrhunderts, statische Instandsetzung von Brücke, Mauer und Tor.

Besondere Ausstattungsstücke, Reformationsgedenken

- **Heilingen, Evangelische Kirche**. Gemälde „Luther vor der Wartburg", unbekannter Künstler, um 1920, vermutlich anlässlich des 400. Reformationsjubiläums 1917 geschaffen.
- **Lauscha, Evangelische Kirche**. Glasmalerei mit Darstellungen von Luther, Melanchthon und des evangelischen Liederdichters Paul Gerhardt, 1910/11 von der Werkstatt Bruno Urban nach Entwürfen von Karl Schulz (beide Dresden) in Formen des Jugendstils. Restaurierung (Abb. S. 9).

- **Neustadt an der Orla, Stadtkirche St. Johannis**, Cranach-Altar (Abb. S. 131). 1510 von der Bürgerschaft Neustadts bei Cranach bestellt und damit frühestes, ohne fürstlichen Auftrag entstandenes, großes Altarretabel aus der Cranach-Werkstatt. Grundhafte Konservierung und Teilrestaurierung.
- **Oberweimar, Evangelische Kirche**. Tafelgemälde des Cranach-Schülers Veit Thiem, Anfang 16. Jahrhundert, mit umfassendem reformatorisch-theologischem Bildprogramm; ebenfalls hier ein von Veit Thiem durch ein typisch reformatorisches Themenprogramm mit Taufe, Abendmahl und Kreuzigung Christi überarbeitetes mittelalterliches Triptychon, ehemals mit Mariendarstellungen. Grundhafte Konservierung und Restaurierung.
- **Rudolstadt, Evangelische Lutherkirche**. Glasmalerei mit Standfiguren Luthers, Paul Gerhardts und J. S. Bachs, 1904 bis 1906 von der Werkstatt Franke/Naumburg. Konservierung und Restaurierung.
- **Meuselbach, Evangelische Kirche**. Gemälde *Vermählung Luthers mit Katharina von Bora* unbekannter Künstler, Anfang 20. Jahrhunderts, Konservierung und Restaurierung.
- **Münchenbernsdorf, Evangelische Kirche**. Glasmalerei im Langhausfenster mit Halbfiguren Luthers und Melanchthons, 1907 von der Glasmalereiwerkstatt Franke/Naumburg. Restaurierung.
- **Udestedt, Evangelische Kirche**. Gemälde mit dem seltenen Motiv „Luther auf dem Reichstag zu Worms", geschaffen zum Reformationsgedenkjahr 1817 von Ferdinand Jagemann.
- **Sonneberg, Evangelische Stadtkirche**, bemalte und bestickte Seidenfahne zum 300. Reformationsfest 1817, Konservierung.
- **Weimar, Stadtkirche St. Peter und Paul**, Luther-Triptychon (Abb. S. 133). 1572 von Veit Thiem mit Darstellungen Luthers, u. a. als Junker Jörg und als Mönch.

Birgit Keller

Erbe und Innovation
Die Städtebau-Projekte der Lutherdekade. Ein Überblick

Die Städtebauförderung ist in Thüringen, wie in den anderen Bundesländern auch, grundsätzlich darauf ausgerichtet, die Attraktivität der Städte und Gemeinden als Wohn- und Arbeitsort zu stärken und ihre Lebendigkeit und Zukunftsfähigkeit nachhaltig zu unterstützen. Ziel ist es, die gewachsenen baulichen Strukturen zu erhalten, aber diese auch unter Berücksichtigung regional unterschiedlicher demografischer und wirtschaftlicher Rahmenbedingungen fortzuentwickeln.

Dafür steht eine ganze Reihe von Fördermöglichkeiten zur Verfügung, deren Finanzierung über EU-, Bundes- und Landesmittel unter Einbeziehung kommunaler Anteile erfolgt. Bis heute wurden mit etwa 3,3 Milliarden Euro Bundes- und Landesmitteln die Städte und Gemeinden im Freistaat Thüringen gefördert. Mit diesem Geld haben wir viel erreicht. Städte und Gemeinden wurden nicht nur moderner und schöner – sie wurden lebenswerter.

Die Schaffung gleichwertiger Lebensverhältnisse in städtischen und ländlichen Räumen war und ist uns als Ministerium für Infrastruktur und Landwirtschaft bei der Ausrichtung und Umsetzung der Städtebauförderung in Thüringen ein besonderes Anliegen. Es sind aber auch spezielle Herausforderungen zu berücksichtigen, die sich beispielsweise aus landespolitisch und kulturhistorisch wichtigen Ereignissen von überregionaler Bedeutung ableiten lassen. Die Vorbereitung der damit in Verbindung stehenden Aktivitäten und Projekte bedürfen einer besonderen ressort- und akteursübergreifenden Betrachtung.

Das 500. Reformationsjubiläum war ein solches Ereignis. Die zuvor ausgerufene Lutherdekade war eine sehr gute Möglichkeit, über fachlich-inhaltliche Grenzen hinaus verschiedenste Akteure – Institutionen, Ministerien, Behörden, Kulturschaffende, Vereine, Bürgerschaft etc. zusammenzubringen und ein wirksames Ineinandergreifen der vorbereitenden Prozesse zu betreiben.

Die städtebaulichen und denkmalpflegerischen Projekte wurden aufgrund der planerisch und baulich erforderlichen Zeiträume sehr früh auf den Weg gebracht. Die Umsetzung von mehreren mit dem Reformationsjubiläum in Verbindung stehenden großen Bauprojekten war nur durch die Bündelung und Konzentration der verschiedenen Förderprogramme sowie die anlassbezogene und gezielte Unterstützung des Freistaates möglich.

Im Zusammenhang mit dem Reformationsjubiläum konnten im Rahmen der Städtebauförderung verschiedene und schon länger auf der Prioritätenliste stehende Denkmalobjekte bzw. deren Umfeld in den Fokus genommen werden. Im gesamten Zeitraum wurde seitens des Thüringer Ministeriums für Infrastruktur und Landwirtschaft von den knapp 60 Millionen Euro Gesamtkosten fast 14 Millionen Euro Städtebauförderungsmittel beigesteuert.

Im Folgenden stellen wir einige der besonderen Projekte vor, die für die jeweiligen Kommunen Meilensteine bei der Umsetzung der Stadtentwicklungsziele darstellen und die Besucher und Gäste aus dem Umland aber auch überregional anziehen. Es sind Projekte, die im diesjährigen Europäischen Kulturerbejahr noch einmal in ein besonderes Licht zu stellen sind, denn eines der Leitthemen des Kulturerbejahres lautet: Erinnern und Aufbruch. Es sind Gebäude und Plätze, die eng mit Luther, aber auch mit der jeweiligen Stadtgeschichte verbunden sind, die erhalten und wieder sichtbar werden oder die – abgeleitet aus den historischen Hintergründen – gestalterische Neufassungen und funktionelle Ergänzungen für nachhaltige, in die Zukunft gerichtete Nutzungen erhalten haben.

Kirchen: Besinnung und Identität

Die **evangelische Stadtkirche St.-Bartholomäi von Altenburg** (Landkreis Altenburger Land) ist eine der bedeutendsten gotischen Hallenkirchen im mitteldeutschen Raum. Mit weiteren sechs thüringischen und 16 außerthüringischen Denkmalobjekten wurde sie im Jahre 2011 als Stätte der Reformation mit dem Europäischen Kulturerbe-Siegel ausgezeichnet. In dem Gotteshaus predigte Martin Luther mehrfach, und hier war ab 1525 sein enger Freund Georg Spalatin Pfarrer. Die Kosten der Städtebaumaßnahmen bei der Sanierung der Bartholomäikirche in Altenburg beliefen sich auf ca. 636.700 Euro, beigesteuert wurden noch 277.200 Euro Mittel des Denkmalschutzes. Damit konnte eine sehr wesentliche und nachhaltige Bestandserhaltung vorgenommen werden.

Eine sehr bekannte kirchliche Stätte ist auch die **Oberkirche in Arnstadt** (Ilmkreis). Die ehemalige Franziskanerkirche wird bereits seit 1538 von der Evangelisch-Lutherischen Kirchgemeinde Arnstadt genutzt. Der Reformator weilte schon 1506 im damaligen Franziskanerkloster und dann 1537 noch einmal hier. Einige der Organisten entstammten der Familie Johann Sebastian Bachs. Die

Sanierung wurde aus Mitteln der Städtebauförderung mit ca. 715.800 Euro und Denkmalschutzgeldern in Höhe von 349.400 Euro vorgenommen. Auch hier wurden schon lange notwendige und grundlegende Instandsetzungen erledigt.

Die **Georgenkirche** in Eisenach hat eine lange und wechselvolle Geschichte. Gegründet im 12. Jahrhundert, wurde die Kirche 1515 zu einer spätgotischen Hallenkirche umgebaut. 1221 wurde Elisabeth von Thüringen in dieser Kirche getraut. Als Martin Luther am 2. Mai 1521 hier predigte, war er auf der Rückreise vom Reichstag in Worms. Am Tag darauf wurde er auf die Wartburg „entführt" und dort in „Schutzhaft" genommen. Sie ist die größte und als Taufkirche Johann Sebastian Bachs wohl auch bekannteste Kirche Eisenachs. Nach den Sanierungsarbeiten im Innenraum wurde die Georgenkirche am 26. Oktober 2014 mit einem festlichen Kantatengottesdienst wieder eröffnet.[1] Die Sanierung der äußeren Hülle – Dach, Turm, Fassade – wurde mit rund 784.400 Euro Städtebaufördermitteln unterstützt.

Museen:
lebendige Geschichte(n)

In **Neustadt an der Orla** (Saale-Orla-Kreis) zieht im historischen Marktensemble vor allem das beeindruckende **Lutherhaus** Blicke in seinen Bann. Das markante Dach sowie der filigran gestaltete Erker dominieren außen die Silhouette. Im Inneren imponieren die spätmittelalterlichen Bohlenstuben und aus dem gleichen Zeitraum stammende Originale sowie die Wandmalereien. Das Gebäude trägt des Reformators Namen, weil dieser hier der Legende nach bei seinen Aufenthalten in Neustadt mehrmals gewohnt haben soll. Heute finden hier die Tourismusinformation und das Stadtmuseum ihr Domizil, welches durch sein modernes Ausstellungskonzept besticht und Geschichte lebendig werden lässt. Die Sanierung des Hauses in Neustadt an der Orla wurde im Jahr 2016 mit 234.500 Euro durch Mittel des Denkmalschutzes und mit ca. 1.363.000 Euro durch Mittel der Städtebauförderung unterstützt. Daneben gab es auch eine Unterstützung durch Mittel der Bundeskulturförderung. Die historische Bausubstanz konnte weitgehend erhalten werden. Ein stark beschädigtes Nebengelass wurde zugunsten eines barrierefreien Zugangs abgerissen. Damit konnte nicht nur ein historisches Kleinod erhalten, sondern eine Kommune, die sich stark für städtebauliche Erneuerung engagiert, wirkungsvoll unterstützt und entlastet werden.

Im **Lutherhaus in Eisenach**, einem der ältesten erhaltenen Fachwerkhäuser Thüringens, wohnte Matin Luther während seiner Schulzeit von 1498 bis 1501. Als bedeutende Gedenkstätte der Reformation beherbergt es seit 1956 ein kulturhistorisches Museum. Die mit der Zeit entstandenen Platzprobleme konnten nur mit grundlegenden baulichen Veränderungen gelöst werden. Der historische Teil wurde mit Mitteln der Denkmalpflege saniert, der hallenartige Anbau mit Treppen, Aufzügen und Galerien lehnt sich an das historische Haus an, ordnet die Museumswege neu und schafft weitgehende Barrierefreiheit.[2] Der Anbau wurden mit Städtebaufördermitteln in Höhe von 400.000 Euro gefördert.

Plätze:
Freiraum und Orientierung

Im Zuge der Städtebauförderung konnten auch Maßnahmen im Umfeld historischer Bausubstanz umgesetzt werden. Ein gutes Beispiel hierfür ist der **Herderplatz** vor der Kirche St. Peter und Paul (Herderkirche) in **Weimar**. Er wurde grundlegend, aber dem historischen Gepräge verpflichtend neu gestaltet, so dass das bedeutende Gesamtensemble im Gemeinde- und Stadtleben wieder nutzbar und erlebbar ist. Die eingesetzten Städtebaufördermittel beliefen sich auf rund 1.895.000 Euro.

Der heutige **Lutherplatz in Eisenach** war früher vollständig bebaut. Dort gab es eine Brauerei, den Marstall des einstigen Residenzschlosses sowie Archivgebäude. Ein Großteil wurde im Zweiten Weltkrieg zerstört, der Restbestand abgerissen und die Fläche nicht wieder bebaut. Mit der Neugestaltung ist ein innerstädtischer Freiraum entstanden, auf dem die Pergola, eine Wasserstele sowie Sitzgelegenheiten und die neuen Beleuchtungselemente zum Verweilen einladen.[3] Das Vorhaben des Lutherplatzes in Eisenach konnte im Jahr 2016 abgeschlossen werden. Das Projekt war Teil des sogenannten Masterplanes Eisenach. Der Plan unterstützte die Stadt bei der Ertüchtigung gleich mehrerer Bereiche der historischen Altstadt. Hier wurden Städtebaufördervorhaben mit Maßnahmen zur Verkehrsinfrastruktur der Kommune verbunden. Neben dem Lutherplatz (knapp 400.000 Euro) wurde noch der „Ausbau Wydenbrugkstraße" (405.500 Euro) realisiert. Aufgrund der Haushaltssituation der Stadt Eisenach wurden erhebliche Teile des kommunalen Mitfinanzierungsanteils durch den Freistaat übernommen. Damit sorgte das Land in erheblichem Maße für eine hohe Anziehungskraft Eisenachs – einer der zentralen Stätten im Reformationsjahr.

Der Bereich Städtebauförderung trägt somit zu einem ganz erheblichen Teil zum erfolgreichen Abschluss bei der Bilanz der Lutherdekade bei. Es sind Vorhaben gebauter Geschichte umgesetzt, die über die Regionen hinaus wirken. Aber auch der über Jahre laufende Prozess der Vorbereitung der Feierlichkeiten und Aktionen zum 500. Jahrestag der Reformation wirkt über das Jubiläumsjahr hinaus. Verbindungen bestehen fort, Überlegungen werden weitergeführt, neue Wege sind entwickelt, um aus dem vielgestaltigen historischen Erbe in Thüringen Erkenntnisse für Innovationen und Entwicklungen abzuleiten.

Anmerkungen

1. Quelle: Internetseite der EKM: eisenach.ekmd-online.de/kirchenkreis/pfarraemter-und-gemeinden/eisenach/georgenbezirk/

2. Quelle: Internetseite: Architektenführer Thüringen: www.architekten-thueringen.de/aft/projekte/p/erweiterung_lutherhaus-3465.html

3. Quelle Internetseite des FOKUS: www.focus.de/regionea/thueringe/stadt-eisenach-neugestalteter-lutherplatz-ist-eingeweiht_id_6109095.html

Doris Fischer, Elisa Haß

Zeugnisse der Reformation
Höfische Denkmale in Thüringen

Am 26. April 1521 trat der Reformator Martin Luther die Heimreise vom Reichstag in Worms an, wo er den Widerruf seiner ketzerischen Äußerungen verweigert hatte. Daraufhin hatte der Kaiser die Reichsacht über ihn verhängt, ihm jedoch 21 Tage sicheres Geleit zugesichert. Als Luther am 4. Mai 1521 das Schloss Altenstein bei Bad Liebenstein passierte, befand sich an diesem Ort eine schon als Schloss Altenstein bezeichnete, aber zu jener Zeit noch immer mittelalterliche Burganlage. Der Weg zu der sich malerisch auf einem Bergplateau erhebenden Anlage führt noch heute durch jenes Waldstück, in welchem der Reformator Martin Luther an diesem Tag „überfallen" und anschließend zu seiner Sicherheit auf die Eisenacher Wartburg gebracht wurde.

Zahlreiche Orte in Thüringen sind wie die Gegend um Schloss Altenstein auf irgendeine Weise mit Martin Luther, seinem Wirken und dessen Folgen verbunden. An manchem Bauwerk manifestiert sich das sogar auf ganz offensichtliche Weise. Ein herausragendes Beispiel dafür ist Kloster und Schloss Mildenfurth. Hier handelt es sich nicht um zwei eigenständig historisch gewachsene Bauwerke, sondern um ein Konglomerat aus Teilen eines spätromanischen Sakralbaus sowie eines im 16. und 17. Jahrhundert in sie hineingebauten Schlosses. Das Kloster wurde Ende des zwölften Jahrhunderts als eine der wenigen Niederlassungen des Prämonstratenserordens in Thüringen gegründet. Kern der Anlage war die zwischen 1200 und 1230 errichtete Klosterkirche, eine dreischiffige kreuzförmige Pfeilerbasilika mit Westtürmen und apsidialem Staffelchor im Übergang von der Romanik zur Gotik. Die erhaltenen vielgliedrig strukturierten Pfeiler, Gliederungselemente und Kapitelle sowie die aus exakt verarbeiteten Sandsteinquadern errichteten Kirchenmauern zeugen von einem hohen künstlerischen und handwerklichen Anspruch. Die Bauplastik gehört zu den bedeutendsten Zeugnissen spätromanischer Sakralbaukunst in Thüringen und steht in Beziehung zu den rheinischen Bauhütten, die unter anderem auch auf der Wartburg tätig waren.

Ab 1529 übernahmen Lutheraner in Mildenfurth die Seelsorge, bis das Kloster 1543 endgültig aufgehoben wurde. Bereits ein Jahr später veräußerte es der Landesherr Herzog Johann Friedrich I. von Sachsen (1503–1554) an einen seiner Gefolgsleute, Matthes von Wallenrod (1500–1572). Dieser begann 1556 mit dem Umbau der Anlage zum Renaissanceschloss und griff dabei auf die vorhandene Bausubstanz zurück. Architektonisch vereint der Schlossbau die spezifischen Gegebenheiten der sakralen Vorgängeranlage mit einem innovativen Baustil, der auf den kursächsischen Raum verweist. Die Mittellisenen in den Giebeln der Zwerchhäuser lassen sich von Schloss Hartenfels in Torgau herleiten, das in der ersten Hälfte des 16. Jahrhunderts zum politischen Zentrum der Reformation avancierte. Die figürliche Ikonografie am Portal von Schloss Mildenfurth kann im Sinne einer politischen Programmatik gelesen werden. So ist die Verwendung der Erzengel Michael und Gabriel als Verweis auf die göttlichen Prinzipien von Gnade und Gerechtigkeit zu verstehen. Der Figur der Lucretia hingegen bedienten sich auch die ernestinischen Fürsten immer wieder und in eindeutig politischer Konnotation. An Schloss Hartenfels steht sie etwa in Kombination mit der Figur der Judith für den unbedingten Opferwillen für die gerechte Sache. Wallenrod proklamiert damit das ernestinische Eintreten für die Reformation auch für seine Position und stellt sich in die mit Johann Friedrich I. verknüpfte protestantische Tradition.

Diese nahm ihren Anfang mit Friedrich III., einem Sohn Ernsts von Sachsen und ab 1486 Kurfürst. Er förderte die Reformation und schützte Martin Luther, den er zum Professor seiner Universität in Wittenberg berief. Seitdem waren die Ernestiner die Schutzmacht der Protestanten im Reich und gerieten damit in zunehmenden Gegensatz zum katholischen Kaiserhaus der Habsburger. 1522 hielt Martin Luther seinen bekannten Sermon über die weltliche Obrigkeit in der Weimarer Schlosskirche. 1531 kam es zur Gründung des Schmalkaldischen Bundes. Nach dessen Niederlage 1547 verlor der Erbe Friedrichs III., sein Neffe Johann Friedrich I., nicht nur die Kurfürstenwürde, sondern auch alle Territorien außerhalb Thüringens. Durch den damit einhergehenden Verlust von Wittenberg und Torgau stieg Weimar 1552 zur alleinigen Residenz auf und wurde ständiger Sitz der Hof- und Landesverwaltung der Ernestiner. Der Behördensitz mit Amts- und Gerichtsstuben fand im Torhaus des dortigen Schlosses Hornstein seinen Platz. Dieses war unter dem Baumeister Nicolaus Gromann in den 1530er Jahren im Stil der Renaissance umfassend umgebaut worden. In den Portalschmuck am Torhaus ist das sächsische Kurwappen einbezogen, das auch nach dem Entzug der Kurwürde nicht entfernt wurde und den ungebrochenen Anspruch der Ernestiner auf reichspolitische Bedeutung präsentiert. Die Schlossanlage wurde im 17. und 18. Jahrhundert wiederholt Opfer der Flammen und zweimal neu errichtet, jedoch konnte das mittlerweile als Bastille bezeichnete Ensemble aus Renaissance-Torhaus und mittelalterlichem Hausmannsturm als sichtbares Zeugnis der verlorenen Kurfürstenwürde stets bewahrt werden.

Johann Friedrichs erstgeborener Sohn, Johann Friedrich II., musste 18-jährig die Niederlage seines Vaters und den Verlust der Kurfürstenwürde erleben. Nach dem Tod seines Vaters wurde er 1554 alleiniger Regent der ernestinischen Besitzungen und hatte fortan für die Aufbringung der hohen auferlegten Reputationszahlungen zu sorgen. Seine Residenz bezog er auf der Festung Grimmenstein in Gotha, die seit 1552 mit kaiserlicher Erlaubnis neu befestigt und ausgebaut worden war. Mit dem Machtverlust, der mit der Niederlage des Vaters einhergegangen war, konnte er sich nie abfinden. In seinem Drängen nach Wiederherstellung der vormaligen politischen Verhältnisse ließ er sich auf die sogenannten Grumbach'schen Händel ein. Der einflussreiche fränkische Ritter Wilhelm von Grumbach zählte ab 1557 zu den engsten Beratern Johann Friedrichs II. Grumbach war mit dem Würzburger Bischof verfeindet und fand im Kampf gegen den Bischof einen Verbündeten im Herzog, der ihn trotz eindringlicher kaiserlicher Mahnung nicht aus dem Amt entließ und Schutz auf der Festung Grimmenstein gewährte. Grumbach seinerseits hatte dem Herzog und seinem Bruder Wilhelm zu einer einträglichen Bestallung am französischen Königshof verholfen. Zudem vermittelte er wohl auch die Eheschließungen der Brüder mit zwei Töchtern des pfälzischen Kur-

fürsten Friedrich III. Vor allem aber bestärkte Grumbach den Herzog in seinen revisionspolitischen Hoffnungen, indem er den Kontakt mit dem 13-jährigen „Engelseher" Hans Müller aus Sundhausen bei Gotha herstellte. Dessen Weissagungen versprachen die kampflose Rückgewinnung der Kurwürde und sahen Johann Friedrich sogar als künftigen Kaiser.

Die Beziehung zu Grumbach dürfte auch beim renaissancezeitlichen Umbau der Veste Heldburg (Abb.) zur herzoglichen Nebenresidenz im Zeitraum 1561 bis 1564 eine nicht unbedeutende Rolle gespielt haben. Unter der Leitung des Baumeisters Gromann ließ der Herzog unter anderem den Französischen Bau an der Hoffassade mit zwei Standerkern errichten. Die Standerker, zwei Kamine und eine Anzahl Portale im Innenraum erhielten eine reichhaltige steinbildhauerische Ausstattung. Mittels der bildhauerischen Darstellungen wurden am Französischen Bau religiöse, ethische und moralische Grundsätze des neuen evangelisch-lutherischen Glaubens wie auch damit in Verbindung stehende Hoffnungen der Ernestiner und ihrer Verbündeten dargestellt. Diese Bildnisse sind ca. 35 Jahre nach der Veröffentlichung der Thesen Luthers als ein wiederholtes Bekenntnis zum lutherischen Glauben zu werten und dienten zugleich der Legitimation des Herrschaftsanspruchs Johann Friedrichs II.

Da der Herzog dem zwischenzeitlich mehrfach geächteten Grumbach fortwährend Schutz auf der Festung Grimmenstein gewährte, verhängte der Kaiser schließlich auch über den Gothaer Herzog die Reichsacht. Im April 1567 nahmen kaiserliche Truppen die Residenz Johann Friedrichs ein. Grumbach und weitere Verbündete wurden vor Ort hingerichtet, während Johann Friedrich II. in kaiserliche Gefangenschaft geriet, in der er 1595 starb. Die Festung Grimmenstein wurde noch im selben Jahr endgültig geschleift. Nur das Portal einer von Herzog Johann Friedrich I. nach seiner Rückkehr aus der Gefangenschaft 1552 errichteten Kapelle blieb in Bruchstücken

erhalten. Die zusammengesetzten Reste, die deutlich die Handschrift Torgauer Bildhauer tragen, enthalten das Wappen der Kurfürsten und bilden heute das Portal der bis 1697 hochbarock erneuerten Schlosskirche von Schloss Friedenstein, dem Nachfolgebau der Festung Grimmenstein.

Als profiliertester und tatkräftigster politischer Wegbereiter der Reformation gilt Landgraf Philipp von Hessen (1504–1567). Die Landgrafschaft Hessen war im Zuge der Reformation zu einem der führenden Fürstentümer des Reiches aufgestiegen. 1525 hatte der Landgraf in Schmalkalden den ersten evangelischen Geistlichen eingesetzt und sich im Jahr darauf auch in seinem hessischen Stammland zur Reformation bekannt. Neben der Gründung des Schmalkaldischen Bundes fanden in Schmalkalden auch mehrere Tagungen der Vereinigung statt. 1537 weilte Martin Luther anlässlich einer der bedeutendsten Versammlungen des Bundes für mehrere Wochen in der Stadt. Hier verlas er erstmals seine Schmalkaldischen Artikel, das Glaubensbekenntnis der protestantischen Stände, die 1580 Eingang in das Konkordienbuch der evangelischen Kirche gefunden haben. Sichtbaren Ausdruck erhält das Bekenntnis der Landgrafen zum Protestantismus unter anderem im Bau der Schlosskirche des ab 1585 anstelle des Vorgängerbaus neu errichteten Schlosses Wilhelmsburg, deren Innenraum typenbildend wirkte und damit grundlegende Bedeutung erlangte. Die in allen Details abgestimmte plastisch-malerische Ausgestaltung gehört zu den bedeutendsten Raumschöpfungen der Renaissancezeit in Deutschland. Die Schlosskapelle im Südflügel des neuen Schlossbaus steht als Emporensaalkirche in der Tradition der 1544 von Martin Luther eingeweihten Torgauer Schlosskapelle. Die dreigeschossige Saalkirche enthält an drei Seiten doppelgeschossige Emporen, die als Arkadenarchitektur einen rechteckigen flachgewölbten Binnenraum umschließen. Der gesamte Raum ist mit reichen Stuckaturen überzogen. An der westlichen Schmalseite befindet sich der aus Alabaster geschaffene freistehende Altar, dessen Mensaplatte von den vier Evangelistensymbolen getragen wird und eine Vertiefung für die Taufschale besitzt (Abb. S 142). Dadurch sind die beiden protestantischen Sakramente Taufe und Abendmahl an einem Platz vereinigt. An der geschlossenen Westwand hinter dem Altar ist auf Höhe der Empore die Kanzel positioniert, darüber thront die Orgel. Die in dieser Form erstmals verwirklichte und für die Entwicklung des evangelischen Kirchenbaus mit seinen Kanzelaltären wegweisende Anordnung von Altar, Taufbecken, Kanzel und Orgel in einer Achse zielt auf die Ausbildung eines liturgischen Zentrums. Ebenfalls stilbildend war die Position des Herrschaftsstands gegenüber dem liturgischen Zentrum auf der oberen Empore. Die Brüstungsfelder der Emporen schmückte ursprünglich der Bildzyklus „Antithesis Christi et Papae". Diese auf 30 bemalten Tafeln geführte propagandistische Auseinandersetzung mit dem Papst und der römisch-katholischen Kirche wurde im Zuge der von Landgraf Moritz 1608 nach dem Wechsel von der lutherischen zur reformierten Konfession angewiesenen Purifizierung entfernt und gilt heute als verschollen.

Auf jeweils spezifische Weise erzählen diese sehr unterschiedlichen Bauwerke davon, wie sich Luthers Ideen oder die weiterer Reformatoren fortsetzten, ausbreiteten und wandelten. Die christliche Sakralbaukunst, aber auch die Errichtung von Profanbauten erhielt durch die Reformation neue Impulse. Die Stiftung Thüringer Schlösser und Gärten trägt dazu bei, dass bedeutende Bauwerke mit dynastischem Bezug als authentische Orte erfahrbar und in ihrer Bedeutung lesbar bleiben, auch im spannenden Wandel ihrer Nutzungsgeschichte.

„Kurzporträts" der Gebäude und ihrer Renovierung

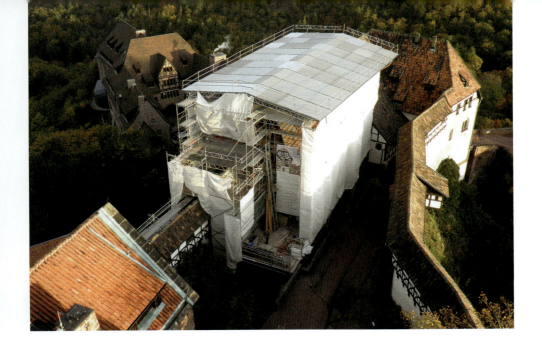

Günter Schuchardt

Die Vorburg der Wartburg Eisenach

Die Vorburg besteht im Wesentlichen aus drei Gebäuden, die heute scheinbar unter einem Dach zusammengeführt sind. Das Mauerwerk des Torhauses im Nordosten gehört zum ältesten steinernen Bestand der Burganlage und war um 1200 ursprünglich als Turm errichtet worden. Vermutlich im späten 14. Jahrhundert wurde westlich davon das sogenannte Ritterhaus angebaut. Das südlichste Gebäude des Komplexes – die Burgvogtei – erhielt seine heutige Gestalt erst in der zweiten Hälfte des 15. Jahrhunderts. Besonders auffällig sind die Andreaskreuze im Fachwerk, das auf um 1480 dendrodatiert ist. Im Erdgeschoss des Gebäudes befanden sich die Wohnung des Burgvogtes und eine große Küche. Die Räume des Fachwerk-Obergeschosses wurden über einen langen, östlichen Gang erreicht und dienten bisweilen als Gefängniszellen. Weltweite Berühmtheit erlangten sie durch den zehnmonatigen Wartburgaufenthalt Martin Luthers in den Jahren 1521 und 1522, der wohl die beiden südlichen Zimmer, heute Luther- und obere Vogteistube genannt, bewohnte.

Schon wenig später war die Feste somit auch zur Lutherstätte avanciert und die Stube, in der das gewaltige Bibel-Übersetzungswerk seinen Anfang nahm, zum Ziel mancher Reisender geworden. Glaubt man den ins Holz der Wandverkleidungen eingeritzten Namen, Initialen und Jahresangaben, setzte diese Form individueller Erinnerungskultur 1543, bereits zu Lebzeiten des Reformators, ein. Als „Dr. Martins Stube" mit Kammer und Gang war sie spätestens 1574 bezeichnet worden, wie eine erhaltene Reparaturrechnung beweist. Nun mehrten sich auch die Kratzgraffiti an den Wänden.

Mittlerweile war der Wartburgaufenthalt zum festen Bestandteil jeder Lutherbiografie geworden. Reisende nahmen oft Umwege in Kauf, um die Burgvogtei mit den Lutherzimmern zu besichtigen. Die Tatsache, dass Luther hier begann, die Bibel neu zu übersetzen und damit auch einen wesentlichen Beitrag zur gemeinsamen deutschen Sprache leistete, verfestigte sich in den Köpfen nicht nur der Protestanten: Vielmehr wurde der Ort zum Bestandteil des öffentlichen Gedenkens. Man wollte die Stube, das Arbeitszimmer sehen, die Kargheit der Einrichtung eines Gefängnisses und die Gefühle nachempfinden, die Anfechtungen, die Luther erlitt und von denen er später berichtete.

Das Wiederherstellungskonzept Großherzog Carl Alexanders von Sachsen-Weimar-Eisenach und seines Architekten Hugo von Ritgen aus der Mitte des 19. Jahrhunderts sah vor, in der Vorburg, speziell im Vogteigebäude, ein „Denkmal der Reformation" zu errichten. Nördlich der Lutherstube entstanden nach 1870 drei sogenannte Reformationszimmer mit einem Bilderzyklus, der Luthers Leben illustrierte. Im Gegensatz zur authentischen Stube waren sie allerdings nie für die Öffentlichkeit zugänglich. In den 1950er Jahren wurden sie als denkmalpflegerisch fragwürdige Einbauten wieder entfernt. Im südlichen Raum hingegen blieben das Chörlein, ein gotischer Erker, und das ebenfalls aus Nürnberg angekaufte sogenannte Pirkheimerstübchen erhalten, das aus dem Haus des Buchdruckers Anton Koberger stammt.

Bis 2011 wurde das Erdgeschoss der Vogtei für Verwaltungszwecke und den Besucherservice genutzt. Die ehemaligen drei Reformationszimmer nahmen nach ihrer Zerstörung die 12.000 Bände der Wartburg-Bibliothek auf. Durch die Förderprogramme des Freistaats und des Bundes in Vorbereitung des Reformationsjubiläums konnte die Vorburg bis 2016 für rund drei Millionen Euro umfassend saniert und eine Teil-Nutzungsänderung vorgenommen werden. Im Obergeschoss neben der Lutherstube wurde eine öffentliche Schaubibliothek eingerichtet, die den historischen Buchbestand der Wartburg, darunter 871 Flugschriften des 16. Jahrhunderts, präsentiert. Im Erdgeschoss befindet sich heute ein großzügiger Museumsladen, der nun den Endpunkt des Besucherrundgangs durch die Wartburg bildet.

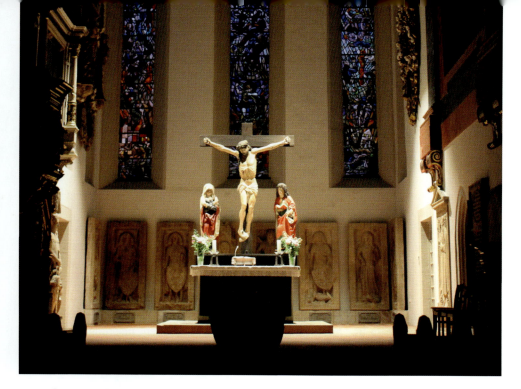

Stephan Köhler

Georgenkirche Eisenach

Hell und klar, freundlich und warm – so empfängt die Stadtkirche St. Georgen zu Eisenach heute ihre Besucher: ein Raum zum Wohlfühlen, zum Schauen und Staunen, zum Stillwerden und Beten. Licht – man kann gar nicht recht sagen, wo es herkommt – fließt durch den Raum. Die dezente Farbgebung lässt der großen Zahl an Kunstwerken in der Kirche jeweils ihren eigenen guten Platz. Ein ganz besonderer Ohrenschmaus ist die Akustik. In den sonntäglichen Gottesdiensten und jährlich mehr als 100 Konzerten kommt die Taufkirche Johann Sebastian Bachs zum Klingen.

In den Jahren 2011 bis 2014 freilich ist die St. Georgenkirche nicht wirklich oft ein besinnlicher, wohlklingender Ort gewesen: Hammerschläge, der Gesang von Schleifmaschinen und Sägen, manchmal auch eine Bohrmaschine, dazwischen für diesen Raum eher ungewöhnliche musikalische Klänge aus dem Baustellenradio und – natürlich – Baustellen-Rufe: „Georg, kannste ma kommen! – Achtung ...!" Auch die Ausblicke in der Kirche waren zuweilen bizarr: tiefe Löcher im Boden anstelle der Bänke; Grabstätten mit bröckelnden Gewölbedecken; überall Kabelschlitze, Kilometer von Leitungen kreuz und quer, Sägespäne, Staub, Schmutz, Staub, Farbe, viel Staub ... Ein ganz besonderes Bild boten die sorgfältig eingehüllten Kunstgegenstände im Kirchenraum. Dazwischen: ein hölzerner Emporenfußboden, der in den vergangenen Jahrzehnten wohl nur aus gutem Willen noch nicht eingebrochen war; eine Tür, die nach dem Umbau nicht mehr in den Rahmen passt; Holz, das quillt; der berühmte Taufstein, an dem einst Johann Sebastian Bach getauft worden ist, unter einer Holzhaube verborgen. Was man da alles abstellen konnte, sogar Wasser zapfen ...

Solche Geschichten lassen sich erzählen von dieser so geschichtsreichen Stätte, von diesem Geschichten-Wohn-Haus mitten in Eisenach. Und keineswegs nur Bau-Geschichten – eine derartige Renovierung im Inneren führt ja auch dazu, dass man insgesamt den Geschichten eines Gebäudes genauer auf die Spur kommt. Man dringt tiefer ein, unter die Oberfläche, hinter die Fassade, nimmt Einzelnes genauer wahr: z. B. ein Stück ganz alter Grundmauer unter dem Fußboden – vielleicht vom ersten Kirchenbau um das Jahr 1188, in dem die Heilige Elisabeth von Thüringen 1221 getraut worden ist. Auch Fußbodenreste kamen zum Vorschein – vermutlich aus der Zeit, in der Martin Luther während seiner Schulzeit in Eisenach als Kurrendesänger wohl auch in der Georgenkirche gesungen hat. Als er dann 1521 auf seiner Reise nach Worms und bei seiner Rückkehr von dort in der Georgenkirche predigte, sah sie schon wieder anders aus – 1515 hatte es umfangreichere Umbaumaßnahmen gegeben. Durch Bauernkriegsunruhen wurde die Kirche 1525 unbenutzbar – gibt es auch davon Spuren unter dem Fußboden?

Erst 1561 wurde die St. Georgenkirche als einer der ersten nach lutherischen Vorstellungen gestalteten Kirchenräume wieder eingeweiht. Die alten Grabsteine, die sich vor allem unter den Bänken finden, stammen u. a. aus den Jahren, in denen Johann Sebastian Bach mit seinem Vater auf der Orgelbank der St. Georgenkirche gesessen hat.

Inzwischen ist all das wieder gut konserviert unter dem neuen Fußboden verborgen. Seit der Wiedereröffnung der Georgenkirche im Oktober 2014 ist er wieder zu bewundern, zentral vor den Stufen zum Chorraum: der kunstvoll gearbeitete Taufstein mit der großen Taufschale, in der Johann Sebastian Bach am 23. März 1685 im Alter von zwei Tagen untergetaucht worden ist. Noch heute werden hier Menschen getauft.

Die Nordseite des Chorraums wird geprägt vom Reformations-Doppelgemälde. Seit 400 Jahren erzählt es seine Geschichten vom Glaubensleben einer evangelisch-lutherischen Gemeinde. Daneben ist nun wieder die virtuose Vergoldungskunst am Epitaph für den Erbprinzen Friedrich August zu bestaunen, der 1684 mit 21 Jahren im Krieg ums Leben gekommen war.

Seit 2014 kann man auch die neu eingerichtete Turmgruft in der Kirche besuchen und dort die prächtig restaurierten Prunksärge der Eisenacher Herzöge und ihrer Familien ganz aus der Nähe betrachten.

An den Feldern der Emporen sind Bilder und Bibelworte zu sehen, ursprünglich aus dem 17. Jahrhundert. 1940 mussten zwölf von ihnen weichen – zu deutlich verwiesen sie auf die jüdischen Wurzeln des christlichen Glaubens. Man ersetzte die zehn alttestamentlichen und zwei neutestamentlichen Bibelverse durch zwölf andere Bibelsprüche aus dem Neuen Testament. In den Jahren seit der Innensanierung waren die ‚getilgten' Bibelworte Grundlage einer Predigtreihe, und in den kommenden Jahren möchte die Evangelisch-Lutherische Kirchengemeinde die ursprünglichen Bibelverse wieder anbringen.

Erstaunlich viele und vielfältige Geschichten aus über 830 Jahren sind es, die dieser Kirchenraum zu erzählen hat: Baugeschichten; Geschichten von beeindruckenden Christen wie Elisabeth von Thüringen, Martin Luther oder Johann Sebastian Bach; Geschichten über historische Entwicklungen – problematische und beeindruckende, Kirchengeschichten, beispielsweise die Beschlussfassung zur Grundordnung der Evangelischen Kirche in Deutschland, aber auch ganz persönliche Glaubensgeschichten. Spannend, eindrücklich, man muss nur genau hinhören und hinsehen. Licht und Klang und Farben laden dazu ein.

Jochen Birkenmeier

Lutherhaus Eisenach

In seiner über 660-jährigen Geschichte wurde das Lutherhaus Eisenach immer wieder renoviert, umgebaut und äußerlich verändert, aber niemals grundlegend saniert. Statische Fehler des 14. Jahrhunderts, räumliche Einschränkungen und die veraltete baulich-technische Ausstattung hatten die Möglichkeiten für den Museumsbetrieb schon bei der Gründung der Gedenkstätte 1956 eingeschränkt. Die Ausrufung der Reformationsdekade bot nun erstmals die Gelegenheit, diese bedeutende Lutherstätte zu einem modernen Museum für das 21. Jahrhundert umzubauen.

Das Renovierungsprojekt hatte drei Ziele: die denkmalgerechte Sanierung des historischen Gebäudes, die Herstellung weitgehender Barrierefreiheit und die künftige Nutzung des Hauses als Museum. Dazu wurde im Westen des historischen Hauses ein neues Eingangsgebäude errichtet, das eine barrierefreie Erschließung aller Etagen ermöglichte. Eine – eng mit der Denkmalpflege abgestimmte – stellenweise Veränderung der Raumstrukturen erlaubte die Schaffung eines sinnvollen und intuitiv erfassbaren Museumsrundgangs. Die Erweiterung des Museums im Erdgeschoss eines benachbarten Neubaus schuf zudem neue und dringend benötigte Funktionsräume (Empfang, Museumsshop, Garderobe, Toiletten, Sonderausstellungsfläche, Technikräume etc.), durch die die Ausstellungsflächen erweitert und die historischen Räume von sachfremden Einbauten befreit werden konnten.

Die Arbeiten begannen im Dezember 2013 mit der Verlagerung der Archivbestände in das neu errichtete Gebäude des Landeskirchenarchivs in der Eisenacher Thälmannstraße, dem Abbau der alten Dauerausstellung und bauhistorischen Sondierungen, die Aufschluss über den Zustand und die Geschichte des Hauses lieferten. Durch die zahlreichen Umbauten im Laufe seiner Geschichte gab es keinen ‚Urzustand', nach dessen Vorbild man das Lutherhaus hätte wiederherstellen können, sondern lediglich verschiedene, unterschiedlich gut dokumentierte ‚Zeitschichten', in denen sich die über Jahrhunderte wandelnden Nutzungen und Geschmäcker seiner Besitzer widerspiegelten. Leitlinie der Sanierung war es daher, diese verschiedenen Zustände zu erhalten und die Geschichte des Hauses durch die Spuren seiner (Um-)Bauphasen erlebbar zu machen. Bei der Sanierung von Dach und Fassaden orientierte man sich an dem seit den 1980er Jahren vertrauten Erscheinungsbild – was den Erhalt der damals verwendeten Ziegel mit sich brachte –, weil somit ein minimaler Eingriff in die Bausubstanz gewährleistet war; bei den Innenräumen wurde der noch erhaltene Bestand so weit wie möglich gesichert. Im Rahmen der dendrochronologischen Untersuchungen konnte dabei festgestellt werden, dass die beiden ältesten Bereiche des Hauses – die „Lutherstuben" und die Fachwerkhalle („Hohe Diele") aus dem Jahre 1356 stammen. In den Lutherstuben wurde ein noch älterer Balken aus dem Jahr 1269 gefunden, der offenbar aus dem Vorgängerbau stammte und bei der Vergrößerung des Gebäudes wiederverwendet wurde.

Die Nutzung des Lutherhauses als Wohnhaus bis ins 20. Jahrhundert hinein hat dazu geführt, dass sich in vielen Räumen keine rekonstruierbaren Spuren der Vergangenheit mehr finden ließen. Man entschied sich deshalb für eine schlichte Farbgebung (weiße Wände, braune Balken), die sich an das Erscheinungsbild der Lutherstuben anlehnt. Der dort erhalten gebliebene Dielenboden gab den Anstoß für die Verwendung von Eichendielen im Zwischen- und Obergeschoss, während der noch vorhandene Muschelkalkboden im Erdgeschoss in der gesamten Etage ergänzt und zusätzlich auch im modernen Anbau verwendet wurde, um die Zugehörigkeit des neuen Museumsteils zum Lutherhaus sinnfällig zu machen.

Eine grundsätzliche Veränderung erfuhr lediglich der Innenhof des Lutherhauses: Dessen Fachwerkgalerie war in den 1920er Jahren – im Stile der Ostfassade – an das historische Gebäude angefügt worden, um Toiletten und Lagerflächen des Restaurants „Lutherkeller" unterzubringen, das von 1899 bis 1953 im Lutherhaus betrieben wurde. Durch die Verlegung der Toiletten in den modernen Anbau und die Erschließung des Lutherhauses durch das neue Eingangsgebäude entstand hier ein neuer Zugang von Westen und zugleich die Möglichkeit, die Galerie erstmals für Besucher des Museums vollständig zugänglich zu machen. Gestaltung und Farbigkeit des Fachwerks wurden dabei weitgehend beibehalten, um den visuellen Gesamteindruck des Hofes zu bewahren. Der Gebäudeteil an der Ostseite des Hofes, der zuletzt für ein Bibel-Café im Erdgeschoss und eine Wohnung im Obergeschoss genutzt worden war, beherbergt seit der Sanierung die Museumspädagogik der Stiftung Lutherhaus Eisenach; dafür wurde der Raum im Erdgeschoss zu „Luthers Werkstatt" (u. a. für Buchdruck und Kalligraphie) umgebaut und die Zimmer im Obergeschoss in einen außerschulischen Lernort, nämlich das Schulzimmer für den beliebten „Unterricht wie zu Luthers Zeiten" verwandelt.

Das neue Gesamtensemble des Lutherhauses Eisenach wurde am 26. September 2015 feierlich wiedereröffnet und zeigt seitdem die Dauerausstellung *Luther und die Bibel* sowie wechselnde Sonderausstellungen.

Kai Lehmann

Schloss Wilhelmsburg Schmalkalden

Über den historischen Kern der Stadt des Schmalkaldischen Bundes erhebt sich majestätisch Schloss Wilhelmsburg; das Juwel unter den Renaissance-Schlössern Deutschlands. Nach dem Aussterben der Grafen von Henneberg fielen 1583 die bisher einem Kondominat unterworfene Stadt und Herrschaft Schmalkalden in den alleinigen Besitz der Landgrafen von Hessen-Kassel. Als Zeichen der neuen Herrschaftsverhältnisse, aber auch als großes ‚Konjunkturpaket' ließ Landgraf Wilhelm IV. zunächst die mittelalterliche Burg Waltaff/Walrapp sowie das Stift St. Egidii und Erhardi abreißen und ab 1585 an deren Stelle das nach ihm benannte Schloss im Stil der deutschen Spätrenaissance errichten. Die repräsentative Vierflügelanlage wurde als Nebenresidenz gebaut, war doch das 5.000 Einwohner zählende und durch die Schmalkalder Erzeugnisse (Produkte des Kleineisengewerbes) boomende Schmalkalden die zweitgrößte Stadt in der Landgrafschaft; nur Kassel war geringfügig größer. Mit der Einweihung der Schlosskirche am 23. Mai 1590 wurde die Wilhelmsburg in Nutzung genommen.

Der Sohn und (ab 1592) Nachfolger von Wilhelm IV., Landgraf Moritz, setzte das Werk seines Vaters fort. Er ließ den Lust- und Terrassengarten anlegen sowie Neben- und Wirtschaftsgebäude wie die Kanzlei, Back- und Brauhaus und das Torwächterhaus errichten. Moritz weilte oft und lange in Schmalkalden. Unter ihm erfolgte der Abschluss der Innenausstattung, aber auch das Entfernen der sogenannten Antithesis – ein reformatorisches Bildpropagandaprogramm – aus der Schlosskirche, als er 1608 das calvinistisch-reformierte Glaubensbekenntnis in Schmalkalden einführte.

Auch bedingt durch den Dreißigjährigen Krieg rückte Schloss Wilhelmsburg unter Moritz' Nachfolgern Stück um Stück aus dem herrschaftlichen Focus. Eine kurze Blüte erlebten Schloss und Garten nochmals Ende des 17. Jahrhunderts, als Landgräfin Hedwig Sophie hier ihren Witwensitz nahm.

Der Verlust der Nebenresidenzfunktion ließ Schloss Wilhelmsburg in einen ‚Dornröschenschlaf' versinken. Bis auf den in den 1820er Jahren erfolgten Dachumbau, bei dem die Renaissance-Giebel und Zwerchhäuser abgerissen wurden, erfolgten keine größeren Baumaßnahmen. Aus der Retroperspektive war dies freilich ein Glücksfall. Bau- und Modestile wie Barock oder Klassizismus gingen nahezu spurlos an der Wilhelmsburg vorbei. Neben einer fast vollständig erhaltenen Außenanlage sind es die ‚Innereien', die das Schloss zu einer heute seltenen Perle der Renaissance machen. Bis auf die Funktionsräume (wie beispielsweise die Herrenküche) bestechen die Räumlichkeiten u. a. durch ihre Bemalung mit den typischen Stilelementen der Spätrenaissance: dem Roll- und Beschlagwerk. Eine wunderbar leichte Stuckatur findet sich im Weißen Saal oder in der Schlosskirche, die zu den ältesten und schönsten protestantischen Schlosskirchen Deutschlands gehört. Mit der streng übereinander gestaffelten Anordnung von Kanzel, Altar und Orgel wurde hier zum ersten Mal auf dem Gebiet des heutigen Freistaates Thüringen das protestantische Glaubensbekenntnis auch architektonisch umgesetzt. Die aus 252 Holzpfeifen bestehende Orgel gehört zu den ältesten vier bespielbaren Holzorgeln in Europa. Ebenfalls original erhalten ist die ausgeklügelte Appartementsituation in der Belletage des Schlosses.

Die herausragende kultur- und kunstgeschichtliche Bedeutung der Wilhelmsburg wurde bereits im 19. Jahrhundert erkannt. Seitdem fanden und finden umfangreiche Erhaltungs-, Sanierungs- und Restaurierungsarbeiten statt. Zudem wurde und wird das Schloss seit 1873 museal genutzt, zunächst durch den Verein für Hennebergische Geschichte und Landeskunde, Zweigverein Schmalkalden, heute durch den Zweckverband Kultur des Landkreises Schmalkalden-Meiningen.

Seit 1994 gehört die Schlossanlage zur Stiftung Thüringer Schlösser und Gärten. Ein Anfang der 2000er Jahre festgestellter Hausschwammbefall machte seit 2005 eine aufwendige und sehr kostenintensive Dachsanierung seitens der Stiftung erforderlich. Bis heute konnten drei der vier Flügel saniert und wertvolle Malereien im Dachgeschoss konserviert werden. Einen Meilenstein erreichte die Sanierung auch der Außenanlagen von Schloss Wilhelmsburg im Jahre 2015. Im Rahmen der 3. Thüringer Landesgartenschau konnte der Terrassengarten in seiner Grundstruktur wiederhergestellt werden. Als Vorlage für die ornamentale Bepflanzung der oberen Terrasse diente eine originale Entwurfszeichnung von 1672. Ebenfalls unter Regie der Stiftung Thüringer Schlösser und Gärten erfolgte die technische und bauliche ‚Ertüchtigung' der sogenannten Hofstube – der ehemaligen ‚Kantine' des Schlosses – zu einer modernen Ausstellungshalle. Seitdem fanden in dieser rund 500 Quadratmeter großen und sechs Meter hohen Halle deutschlandweit viel beachtete Ausstellungen statt: angefangen mit *Luther und die Hexen* (2012/13) über *Leben und Sterben im Dreißigjährigen Krieg* (2014/15) und *Fatale Lust, Landgraf Philipp von Hessen und seine Doppelehe* (2015/16) bis hin zur aktuellen Dauerausstellung *Schmalkaldischer Bund – der Beginn der Kirchenspaltung in Europa!*, die am 29. April 2017 von Ministerpräsident Bodo Ramelow eröffnet wurde und von sehr vielen Besuchern als die beste deutsche Reformationsausstellung 2017 bezeichnet wurde.

Friedemann Witting

Augustinerkloster Gotha

Das Augustinerkloster Gotha mit seinem einmaligen Ambiente ist ein geschichtsträchtiger Ort inmitten der Residenzstadt Gotha. Das erstmals im Jahr 1258 als Wohnsitz von Augustinermönchen urkundlich erwähnte Kloster blickt auf eine mittlerweile 760-jährige bewegte Geschichte und ist damit noch älter als das berühmte Tochterkloster in Erfurt, in das Martin Luther eintrat und in dem er wesentliche Impulse für seine Theologie erfuhr.

Hier wurde Luther im Jahr 1515 zum Distriktsvikar für zehn, später elf in Sachsen und Thüringen befindliche Augustinerkonvente gewählt. In dieser Funktion visitierte Luther später das Gothaer Kloster. Während seiner Zeit als Mönch und später als Reformator weilte er mehrfach an diesem Ort und war eng mit Friedrich Myconius verbunden, der als Gothas Reformator und erster Superintendent gilt. Auf dem Weg zum Reichstag nach Worms predigte Martin Luther in der zum Kloster gehörigen Augustinerkirche.

Eine Inschrift im Ostturm der Kirche „erbaut im Jahre des Herrn 1366" erinnert an die Blütezeit des Klosters, aus welcher der bis heute erhaltene Kreuzgang, der Kapitelsaal (heute Klostercafé) und die Sakristei (Raum der Stille) stammen.

Einige Teile der Kirche stammen noch aus den Anfängen des Klosters im 13. Jahrhundert – zunächst gehörte es den Zisterzienserinnen. In den Jahren 1675 bis 1680 erfolgte die einem Neubau gleichende Umgestaltung der mittelalterlichen Klosterkirche zur heutigen Hallenkirche mit Fürstenloge, Kanzel und Orgel.

Nach der Reformation errichtete Friedrich Myconius Ende 1525 in den Räumen des angrenzenden Augustinerklosters eine Lateinschule, auf die die Geschichte des heutigen Gymnasiums Ernestinum zu Gotha zurückgeht und mit dem der hohe Stand der Bildung im Herzogtum Gotha auf das Engste verknüpft ist. Von 1524 bis 1913 diente das Kloster als Schulgebäude und Internat.

1989 waren Kloster und Kirche Zentrum der Friedensgebete und Ausgangsort der friedlichen Demonstration in Gotha. Hier wurden die Nöte und Bedrängnisse der Menschen erstmals öffentlich artikuliert, und die Tatsache, dass die

Kundgebungen im öffentlichen Raum zunächst unter dem Dach der Kirche begannen, hatte wesentlichen Anteil am friedlichen Verlauf dieser Phase im Herbst 1989 in Gotha.

Das für 2008 anstehende 750-jährige Jubiläum des Augustinerklosters gab den Anstoß zu einer umfangreichen Sanierung in den Jahren 2007 bis 2010. Damit einher ging ein neues Nutzungskonzept, so dass heute unter dem Dach des Klosters mehrere Nutzer zu Hause sind.

Die Kirchengemeinde feiert in der Augustinerkirche Gottesdienste und nutzt einen großen Gemeindesaal für zahlreiche eigene Veranstaltungen. Wie der Kirchenkreis Gotha hat sie ihren Sitz im Augustinerkloster und nutzt einige Räume für die Verwaltung.

An der Südostecke des Klosters hat das diakonische Sozialprojekt „LIORA" Platz gefunden. Das Diakoniewerk Gotha bietet hier in Zusammenarbeit mit der Kirchengemeinde und dem Kirchenkreis Gotha seit 2009 während der Mittagszeit warmes Essen und Sozialkontakt für Menschen, die von finanzieller und sozialer Not betroffen sind. In den Nachmittagsstunden kommen Kinder aus dem Stadtgebiet in diesen Räumen zusammen, wo ihnen Hausaufgabenbetreuung und Gemeinschaft geboten wird.

Die Sakristei stammt aus der zweiten Hälfte des 13. Jahrhunderts. In diesem wunderschönen Raum finden die regelmäßigen Wochenandachten statt, und als Raum der Stille bietet er die Möglichkeit für individuelles Gebet. Insgesamt ist das Augustinerkloster als Ort der Stille, der Einkehr sowie der Gastfreundschaft inmitten des städtischen Trubels beliebt, das Augustiner-Café und die Augustinerherberge laden mit offenen Türen ein. Wie der Kreuzgang stammt auch der Kapitelsaal aus der zweiten Hälfte des 13. Jahrhunderts und diente als zentraler Versammlungsort der Mönche. Deshalb wurde bewusst dieser Raum bei den Sanierungsarbeiten als Klostercafé gewählt. Er bildet nun die Eingangspforte in das Kloster und die Herberge.

So stehen Gästen und der Kirchengemeinde Gotha ein modernes kleines Begegnungszentrum mit Herberge, Café, Raum der Stille und Gemeindesaal zur gemeinsamen Verfügung. In der Klosterherberge finden bis zu 30 Gäste ein Bett für die Nacht, sie steht Einzelreisenden wie Gästegruppen offen, für die es auch drei Tagungsräume gibt. Die vier Einzel- und 13 Doppelzimmer, zum Teil mit Blick auf den mittelalterlichen Kreuzgang, sind einfach und schlicht gehalten, aber modern eingerichtet und jeweils mit eigenem Bad ausgestattet. Bewusst wurde auf TV, Radio und Telefon verzichtet.

Zahlreiche Veranstaltungen in Kirche, Kloster und Klostercafé zeugen von reichhaltiger Vielfalt des kirchlichen Lebens inmitten der Stadt. Die Angebote reichen vom geistlichen Leben mit Gottesdienst und Andachten über Ausstellungen, Konzerte, Lesungen bis hin zu Vorträgen und anderen Bildungsformaten.

Ein Schmuckstück ist die Bibliothek von Kirchengemeinde und Kirchenkreis Gotha, die seit der Sanierung in neue Räume umgezogen ist und manchen Schatz birgt, etwa die handkolorierte Bibel von Hans Lufft aus dem Jahre 1556 oder eine lateinische Lutherausgabe von 1564.

Martin Sladeczek

Oberkirche Arnstadt

In der Mitte des 13. Jahrhunderts siedelten sich aus Gotha kommende Franziskaner in Arnstadt an. Mit Hilfe adliger Unterstützer konnten sie einen ersten kleinen Kirchenbau und Klostergebäude errichten. Weniger als eine Generation später war dieser Bau bereits zu klein geworden, und man begann mit der Errichtung der bis heute erhaltenen Kirche und der Klostergebäude. Diese konnten bis um 1300 abgeschlossen werden.

Während zu diesem Abschnitt der Geschichte der Kirche fast nur bauhistorische und archäologische Rückschlüsse gezogen werden können, hat sich aus dem Spätmittelalter auch Ausstattung der Kirche erhalten. Die Mönche hatten sich in der Mitte des 15. Jahrhunderts der sogenannten Observanz, der strengeren Richtung innerhalb des Franziskanerordens, angeschlossen, was erneute Bauarbeiten an der Klausur und die Errichtung des Kirchturms 1461 zur Folge hatte. Das große Retabel aus der Kirche von 1498 befindet sich heute in der Arnstädter Liebfrauenkirche.

Mit der Aufhebung des Klosters im Zuge der Reformation 1538 setzte eine typische Entwicklung ein. Die Klostergebäude wurden für verschiedene Schulen genutzt, während die Kirche seit den 1550er Jahren gezielt zur zentralen Stadt- und Superintendentenkirche umgebaut wurde. Insbesondere die Grafen von Schwarzburg und ihre Räte taten sich in der Folge als Stifter hervor; die Oberkirche wurde zu einer klassischen Residenzkirche des frühen Protestantismus. Davon legt ihr Inneres bis heute Zeugnis ab. Der berühmte Kreuzigungsaltar des flämischen Malers der Renaissance Frans Floris gelangte so 1594 als gräfliche Stiftung in die Kirche. Zur Ausstattung dieser Zeit zählen weiterhin verschiedene Stände der Herrschaft und des Adels, eine Fülle an Grabdenkmälern und v. a. die Trias aus Altaraufsatz, Kanzel und Taufe. Diese Stücke wurden zwischen 1624 und 1642 vom Arnstädter Bildhauer Burkhardt Röhl geschaffen und stellen Hauptwerke des deutschen Manierismus dar. Ende des 16. Jahrhunderts begann auch der Aufbau einer in der Form typischen, im Bestand aber sehr bedeutenden Kirchenbibliothek.

Die letzte umfassende Sanierung der Oberkirche fand in den Jahren um 1900 statt. Gerade nach dem Zweiten Weltkrieg verschlechterte sich der Zustand zusehends. 1977 wurde die Kirche gesperrt. Trotz umfangreicher, jahrzehntelanger Bemühungen – gerade unter den schwierigen Bedingungen der DDR-Planwirtschaft – befand sich die Arnstädter Oberkirche zu Beginn des Jahrtausends in keinem guten Zustand. Neben der Kirchgemeinde begann sich auch der Verein Oberkirche Arnstadt e. V. um Erhalt und Nutzung der Kirche zu bemühen. Gemeinsam mit der Landeskirche und dem Landesamt für Denkmalpflege gelang es, sie auf die Liste der restaurierungswürdigen Objekte der Reformation zu setzen. An erster Stelle stand dabei die bauliche Sicherung des Gebäudes und des Daches, etwa in Form von Mauerwerkssanierungen und der Sicherung und Restaurierung der barocken Tonnendecke. Zu den Maßnahmen zählte auch die Sanierung des nördlichen Kreuzgangflügels.

Im Inneren wurde die Konservierung der Ausstattung verfolgt, wobei es an vielen Stellen bereits zu Restaurierungen kommen konnte, so z. B. an der Kanzel, der Taufe, verschiedenen Epitaphien, Wandmalereien oder den Empo-

ren. Die für 2017 geplante Wiedereinweihung musste wegen archäologischer Funde im Zuge einer sehr kurzfristig geplanten Fußbodenreparatur verschoben werden. Momentan laufen die Planungen für den kompletten Neuaufbau des Fußbodens. Neben den Mitteln der genannten Partner und der Stadt Arnstadt gelang es, umfangreiche Fördermittel, u. a. aus verschiedenen Bundesprogrammen und über die Deutsche Stiftung Denkmalschutz, einzuwerben.

Für die Zeit nach der vollständigen Wiederherstellung existiert ein Nutzungskonzept der Kirchgemeinde. Demnach ist der Chorraum für Gottesdienste und andere sakrale Veranstaltungen vorgesehen. Im Langhaus sollen eine flexible Bestuhlung und eine mobile Bühne verschiedene Veranstaltungen ermöglichen. Der Bereich unter der tiefen Orgelempore ist für Ausstellungen vorgesehen. Der nördliche Kreuzgang und der Kreuzhof werden ebenfalls in die öffentliche Nutzung der Kirche einbezogen werden. Neben der Kirchgemeinde und dem Kirchenkreis organisiert der erwähnte Oberkirchen-Verein Konzerte, Lesungen, Programmkino-Abende und Kinderveranstaltungen.

Die umfassenden historischen, kunsthistorischen und restauratorischen Erkenntnisse, die im Zuge von Sanierung und Überarbeitung der Oberkirche sowie über eine Vortragsreihe des Kirchenkreises 2017 gewonnen werden konnten, boten den Anlass zu einer umfangreichen Veröffentlichung, die im Sommer 2018 vorgelegt werden konnte. Mögen auch weiterhin die Oberkirche und der Kreuzgang ein Ort sein, der Menschen willkommen heißt!

Literatur
MARTIN SLADECZEK (Hrsg.), Die Arnstädter Oberkirche. Klosterkirche – Stadtkirche – Residenzkirche, Petersberg 2018.

Sebastian von Kloch-Kornitz, Thomas A. Seidel

Neues Kloster Ichtershausen

1. Ausgangssituation – Die Zeichen der Zeit

In Zeiten beschleunigter Globalisierung braucht es Orte der Entschleunigung, rhythmische Refugien, Ausgangs- und Fluchtpunkte für ein waches, solidarisches Weltverhältnis, das Mitte und Maß kennt, kenntlich macht und lebt. Das vorliegende Konzept basiert auf der Einsicht in die ganzheitliche Dimension menschlichen Lebens: „Der Mensch ‚hat' nicht einen Leib und ‚hat' nicht eine Seele, sondern er ‚ist' Leib und Seele." (Dietrich Bonhoeffer).

Von diesem ganzheitlichen Ansatz her begreifen wir das Neue Kloster und Schloss Ichtershausen – sowohl mit Blick auf die einzigartige Geschichte als Zisterzienserinnen-Kloster, Ort hochmittelalterlicher Reichspolitik, Schnittpunkt der Reformation und Refugium fürstlicher Herrschaft und Landschaftsgestaltung, aber auch hinsichtlich seiner „geschlossenen" Geschichte als Strafanstalt während der letzten beiden Jahrhunderte – als einen besonderen Ort mit einem außergewöhnlichen Entwicklungspotenzial in der Mitte: der Mitte Europas, der Mitte Deutschlands und der Mitte Thüringens.

Mit dem Umzug der Jugendstrafanstalt Ichtershausen im Juli 2014 an den neuen Standort Arnstadt wurde ein Gelände von mehr als drei Hektar Fläche ebenso wie ein mehrteiliges, bedeutsames denkmalgeschütztes Gebäudeensemble für neue Nutzungen am Rande der geschlossenen Ortslage frei. Kloster und Schloss liegen am Jakobspilgerweg und dem *Lutherweg*, in unmittelbarer Nähe zum Flüsschen Gera und bilden somit ein wichtiges Bindeglied zwischen dem historischen dörflichen Ortskern und dem offenen Landschaftsraum.

2. Zur wechselvollen Geschichte des Ensembles

Bereits in der Bronze- und Eisenzeit besiedelt, erfuhr die dörfliche Siedlung zahlreiche Wandlungsprozesse und war oft Brennpunkt historischer Ereignisse in der Mitte Thüringens. Erstmals 947 erwähnt, wird im zwölften Jahrhundert durch Frideruna von Grumbach eine Eigenkirche errichtet, die 1133 der heiligen Jungfrau und Gottesmutter Maria und dem Ritterheiligen St. Georg geweiht wird. Im Mittelalter stand das 1147 gegründete Kloster Ichtershausen im Brennpunkt deutscher Kaiserwahlen. Das Kloster galt im Hochmittelalter als bedeutsames, hochgelobtes Zisterzienserinnenkloster, war Ort der Besinnung und Weltverantwortung.

Zu Zeiten des Bauernkrieges wurde die Anlage Opfer aufständischer Bauern. Die Klosterkirche St. Georg und Marien wurde dem evangelischen Gottesdienst übergeben. Melanchthon, Myconius, Planitz und Cotta besuchten den Ort, bevor das Kloster 1539 aufgehoben wurde. 1546 schrieben die protestantischen Fürsten Johann Friedrich der Großmütige und Philipp von Hessen in Ichtershausen ihren historischen Absagebrief an den Kaiser, dem der Schmalkaldische Krieg folgte.

Der ehemalige Klosterbesitz blieb nach dem Bauernkrieg unter weltlicher Herrschaft zunächst als Jagdschloss und Repräsentationsbau des Kurfürsten Johann Friedrich I. und Johann Ernsts von Sachsen-Coburg. Er wurde später Rent- und Justizamt und während der Befreiungskriege 1813/14 Lazarett. 1870/71 waren französische Kriegsgefangene hier untergebracht. Nach erheblichen Umbauten richtete man 1877 ein Landesgefängnis ein, das im Wandel der Zeit und der politischen Systeme wechselnde Funktionen erhielt. Im Sommer 2014 wurde die Jugendstrafanstalt Ichtershausen aufgelöst.

Nachdem ab 2012 durch zahlreiche Workshops, Gespräche und Planungen gemeinsam mit der Gemeinde Amt Wachsenburg der Grundstein für eine Nachnutzung des Areals gelegt wurde, begann am 1. Oktober 2015 mit der Gründung der Neues Kloster Ichtershausen GmbH & Co. KG ein neues Kapitel in der Geschichte dieses Ortes.

3. Die Projektidee und ihre Umsetzung

Die Neues Kloster Ichtershausen GmbH & Co. KG plant eine modellhafte, sozial, kulturell wie auch energetisch nachhaltige (Nach-)Nutzung des Areals. Der erste Blick richtet sich dabei auf die historischen Anknüpfungspunkte und die kulturtouristischen Gegebenheiten (Lutherweg, Jakobspilgerweg, Gera-Radweg). Im Kontext der Reformationsdekade *Luther 2017* wurden diese Potenziale entdeckt und werden zukünftig unter anderem durch das Informationszentrum „Romanik und Reformation am Lutherweg" neu erschlossen. Dabei steht die Projektidee unter dem Leitgedanken: GEMEINSAM. EINFACH. LEBEN.

Konkret bedeutet das eine gemeinsame, schrittweise Entwicklung dieses Areals mit dem intergenerationellen und integrativen Konzept des „CollegiatsWohnens" zu einem städtebaulich hochwertigen Wohn- und Arbeitsort sowie zu einem touristisch attraktiven Lern-, Experimentier- und Begegnungsraum.

Vom lebensnotwendigen geistig-geistlichen Zweiklang des Collegiats ausgehend: Kontemplation und Aktion, Beten und Arbeiten, Rückzug und Offenheit, Besinnung und Begegnung, Weltdistanz und Weltverantwortung werden die vormalige Klosteranlage sowie das angrenzende Gelände als ein soziokultureller Begegnungsort und eine an Kloster- sowie Barockkultur anknüpfende zeitgemäß weiterentwickelte Parklandschaft inhaltlich-konzeptionell gefasst und denkmalpflegerisch-baulich neu gestaltet. Der Investitionsbedarf liegt bei ca. 30 Millionen Euro. Mit dem Offenlegungsbeschluss des Bebauungsplan-Entwurfs durch den Gemeinderat am 18. Juni 2018 ist ein weiterer Schritt erfolgt, der die ‚Konversion' des Ensembles näherrücken lässt.

Carsten Fromm

Augustinerkloster Erfurt

Das Evangelische Augustinerkloster zu Erfurt mit seiner über 700-jährigen Geschichte gehört zu den kirchlichen, kulturellen und nicht zuletzt auch touristischen Anziehungspunkten der thüringischen Landeshauptstadt. Das Augustinerkloster ist ein einmaliges Zeugnis lutherischer Tradition, protestantischen Glaubens und gegenwärtigen kirchlichen Lebens. In seiner Vollständigkeit und Geschlossenheit mit der Kirche, drei umbauten Höfen, Konvents- und Wirtschaftsgebäuden ist das Kloster ein selten gewordenes Beispiel mittelalterlicher Baukunst. Die heute als Tagungs- und Begegnungsstätte genutzten Anlage ist in der Trägerschaft der Evangelischen Kirche Mitteldeutschlands, sie wurde in den Jahren der Jahrtausendwende sehr aufwendig zu einem Ort für Tagungen, Seminare, Konzerte, Lesungen sowie Begegnungen und Veranstaltungen jeglicher Art um- und ausgebaut.

Das Augustinerkloster hält insgesamt zwölf Tagungsräume und 85 Gästezimmer bereit, um nationale und internationale Gäste zu empfangen und zu bewirten. Alle Tagungsräume sind mit moderner und funktioneller Tagungstechnik ausgestattet. Die Gästezimmer wissen sich in klösterlicher Tradition einem schlichten Lebensstil verbunden. Die ruhige und friedliche Atmosphäre in unseren einfach und hell möblierten Zimmern bietet Raum zum Abschalten nach einem erfüllten Tag. Die Mitarbeitenden des Augustinerklosters empfangen jährlich über 80.000 Menschen aus nah und fern.

Ein besonderer Anziehungspunkt in unserem Ensemble ist die große Augustinerkirche mit ihren wunderschönen Glasmalfenstern aus dem frühen 14. Jahrhundert. Auf der Nordseite des Chores zieht das Augustinusfenster die Blicke auf sich. Es illustriert das Leben des heiligen Augustinus von Hippo reichhaltig. Das Löwen- und Papageienfenster auf der Ostseite des Chors zeigt das Original der uns bekannten „Lutherrose", daran anschließend befindet sich das Christus- und Ewigkeitsfenster. Alle vier großen Fenster mit ihren fast 180 einzelnen Scheiben wurden in den Jahren

2009 bis 2014 aufwendig saniert und somit vor der Zerstörung durch Umwelteinflüsse bewahrt. Gerade in den frühen Morgenstunden ist es für alle Besucher des Augustinerklosters ein großes Schauspiel, wenn die farblich beeindruckenden Fenster von der aufgehenden Sonne beleuchtet werden und die Kirchen- und Klosterbesucher auf ganz besondere Weise für den begonnenen Tag begrüßen. Die weitläufige Offenheit des Klosters lädt seine Gäste zu jeder Tageszeit dazu ein, im Kreuzgang oder auch im Klostergarten zu wandeln und zu spazieren.

Gerd Lindner, Johanna Huthmacher

Panorama Museum Bad Frankenhausen

Bad Frankenhausen – eine idyllische Kurstadt im Norden von Thüringen – war vor 500 Jahren Ort eines blutigen Gefechts, in dem mehrere tausend Menschen ihr Leben ließen. Dort, wo heute das Panorama Museum steht, fand 1525 eine der letzten großen Schlachten im sogenannten Deutschen Bauernkrieg statt, an der auch Thomas Müntzer, radikaler Prediger und einstiger Weggefährte von Martin Luther, teilnahm. Als „Knecht Gottes wider die Gottlosen", wie sich Müntzer selbst vor der Schlacht in einem Brief an die Mansfelder Bergleute bezeichnete, rief er zum kompromisslosen Kampf gegen die Obrigkeit und zur Errichtung eines Gottesreichs auf Erden auf.

Aus dem Bedürfnis nach historischer Legitimation gewann der Bauernkrieg als „Höhepunkt eines umfassenden Versuchs bürgerlich-revolutionärer Umgestaltung der gesellschaftlichen und politischen Verhältnisse"[1], das heißt einer „frühbürgerlichen Revolution in Deutschland", zentrale Bedeutung im Geschichtsverständnis der DDR. So wurde Anfang der 1970er Jahre von der Regierung der DDR der Beschluss gefasst, auf dem Schlachtberg bei Bad Frankenhausen eine Gedenkstätte für den Deutschen Bauernkrieg und Thomas Müntzer zu errichten.

1974 erfolgte die Grundsteinlegung für den Rundbau aus Stahl und Betonfertigteilen mit selbsttragender Deckenkonstruktion und das vorgelagerte Eingangsgebäude aus Stahlbeton. 1977 wurde die erste Baustufe abgeschlossen und der Betrieb mit Wechselausstellungen und anderen Veranstaltungen vorläufig aufgenommen. Von 1983 bis 1987 schuf Werner Tübke mit Unterstützung von eigens hinzugezogenen Werkstattmitarbeitern im Inneren der Rotunde sein Monumentalgemälde *Frühbürgerliche Revolution in Deutschland* in einer Größe von 14 mal 123 Metern, an dessen Vorbereitung er seit 1976 gearbeitet hatte. Bis zur Eröffnung des Museums im Rahmen der offiziellen Thomas-Müntzer-Ehrung der DDR im September 1989 erfolgte in einer zweiten Baustufe dann die architektonisch-technische Fertigstellung der Gebäude, bei der unter anderem die notwendige Klimatechnik nachgerüstet und ein Kinosaal im Rundbau eingerichtet wurde.

Als architektonisches Vorbild der gesamten Anlage diente das Panoramamuseum der Schlacht von Borodino in der Nähe von Moskau; die Fassadengestaltung mit ihrem Wechsel zwischen Beton, Aluminium, Glas und Naturstein (rotem Porphyr, im Inneren auch italienischem Marmor) macht das Bauwerk indes zu einem herausragenden Vertreter der DDR-Moderne.

Mit dem Ende der DDR vollzog sich jedoch eine konzeptionelle Neuorientierung (ganz nach den ursprünglichen Vorstellungen von Werner Tübke): Die Einrichtung wurde – ihrem tatsächlichen Charakter folgend – nun nicht mehr als Bauernkriegsgedenkstätte mit historisch-didaktischem Anspruch verstanden, sondern als Kunstmuseum mit wechselndem Ausstellungsprogramm geführt, das das zentrale Bildwerk von Werner Tübke in seinem ureigenen kunsthistorischen Kontext erforscht, präsentiert und vermittelt. Zu Anfang der 1990er Jahre wurde dazu im Erdgeschoss des Rundbaus ein entsprechender Ausstellungssaal eingerichtet, wie er in der ersten Nutzungsphase schon bestanden hatte. Im Zuge dieser dritten, letzten Bauetappe erfolgte unter Berücksichtigung der endgültigen Museumskonzeption, denkmalpflegerischer Zielstellungen und entsprechend präzisierter Nutzeranforderungen bis 1999 schließlich eine grundlegende Teilrekonstruktion des Eingangsbauwerkes mit Einrichtung eines Besucher-Cafés, Museumsshop, Studiogalerie, museumspädagogischem Kabinett und Depot. Bereits 1996 war das Panorama Museum in das Leuchtturm-Programm des Bundes aufgenommen worden, so dass die Baumaßnahmen auch finanziell gesichert werden konnten. 2009 konnte mit der Neugestaltung des Museumsvorplatzes, als deren Höhepunkt und Abschluss 2010 die Aufstellung von vier lebensgroßen Bronzeplastiken von Lotta Blokker gelten muss, die dritte und letzte Bauphase vollendet werden. Der dringend gebotene Neubau eines Parkplatzes mit Buswendeschleife, der bislang noch nicht realisiert werden konnte, ist nun für 2021 in der Planung.

So, wie das Museum gerade im Lutherjahr 2017 mit mehr als 80.000 Besuchern hervorragend frequentiert war, ist auch zum 500-jährigen Jubiläum des Bauernkrieges und der Schlacht bei Frankenhausen 2025 mit einem besonders regen Zuspruch des Museums zu rechnen. Die Schaffung eines behindertengerechten Besucherparkplatzes in unmittelbarer Nähe des Hauses wird für die erfolgreiche Gestaltung des Ereignisses von hoher Bedeutung sein.

Schon seit 2001 ist das Panorama Museum Bad Frankenhausen im „Blaubuch" des Bundes als ein „Kultureller Gedächtnisort" mit besonderer nationaler Bedeutung geführt. Im Jahr 2011 wurde es dazu als Teil des Netzwerkes „Stätten der Reformation in Deutschland" mit dem „Europäischen Kulturerbe-Siegel" ausgezeichnet.

Anmerkungen
1. ADOLF LAUBE/MAX STEINMETZ/GÜNTER VOGLER, Illustrierte Geschichte der deutschen frühbürgerlichen Revolution, Berlin 1974, 303.

Sebastian Kircheis

Herderkirche Weimar

Über der Wiedereinweihung der Herderkirche nach siebenjähriger Restaurierung und Neugestaltung des Innenraumes im Dezember 2016 stand als Leitgedanke der Wahlspruch der Ernestiner „VDMIAE – Verbum Domini Manet In Aeternum" (Das Wort des Herrn bleibt in Ewigkeit). Er findet sich u. a. auf dem linken Seitenflügel des Cranach-Altars auf einem Vorhang oberhalb von Herzog Johann Friedrich, geb. Kurfürst, und seiner Frau Sibylle von Cleve. Dieser Wahlspruch bezeugt, was Halt und Perspektive gibt bei allem Wandel in der Geschichte. Wie ein offenes Buch zeigt die 1498 bis 1500 als dreischiffige spätgotische Hallenkirche errichtete Kirche diesen Wandel in Beständigkeit: Sie erzählt von der engen geistigen Verbindung der Ernestiner, besonders zwischen Johann dem Beständigen und Johann Friedrich I. und Martin Luther. Kein Zufall, dass Luther mit seinen Predigten über die „weltliche Obrigkeit" hier im Oktober 1522 mehrfach auf der Kanzel steht. Und wenn 33 Jahre später im Chor das von Lucas Cranach d. J. geschaffene Altarretabel gegenüber dem Fürstengrab aufgestellt wird, ist das ein Indiz, dass die ‚Konstrukteure' der staatspolitisch-organisatorischen Seite der Reformation in Weimar saßen. Der Chorraum als Grablege der Ernestiner macht mit den dort errichteten Epitaphien das Wesen des landesherrlichen Kirchenregiments und die identitätsstiftende Kraft des evangelischen Glaubens für die ernestinischen Fürsten des Hauses Sachsen-Weimar sichtbar. Sie ist bis weit in das 18. Jahrhundert spürbar. Es liegt nahe, dass der Lutheraner Johann Sebastian Bach am Weimarer Hof wirkt und vier seiner Kinder am Taufstein der Stadtkirche taufen lässt. Die Umgestaltung des Kirchraumes zur barocken Emporenkirche im 18. Jahrhundert eliminiert die Akzente der Reformationszeit nicht, setzt aber neue Schwerpunkte: Nun steht Johann Gottfried von Herder, der Theologe der Aufklärung, als Generalsuperintendent hier auf der Kanzel: Die von ihm initiierten Reformen in den Kernbereichen evangelischer Identität, Verkündigung und Bildung spiegeln trotz aller geistigen Aufbrüche etwas vom Geist dieses Ortes: VDMIAE – Wandel in Beständigkeit. Wen wundert's, dass er mit seinen neuen Gedanken und Reformen in sich so jemanden sah wie den Luther seiner Zeit. Sein Lebensmotto „Licht, Liebe, Leben" mit einer Unendlichkeitssymbolik und dem auf Christus weisenden Alpha und Omega findet man kunstvoll gearbeitet auf seiner Grabplatte.

Im 20. Jahrhundert rang man nach den inneren und äußeren Zerstörungen der Kirche, die mit der Bombardierung Weimars am 9. Februar 1945 sichtbaren Ausdruck fanden, neu um eine Antwort auf die Beständigkeit im Wandel: schlichte, monochrome, materialsichtige Farbgestaltung beim Wiederaufbau bis 1953, Verzicht auf die zweite Empore, Absenkung des hölzernen Deckengewölbes. 1974 entschloss man sich – mitten in das zunehmende städtebauliche Grau der DDR hinein – zu einer vielfarbigen kräftigen Interpretation der spärlichen Farbbefunde aus barocker Zeit. Noch waren die Wunden der Zerstörung erkennbar. Die an den teilweise glatt geputzten Emporendecken fehlenden strukturgebenden Stuckelemente weisen auf den Umfang der Kriegsschäden hin. Die Predella, optisches und inhaltliches Bindeglied zwischen Altargemälde und Fürstengrab, aber auch zwischen Altar und Gottesdienstgemeinde, ist verlorengegangen.

Beständig im Wandel: Auch wenn die Klimatisierung der Kirche zum Schutz des Kunstgutes und der Orgel den Impuls zur innenräumlichen Restaurierung und Neugestaltung von 2011 bis 2016 gab, bildete die sorgsame Bearbeitung des Chorraumes und seiner Einrichtung mit Epitaphien, Altar und Taufstein den richtungweisenden Schwerpunkt. Konzeptionell stand im Vordergrund, den liturgischen Orten (Altar, Kanzel, Taufstein, Orgel) dadurch optische Präsenz zu verleihen, dass auf die kräftige, vielfarbige Gestaltung von Wänden und Emporen verzichtet wird. So entstand eine Farbfassung des Innenraumes in verschiedenen Weißtönen, die an den Emporenfrontflächen durch unterschiedliche Glanzgrade und dezente Vergoldungen Struktur und Anmut erhielt, dabei aber dezent zurücktritt. Der Eindruck, man könne ‚Herders Kirche' rekonstruieren, wurde bewusst vermieden. Den durch Kriegsschäden strukturlosen Emporendecken wurde nicht durch rekonstruierten Stuck, sondern durch aufgemalte Stuckillusionen die ursprüngliche Gliederung zurückgegeben. Dadurch bleiben Spuren des letzten Krieges präsent und erkennbar.

Im Advent 2012 erhielt die Kirche das Nagelkreuz von Coventry, das das Gebet um Umkehr, Versöhnung und Frieden täglich wachhält. Die Predella wurde rekonstruiert. Das Schriftbild der Widmung dreier Söhne Johann Friedrichs I. und seiner Frau hat die Form eines Kelches und schafft so die Verbindung vom Altarbild mit seiner klaren reformatorischen Botschaft von der Gnade zurück zur Doppelgrabtumba des Fürstenpaares und hinein in die Gemeinde, die sich heute versammelt, um das Brot des Lebens und den Kelch des Heils zu empfangen.

So zeigt sich die Kirche auch seit 2017 beständig im Wandel: Verbum Dei Manet In Aeternum.

Ulf Häder

Karmelitenkloster Jena

Jena und Luther? Jena und die Reformation? Bis zum vergangenen Jahr hätten Befragte dazu vielleicht den berühmten Inkognito-Aufenthalt Martin Luthers im Gasthof zum Schwarzen Bären von 1522 genannt oder die Aussprache mit Karlstadt am gleichen Ort zwei Jahre später. Vielen fällt zudem sicherlich die originale Grabplatte des Reformators in der örtlichen Stadtkirche ein. Aber Jena hat durch zwei andere Ereignisse eine wesentlich nachhaltigere Bedeutung für die Reformation erlangt. Beide stehen mit der Niederlage des Schmalkaldischen Bundes und dem Verlust Wittenbergs für den lutherischen Kurfürsten in engem Zusammenhang. Es handelt sich zum einen um die Gründung der Jenaer Universität, die zunächst 1548 als Hohe Schule eingerichtet, dann 1558 durch kaiserliches Privileg als Universität bestätigt wurde.

Zum anderen wurde in Jena die zweite Gesamtausgabe der Schriften Martin Luthers erstellt und gedruckt. Die zwölf Bände Jenaer Lutherausgabe erschienen in erster Auflage von 1555 bis 1558 und stellen bis heute einen editionsgeschichtlichen Markstein dar, der über viele Jahrzehnte eine Grundlage der evangelischen Theologie bildete. Wie kam es dazu?

1553 erließ kein Geringerer als der in der Schlacht bei Mühlberg unterlegene Kurfürst Johann Friedrich von Sachsen Weisung, diese zweite Ausgabe zu erarbeiten. Damit sollte der protestantischen Lehre nicht nur in den verbliebenen Landesteilen des entmachteten Kurfürsten, sondern in allen evangelischen Territorien eine fundierte, eng an die Schriften des Reformators gebundene textliche Grundlage gegeben werden. Wie der neue kleine Universitätscampus fand auch die Druckerei ein Domizil in einem säkularisierten Kloster. Während die Hohe Schule das ehemalige Dominikaner-Kloster bezogen hatte, wurden für die Druckerei die Gebäude des kleinsten und jüngsten der drei Jenaer Klöster, diejenigen des Karmelitenklosters in Nähe des heutigen Engelplatzes nah am mittelalterlichen Zentrum der Stadt, ausgewählt.

Zum Zeitpunkt des Erlasses war die bauliche Gestalt des Jenaer Karmelitenklosters schon verändert, und eigentlich hatte es eine komplette klösterliche Anlage – gemessen an über die Jahrhunderte gewachsenen Bauensembles mit geschlossener Klausur, Wohn-, Empfangs- und Wirtschaftsgebäuden – hier auch nie gegeben. Nach einer Grundstückschenkung durch die Markgrafen von Meißen 1414 gegründet, existierte es nur reichlich 100 Jahre. Dabei beherbergte das Kloster offenbar immer nur einen relativ kleinen Konvent. 1525 sind noch sieben hier lebende Mönche bezeugt. Die Blütezeit des Klosters fiel in das letzte Viertel des 15. Jahrhunderts, als die Einkünfte einen Kirchenneubau zuließen. Jedoch hat sich im Gegensatz zu vielen anderen Klöstern von diesem größten Bauwerk des Ensembles außer einem Strebepfeiler – trotz einer recht stattlichen Länge von über 45 Metern – fast nichts erhalten. Dagegen überdauerte der östliche Klausurflügel mit Sakristei und Kapitelsaal, wenn auch nur mit Erdgeschoss und einer Giebelwand. Der Raumkomplex wurde ab etwa 1490 errichtet. Die erhaltene Architektur spiegelt den Prozess der geplanten Klosterentwicklung ebenso wider wie das begrenzte Leistungsvermögen des kleinen Konvents in einer Stadt, in der es bereits zwei größere Klöster gab. Sichtbar wird ein durch Bauernkrieg und Reformation abgebrochenes frühes und deshalb nur selten erhaltenes Entwicklungsstadium einer Klosteranlage in der Zeit der Spätgotik. Hierin liegt aber nur eine der beiden Erlebnisdimensionen der aus Anlass des Reformationsjubiläums neu erschlossenen Sehenswürdigkeit, denn es gibt diese zweite, unmittelbar aus der Reformationsgeschichte resultierende Besonderheit – hier befand sich die Druckerei der neuen, grundlegenden Lutherausgabe. 1553 begannen im Klosterhof Bauarbeiten, um die Räumlichkeiten der neuen Bestimmung anzupassen. Druckerpressen wurden angeschafft, die angrenzende Kirche und der östliche Flügel der Klausur dienten bald darauf als Papier- und Bücherlager.

Mit Georg Rörer konnte ein Vertrauter Martin Luthers, der bereits an der Wittenberger Ausgabe gearbeitet hatte, für die Redaktion gewonnen werden. Christian Rödinger aus Magdeburg leitete den Druck. Die acht deutschen und vier lateinischen Bände geben die Schriften Luthers im Unterschied zur Wittenberger Ausgabe ohne Kommentare und in der Chronologie ihrer Entstehung wieder. Mehrere Briefe wurden erstmals veröffentlicht. Allein von Band 1 der deutschen Schriften, der die frühen reformationsgeschichtlichen Texte Luthers enthält, wurden hier bis 1615 sechs Nachauflagen gedruckt. Daneben sind bisher über 500 weitere Titel ermittelt – häufig Schriften von Theologen der jungen Jenaer Fakultät, die hier bis Anfang des 17. Jahrhunderts aufgelegt wurden.

Sowohl die Informationstafeln im Außenbereich als auch die kleine Dauerausstellung im Innern behandeln diese wichtige Episode in der Nutzungsgeschichte, wobei archäologische Funde wie einzelne Lettern, Farbnäpfe, Buchschließen oder auch ein Polierzahn für Goldauflagen zur Anschaulichkeit beitragen.

Am Ostermontag 2017 wurde nach einer mehrmonatigen Sanierung die neue Sehenswürdigkeit erstmals für die Öffentlichkeit geöffnet. Die äußerst positive Resonanz hat dazu geführt, dass die Räume während der warmen Jahreszeit seitdem an den Wochenenden regelmäßig geöffnet werden. Spezielle thematische Führungen, die die reformationsgeschichtliche Ausstellung im Stadtmuseum einbeziehen, können über die Städtischen Museen gebucht werden. An die Seite der alten, auf die Person Martin Luthers bezogenen Sehenswürdigkeit in der Stadtkirche ist eine neue getreten, die eine grundlegende, kulturgeschichtliche Dimension der Reformation verdeutlicht – die Rolle des Buchdrucks.

Ronny Schwalbe

Lutherhaus Neustadt an der Orla

Man sagt, Martin Luther habe ein- oder zweimal im Lutherhaus übernachtet. Es stimmt, dass der Reformator mindestens zweimal in Neustadt gewesen ist und dort auch übernachtet hat: Ein erstes Mal 1516 als Provinzialvikar des Augustiner-Eremitenordens, als er den Neustädter Konvent visitierte, und ein zweites Mal 1524 auf einer Reise durch Ostthüringen, als er gegen den Bilderstürmer Andreas Bodenstein, genannt Karlstadt, vorging. Als Augustinermönch wird Luther jedoch mit hoher Wahrscheinlichkeit seinen Schlafplatz im hiesigen Kloster gefunden haben. Denn die Verbindung zum sogenannten „Lutherhaus" beruht offenbar auf dem mündlich überlieferten Gerücht, das Augustinerkloster habe am Markt ein Gästehaus besessen. So geriet zum Ende des 19. Jahrhunderts ein prächtiger Bau ins Blickfeld. Wissenschaftliche Forschungen haben jedoch ergeben, dass das Kloster abgesehen vom Klostergelände in der Stadt keinerlei große Flächen und Güter besessen hat.

Dennoch zählt das Lutherhaus in Neustadt an der Orla zu den bedeutendsten reformationszeitlichen Bürgerhäusern in Thüringen. Es entstand 1490 unter Einbeziehung eines älteren, um 1420 errichteten Hausteils. 1574 erhielt dieses Gebäude sein heutiges Gesicht. Das dreigeschossige, mit seinem prächtigen Giebel zum Markt hin ausgerichtete Haus ist durch die außergewöhnliche Fülle an authentischen Ausstattungsdetails und Raumfassungen des 16. Jahrhunderts ein seltenes Zeugnis bürgerlicher Wohn- und Arbeitskultur der Reformationszeit.

Hervorzuheben sind die repräsentative Fassade mit Schmuckerker, die für die Nutzung als Handels- und Wohnhaus kennzeichnende Raumdisposition mit Hofdurchfahrt und Kontor im Erdgeschoss und repräsentativen Wohnräumen in den beiden Obergeschossen und nicht zuletzt Einbauten wie die beiden verzierten und ornamental bemalten Bohlenstuben. Bemerkenswerte Fassungsbefunde, unter anderem eine Christusfigur als Gefachmalerei in einem Raum des Obergeschosses, bezeugen darüber hinaus nicht nur die Schmuckfreudigkeit der Zeit, sondern auch die Durchdringung des bürgerlichen Alltags mit religiösen Inhalten, auch und gerade im Zeitalter der Reformation.

Zentrales Exponat der Ausstellung ist das Haus selbst. Als eines der wenigen erhaltenen und öffentlich zugänglichen Bürgerhäuser des ausgehenden Mittelalters in Thüringen bietet gerade das Lutherhaus einmalige Einblicke in das zu großen Teilen ursprüngliche Baugefüge und die verschiedenen Anpassungen sowie Nutzungssituationen eines solchen Gebäudes. Auffällig im Vergleich zu ähnlichen Bauten im Thüringer Raum ist das Vorhandensein zweier Stuben: In der nordwestlichen Gebäudeecke im ersten Obergeschoss befindet sich eine in das Baugefüge eingeschobene Blockbohlenstube. Dendrochronologische Untersuchungen haben ergeben, dass diese Stube auf das Jahr 1452 datiert werden kann. Eine zweite Stube sitzt mittig vor dem Westgiebel im zweiten Obergeschoss. Im Gegensatz zur ersten ist sie mit einer Stabbohlenkonstruktion fest in das Fachwerkgefüge eingebunden. Die Dachbalken bilden gleichzeitig die Stubendecke. An der Fachwerkfassade war ursprünglich ein Stubenerker angesetzt. Der Einbau zweier Stuben ist im Thüringer Raum eher ungewöhnlich, im angrenzenden Franken jedoch insbesondere in städtischem Umfeld häufig anzutreffen, ebenso wie die Verteilung der beiden Stuben auf unterschiedliche Geschosse. Meist wurde die untere als eigentliche „Wohnstube" genutzt, während die zweite sogenannte „Obere Stube" zu Repräsentationszwecken oder als Kontor diente.

Als begehbares Schaudenkmal will die Dauerausstellung im Lutherhaus die Entstehung, Nutzung, Veränderung und Anpassung des heutigen Museumsgebäudes an die jeweiligen Lebenssituationen der Hausbewohner aus 500 Jahren Hausgeschichte sichtbar werden lassen. Besucher erhalten während des Rundgangs exemplarische Belege aus den jeweiligen Epochen, beginnend um 1500 bis zur musealen Präsentation heute – eng verwoben mit Besitzern, Bewohnern und Eigentümern.

Darüber hinaus ist es der modernen Ausstellungsarchitektur gelungen, dem Thema „Die Reformationsgeschichte Ostthüringens" breiten Raum zu geben. Den Ausgangspunkt bildet die Stadt um das Jahr 1500 und eröffnet Einblicke in die politische, wirtschaftliche und soziale Struktur der Region. Dabei wird die vorreformatorische Frömmigkeit ebenso in den Blick genommen wie die Umbruchjahre, die Bürger- und Bauernaufstände und der Umbau der kirchlichen Strukturen in Pfarreiwesen, Schulwesen und der Kirchenmusik zwischen 1500 und 1555. Besonderen Raum erhalten hierbei die Protagonisten, Mönche, Pfarrer und Bürger. Als abschließendes Kapitel rundet die Rezeptionsgeschichte der thüringischen Reformation den Themenkomplex ab.

Mit dem Umbau des Lutherhauses in Neustadt an der Orla zu einem begehbaren Schaudenkmal wurde ein besonders authentisches Zeugnis der Reformationszeit in Ostthüringen im Oktober 2016 einer breiten Öffentlichkeit zugänglich gemacht. Durch die enge Verzahnung der Themenschwerpunkte zueinander und die Verschiedenartigkeit der Präsentationsformen ist ein spannendes Haus entstanden, welches die Thüringer Museumslandschaft bereichert und für alle Generationen und Zielgruppen interessante Zugänge bietet.

Literatur

RONNY SCHWALBE/RAINER SÖNTGEN, Das Lutherhaus in Neustadt an der Orla. Ein Haus, eine Stadt, die Geschichte(n) und ihre Präsentation, Neustadt an der Orla 2017.

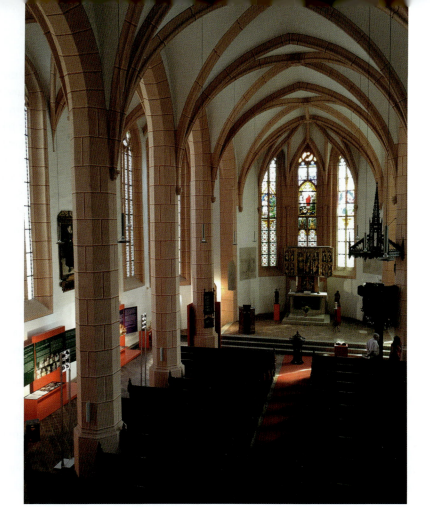

Reinhard Kwaschik

Bartholomäikirche und Brüderkirche zu Altenburg

Bartholomäikirche – ausgezeichnet mit dem europäischen Kulturerbe-Siegel

In sechs Haupt-Bauabschnitten von 2010 bis 2017 wurde die gotische Hallenkirche in ‚Dach und Fach' umfassend saniert. An manchen Stellen der Sandsteinfassade waren bereits Sicherheitsprobleme aufgetreten und die Gesichter der imposanten Engel am Turm schon so entstellt, dass die frohe Botschaft nicht mehr ganz so froh zu spüren war. Eigenmittel und Fördermittel aus Bund, Land, Stadt, Landeskirche und des Kirchenkreises kamen zusammen, um dieses einmalige Kulturdenkmal zu sanieren. Die Gesamtkosten belaufen sich auf ca. 2,3 Millionen Euro. Im Innenraum konnte mit Hilfe von Lotto- und Toto-Mitteln, der Sparkasse Altenburger Land, des Kirchenkreises und weiterer Sponsoren die Infrastruktur erneuert werden, indem ein beheizbarer Empfang, eine neue Sakristei mit Umkleide, Hauswirtschaftsraum, Sanitärbereich und Teeküche entstanden.

Für die Dauerausstellung wurde der Innenraum sensibel umgebaut, so dass der Kirchenraum als gottesdienstlicher Raum mit der Dauerausstellung eine Symbiose ergibt.

Insbesondere lädt die Krypta aus dem zwölften Jahrhundert als Raum der Stille zum Gebet ein.

Acht wertvolle Epitaphien, die u. a. auf Kirchenböden „versteckt" wurden, konnten restauriert werden und ergänzen als wertvoller Schmuck die Dauerausstellung.

Besonders gelungen ist das Konzept der Dauerausstellung: *Georg Spalatin – der Steuermann und Retter der Reformation* – begrüßt ganz persönlich die Gäste am Eingang der Kirche. Er erzählt von seinen Lebensetappen und informiert über den kirchlichen und weltlichen Konnex seiner Zeit. Kern der Ausstellung sind die Essentials der Evangelischen Kirche: allein die Gnade, allein die Schrift, allein der Glaube, allein Christus. Vor allem Jugendliche werden mit Fragen und Positionen angesprochen und nach Umsetzungen der reformatorischen Grundsätze in unsere Zeit eingeladen. ‚Nebenbei' gibt es noch eine Einführung in den Gottesdienstraum mit seinen Elementen wie Taufe, Abendmahl, Sünde, Vaterunser, Glaubensbekenntnis, Kanzel, Altar und Orgel.

Am 31. Oktober 2017, dem Reformationsjubiläum, konnte dieses Großprojekt mit der Enthüllung des Spalatindenkmals vor der St.-Bartholomäikirche beendet werden. Georg Spalatin geht mit forschen Schritten und mit festem Glauben in die Stadt und bezeugt, dass Reformation Politik ist, dass Glaube eine gesellschaftliche Dimension hat.

Brüderkirche

An der Spitze des Marktplatzes steht die Brüderkirche, an exponierter Stelle. Martin Luther mit seiner Bibel steht auf festem Sockel.

Die Kirche wurde 1905 vom Architekten Jürgen Kröger auf gutachterliche Empfehlung von Professor Johannes Otzen (Berlin) nach dem Wiesbadener Kirchbauprogramm gebaut. Der Baustil der Brüderkirche zeigt sich im Äußeren neogotisch mit Beimischung einiger romanischer und Jugendstil-Formen. Im Inneren überzeugen die Stimmigkeit der Farb- und Formgebung des Jugendstils und der Neogotik.

Die Brüderkirche ist mit ihren Seitenanbauten und dem Pfarrhaus als Gemeindezentrum und Informationszentrum am *Lutherweg* entwickelt worden: Unter der programmatischen Überschrift „Offene Kirche" gibt es den Luthersaal, eine Pilgerherberge, den Weltladen, ein Familienzentrum, Gemeinderäume, Mitarbeiterbüros, Gemeindebüro und Pfarrwohnung.

Orte des Heiligen?

Kirchengebäude nach der Reformation

Sonja Beeck, Elke Bergt, Ulrike Rothe

IBA Thüringen und Kirche
Querdenker für Thüringen 2017

Markant und selbstbewusst stehen sie da, prägen Stadtsilhouetten, bedeutende Plätze und bilden weithin sichtbare Orientierungspunkte. Wohl niemand möchte sich unsere Städte und Landschaften ohne Kirchen und deren Türme vorstellen. Für viele Menschen sind sie nicht nur wichtige Landmarken, sondern auch Orte, an denen sich – zumindest in christlich geprägten Regionen – wichtige Lebensstationen festmachen lassen. Hier wird getauft, konfirmiert, getraut und getrauert, und das seit Jahrhunderten. Kirchengebäude haben damit einen enormen Symbolwert. Sie machen Geschichte und gelebten Glauben erfahrbar, sind Kulturorte und touristische Anziehungspunkte. Aber oft sind sie verschlossen und menschenleer.

Kirchen bilden im städtebaulichen Gefüge eine feste Konstante. Wie auch immer unsere Orte sich gewandelt haben, die Kirchen stehen oft seit Jahrhunderten unverändert am gleichen Ort und dies meist in ihrer ursprünglichen Bestimmung. Doch so konstant unsere Kirchengebäude sind, so rasant hat sich unser gesellschaftlicher Alltag verändert. Seit dem Zweiten Weltkrieg haben die Kirchen in Deutschland einen deutlichen Mitgliederverlust zu verzeichnen. 2016 gehörten bundesweit nur noch 55 Prozent aller Menschen einer der beiden großen christlichen Kirchen an; in den neuen Bundesländern deutlich weniger. Innerhalb weniger Jahrzehnte ist aus einer Mehrheitskirche eine Minderheitskirche geworden. Dieser Prozess schreitet schnell voran. Dabei spielt heute insbesondere die zunehmende Individualisierung eine große Rolle. Viele Menschen suchen zwar Spiritualität, machen diese aber nicht unbedingt an den Kirchen fest.

Eine der größten evangelischen Landeskirchen Deutschlands sowohl flächenmäßig als auch von der Gebäudezahl her ist die Evangelische Kirche in Mitteldeutschland (EKM). Mit rund 4.000 Kirchen in Thüringen, Sachsen-Anhalt, Sachsen und Brandenburg verfügt sie über einen enorm großen und wertvollen Gebäudebestand. Man kann die EKM als ‚steinreich' bezeichnen, aber mit ihren aktuell rund 735.000 Mitgliedern ist sie vergleichsweise klein. Nur 3,3 Prozent der evangelischen Christen in Deutschland gehören zur EKM – aber 20 Prozent aller Kirchengebäude stehen hier in Mitteldeutschland. In Thüringen gehören etwa 2.000 Kirchengebäude zur EKM, 99 Prozent davon stehen unter Denkmalschutz.

Offener Ideenaufruf

Wie geht man mit diesem Erbe um? Welche Bedeutung haben die altehrwürdigen Bauten im Alltag, wenn kaum mehr Bedarf an Sakralräumen besteht? Sind die Kirchen nun übrig oder überflüssig? In Deutschland ist man sich der kulturellen Werte seiner Denkmale und auch der Kirchen sehr wohl bewusst und

versucht, diese zu erhalten und zu pflegen. Unschätzbar wertvoll ist das gemeinsame Wirken von Kirchgemeinden, Kommunen, Fördervereinen und Initiativen, um Kirchen zu erhalten und zu sichern.

Sehr viel schwieriger gestaltet sich die Situation allerdings, wenn es um Nutzungsalternativen geht. Das Thema ‚Mehrfachnutzung von Kirchen' füllt seit mehreren Jahren Fachliteratur, Tagungen und Workshops. Dennoch muss man sich eingestehen, dass der Anteil der Kirchen, die mit diesem Modell zukunftsfähige Lösungen gefunden haben, begrenzt ist. Viele Bemühungen und Ideen sind ehrenwert, werden aber möglicherweise nicht ausreichen, um die beschriebenen Probleme zu lösen.

Genau hier setzt das Vorhaben der EKM *Perspektiven für kirchliche Gebäude in Thüringen – Aufgabe, Abgabe, Wandel?* an, das seit 2014 IBA-Kandidat ist. Marcus Schmidt, Sachgebietsleiter im Referat Bau der EKM: „Wir brauchen einen Perspektivwechsel. Es muss in Zukunft in den einzelnen Regionen deutlich mehr um gemeinsame Konzepte von lokalen Akteuren gehen. Diese Konzepte müssen ortsspezifisch sein und von Menschen vor Ort getragen und gelebt werden. Unser Ziel ist es, die Kirchen als wertvolle Zeugnisse von Kultur und Glauben zu erhalten und mit Nutzungen zu füllen, die dies ermöglichen. Dabei lautet das Credo: Kirchenräume sind ‚besondere Orte' und sollen es auch bleiben. Veränderung aber ist notwendig und muss erlaubt sein."

Um innovative Lösungsansätze zu finden, entstand das Vorhaben STADTLAND:Kirche. *Querdenker für Thüringen 2017*. Mit finanzieller Unterstützung durch die Kulturstiftung des Bundes startete dieser Ideenaufruf im März 2016. Kirchengemeinden, Kommunen, Architekten, Künstler, Schüler, Studierende und sonstige Interessierte waren aufgerufen, neue, innovative, provokante, quer gedachte Ideen für Thüringer Kirchen zu formulieren.

500 Kirchen, 500 Ideen – Ausstellung in der Erfurter Kaufmannskirche

„Die Ideen sollten in einer zentralen Ausstellung möglichst vielen Menschen zugänglich gemacht werden. Wir haben den historischen Kirchenraum der Erfurter Kaufmannskirche mit gelben Kirchenbänken als ‚Raum in Raum'-Situation gestaltet, in der die Ideenvideos auf Monitoren liefen", beschreibt Jürgen Willinghöfer von chezweitz, Büro für urbane und museale Szenografie in Berlin, das das Gesamtvorhaben kuratorisch betreute, das Ausstellungskonzept. „Auf seitlich an den Kirchenbänken angebrachten Stelen haben wir Informationen zur Situation, zur EKM und zur IBA Thüringen aufbereitet. Zitate engagierter Menschen, auf Touren durch Thüringen gesammelt, ermöglichten einen persönlichen Zugang."

Der Raum zwischen dem Ausstellungskörper und dem Chorraum mit seiner bedeutenden reformatorischen Ausstattung diente als Begegnungsstätte für verschiedene Anlässe. Alt und Neu trafen hier aufeinander und bildeten einen Raum für Diskussionen und Annäherung.

Drei Querdenker-Salons begleiteten die Ausstellung. Dabei diskutierten Vertreter von Kirche, IBA Thüringen und Denkmalpflege mit den Kuratoren anhand der Themen ‚Zeichen setzen', ‚Orte schaffen' und ‚Räume gestalten', wie ein zukunftsfähiger Umgang mit den Kirchen gelingen kann. Auch Gastreferenten wie der kritische Journalist Dankwart Guratzsch (Die Welt), Prof. Dr. Andreas Hoffmann (ZEIT Stiftung) und Dr. Stefan Krämer (Wüstenrot Stiftung) gaben wertvolle Impulse.

Die Resonanz war überwältigend: Über 20.000 Gäste besuchten die Ausstellung ‚500 Kirchen, 500 Ideen' in der Erfurter Kaufmannskirche zwischen Mai und November 2017. Der Ausstellungstitel nimmt Bezug sowohl auf das Reformationsjubiläum 2017 als auch auf die rund 500 Kirchen, die in Thüringen weitgehend ungenutzt sind. Für die enge Vernetzung zum Reformationsjahr sorgte auch ein Ausstellungssatellit, der unter anderem zum Kirchentag nach Lutherstadt Wittenberg und ins Kloster Volkenroda tourte.

Die Schnittstelle in den öffentlichen Raum bildete ein ‚Ideengenerator', der vor der Kaufmannskirche, am Luther-Denkmal am Anger, auf die Ausstellung aufmerksam machte. In dieser Aktion der Berliner Künstlergruppe ‚Die philosophischen Bauern' haben sich viele Besucher um den sogenannten Generator, ein gelb gestrichenes Häuschen, herumgearbeitet und vielfältige Anregungen bekommen – bis am Ende eine Idee entstand.

Modellprojekte und Ausstellungssatelliten

Auch in den Kirchengemeinden überall im Land entwickelte sich viel Neues. An neuen und bestehenden Ideen arbeiteten Akteure vor Ort intensiv weiter.

„In Besuchen und Workshops war spürbar, wie bauliche und finanzielle Sorgen und das Gefühl, nicht ausreichend unterstützt zu werden, viele Kirchengemeinden belasten. Immer aber überwog der Wille, an dieser Situation etwas zu ändern und aus Potenzialen Ideen zu entwickeln. Ermutigung und Wertschätzung der vor Ort Agierenden sind enorm wichtig", so Kira Soltani Schirazi von chezweitz, die viele Gemeinden besuchte.

Die meisten Initiativen gehen davon aus, den Raum für Ruhe und Besinnung und als Ort des Gebets zu erhalten und diese Nutzung mit neuen Funktionen zu ergänzen. Ein sehr respektvoller Umgang mit dem ehrwürdigen Gebäude ist allen gemeinsam. Mit kleineren und größeren Interventionen wurden einzelne Modellideen beispielhaft ausprobiert.

Marta Doehler-Behzadi, Geschäftsführerin der IBA Thüringen: „Die Ideen sollten zu einem neuen innerkirchlichen, aber auch gesellschaftlichen Diskurs zum Thema Kirchen und deren Erhaltung beitragen. Aus den eingereichten Ideen haben wir mit Unterstützung des Kuratorenboards diejenigen herausgefiltert, die sich eignen, um modellhaft weiterentwickelt und realisiert zu werden. Nicht immer waren mit den Ideen schon konkrete Orte verbunden. Oft galt es, Ideengeber, Planer und Kirchengemeinde mit einem ähnlichen Ansatz miteinander zu verbinden und daraus gemeinsam eine starke Idee zu finden."

Einige konkrete Vorhaben präsentierte die Erfurter Ausstellung bereits als künftige Modellprojekte, die seit Herbst letzten Jahres aktiv qualifiziert werden. Die Sozialkaufhauskirche in der Martinskirche Apolda wird als ein sozialer Treffpunkt gemeinsam mit der Kirchengemeinde, der Stadt und der Diakonie entwickelt. Ein entsprechender Planungswettbewerb soll EU-weit ausgelobt werden.

Die Her(r)bergskirche St. Michaelis in Neustadt am Rennsteig ist seit Sommer letzten Jahres ein erster Erprobungsraum für weitere Her(r)bergskirchen im Thüringer Wald. Eine Werkstattwoche mit wenigen baulichen Interventionen – fünf Kirchenbänke wurden abgeschraubt und zwei Schlafebenen, die sich gut in den Kirchenraum integrieren, eingebaut – schuf die Voraussetzungen dafür, die Michaeliskirche von August bis Oktober 2017 in einem Probelauf über Airbnb erfolgreich zu vermieten. Ein nächster Schritt ist eine Studie, um die Potenziale dieses Konzeptes und mögliche weitere Standorte aufzuzeigen.

Die Gesundheitskirche St. Severi in Blankenhain vereint in sich die Ansätze Vivendum – Glauben und Heilen – und der Tageslichtkirche. Mit der Kirchengemeinde, Stadt, Diakonie und weiteren Partnern wird in diesem Jahr eine Machbarkeitsstudie auf den Weg gebracht, die die Potenziale des Kirchengebäudes in Verbindung mit der alten Kantorei auslotet und städtebauliche Entwicklungsmöglichkeiten aufzeigen soll.

Andere Projekte wie die Bienenkirche in St. Peter und Paul Roldisleben in Verbindung mit einem Gartenkonzept, ein meditativer Spielplatz in der Neuen Kirche Donndorf oder die Netzwerkkirche (digital und sozial) in St. Johannis Ellrich sind ebenfalls im Qualifizierungsprozess.

Erstes realisiertes IBA-Projekt: die Kunstkapelle St. Anna in Krobitz

Idyllisch und einsam steht die kleine romanische St. Annen-Kapelle auf dem weiten Feld. Man spürt die besondere Aura dieses Ortes – auch wenn die letzte Taufe Jahrzehnte her ist, der Kirchenraum jahrzehntelang Lager für Bänke und Ziegel war und sich bislang nur einmal im Jahr, zu Himmelfahrt, Menschen zum Gebet vor der Kapelle treffen. Anders in diesem Sommer: Im Rahmen der künstlerischen Umgestaltung der Kapelle durch den international renommierten Künstler Carsten Nicolai öffnete die Kapelle mit seiner ‚Feuerorgel' erneut für Besucher. Die Kunstkapelle wurde zum ersten fertiggestellten IBA-Projekt überhaupt.

Nicolai erklärte seine Auseinandersetzung mit dem Raum so: „Der Titel ‚organ' nimmt gleichzeitig Bezug auf das englische Wort ‚organ' für Orgel wie auch auf das symbiotische Miteinander von Organen, die einen lebendigen Körper bilden. Ich habe den Raum ohne Organ erlebt und dieses mit meiner Arbeit wieder zurückgegeben." An den Wänden wurde eine einfache Holzbank angebracht, ansonsten ist der Raum leer, so dass der Blick auf das Kunstwerk oder nach vorn in den Altarraum gerichtet ist.

Etwa 1.500 Gäste besuchten die kleine Kapelle an den Wochenenden im kurzen Zeitraum von Juni bis September 2017. Ein besonderer Umstand war, dass sich die Vertreter aus dem Ort und der Region rege am Prozess beteiligt haben und Woche für Woche die zahlreichen Besucher empfingen. Im Sommer 2018 geht das Kunstprojekt in seine nächste Saison – vor allem dank des Zusammenwirkens vom Bürgermeister, von Kirchgemeinde und engagierten Krobitzer Familien. Als Freundeskreis sorgen sie künftig gemeinsam dafür, dass die Kapelle erhalten und genutzt werden kann.

Auch an anderen Orten in Thüringen entstehen weitere Projekte. Welche drei bis fünf Vorhaben bis zum Finaljahr der IBA Thüringen 2023 in Gänze realisiert werden können, soll 2018 feststehen. Diese sollen dann in das gesamte Thüringer Land sowie über dessen Grenzen hinaus und in die Evangelische Kirche Strahlkraft entwickeln. Und sie sollen Mut machen, Veränderungen auch in der eigenen Kirche anzugehen.

Diethard Kamm, Ralf-Uwe Beck

Offene Kirchen in Mitteldeutschland

Wer kennt das nicht, gerade im Urlaub, angelockt von einem Kirchturm, sich die Kirche auch von innen anschauen zu wollen. Wir drücken die Klinke herunter und dann ... entscheidet sich, ob wir willkommen sind oder draußen bleiben müssen. Angenehm sind wir überrascht, wenn sich eine Kirchentür öffnet. Wir kennen das von Mecklenburg, dem Eichsfeld, Südtirol und griechischen Inseln. Weniger von Mitteldeutschland. Nur ein geringer Anteil der gut 4.000 Kirchen und Kapellen ist verlässlich geöffnet. Das, so war es von Anfang an unser Wunsch und Ziel, sollte sich bis zum Reformationsjubiläum 2017 ändern.

Die Evangelische Kirche in Mitteldeutschland (EKM) sah in dem Reformationsjubiläum eine Gelegenheit, ihre Haltung zu überprüfen: Gehen evangelische Gemeinden auf Menschen zu? Wie offen sind sie für Menschen, die auf der Suche sind, auch wenn sie nicht die Kirchengemeinde selbst suchen? Wie lassen wir uns neu formen, gewissermaßen „re-formatieren"? Schon zu Beginn der Reformationsdekade hatte die EKM versichert, 2017 gute Gastgeberin sein zu wollen. Im Herbst 2015 meinten Landeskirchenrat und Landessynode: Geöffnete Kirchen gehören dazu. Damit hatte die Kirchenleitung einen Paradigmenwechsel eingeleitet: Zukünftig sollte nicht mehr begründen müssen, wer seine Kirche öffnet, sondern wer sie noch verschlossen hält.

Wer die zumeist geschlossenen Kirchen thematisieren, diesen Missstand umkehren, ermutigen will, die Kirchen zu öffnen, muss gesprächsbereit sein. Eine fünfköpfige Arbeitsgruppe, zu der auch die beiden Autoren des Beitrages gehören, hat zahlreiche Kirchenältestentage, Konvente, Synodaltagungen in den Kirchenkreisen und einzelne Gemeinden besucht. Die Regionalbischöfe haben in ihren Propsteien Workshops angeboten. Die Landesbischöfin hat gute Beispiele mit einer Pressefahrt präsentiert. Noch zum Pfingstfest 2017 haben sämtliche 37 Kreispräsides, die Vorsitzenden der Synoden der Kirchenkreise, sich mit einem Brief an alle Gemeinden der EKM gewandt: „Wir, die Präsides der Kreissynoden, möchten Sie in den Kirchengemeinden bitten: Überlegen Sie noch einmal, wie Sie Ihre Kirche für die Menschen im eigenen Ort und für Gäste öffnen können, wen Sie in Ihrer Gemeinde, Ihrem Dorf hierfür brauchen oder gewinnen können. Die Landeskirche hilft gern mit Material, berät und vermittelt Erfahrungen. Wir feiern das Pfingstfest. Wir vertrauen auf den Heiligen Geist. Gott hat uns, so schreibt es Paulus im 2. Timotheusbrief, nicht gegeben den Geist der Furcht, sondern der Kraft und der Liebe und der Besonnenheit. Bitte helfen Sie mit, unsere Kirchen zu öffnen – für die Menschen, die auf der Suche sind." Außerdem hat die Arbeitsgruppe eine Handreichung herausgegeben, eine Versicherung auch für geöffnete Kirchen ausgehandelt und ist landauf, landab unterwegs gewesen, um für das Projekt zu werben.

Eine Anordnung, Kirchen aufzuschließen, gab es nicht. Die Entscheidung blieb und bleibt bei dem zuständigen Gemeindekirchenrat. Dabei sollten die Risiken nicht wegdiskutiert und auch nicht so getan werden, als seien sie vollständig zu beherrschen. Die Kirchenleitung warb jedoch darum, die Vor- und Nachteile von geöffneten Kirchen ehrlich und ernsthaft abzuwägen. Das Thema sollte nicht – wie schon oft zuvor – einfach abgehakt werden.

Denn: Unsere Kirchen sind auffällige, weithin sichtbare Gebäude, das Kreuz auf der Kirche nicht selten der höchste Punkt eines Dorfes oder einer Stadt. So predigen die Kirchen aller Welt vom Glauben an Gott. Und sie laden jeden Menschen ein, gerade auch die, die Jesus meint, wenn er sagt: „Kommt her zu mir, alle, die ihr mühselig und beladen seid; ich will euch erquicken" (Mt 11,28). Jede Kirche ist ein spiritueller Ort – auch wenn nicht gerade Gottesdienst in ihr gefeiert wird. Kirchen sind Gestalt gewordene Anbetung. Sie erzählen Glaubensgeschichte und Geschichten des Glaubens, manchmal wie ein (Bilder-)Buch. Kirchen predigen, auch ohne Predigerin oder Prediger. Sie geben der Seele Raum, sind Räume der Stille, der inneren Einkehr und der Zwiesprache zwischen Mensch und Gott. Wer eine Kirche betritt, fühlt sich oft genau dazu eingeladen. Die Erfahrung zeigt, dass nicht nur Christen sich von Kirchenräumen angezogen fühlen. Menschen suchen Kirchen auf, weil sie dort eine kurze Auszeit mitten im Alltag finden, weil sie zur Ruhe und zu sich selbst kommen können, weil eine Not sie nach einem Ort suchen lässt, an dem sie still werden und ihre Sorgen artikulieren und ablegen können. Manche freilich betreten eine Kirche einfach nur, weil sie neugierig sind auf das Baudenkmal, sie das Besondere des Kirchenraumes ahnen, schauen und staunen wollen.

Hinter dem Projekt steht auch die Frage, welche Möglichkeiten sich heute finden, in einer entkirchlichten und säkularisierten Welt christlichen Glauben anderen Menschen bekannt zu machen. Dabei ist die geöffnete Kirchentür bereits eine Zusage: Sie sind hier willkommen! Es ist wie in dem Gedicht von Rainer Kunze, in dem es heißt: „Treten Sie ein, legen Sie Ihre Traurigkeit ab, hier dürfen Sie schweigen." Die verschlossene Kirche drückt das Gegenteil aus.

Wenn bisher bei der Frage, ob eine Kirche geöffnet werden soll, überlegt wurde, ob überhaupt Touristinnen und Touristen durch den Ort kommen, hat sich mit der Aktion der Blick geweitet. Heute wissen wir deutlicher, dass die Menschen im Ort, in unmittelbarer Nähe der Kirche, mitunter einen Raum brauchen, in den sie sich zurückziehen können. Die Einträge in ausliegende Gästebücher belegen dies.

Da der beste Schutz vor Beschädigungen und Diebstahl aufmerksame Menschen sind, die sich um ihre Kirche kümmern, war das Projekt zugleich die Einladung, die Nachbarn der Kirche anzusprechen, ob nun Kirchenmitglied oder nicht.

Sollte es zu Diebstählen oder Vandalismus kommen, hat die Kirchenleitung der EKM ausdrücklich bekräftigt, dass es zu keiner Schuldzuweisung kommen wird. Im Gegenteil, die Kirchenleitung unterstreicht: Als Katastrophe sollte nicht angesehen werden, dass die Kirche Opfer von Diebstahl oder Vandalismus werden könnte oder sogar wird. Katastrophal wäre vielmehr, wenn das Evangelium nicht mit den Mitteln, die uns zur Verfügung stehen, verkündet und darum vielleicht nicht gehört wird.

Ist die EKM 2015 noch davon ausgegangen, dass rund fünf Prozent der Kirchen verlässlich geöffnet sind, so ist dieser Anteil bis zum Reformationsjubiläum auf ein Drittel angewachsen. Die überwiegende Zahl der Gemeinden mit geöffneten Kirchen berichten von positiven Erfahrungen, von Begegnungen mit Menschen, die sich einfach nur freuen, eine Kirche offen zu finden, von Gesprächen, die sich ergeben, von dankbaren Einträgen in

Gästebüchern. Ja, es hat auch Fälle von Diebstahl und Vandalismus gegeben, jedoch nicht gravierend, meistens Bagatellen. Es ist allerdings kein Beispiel bekannt, dass deswegen eine Gemeinde ihre Kirche wieder geschlossen hätte. Die meisten Gemeinden werden ihre Kirchen auch weiterhin öffnen. Das Reformationsjubiläum war der Anlass, die Aktion zu starten, nicht der Zieleinlauf.

Der Anspruch freilich, möglichst alle Kirchen zu öffnen, ist noch lange nicht eingelöst. Deshalb wird weiter dafür geworben, auch über 2017 hinaus. Ganz im Sinne des Mottos der EKM: Reformation geht weiter!

Die Kirche(n) und die theologischen Impulse der Reformation

Ilse Junkermann

Evangelische Kirche in Luthers Heimat. Einsichten und Erträge
Reformationsjubiläum und -gedenken: Anders

„Anders" – in diesem einen Wort verdichten sich die wesentlichen Einsichten und Erträge des Reformationsjubiläums und -gedenkens 2017 unserer Kirche. Dabei meint ‚anders': sowohl anders als bei früheren Jubiläen als auch anders als gegenwärtige kirchliche Alltagserfahrung.

Anders: ökumenisch

An vorderster Stelle steht die Erfahrung: Wir haben *mit den anderen* Konfessionen gefeiert. Zum ersten Mal seit 500 Jahren haben wir das Reformationsjubiläum und -gedenken ökumenisch gefeiert. Besonders froh und dankbar bin ich, wie sehr das Vertrauen in unserem ökumenischen Miteinander gewachsen ist. In diesem Jubiläum und Gedenken ist auch im praktischen Miteinander deutlich geworden, was gemeinsames Ergebnis der Lehrgespräche der vergangenen 50 Jahre ist: Uns verbindet mehr, als uns trennt. Und was uns trennt, bringt uns nicht gegeneinander. Wir haben gezeigt: Wir tragen auch den Schmerz der Trennung beim Abendmahl gemeinsam. Wir bekennen voreinander Schuld und bitten um Vergebung. Wir feiern nicht uns selbst, wir feiern ein Christusfest, ein Fest der Versöhnung. Dies stärkt uns für den gemeinsamen Auftrag in dieser Welt, für Barmherzigkeit und Liebe einzustehen und für Menschenwürde, besonders für Menschen am Rand der Gesellschaft.

Anders: gemeinsam mit anderen

Viele andere feierten mit uns, das ist eine für viele in der Kirche überraschende Erfahrung. So viele *andere* aus der Gesellschaft, aus Kultur, Vereinen, Politik, Wirtschaft und Verbänden haben ebenfalls und mit gefeiert, haben das Jubiläum und Gedenken, die Themen und Wirkungen der Reformation aufgenommen und sie sowohl mit uns und wie auch in ihrem eigenen Kontext bedacht. Das gilt insbesondere für das ganze Festjahr in Eisenach mit seinen Höhepunkten und für alle *Kirchentage auf dem Weg* ebenso wie für die vielen anderen regionalen Veranstaltungen, ja für die ganze Dekade. Bei all diesen haben wir durchweg die wichtige, oft neue Erfahrung gemacht: Wir können unsere Kräfte mit den Kräften anderer zusammenlegen für eine lebendige Kultur vor Ort.

Anders: hinausgehen in die Öffentlichkeit

Wir können auch ganz *anders*. Wir können aus unseren Räumen und Gebäuden hinausgehen, uns draußen in *andere* Räume begeben, auf die Straßen und Plätze gehen. Das ist die eine wichtige Erfahrung als öffentliche Kirche. Zu ihr gehört die weitere, der Verein r2017 hat uns dabei sehr unterstützt: Wir können *anders*, wir können groß denken und planen und umsetzen. Wir können in diesem Draußen viele Menschen erreichen, viel mehr, als wenn wir in unsere Räume hinein einladen. Sehr viele Menschen haben sich bei allen *Kirchentag auf dem Weg*-Städten an offene und gastfreundlich gedeckte Tische einladen lassen und sind dort miteinander sehr intensiv über Glaubens- und Alltagsfragen ins Gespräch gekommen. Klarer als in diesem „Umsonst und draußen" kann kaum deutlich werden, was das alte Wort Gnade bedeutet. Es hat vielen Menschen den Zugang zu Kirche erleichtert. Das provoziert uns, theologisch neu über Mahlgemeinschaft nachzudenken und wie wir dazu einladen. Und in dieser Erfahrung ist für alle Beteiligten beglückend: Die jahrzehntelange und staatliche verordnete und geförderte Kirchenfeindschaft weicht einem freundlich-offenen Interesse. Allerdings bevorzugen Menschen heute einen niedrigschwelligen Zugang. Und kirchlicherseits sind wir nachhaltig ermutigt: Auch wenn wir kleiner werden, ziehen wir uns nicht in Innerlichkeit, Privatheit und auf die sogenannte Kerngemeinde zurück. Schon jetzt sind Fortsetzungen für diese öffentlichen Mahlgemeinschaften in vielen Städten geplant.

Anders: kleine intensive Gesprächsrunden sind mehr gefragt als großangelegte Podien

Es gab viel Kritik und auch Enttäuschung über Teilnehmendenzahlen z. T. weit unter den Erwartungen. Ja, es stimmt: Viele groß geplante Diskussionsformate haben oft nur eine kleinere Gruppe von Menschen angezogen. Allerdings haben wir dabei eine wichtige *andere* Erfahrung gemacht: Die wenigen, die da waren, haben das intensive Gespräch auf Augenhöhe, an dem sich alle beteiligen konnten, besonders geschätzt – gegenüber Großveranstaltungen mit Podien, auf denen nur wenige etwas sagen. Viele haben dies eigens und ausdrücklich zurückgemeldet. Darin wird deutlich: Die Menschen haben es satt, dass stellvertretend für sie diskutiert wird. Sie wollen beteiligt werden und beteiligt sein.

Anders: am andern Ort

Das bestätigt auch ein *weiteres* Format, das die beiden genannten Anders-Erfahrungen ‚Öffentlichkeit' und ‚kleine Gesprächsgruppen' verbindet: die Kneipengespräche. Sowohl aus Weimar wie aus Leipzig gab es begeistert-erstaunte Berichte, wie diese Gespräche am *anderen* Ort Menschen angezogen haben. So haben wir erlebt, *anders* als von uns oft eingeschätzt, wie groß das Interesse der Menschen sowohl nach großer unverbindlicher und niedrigschwelliger Gemeinschaft ist, und dass damit ein klar erkennbares Bedürfnis nach intensivem Gespräch in kleiner Runde verbunden ist, nach einem offenen Ohr für die Anliegen der Menschen.

Anders: andere Orte – Regionalität

Viele *andere* Orte als allein die berühmten und allseits bekannten Lutherorte sind in den Blick gekommen. Viele haben vor Ort entdeckt, wie die Reformation gerade in ihrer Stadt und Region gewirkt und was sie bewirkt hat. Viele haben vor Ort, weit über die Grenzen der Kirchengemeinde hinaus, ihre Geschichte entdeckt und stolz gefeiert. Das ist ein wunderbares Zeichen, wie vital der Protestantismus lebt: Er lebt in den vielen Orten, viele Menschen vor Ort engagieren sich. Und viele gehen lieber dorthin, wo es diesen regionalen, lokalen Bezug gibt, als zu zentralen Großveranstaltungen. Die landauf, landab überaus gut besuchten Gottesdienste am Reformationstag (besser besucht als an Heiligabend, so sagen viele) haben diese Vorliebe für Regionalität vor Zentralität eindrücklich sehen lassen.

Allerdings darf das eine nicht gegen das andere ausgespielt werden, denn: Die Großveranstaltungen bildeten den Rahmen für die vielen kleineren; möglicherweise haben die großen, die eine besondere überregionale Aufmerksamkeit der Medien erfahren haben, den Impuls gegeben, auch auf kleinerer, regionaler Ebene Großes zu wagen. Diese Erfahrung ist für die Zukunft nicht nur in der Kirche, sondern auch für das politische Handeln von großem Gewicht: Menschen suchen in einer globalisierten, unüberschaubar gewordenen Welt das Vertraute, Heimat in der Nähe – und brauchen dafür einen Rahmen, der für Zugehörigkeit zu einem größeren Ganzen steht, der vor Ort unterstützt und Kleines am Größeren teilhaben lässt.

Wir haben nicht nur ökumenisch, wir haben auch international, weltweit, mit Menschen aus vielen *anderen* Nationen gefeiert. Darüber sind viele Menschen in Mitteldeutschland ins Staunen gekommen, welch große Bedeutung ihre Region und die Reformation für Millionen von Menschen in der ganzen Welt haben. So wurde Regionalität auch in dem Sinn gestärkt, dass die Menschen in einer von Verlust und Minderwertigkeitsgefühlen geprägten Region durch das weltweite Interesse gerade an ihrer Region neues Selbstbewusstsein schöpfen konnten, ja gemerkt haben: Wir können im besten Sinne stolz auf unsere Region und ihre Geschichte sein.

Anders: der andere Luther

Wir haben auch den ‚*anderen* Luther' in den Blick genommen. Die Verlautbarung der Landessynode der Evangelischen Kirche in Mitteldeutschland zum Bußtag 2016 *Martin Luther und die Juden – Erbe und Auftrag*[1] ist ein wichtiges Signal: Es geht uns nicht um Heldenverehrung. Wir sehen auch den ‚*anderen* Luther'; den, der auch schwer fehlgegangen ist, insbesondere mit seinem Antijudaismus; dessen Theologie zur Begründung und Rechtfertigung von Antisemitismus bis hin zu schlimmster Verfolgung und millionenfacher Ermordung dienen konnte. Das Jubiläum hat uns geholfen, eine sehr differenzierte Sicht auf ihn zu gewinnen. So, wie es exemplarisch im Text auf der Tafel zum – auf eine Bürgerinitiative hin – neu errichteten Lutherdenkmal in Nordhausen heißt[2]: „2017! Ein Jahr, in dem Martin Luther vom Sockel steigt. Wir erkennen: Luther ist ein Mensch gleich allen Menschen. Stark und schwach. Froh und traurig. Lachend und weinend. Liebevoll und hassend. Aufmerksam und gehässig. Sympathisch und böse. Wie jeder Mensch lebt auch Martin Luther, von der Gnade und Vergebung Gottes ..."[3] Die ausgesprochene Verpflichtung, „jeder Form von Antisemitismus und Antijudaismus in Kirche und Gesellschaft zu widersprechen"[4], braucht dringend die weitere gründliche theologische und Bildungsarbeit.

Anders: die anderen Reformatoren

Wichtig waren auch die anderen: Spalatin in Altenburg, Müntzer in Allstedt, Karlstadt in Orlamünde, „Luthers Freunde" mit Justus Jonas und anderen (das Motto, unter dem der Kirchenkreis Nordhausen ein ganzes Jahr gefeiert hat), *Luthers ungeliebte Brüder*, so die Ausstellung, die in Mühlhausen zu sehen war.

Sie stehen auch dafür, dass die Reformation ein differenzierter, weit verzweigter, uneinheitlicher und auch konfliktreicher Transformationsprozess war, in dem viele agierten, mit- und gegeneinander, ein Prozess, in dem Martin Luther einen unbestritten gewichtigen und herausragenden, aber nicht alleinigen Part hat, ein Prozess, in dem diese Verschiedenen Wichtiges und Wesentliches zum Ganzen beitrugen.

Anders:
die Frauen der Reformation

Und nicht zuletzt wurde auch an die Forschungen, Ausstellungen und Veröffentlichungen zum *anderen* Geschlecht, zu den Frauen der Reformation erinnert. Sie waren keine Reformatorinnen, das konnten sie nach ihrer damaligen gesellschaftlichen Stellung gar nicht sein. Aber auch viele Frauen haben die Reformation zu ihrer Sache gemacht, sie eingeführt, unterstützt, sie mitgestaltet. Die Ausstellung der Evangelischen Frauen in Mitteldeutschland[5] war und ist weiterhin so sehr gefragt, dass sie in mittlerweile vier Exemplaren weit über unsere Region und Kirche hinaus unterwegs ist. Eine englische Fassung war mit der EKM-Delegation und -Besuchergruppe bei der Vollversammlung des Lutherischen Weltbundes in Namibia und ist von dort in die USA, zu unseren Partnerkirchen, geschickt worden. Alle sind zum allgemeinen Priesterdienst gerufen, unabhängig von Herkunft und Geschlecht, so stellt die Ausstellung vor Augen.

Anders:
eine Dekade

In den zehn Jahren auf das Jubiläum hin wurden einzelne Themen und die vielfältigen Wirkungen der Reformation in Kirche und Gesellschaft vertieft und differenziert in den Blick genommen. Sie haben mit ihrem jeweiligen thematischen Focus in Kirche, Wissenschaft und Gesellschaft neue Erkenntnisse erbracht und den gesamtgesellschaftlichen Diskurs wie die kulturelle Vergewisserung befördert. Zugleich wurde differenziert deutlich, dass „die Reformation" wesentlicher Teil eines über 100-jährigen gesellschaftlichen und politischen Transformationsprozesses ist und kein einzelnes grundstürzenden „Blitz"-Ereignis. Daraus ist für den derzeitigen Transformationsprozess des 20./21. Jahrhunderts viel zu lernen, insbesondere Geduld, Klarheit, Mut, Verantwortung und Einstehen für als wahr und richtig Erkanntes.

So ist unsere Kirche durch die Dekade und die Jubiläums- und Gedenkerfahrungen als Kirche für und mit anderen darin gestärkt, ihren unverwechselbaren Beitrag in diesem Transformationsprozess einzubringen: für eine Welt(gesellschaft) mit menschlichem Gesicht, für eine Welt in Frieden und Gerechtigkeit.

Anmerkungen:

1. Vgl. unter www.ekmd.de/asset/cs8bk0wDS262 QuFc_rStOQ/ds-8-3-b-neu.pdf, abgerufen am 15.06.2018.

2. Dieser Text ist allerdings erst auf Intervention des Vorsitzenden der jüdischen Landesgemeinde hin entstanden; Pfarrer Teja Begrich aus Mühlhausen als Beauftragter der EKM für den jüdisch-christlichen Dialog hat ihn im Wesentlichen verfasst.

3. Der weitere Text lautet: „Auch dafür steht dieses Denkmal im Schatten der Blasiikirche und unweit der Nordhäuser Synagoge. Die Synagoge wurde in der Nacht des 9. Novembers 1938 niedergebrannt, die Kirche durch Luftangriffe im zweiten Weltkrieg zerstört. Die Kirche wurde wiederaufgebaut, die Synagoge nicht. Dafür, dass das Volk Gottes, die Juden, fast völlig vernichtet wurde, tragen Martin Luther und seine Kirche Schuld und Verantwortung. Auch darum steigt Martin Luther vom Sockel."

4. Aus der Verlautbarung (wie Anm. 1).

5. Vgl. www.frauenarbeit-ekm.de/lilac_cms/de/4734,,buch,,uebersicht/index.html, abgerufen am 15.06.2018.

Ulrich Neymeyr

Ökumeneschub?
Die katholische Perspektive auf 2017

Ich wurde gebeten, auf das Reformationsjahr zurückzuschauen, aber auch den Blick perspektivisch nach vorne zu richten. Ich möchte dies gerne unter vier großen Stichworten tun.

KONTROVERS

Bisher waren die Reformationsjubiläen ausschließlich Angelegenheit der reformatorischen Kirchen, die sich dabei kontrovers von der römisch-katholischen Kirche absetzten. Als die evangelische Kirche in Deutschland beschloss, das 500-jährige Reformationsjubiläum mit einer zehnjährigen Dekade vorzubereiten, zeichnete sich ebenfalls eine kontroverse Konnotation dieses Ereignisses an. Auf der evangelischen Seite wollte man mit einer großen Jubiläumsfeier der Kraft der Reformation aus dem Geist des Evangeliums neuen Schwung verleihen. Manche Formulierungen stießen bei katholischen Christen auf Unverständnis, wenn etwa die evangelische Kirche gefeiert werden sollte als die katholische Kirche, die durch die Aufklärung gegangen ist. Auf der anderen Seite betonten katholische Vertreter, für sie gäbe es im Jahr 2017 nichts zu feiern. So entwickelte sich auch ein verschiedener Sprachgebrauch. In der evangelischen Kirche wurde von Reformationsjubiläum gesprochen, bei den Katholiken von Reformationsgedenken. Die Christen im Osten Deutschlands spürten recht schnell die Problematik, eine solche Kontroverse der Mehrheitsbevölkerung zu vermitteln, der Religion und Kirche völlig fremd ist. Auch aus dieser Perspektive bin ich sehr froh, dass es gelungen ist, das „Reformationsjahr", wie es in Thüringen diplomatisch heißt, nicht kontrovers zu begehen, sondern gemeinsam.

GEMEINSAM

Dass es gelungen ist, die Erinnerung an den 31. Oktober 1517 gemeinsam zu begehen, ist die Frucht vieler ökumenischer Begegnungen und Bemühungen. Jahrzehntelange intensive ökumenische theologische Konsensgespräche trugen auch im Blick auf das Reformationsgeschehen vor 500 Jahren reiche Früchte. Die wichtigsten Impulse gingen aus von einem Studiendokument der lutherisch/römisch-katholischen Kommission für die Einheit, das am 17. Juni 2013 der Öffentlichkeit vorgestellt wurde und sich für ein ökumenisches Gedenken am 500. Jahrestag der Reformation ausspricht. Das Dokument trägt den Titel *Vom Konflikt zur Gemeinschaft*. Dieser Titel wurde auf vielen Ebenen zum Programm im Zugehen auf das Jahr 2017. Aus dem Arbeitskreis evangelischer und katholischer Theologen, der sich in den Jahren 2009 bis 2014 mit den ökumenischen Perspektiven der Reformation befasste, kam die Anregung, das Beklagenswerte der Reformation und ihrer Folgen gemeinsam zu beklagen nach dem Vorbild von

„Healing of Memories"-Gottesdiensten, die etwa in Südafrika entwickelt wurden. Unter dem Thema „Erinnerung heilen – Jesus Christus bezeugen" wurde am 11. März 2017 in Hildesheim ein beeindruckender bundesweiter ökumenischer Gottesdienst gefeiert.

Auch in Thüringen wurden diese Anregungen aufgegriffen. Die Erinnerung an die Reformation wurde nicht kontrovers, sondern gemeinsam begangen. Sie hat die Konfessionen nicht auseinander-, sondern zusammengebracht und ein gutes Glaubenszeugnis in die thüringische Gesellschaft hineingegeben. Das Reformationsjahr begann am 10. November 2016 mit der Martinsfeier in Eisenach, die in guter ökumenischer Tradition sowohl an Martin Luther als auch an Martin von Tours erinnert. Zusammen mit Bischöfin Junkermann habe ich einen beeindruckenden „Healing of Memories"-Gottesdienst im Kloster Volkenroda gefeiert. Zusammen mit vielen engagierten evangelischen und katholischen Christen haben wir dabei in besonderer Weise an den Niedergang des reichen klösterlichen Lebens in Thüringen nach der Reformation gedacht. Die Abteikirche in Volkenroda war nur eine Ruine, bis die Jesusbruderschaft sie wieder mit geistlichem und kirchlichem Leben erfüllte. Diese positive Perspektive war für alle sehr beeindruckend. Im Mai fand eine große Festwoche in Eisenach statt mit einem gut besuchten und frohen Gottesdienst auf dem Marktplatz. An den *Kirchentagen auf dem Weg* in Jena, Weimar und Erfurt waren katholische Christen nicht nur bei der Vorbereitung, sondern auch bei der Durchführung beteiligt. Fast waren es ökumenische Kirchentage. Am 10. November wurde das Reformationsjahr mit der Martinsfeier in Erfurt beendet. Ich bin sehr froh, dass es tatsächlich ein gutes gemeinsames ökumenisches Jahr in Thüringen war.

VERSCHIEDEN

Es freut mich aber auch, dass in diesem guten ökumenischen Miteinander auch die Verschiedenheiten und die Unterschiede ihren Platz hatten und benannt werden konnten. Nach wie vor bestehen im Verständnis des kirchlichen Amtes und davon abhängig im Abendmahlsverständnis grundlegende Unterschiede zwischen beiden Konfessionen. Bischöfin Junkermann und ich haben dies auch im Reformationsjahr nicht ausgeblendet. Sie hat an der Priesterweihe im Erfurter Dom teilgenommen und ich an der Ordination der Evangelischen Kirche Mitteldeutschlands in Eisenach. Das Erleben dieser Liturgien zeigt, dass es nicht nur theologische Unterschiede im Amtsverständnis gibt, sondern dass diese sich auch ganz konkret in der Gestaltung der Liturgie und in den Texten der Gebete ausdrücken. Auch andere Unterschiede wurden bei den verschiedenen Gesprächsforen, Podien und Diskussionsrunden benannt. So wurde bei einem Gesprächsforum deutlich gesagt, dass evangelische Christen es sich nicht vorstellen können, Heilige um ihre Fürsprache anzurufen, was für katholische Christen ein wichtiger Aspekt ihrer Frömmigkeit ist. Bei einem anderen Gesprächsforum wurde deutlich, wie wichtig es uns katholischen Christen ist, die Ehe als Sakrament zu verstehen. Nach unserer Überzeugung wird die Ehe nicht nur gesegnet, sondern im Trauungsgottesdienst von Gott begründet. Gott verbindet die beiden zu Mann und Frau, auch damit sie an seinem Schöpfungshandeln mitwirken und Kindern das Leben schenken. Da dies auf natürlichem Weg nur einem Mann und einer Frau gemeinsam möglich ist, bleibt nach katholischem Verständnis die Ehe als Sakrament einem Mann und einer Frau vorbehalten. Dies sind nur einige Unterschiede im konfessionellen Miteinander, die auch im gemeinsam als Christusjahr begangenen Reformationsjahr ihren Platz hatten.

ÖKUMENISCH

Diese von mir angesprochenen und andere Unterschiede führen zur Frage nach den Perspektiven für die Ökumene. Ich möchte zunächst einen grundlegenden Aspekt hervorheben. Ökumene bedeutet in unserem Land nicht mehr nur die Begegnung und das Miteinander von katholischen und evangelischen Christen. Die Zahl der Christen aus der großen Familie der orthodoxen Kirchen ist in Deutschland stark gewachsen und wächst weiter. Fast alle orthodoxen Kirchen sind in Deutschland vertreten und bauen kirchliche Strukturen bei uns auf. Erfreulicherweise öffnen viele hiesige Gemeinden diesen orthodoxen Gemeinden ihre Kirchentüren, so dass sie Orte finden, um Gottesdienst zu feiern. Manche orthodoxen Kirchen haben auch einen Bischof in Deutschland, der für die Mitglieder ihrer Kirche zuständig ist. Diese verstärkte Präsenz orthodoxer Christen in unserem Land kann eine Chance für das ökumenische Miteinander sein. Ich will nicht verschweigen, dass ein Hindernis für den ökumenischen Dialog mit der Orthodoxie darin besteht, dass die orthodoxen Kirchen national organisiert sind und sich zuständig wissen für das Gebiet einer bestimmten Nation. Wenn sie bei uns in Deutschland leben, fühlen sie sich als Gäste im fremden Land. Andererseits haben sie Schwierigkeiten, Christen anderer Kirchen und Konfessionen in ihrem Gebiet zu akzeptieren. Es zeichnen sich aber auch schon erste gute ökumenische Begegnungen mit den Christen und Verantwortlichen der orthodoxen Kirche ab. Dieser Dialog sowohl auf deutscher Ebene als auch auf internationaler Ebene kann durchaus sehr fruchtbar sein. Ich möchte dies anhand von zwei Beispielen erläutern, die in ökumenischen Gesprächen immer wieder thematisiert werden.

Nach unserem katholischen Verständnis bedeutet die Teilnahme am Abendmahl nicht nur Gemeinschaft (Kommunion) mit Jesus Christus, sondern auch mit der Kirche, weshalb wir uns damit schwertun, dass jemand in der katholischen Kirche die Kommunion empfängt, der nicht Mitglied der katholischen Kirche ist. Wir teilen dieses Verständnis mit den Kirchen der Orthodoxie, die allerdings in der Regel den Mitgliedern anderer Kirchen die Kommunion verweigern. Im Blick auf die Praxis der Orthodoxie und auf die Praxis der evangelischen Kirchen, die alle Gottesdienstteilnehmer zum Abendmahl einladen, können sich möglicherweise Spielräume ergeben. Ich sage dies vor allem im Hinblick auf die konfessionsverbindenden Ehen. Nach katholischem Verständnis sind diese Ehen ein Sakrament. Das heißt, dass in diesen Ehen ein evangelischer Christ ein katholisches Sakrament gespendet und empfangen hat, denn das Sakrament der Ehe wird nicht vom assistierenden Priester oder Diakon gespendet, sondern von den Brautleuten. Wer nun ein katholisches Sakrament gespendet und empfangen hat, kann nicht ganz außerhalb der Gemeinschaft der katholischen Kirche stehen. Wenn dann noch diese Ehe und Familie als Hauskirche gelebt wird, dann stehen die evangelischen Christen dieser Hauskirche in irgendeiner Gemeinschaft mit der katholischen Kirche. Dies kann sich bei konfessionsverbindenden Ehen ja auch dadurch zum Ausdruck bringen, dass sie am katholischen Gottesdienst teilnehmen. Die evangelischen und katholischen Christen in solch einer Hauskirche stehen damit nicht nur auf dem gemeinsamen Fundament der einen Taufe, sondern auch auf dem gemeinsamen Fundament des Ehesakramentes.

Eine weitere Perspektive für ökumenische Entwicklungen könnte sich mit Blick auf die Kirchen der Orthodoxie in der Praxis des Eheverständnisses entwickeln. Auch die Kirchen der Orthodoxie lehren die Unauflöslichkeit der Ehe. Eine einmal in der Kirche geschlossene Ehe bleibt bestehen, auch wenn die Partner verschiedene Wege gehen und neue

Beziehungen eingehen. Dies ist vergleichbar mit Geschwistern, die auch dann Geschwister bleiben, wenn sie sich zerstritten haben, weil sie eben dieselben Eltern haben. Viele Kirchen der Orthodoxie unterscheiden nun aber zwischen solchen unauflöslichen Ehen, die im Himmel geschlossen wurden, und weiteren Beziehungen, die nach dem Zerbrechen einer solchen unauflöslichen Ehe eingegangen wurden und nur auf Erden geschlossen sind. Auch für solche weiteren Beziehungen ist ein kirchlicher Ritus möglich, der sich manchmal nur darin unterscheidet, dass diejenigen, die zum ersten Mal heiraten, ein Krönchen tragen als Zeichen dafür, dass diese Ehe im Himmel geschlossen wird. Dieses sehr weite Verständnis könnte in unserer katholischen Kirche Verständnis wecken für den Wunsch derer, die in ihrer Ehe gescheitert sind, aber doch die Sakramente der Buße und Eucharistie empfangen möchten.

Nach diesen eher grundlegenden Perspektiven möchte ich zwei wichtige ökumenische Perspektiven für Thüringen benennen. Es muss für Christen verschiedener Konfessionen ein Anliegen sein, auch miteinander Gottesdienst zu feiern. Ich möchte dafür besonders den Pfingstmontag empfehlen. Da der Pfingstmontag in allen anderen Ländern kein gesetzlicher Feiertag ist, kann an diesem Tag ein ökumenischer Gottesdienst für einen katholischen Christen auch die Eucharistiefeier ersetzen. Natürlich sollte er die Möglichkeit haben, die Eucharistie zu feiern. Neben dieser Initiative für alle Kirchengemeinden haben Bischöfin Junkermann und ich vereinbart, dass wir wenigstens einmal im Jahr einen ökumenischen Gottesdienst gemeinsam feiern, ohne dass er etwa durch den Thüringentag oder durch das thüringische Erntedankfest veranlasst ist. Wir haben dafür den Vorabend des ersten Advents ausgewählt, mit dem wir ein neues Kirchenjahr beginnen. Wir wollen damit im kommenden Jahr beginnen, wenn in beiden Kirchen die neue Bibelübersetzung auch in den Gottesdienst eingeführt wird.

Darüber hinaus halte ich es für wichtig, dass Christen ihr karitatives Engagement bündeln und sich keine Konkurrenz machen. Es gilt, diese gute Tradition und Selbstverständlichkeit in Thüringen fortzusetzen. Es ist außergewöhnlich, dass es in Thüringen auch Einrichtungen der Caritas und der Diakonie in gemeinsamer Trägerschaft gibt, wie etwa das Christophoruswerk in Erfurt oder die Kliniken in Eisenach und in Mühlhausen.

So hoffe ich, dass das gute ökumenische Miteinander, das im Reformationsjahr nicht getrübt, sondern vertieft wurde, auch weiterhin die Christen in Thüringen miteinander verbindet. Wir sind uns bewusst, dass wir in unserer Gesellschaft eine Minderheit bilden. Das ökumenische Anliegen ist auch ein missionarisches Anliegen. Wir verbinden uns mit dem Gebet Jesus: „Alle sollen eins sein: Wie du, Vater, in mir bist und ich in dir bin, sollen auch sie in uns sein, damit die Welt glaubt, dass du mich gesandt hast" (Joh 17,21).

Jürgen Reifarth

Licht auf Luther
Der Erfurter *Kirchentag auf dem Weg* 2017

Der Erfurter *Kirchentag auf dem Weg* im Mai 2017

„Wieso verpacken die das gerade jetzt, zum Kirchentag!? Der gehört doch gezeigt!" Manchen Spaziergänger vor der Kaufmannskirche regte auf, dass der Luther des Denkmals von 1889 mit schwarzer Folie verhüllt und abends in buntes Licht getaucht war. Nicht alles muss erklärt, sondern darf selber bedacht sein, zum Beispiel, wieso der Sockel mit Schlagzeilen grellbunt plakatiert ist. Was steht da? „Freiheit", „Christus", „Herz". Wieso ist der Reformator eingepackt wie zum Versand? – Ingo Bracke, Lichtkünstler aus Detmold, lieferte den Erfurtern Ende Mai 2017 eine Woche lang Frageanlässe. Auch das vertraute Augustinerkloster rückte er in ein fremdes Licht, durch ein Gewebe aus Farben und Klang über Kirche, Kreuzgang und Klostergarten.

•

„Licht auf Luther" titelte der Erfurter *Kirchentag auf dem Weg* vom 25. bis 27. Mai 2017. Als das lange Himmelfahrtswochenende vorbei, das Großprojekt zu Ende war, atmeten alle organisatorisch Beteiligten durch, aber viele Erlebnisse und gute Begegnungen wirkten nach. Wer hätte vorher gedacht, dass sich 2.700 Menschen zum Himmelfahrts-Kaffee mit Thüringer Kuchen auf dem Domplatz versammeln? (Sicher, die Erfurter Nerly Bigband und ein strahlender Himmel machten das leicht.) Und dass der anschließende Gottesdienst mit über 3.000 Menschen, darunter 500 singenden Thüringer Kindern auf den Domstufen solche Bindekraft entwickelte? Dass das Internationale Festmahl *Erfurt tafelt* 1.200 Menschen unterschiedlichster Nationalitäten versammelte, bunte Gewänder und Tücher, viele Hautfarben und Sprachen erlebbar wurden und alle bald in einen regen Austausch von Worten und Speisen traten? Kirche wurde sichtbar.

•

Erfurt ist der Ort, an dem sich die Reformation bildete. Die mittelalterliche Universitäts- und Klosterstadt gab Martin Luther die akademische und spirituelle Nahrung, von der er zeitlebens zehrte: humanistischen Geist, Bibelstudium, klösterliche Spiritualität. Das Erfurter Kirchentagsmotto „Licht auf Luther" spielte natürlich auf den Blitz von Stotternheim an, der das Damaskus-Erlebnis des jungen Jurastudenten markierte und ihn als Mönch ins Augustinerkloster brachte. Vier Themen hatte sich der *Kirchentag auf dem Weg* vorgenommen, um die Person und Lehre des Reformators mit der Geschichte und Gegenwart der Stadt und des kirchlichen Lebens hier zu verknüpfen. Die authentischen Luther-Orte sollten erlebbar gemacht werden: das Collegium Maius als Immatrikulationsort, das Augustinerkloster als Lebensmittelpunkt, der Dom als Ort der

Priesterweihe, die Michaelis- und Kaufmannskirche, in denen Luther predigte. Zweitens war der bikonfessionelle Status Erfurts, die „Ökumene seit 500 Jahren" zu würdigen, denn seit 1530 schon regelt ein Vertrag das Verhältnis von Katholischen und Evangelischen in Erfurt. Der dritte Schwerpunkt, „Das war nicht ganz koscher! Juden und Christen", stellte Erfurt als Schatztruhe jüdischer Religion und Kultur vor, aber auch die hiesigen Pogrome sowie Luthers Hetze gegen die Juden. „Evangelisch heute!" schließlich thematisierte, was ostdeutschen Christen aus ihrer Tradition heraus und mit ihren Erfahrungen in der weltweit am meisten säkularisierten Region zu sagen haben.

•

Wesentlich war: Kirche wurde sichtbar im öffentlichen Raum, mit dem Kinder- und Familienprogramm „Luther – Bibel auf!" am Anger, mit Open-Air-Rockmusik für die Jugend in der Barfüßerruine oder mit den Themen „Bauen, Pilgern, Helfen" auf dem Wenigemarkt. Meister Eckharts Predigerkloster lud als Zentrum Mystik und Spiritualität mit zeitgemäßen spirituellen Angeboten ein, unter anderem zu „50 Stunden Anleitung zur Stille". Im Geistlichen Zentrum Augustinerkloster konnte man „Glauben üben". Kirche wurde sichtbar im Zentrum Juden und Christen in der Erfurter Jüdischen Bildungsstätte. Kirchliche Arbeit wurde sichtbar in der Frage nach Versöhnung im Zeitzeugengespräch zwischen einem DDR-Dissidenten und seinem Stasi-Spitzel unter dem Titel „Feindberührung" in der Gedenkstätte Andreasstraße, der ehemaligen U-Haft. Lebendiger Glauben wurde hörbar in der Gabe des Protestantismus an die Christenheit, der geistlichen Musik: so mit der Uraufführung des *Enchiridion-Echo* vom Magdeburger Komponisten Thomas König, der damit Antworten auf fünf Lieder des ersten umfänglichen evangelischen Gesangbuchs gab, das 1524 in Erfurt gedruckt wurde. Oder mit der Aufführung *Gaudium christianum*, frühbarocker Festmusik zum Reformationsjubiläum 1617 vom Erfurter Kantor Michael Altenburg, einem Zeitgenossen von Heinrich Schütz. Beide Stücke wurden von Erfurter (Kirchen-)Musikern und Chören aufgeführt, die darüber hinaus den Kirchentag musikalisch bereicherten. So auch mit dem Erfurter Klezmer-Orchester in der Lutherkirche oder mit dem Abend *Im Lichte des Einen* zu christlicher und islamischer Mystik. Vom Stotternheimer „Blitzstein" pilgerten Kirchentagsgäste auf zwei Routen nach Erfurt bis an die Augustinerklosterpforte. Auf dem Domplatz wurde eine Glocke für die kleine Dorfkirche Salomonsborn gegossen, daneben pflanzten Studenten der Erfurter Lehr- und Versuchsanstalt Gartenbau aus 3.000 Blumen eine Lutherrose. (Das Wappenzeichen des Reformators hat sein Vorbild in den mittelalterlichen Glasfenstern des Augustinerklosters.) Kirche und lebendiger Glauben waren sichtbar als Gemeinschaft der Vielfalt, der Kreativität und gelingender Integration. Beispielsweise saß vor der Michaeliskirche ein deutscher Schwarzafrikaner hinter einem christlichen Büchertisch und las in deutschen Heldensagen.

•

Kirchentag im Osten läuft anders, das war in Erfurt gut zu lernen. Enthusiasten unter den Organisatoren mochten im Vorfeld gerne 20.000 verkaufte Eintrittskarten kalkulieren, Realisten gingen von maximal der Hälfte aus. Der Kartenverkauf blieb wie bei allen *Kirchentagen auf dem Weg* weit hinter allen Plänen zurück. Bei der sogenannten Schalverspendung allerdings rissen viele Leute den Helfern die orangenen Kirchentagsschals aus den Händen, die Sammelbüchsen waren mit Scheinen prall gefüllt. Zwar prangte nicht die gesamte Stadt in orangenem Tuch, aber man sah ani-

mierte orangene Gästegruppen, und die Stimmung war prächtig. Eine auf Kirchentagen langgediente Jugendband schrieb: „Erfurt war eine ganz besondere Erfahrung: Wir wurden so freundlich und herzlich empfangen wie nie zuvor. Alles war durchzogen von einem guten, positiven und durchweg hilfsbereiten Geist. Vielen Dank für die vielen offenen, freundlichen Menschen, die an der Basis unermüdlich aktiv waren."

•

Erfolge messen sich nicht wirklich in Zahlen, trotzdem: Etwa 20.000 Menschen besuchten 225 Veranstaltungen an 25 Orten. (Gezählt wurden nicht verkaufte Karten, sondern jeweils Besucher: Drei Veranstaltungen besucht zählte also drei Mal.) Der Erfurter Kirchentag wollte sich mit lebendiger Gesprächskultur, mit kleinen, aber intensiven Veranstaltungen zeigen. Und das gelang. Viele Angebote hatten Workshop-Charakter, mit zehn bis fünfzig Teilnehmern. Es gab zwar keine Überfüllungen, aber eine große Fülle guter Begegnungen und intensiver Gespräche. Dagegen floppten manche der eher klassischen Angebote wie Bibelarbeiten oder prominent besetzte Talkrunden. Offenbar wollten die Besucher statt vorgesagter Meinungen den eigenen Austausch.

•

Gelungen ist vielerlei. Die einst als Ziel avisierte Nachhaltigkeit findet sich in den vielen geknüpften Beziehungsnetzen. Von Anfang an war das katholische Bistum Erfurt mit am Programm beteiligt. Zu Beginn des Ökumenischen Himmelfahrtsgottesdienstes läutete die Gloriosa, die große mittelalterliche Glocke im Dom, der Bistumskirche. Sie erklingt sonst nur zu den Hochfesten und Marienfeiertagen. Eine schöne ökumenische Geste. Die interreligiösen Kontakte tragen weiter, so bei Folgeveranstaltungen zum christlich-jüdischen Dialog oder zur christlich-islamischen Mystik.

Und auch das Format *Erfurt tafelt* findet nachhaltig Anschluss.

•

Die Kirchengemeinden haben zehn Jahre lang die Lutherdekade getragen, oft auch ertragen. Nach Abschluss des Jubiläums sollen diese Erträge geerntet werden. Was hat das Großprojekt Reformationsdekade gebracht, an theologischen, historischen Erkenntnissen und für die Gemeinden vor Ort? Wie gelang es, die Kommunen anzusprechen und zu aktivieren? In welchem Maße sind Menschen aus dem säkularen Umfeld erreicht worden? Wie ist eine kirchliche Eventkultur zu bewerten, die sich an populären Megaveranstaltungen orientierte, aber beinahe den Kontakt zur Basis verlor? Diese Fragen aus den Gemeinden, von den Mitwirkenden und Helfenden, benötigen weitere Diskussion und Antwort. Auch die Erfahrungen mit dem Veranstalter des Großprojektes, dem Reformationsjubiläum 2017 e. V. in Wittenberg und dem Berliner Deutschen Evangelischen Kirchentag, der zeitgleich lief, waren ambivalent. Es muss konstatiert werden: Das Gesamtkonzept der sechs *Kirchentage auf dem Weg* war unausgegoren, sie waren lediglich als Zubringer für den Festgottesdienst in Wittenberg gedacht – eine vertane Chance. Dass jede der Kirchentagsstädte ein eigenes Profil benötigte, wurde gegen teils heftigen Widerstand der Veranstalter durchgefochten. Insgesamt war Überforderung wahrnehmbar, Fehler wurden vertuscht statt diskutiert, die (ostdeutschen) Erfahrungen und Einschätzungen wurden nicht gehört. Das nahm viel Schwung. Manche Kirchengemeinden empfanden das Jubiläum als aufgedrückt, die geplanten Events als zu groß, ja monströs, die Überforderung drückte auf die Stimmung. Hinter den Kulissen herrschte viel Unverständnis und auch Wut. Ein beteiligter Pfarrer beklagte: „Bei den ganzen kirchentäglichen Großveranstaltungen haben mir die Fenster und Perspektiven hin zu einem zeitgenössischen und zukunftsfesten Protestantismus gefehlt."

•

Gerade also zum Erfurter Kirchentag wurde der bronzene Luther eingepackt und als Paket angeleuchtet, und das machte das Denkmal plötzlich wieder sichtbar. Der sich erregende Betrachter erhielt die Gegenfrage: „Was hatte er denn in der Hand?" „Keine Ahnung. Eine Schreibfeder? Oder ein Buch?" Die Worte auf dem tapezierten Sockel, „Freude", „Gnade", „Friede" konnten als tragfähige Basis gemeint gewesen sein, aber vielleicht haben sie auch nur ein weiteres Jubiläum plakativ dekoriert, waren eine Spielerei, weil gerade Luther-Touristen in der Stadt waren.

Diese Verunsicherung von Gewohntem und Bestehendem aber ist notwendig. Denn die Reformation geht natürlich weiter.

André Poppowitsch

Die Gretchenfrage
Das Reformationsjubiläum in Weimar

„Nun sag, wie hast du's mit der Religion?" – im Rückblick scheint es goldrichtig, dass Gretchens Frage an Faust (J. W. Goethe: *Faust I*) über dem des Reformationsjubiläums in Weimar stand. Diese Frage war der Ausgangspunkt für vielfältige Veranstaltungen, Aktionen und Projekte im Jahr 2017. Wichtige Fragen und Themen der Religion und Reformation, die uns auch heute noch bewegen, wurden verhandelt: nicht nur hinter geschlossenen Kirchentüren und dicken Mauern, sondern auch in den Straßen und auf den Plätzen Weimars, im Deutschen Nationaltheater, im Kino mon ami oder im Stadtschloss.

Doch zunächst einen Schritt zurück: Schon zu Beginn der Lutherdekade wurde mit der „Luther AG" eine Arbeitsgruppe ins Leben gerufen, die das Reformationsjubiläum in Weimar vorbereitet hat. In ihr haben Vertreter der Evangelisch-Lutherischen Kirchengemeinde, der Stadt Weimar (Kulturdirektion, Stadtmuseum, Stadtarchiv), der Weimar GmbH (u. a. verantwortlich für das Stadtmarketing und den Tourismus in Weimar) und der Klassik Stiftung Weimar zusammengearbeitet. Weitere Projektpartner waren u. a. die Bauhaus Universität, die Literarische Gesellschaft Thüringen e. V., das Kommunale Kino mon ami und viele andere …

Die Themenjahre der Lutherdekade wurden in Weimar mit lokalen Akzentuierungen versehen. Eine besondere Wirkung und Resonanz hatte das Themenjahr *Reformation und Musik* (2012) mit der Fokussierung auf Johann Sebastian Bachs Wirken in Weimar entfaltet. Im Themenjahr *Reformation und Toleranz* (2013) wurde Johannes Falks sozialdiakonisches Wirken in den Vordergrund gestellt. Paul Schneider als „der Prediger von Buchenwald" und sein 75. Todestag warein Weimarer Schwerpunkt im Themenjahr *Reformation und Politik* (2014). Große Beachtung fanden die Ausstellung *Cranach in Weimar* im Themenjahr *Reformation – Bild und Bibel* (2015) und die Thüringer Landesausstellung *Die Ernestiner: Eine Dynastie prägt Europa* im Themenjahr *Reformation und die Eine Welt* (2016). Das Projekt *Weimarer Kinderbibel* (2011–2017) erlangte weit über die Grenzen Weimars und Thüringens hinaus Bekanntheit und wurde 2014 zu Recht mit dem Thüringer Kulturpreis ausgezeichnet (siehe den Beitrag von Annette Seemann, Sigrun Lüdde und Andrea Dreyer).

Die in der Lutherdekade geknüpften Netzwerke zwischen kirchlichen und kommunalen Akteuren in Weimar haben sich im Reformationsjubiläumsjahr ausgezahlt. Weimarer Akteure und Netzwerke haben vielfältige Veranstaltungen in das Jahresprogramm eingespeist. Sicherlich war der *Kirchentag auf dem Weg* vom 25. bis 28. Mai 2017 das größte Vorhaben in diesem Jahr. Dass dieser Kirchentag in Weimar und Jena mit der Gretchenfrage als Thema veranstaltet wurde, passte wunderbar – sind doch beide Städte nicht erst seit der Reformation durch ihre Geschichte

eng verbunden. Lebhaft erinnere ich mich an den Ökumenischen Gottesdienst zu Himmelfahrt auf dem Weimarer Marktplatz. Der anschließende Willkommensabend lud zum Flanieren in Weimars Innenstadt ein. Auf dem Markplatz spielten Bands zum Tanzen auf. Miteinander bei gutem Essen und dezenter Musik ins Gespräch kommen stand auf dem Herderplatz im Vordergrund. Auf dem Theaterplatz wurde eine über zwei Meter hohe Tonskulptur vor den Augen der Kirchentagsbesucher gebrannt. Bei „Anna Amalias Tischgesellschaften" in der Schillerstraße und an verschiedenen Orten konnten Menschen im wahrsten Sinne des Wortes „über Gott und die Welt reden".

Die Kirchentagsbesucher wählten an den drei Tagen des Kirchtages aus über 300 Veranstaltungen aus. Die Podienreihe „Gretchenfrage" nahm wichtige Themen unserer Zeit auf: vom Für und Wider der Rüstungsproduktion, über die Ökonomisierung der Kulturpolitik,

ben bedrohende Engagement im Kongo und auf den Philippinen und woraus sie ihre Kraft schöpfen.

Zahlreiche Konzerte, Theateraufführungen, Filmvorführungen sorgten für Ausgleich zum kopflastigen Programm. Das Jugendprogramm „Bühne frei" und das Kinder- und Familienzentrum unterbreiteten vielfältige Angebote für die junge Generation.

Sicher: Die über drei Jahre andauernden Planungen im Programmausschuss waren aufwendig, bisweilen sogar aufreibend. Die vom Veranstalter prognostizierten Besucherzahlen wurden bei weitem nicht erreicht, Marketingstrategien haben nur bedingt gegriffen. Nichtsdestotrotz war der Kirchentag geprägt von vielen wunderbaren Begegnungen, Diskussionen „auf Augenhöhe" in kleineren, intensiven Veranstaltungen.

Der *Kirchentag auf dem Weg* fügte sich ein in ein Jahresprogramm, das immer wieder aufzeigen wollte, wo wir heute noch Auswirkungen der Reformation spüren. Durch das gesamte Jahr konnten wir uns fragen lassen: „Nun sag, wie hast du's mit der Religion?" Zum Beispiel in der Filmreihe *Luther und die Religion*, die als Kooperation von dem kommunalen Kino mon ami, der Kirchengemeinde und der Evangelischen Akademie Thüringen durchgeführt wurde. 14 Filme, die in unterschiedlichen Zeiten in Ost und West entstanden sind, haben ihre jeweilige Sicht auf Martin Luther geworfen. Den Rahmen bildeten der Stummfilm *Luther* aus dem Jahr 1927 und der bekannteste Kinofilm von Eric Till aus dem Jahr 2003.

den Gefahren des „rechten" Gedankengutes bis zu den Folgen einer immer älter werdenden Gesellschaft. Aber auch die Frage „Wo war Gott in Buchenwald?" wurde bewusst gestellt. Der Thementag „Scham, Gewalt, Liebe" beleuchtete die Scham, über Religion zu reden, die von Religionen ausgehende Gewalt und die erwachsenden Möglichkeiten, wenn Liebe als Kern der Religionen entdeckt wird. Weimarer Menschenrechtspreisträger berichteten in Gesprächsrunden über ihr auch das eigene Le-

Das Projekt „Denkraum Weimar" trug die Gretchenfrage von April bis Oktober 2017 an verschiedene Orte in der Stadt. Als Kooperationspartner fungierten die Stadt Weimar, die Literarische Gesellschaft Thüringen e. V., das Staatsarchiv Thüringen, die Klassik Stiftung Weimar und der Evangelisch-Lutherischen Kirchenkreis Weimar. Die Idee war ganz einfach: Zwölf bedeutende historische Persönlichkeiten, die mit Stadt und Reformation verbunden sind, gaben ‚ihre' Antwort auf die Gretchenfrage. Anna Amalia, Kurfürst Johann Friedrich, Johann Gottfried Herder, Friedrich Schiller, Paul Schneider oder Friedrich Nietzsche beleuchteten mit ihren Aussagen zentrale Themen wie Freiheit, Glaube, Toleranz und Verantwortung. Die historischen Persönlichkeiten tauchten an verschiedenen Orten der Stadt auf. Aber mehr noch: Einwohner und Besucher der Stadt wurden eingeladen, sich mit der Gretchenfrage und den Aussagen der Persönlichkeiten auseianderzusetzen. Auf Postkarten konnten Menschen in der Stadt ihre Antworten geben und Meinungen kundtun. Zwei Sammelstellen standen zur Verfügung, an denen die Antworten angeschlagen werden konnten – wie einst Martin Luther seine Thesen an die Wittenberger Kirchentür geschlagen hat.

Vielfältige kulturelle Veranstaltungen haben im Reformationsjubiläumsjahr stattgefunden. Natürlich durfte die Aufführung von Goethes *Faust I* und *II* am Deutschen Nationaltheater nicht fehlen, ebenso wenig wie die szenische Aufführung der Johannespassion von Carl Phillipp Emanuel Bach. Kirchenmusikalisch bereicherten „Kantaten zu Lutherliedern" in Gottesdiensten das Gemeindeleben in der Kirchengemeinde Weimar. Das Oratorium *Luther in Worms* von Ludwig Meinardus, von Franz Liszt 1874 in der Stadtkirche St. Peter und Paul (Herderkirche) uraufgeführt, war der Höhepunkt des kirchenmusikalischen Programms an der Stadtkirche.

Aber auch schwierige Themen der Reformation wurden im Jubiläumsjahr nicht ausgeklammert. Die Ausstellung *Luther und das Judentum – Rückblick und Aufbruch* in der Stadtkirche wurde rege besucht. Die Ausstellungskataloge mussten mehrfach nachbestellt werden, ein begleitender Vortrag vertiefte die Thematik.

Ein abschließender Höhepunkt im Jubiläumsjahr war eine „Lange Nacht" im Deutschen Nationaltheater. *„500+ Reformation geht weiter" – Eine Nacht zu 500 Jahren Reformation* lockte 1.400 Besucher ins DNT. Vom späten Nachmittag des 30. Oktober 2017 bis in die Nacht des Reformationstages stand bei Gesprächen, Theater, viel Musik und Tanz die Frage im Zentrum, ob und wie wir gesellschaftlich die Gegenwart gestalten können. Getragen wurde das Projekt durch die Kooperation zwischen DNT, Stadt Weimar, Evangelisch-Lutherische Kirchenkreis Weimar und der Thüringer Staatskanzlei.

Was bleibt vom Reformationsjubiläum in Weimar? In der Lutherdekade wurde deutlich herausgearbeitet, dass die Bedeutung Weimars in weiten Teilen über die wichtige Zeit der Weimarer Klassik hinausgeht und in den Ereignissen der Reformation wurzelt. Es wurden während der Dekade Netzwerke zwischen lokalen Akteuren gebildet und ihre Zusammenarbeit gestärkt. Die Zusammenarbeit zwischen der Evangelischen Kirche und der Stadt Weimar wurde vertieft. Schließlich kam es während des Reformationsjubiläums zur Verbesserung der ökumenischen Zusammenarbeit zwischen der Evangelisch-Lutherischen und der Römisch-Katholischen Gemeinde sowie den Kirchen der Arbeitsgemeinschaft Christlicher Kirchen (ACK).

Klaus Dicke, Sebastian Neuß, Albrecht Schröter

Jena 2017:
Kirche – Stadt – Universität

Der „Hanfried" auf dem Markt in Jena – Kurfürst Johann Friedrich I., Gründer der Universität – hält auf seinem Sockel stehend ein Buch mit einer Inschrift aus Psalm 121: „Meine Hilfe kommt vom Herrn, der Himmel und Erde gemacht hat." Das Reformationsfestjahr 2017 in Jena ließ diesen biblisch-reformatorischen Geist an vielen Orten lebendig werden. In den Gottesdiensten der Stadtkirche St. Michael, im Rathaus bei der Verleihung des Titels „Reformationsstadt Europas", in der Aula der Universität, im Stadtmuseum in der Ausstellung über Johann Friedrich I. als Glaubenskämpfer in der Gefangenschaft. Noch vor 30 Jahren wäre es in der DDR mit ihrem weltanschaulichen Totalitätsanspruch unmöglich gewesen, dass Stadt, Universität und Kirche ein solches Jahrhundertdatum auf diese Weise gemeinsam gestalten.

Höhepunkt war der Kirchentag in Jena und Weimar Ende Mai 2017. Geplant wurde er in einem Programmausschuss, in dem sich unter Vorsitz des Jenaer Superintendenten Sebastian Neuß Vertreter der beiden Kirchenkreise und Städte, des Deutschen Evangelischen Kirchentags sowie des Vorbereitungsvereins Reformationsjubiläum 2017 e. V. aus Wittenberg seit 2013 regelmäßig zusammenfanden.

Unter dem Motto der Gretchenfrage – „Nun sag, wie hast du's mit der Religion?" – entspannen sich in den Rosensälen der Universität, im Theaterhaus, auf dem Markt und in der katholischen Kirche St. Johann Baptist Dialoge zwischen Christen und Kirchenkritikern über Vergnügen und Ungenügen vor Gott, Widerstand damals und heute sowie darüber, wie der Mensch den Herausforderungen der Zukunft gerecht werden kann. Man diskutierte im Volkshaus über Klimaschutz, in der Stadtkirche über Frieden und Rüstungsexporte, lauschte Mendelssohns Lobgesang, intoniert von der Estonia Seltsi Segakoor aus Tallinn und der Jenaer Philharmonie – der Kirchentag hat für drei beschwingte Tage etwas vom zeitgenössischen Gesicht des Protestantismus in der Kulturlandschaft Jena-Weimar sichtbar werden lassen, der seine Minderheitssituation annimmt und doch „Salz der Erde" ist. Man würde es merken, wenn die Evangelischen fehlten.

Was wird bleiben? Dass das Reformationsjubiläum erstmalig nicht kontrovers, sondern als ein gemeinsames „Christusfest" begangen wurde, hat die Konfessionen in Jena einander noch näher gebracht. Gottesdienste in neuen Formen überwogen: Stark waren die multimediale ökumenische Messe der Musik- und Kunstschule, der „Aufwind"-Gottesdienst des Lutherhauses auf dem Markt oder der von einem Vikarsteam der EKM und Studierenden der Bauhausuniversität Weimar gestaltete Gottesdienst im Zeiss-Planetarium unterm Sternenhimmel – Bestandteil der Jenaer Kunstgottesdienstreihe *andernorts* in der Reformationsdekade. Neue oder vergessene Begegnungsformen wurden erprobt, Tischgesellschaften auf der Straße, Bibeltheater auf dem Markt. An der Bodenintarsie *Engel der Kulturen* am Johannistor findet nun jährlich das Friedensgebet der Religionen statt. Immer wenn die Kirche nach ‚draußen' ging, weckte sie auch Interesse an Glaubensthemen bei eher kirchenfernen Menschen.

Aus der Sicht der Stadt und ihres Oberbürgermeisters Albrecht Schröter lag in den Feierlichkeiten zum 500. Reformationsjubiläum vor allem die Chance, mehr Verständnis zwischen Christen und Nichtchristen zu stiften sowie zu einem vertieften ökumenischen Miteinander aller Kirchen und Religionen vor Ort zu gelangen. Auch wenn auf städtischer Seite der extreme Kommunikationsaufwand, den die vielen Entscheidungsebenen von der EKD über die EKM, den Verein r2017 bis zu den städtischen und kirchlichen Ausschüssen generierten, kritisch gesehen wurde, so fällt das Gesamtfazit für die Lichtstadt sehr positiv aus. Zahlreiche überaus gelungene Veranstaltungen, eine teilweise große Resonanz, gerade auch bei den diskursiven Formaten, sind beredte Ergebnisse. Letztlich wurde deutlich, dass es in der Wissenschaftsstadt Jena nicht nur einen enormen Bedarf, sondern auch eine große Bereitschaft für gesellschaftliche Debatten gibt.

Oberbürgermeister Schröter, von Hause aus evangelischer Theologe und Pfarrer, oblag es, die städtischen Initiativen zu bündeln, zu vernetzen und zu befördern. Die Stadt steckte eine sechsstellige Summe und zusätzlich sehr viel (Wo-)Manpower in das Reformationsjubiläum. Ein besonderer Gewinn für die Stadt war, dass das Jahr 2017 als Katalysator für eine bestandswahrende Sanierung des ehemaligen Karmelitenklosters genutzt werden konnte, so dass der Geist des 1414 gegründeten Klosters nun wieder erlebbar ist. Das kleine Areal am Engelplatz ist ein idyllischer Ort zum Innehalten geworden. Vorangegangen waren mehrere Monate archäologischer Grabungen. Die beiden noch vorhandenen Innenräume bergen interessante architektonische Details und werden jetzt als Ausstellungsräume zur Klostergeschichte genutzt. Als Sakristei und Kapitelsaal errichtet, vermitteln sie einen lebendigen Eindruck von gotischer Baukunst und klösterlichem Leben in einem kleinen Konvent. Nach seiner Säkularisierung wurde das Kloster als Druckerei für die bedeutsame Jenaer Lutherausgabe genutzt. Von hier aus gelangten die acht deutschen und vier lateinischen Bände in nahezu alle evangelischen Gemeinden der sächsischen Herzogtümer und weit darüber hinaus. Am Ostermontag, 2. April 2017, wurde das Kleinod der Reformation im Anschluss an den traditionellen ökumenischen Ostermontagsgottesdienst feierlich der Öffentlichkeit übergeben.

Die Friedrich-Schiller-Universität wurde ihrer prägenden Rolle im Weichbild der Stadt auch im Reformationsgedenken gerecht. Mit dem im September 2009 von der FSU und den Kirchenkreisen Eisenach-Gerstungen, Weimar und Jena eingerichteten „Initiativkreis Wissenschaft und Kirche" (IKWK), zunächst unter Vorsitz von Rektor Klaus Dicke, ab 2015 von Kirchenhistoriker Christopher Spehr, stand ein Forum zur Verfügung, in dem bei regelmäßigen Treffen von Theologen, Historikern, Archivaren und Kirchenvertretern eine Vielzahl von Projekten der Reformationsdekade ganz unterschiedlichen Zuschnitts konzipiert, vorgestellt und diskutiert wurde. Neben wissenschaftlichen Projekten – etwa dem „Digitalen Archiv zur Reformationsgeschichte" und zahlreichen Forschungsvorhaben – standen Gottesdienste und Predigtreihen, Berichte aus überregionalen Gremien und Ideensammlungen für die jeweiligen Themenjahre der Dekade. Dabei ging es nicht allein um Information und Projektplanung, sondern immer auch um die kritische Rückbindung der Vorhaben an das Anliegen der Reformation, neue Antworten auf alte Glaubensfragen zu finden, das für etliche der Teilnehmer manchmal hinter einem gelegentlichen Eventrausch zu verblassen schien.

Ein erster Höhepunkt war das von zahlreichen Konzerten begleitete Symposion *Bach*

als *Lutheraner* im Februar 2012 in Eisenach. An Forschungsthemen standen neben Editionsprojekten etwa die Reformationsgeschichte in Thüringen, die kulturellen Wirkungen der Reformation, Hermeneutik der Psalmen oder die für die Geschichte der Universität nicht unwichtigen Schmalkaldischen Artikel auf der Agenda. Über vertiefte Einblicke in die breit angelegten Forschungen zur Reformationsgeschichte hinaus haben Diskussionen über Ausrichtung und Orientierung der Dekade, vor allem aber die vielfachen Erfahrungen des Zusammenwirkens die Aneignung ihres Anliegens nachhaltig gefördert.

Ab Mitte 2014 stand die Vorbereitung des *Kirchentages auf dem Weg* und des Reformationstages im Zentrum. Mit der vielen Wissenschaftlern vertrauten „Gretchenfrage" war die Universität gefordert: In einem Zwei-Tages-Programm präsentierte sie Vorträge und Podien rund um Goethe und seine Zeit, zur Entstehung von Religionen sowie zur Gretchenfrage heute in den Disziplinen Biologie, Psychiatrie, Soziologie und Physik. Am Vorabend des Reformationstages mit seinem großen Festgottesdienst in der Stadtkirche St. Michael beendete ein Jenaer „Stationenweg" entlang der Reformationszeugnisse in der Stadt und einem Festakt mit zwei Ehrenpromotionen in der Aula der Universität die Dekadenbeiträge des IKWK.

Reformation und Musik in Thüringen

Eckart Lange, Dietrich Ehrenwerth

„... mit Lust und Liebe singen"
(Nach-)reformatorische Musikkultur in Thüringen.
Ein Überblick

In der Reformationsdekade der Evangelischen Kirche in Deutschland erhielt das Singen (und die Musik) mit dem Themenjahr *Reformation und Musik* zu Recht eine herausragende Position. Für Luther war die Musik unter Berufung auf die Kirchenväter Hieronymus und Augustinus „ein Geschenk Gottes, weil sie Gottes Wort vermittelt (Oratio), die Seele erfreut (Meditatio) und den Teufel vertreibt (Tentatio)".[1] Aus diesen drei Kriterien seiner Theologie, wie er sie in der Vorrede zur Wittenberger Ausgabe seiner deutschen Schriften von 1539 beschreibt, entwickelt Luther die besondere Stellung des gottesdienstlichen Singens: „Die singend handelnde, den Gottesdienst selbst gestaltende Gemeinde wird zum Kernstück des protestantischen Gottesdienstes."[2] Auf der Folie der theologischen Begründung des Singens ist selbstverständlich Luthers Interesse an der Musik selbst zu sehen. Er war ein Kenner und Liebhaber der Musik, schätzte die Komponisten seiner Zeit wie Heinrich Finck und Josquin des Prez und komponierte selbst. „Seine Adaptionen gregorianischer Melodien an deutsche Texte in der Formulae missae et communionis von 1523 sind das Beste, was auf diesem Gebiet geleistet wurde."[3]

Über die Gesangbücher in seiner Zeit bis heute wirken die Folgen dieser „ersten Singebewegung überhaupt" (Präses Nikolaus Schneider in seiner Eröffnungsrede zum Themenjahr in Eisenach) in unseren Tagen nicht weniger als vor 500 Jahren – sicher nicht mehr ausschließlich als das seinerzeit neu entstandene Kirchenlied, aber durchaus in seiner heute immer noch vielfach erfahrbaren Unmittelbarkeit. Davon kündeten die zahlreichen Veranstaltungen in Thüringen im Themenjahr selbst und deren Fortsetzung bis heute.

So umfasste allein das Themenjahr 2012 der Reformationsdekade über 200 Konzerte, Ausstellungen und Workshops zu Luther, Bach und musikalischen Wegbereitern der Reformation und bildete ein äußerst abwechslungsreiches Jahresprogramm, das von der Lebendigkeit der Thüringer Musikkultur zeugt. Herausragende Konzertereignisse waren das Eröffnungskonzert in der Erfurter Thomaskirche mit der Gegenüberstellung von Orchesterkompositionen des 19. Jahrhunderts zu dem musikalischen Thema „Ein feste Burg" (Mendelssohn/Reformations-Sinfonie und Nicolai/Festouvertüre) und Uraufführungen aus dem eigens für das Jubiläum entstandenen Luther-Chorbuch, einer Initiative des Komponistenverbandes und des Landesmusikrates Thüringen. 20 zeitgenössische Komponisten waren vor die Aufgabe gestellt, sich künstlerisch mit Martin Luther und seiner Zeit auseinanderzusetzen und, geleitet

von Fragen wie „Wie klingt Reformation heute?" oder „Was bedeuten mir die Luther-Choräle persönlich?", eine Brücke aus der Reformation in die heutige Zeit zu schlagen. Solche Brückenschläge wurden auch mit Klanginstallationen wie „Stimmen im Kirchenschiff" von Hans Tutschku in der Erfurter Peterskirche unternommen. Es handelte sich um gesungene Stimmen im Dialog, die auf verschiedenen Kontinenten aufgenommen wurden und zu einer interkulturellen Reise einluden. Trotz starker klanglicher Präsenz führte die Installation zu innerer Ruhe und Versenkung. Diesen Gedanken musikalischen Meditierens nahm auch das älteste Festival zeitgenössischer Musik in Thüringen, die „Tage Neuer Musik" in Weimar mit ihrem Composer/Performer in Residence, Michael Vetter, auf.

Aber auch im Amateurbereich war die Dekade Anlass, sich mit der Musik der Reformation auseinanderzusetzen. Schon im Namen des Chorprojektes des Thüringer Chorverbandes Thuringia cantat, das seit über zehn Jahren erfolgreich die Chorszene des Freistaates bereichert, wird ein identitätsstiftender Ansatz gepflegt und bis in die Gegenwart geführt. Konzerte unter dem Motto „Thüringen singt Luther" fanden nicht nur auf der Wartburg bei Eisenach, sondern auch beim Chorfest des Deutschen Chorverbandes in Frankfurt am Main statt.

Die Beispiele der wissenschaftlichen Auseinandersetzung mit der Musik der Reformation waren zahlreich und hochrangig: Mit *Bach als Lutheraner* veranstaltete der Kirchenkreis Eisenach in Kooperation mit der Friedrich-Schiller-Universität Jena ein interdisziplinäres Symposium aus wissenschaftlichen Vorträgen, vertiefenden Workshops und praktischem Erleben mit Konzerten und Gottesdiensten, mit Fachausstellungen im Bach- und Lutherhaus und mit Wartburgführungen für

Theologen und Kirchenmusiker und die interessierte Öffentlichkeit. Die Sonderausstellung im Bachhaus Eisenach ließ sich vom Gesangbuch, „der vielleicht schönsten Erfindung der Reformation"[4], inspirieren, wie überhaupt das Gesangbuch als wesentliches Erzeugnis der Reformation vielfach im Fokus stand. Die eindrucksvollste Schau von Gesangbüchern aus drei Jahrhunderten war wohl die Ausstellung *Mit Lust und Liebe singen* der Forschungsbibliothek Gotha und der Stiftung Schloss Friedenstein Gotha. Sie veranschaulichte eindrucksvoll die stetig wachsende Bedeutung der Gesangbücher im Laufe der Zeit, die seit dem 18. Jahrhundert zu regelrechten Bestsellern in der protestantischen Welt wurden.[5]

Selbstverständlich spiegelte sich die Reformation in den Veranstaltungen der großen Musikfestivals, in den Thüringer Bachwochen, im Güldenen Herbst, in den Eisenacher Telemann-Tagen und im Heinrich-Schütz-Musikfest mit deutlichen Akzenten wider. Bei den Bachwochen wurden neben den hochkarätigen Konzerten erstmals neue Formate wie Vorträge, Podiumsdiskussionen und ein Symposium angeboten. Daneben führten verschiedene Ensembles Bach-Kantaten in Gottesdiensten auf, so dass die geistliche Musik auch in ihren liturgischen Kontexten zu erleben war. Auch der Güldene Herbst setzte sein Thema neben den Konzerten mit neuen Formaten wie einer Lesung mit Musik, einem Familienkonzert oder einem Filmabend um. Die Eisenacher Telemann-Tage thematisierten Telemann als Kirchenmusiker und insbesondere dessen Verdienste um die evangelische Kirchenkantate mit seinen erstmaligen Vertonungen von Neumeister-Texten, und die 40 Veranstaltungen des Heinrich-Schütz-Musikfestes thematisierten Luther und die musikalischen Folgen insbesondere im 17. Jahrhundert und machten deutlich, dass die Reformation einen Grundstein für die europäische Musikkultur ab dem 16. Jahrhundert gelegt hat. Die Michael-Praetorius-Tage in Creuzburg zeigten einen weiteren Impuls der Reformation, den Umgang von Kindern und Jugendlichen mit Musik und damit eine pädagogisch motivierte Intention, die ihre weitreichenden Folgen bis heute hat. Darauf ist noch zurückzukommen.

Ganz besonders eng mit den Folgen der Reformation war das Wirken der Adjuvanten in Thüringen verbunden, die als gut ausgebildete Laienmusiker Helfer der Kantoren im 16. bis 18. Jahrhundert waren und ihren Teil zum besonders hoch qualifizierten protestantischen Musikleben in Thüringen beigetragen haben. Da die Erschließung ihres Wirkens noch immer erst am Anfang steht, spielen ‚Ausgrabungen' eine unvermindert große Rolle und sind neben dem oftmals überraschenden regionalen Bezug Teil der Faszination, die heute von dieser historischen Musizierpraxis ausgeht. So folgten auch die 5. Thüringer Adjuvantentage in Hildburghausen „Inspirationen aus klingenden Denkmälern".

Und schließlich darf in dieser Würdigung der Beitrag der Thüringer Jazzmeile zum Themenjahr mit ihrer Performance *The Martin Luther Suite – A Jazz Reformation*, die Marcus Schmid für die NDR Bigband geschrieben hat, nicht unerwähnt bleiben. Diese Komposition stellt „den Geist des Reformators" dar, „stellvertretend für jeden Reformator oder Erneuerer".[6]

Zu den im engeren Sinne kirchenmusikalischen Höhepunkten dürften wohl die Propstei-Chortage der Evangelischen Kirche in Mitteldeutschland gehören: Für die drei Thüringer Propsteien waren Apolda, Gotha und Suhl Austragungsorte, mit 500 bis 700 Sängerinnen und Sängern an jedem Standort nicht nur ein besonderes Erlebnis für die Teilnehmer hinsichtlich der Dimension der Mitwirkendenzahl – 56 Tenöre, 80 Bässe und 400 Sängerinnen allein in Apolda –, sondern auch durch die Chorliteratur, die in den örtlichen Kirchenchören kaum gesungen werden kann.

Das von der Evangelischen Kirche in Deutschland inszenierte Projekt „Kirche klingt" wanderte drei Wochen lang durch Thüringen. An jeweils einem Ort der 21 Kirchenkreise fand allabendlich ein Konzert oder eine musikalische Vesper statt. Im Mittelpunkt standen jeweils vorgegebene Wochen-Lieder, die als verbindendes musikalisches Programm stafettenartig – ebenso wie eine zentnerschwere Chronik – von Ort zu Ort weitergegeben wurden.

Die Konzertreihen in den Kirchen Thüringens, insbesondere die Orgelkonzertreihen, widmeten sich genauso wie die Bachtage Ohrdruf oder die Erfurter Kirchenmusiktage dem reichen aus der Reformation erwachsenen kirchenmusikalischen Repertoire.

Selbstverständlich können die besonderen Aktivitäten im Themenjahr lediglich exemplarisch für die Rezeptionswirkung lutherischen Musikverständnisses stehen. Ein schönes Beispiel für eine „Dauerwirkung" der Reformation ist der 1992 ins Leben gerufene Thüringer Orgelsommer, der ohne die reformatorischen vokalen und instrumentalen Wurzeln nicht zu denken ist. Dass es interessante Projekte in den visuellen Kunstsparten Film/Video und in der darstellenden Kunst (u. a. „Luther-Musical") gegeben hat, sei nur ergänzend angefügt.

Herausragende musikalische Aktivitäten in der Nachfolge der Reformation hat es in Thüringen aber nicht nur im Themenjahr gegeben, sondern sie durchziehen permanent die Musica sacra wie auch das weltliche professionelle Musizieren und die Laienmusik. Ganz zweifellos kam es schließlich im eigentlichen Jubiläumsjahr 2017 noch einmal zu besonderen musikalischen Aktivitäten. So lud – angeregt und unterstützt durch die beiden Luther-Beauftragten in Thüringen und Ungarn – die Thüringer Landesmusikakademie zwei Kinderchöre aus Ungarn zu Begegnungskonzerten nach Thüringen ein, um an herausragenden Orten mit der Schola Cantorum Weimar, einem der derzeit führenden Kinderchöre in Deutschland, gemeinsam zu musizieren. Das besondere Erlebnis für die Teilnehmer wie für die Konzertgäste beeindruckte durch die Internationalität, durch die Qualität der Programme und durch die Selbstverständlichkeit, mit der die Kinder sich dieser Aufgabe widmeten. Musik als Lebenswelt junger Heranwachsender und deren Vermittlung durch qualifizierte Lehrer war für Luther selbstverständlich: „Ein Schulmeister muss singen können, sonst sehe ich ihn nicht an."

Die *Kirchentage auf dem Weg* in Jena/Weimar und Erfurt hatten spezielle musikalische Programme zu bieten, die vom Konzert mit *Gaudium Christianum* (1617) von Michael Altenburg über die Uraufführung der Auftragskomposition *Enchiridion-Echo* von Thomas König bis zu Gospel, Folk, Rock usw. reichten.

Abschließend sei der heutigen Mediengesellschaft mit ihrer überbordenden Fülle von medial visualisierten Eindrücken Luthers Feststellung ins Stammbuch geschrieben, die auf ihre Weise die Wirkung von Musik noch einmal unterstreicht und damit weiterhin wegweisend für eine künftige lebendige Musikkultur in Thüringen sein kann: „Ocularia miracula longe minora sunt quam auricularia" – „Die Wunder des Sehens sind weit geringer als die des Hörens".[7]

Anmerkungen

1. Ernst Klusen, Singen. Materialien zu einer Theorie, Regensburg 1989, 122.
2. Ebd.
3. Ebd.
4. Reformation und Musik in Thüringen 2012. Bilanz und Ausblick, hrsg. vom Landesmusikrat im Auftrag des Thüringer Ministeriums für Bildung, Wissenschaft und Kultur, Weimar 2012, 26.
5. Ebd., 30.
6. Ebd., 44.
7. Klusen, Singen (wie Anm. 1).

Christoph Meixner

Adjuvanten gesucht! Musikalisches Erbe ohne Erben?

„In der evangelischen Kirche fühlt man von Tag zu Tag mehr, daß der Gottesdienst an einer großen Trockenheit und Nüchternheit laborirt, daß die Predigt allein nicht genügt, und, was uns noch von Gesang geblieben ist, nicht zu erheben und zu beleben vermag."[1] Diese Aussage des früheren Badischen Oberkirchenrates Karl Christian Bähr irritiert heute, schreckt auf, erzeugt vielleicht sogar große Entrüstung. Schließlich hat die Reformationsdekade doch spätestens im Abschlussjahr 2017 die Lebendigkeit des kirchlichen Lebens eindrucksvoll zur Schau gestellt. Tatsächlich traf man an vielen Orten in Thüringen (auch fern der kulturellen Hotspots) auf großes Engagement, welches den Beweis besonders für die erhebende und belebende Wirkung von Kirchenmusik erbrachte – durch Konzerte von Profis und Laien, durch engagierte Kompositionsprojekte, durch mutige Musikexperimente und manchmal sogar durch musikalische Festgottesdienste, die (ganz im Sinne des heiligen Augustinus) „die der Seele innewohnenden Harmonien" in die Gemeinden trugen. Aus dieser Erfahrung heraus verkündet seitdem die offizielle website www.Luther2017.de: „Das gemeinsame Singen und Musizieren ist bis heute ein besonders lebendiger und attraktiver Teil des evangelischen Gemeindelebens."[2]

Doch wie ist dieses „bis heute" zu verstehen? Als ein selbstbewusstes ‚schon immer', als ein eher beschwörendes ‚immer noch' oder sogar als ein resigniert-abschließendes ‚bis jetzt'? Aus dem Echo des Jahres 2017 ist dies nicht wirklich zu klären; besonders wenn man auf die aktuellen Kirchenaustrittszahlen, auf die massiven Veränderungen in den Pfarrstrukturen und auf die damit verbundene sinkende Zahl hauptamtlicher Pfarr- und Kantorenstellen blickt. Gerade der mitteldeutsche Raum hat sich als früheres lutherisches Kernland (nicht zu vergessen: die Heimat von Bach, Händel, Telemann, Praetorius, Schütz oder Johann Walter) längst zu einem heute vielschichtigen Diaspora-Gebiet gewandelt. Besonders deutlich wird dies im Bereich der Musik: Einst blühende Kirchen- und Posaunenchöre schmelzen personell dahin, die Pflege der Kirchenmusik kommt an vielen Orten zum Erliegen, die weniger werdenden hauptamtlichen Kantoren und Organisten pendeln nicht selten zwischen verschiedenen Standorten und Einrichtungen, die sie – mangels Vollzeitverträgen – zusätzlich bedienen müssen. Immer häufiger bilden ehrenamtliche Initiativen das Rückgrat des kirchenmusikalischen Lebens vor Ort, um überhaupt noch ein Teil des Gemeindelebens zu bleiben.

Zugleich wird die kirchenmusikalische Tradition verstärkt zugeschüttet von einem Repertoire-Mainstream, der sich in seiner identitätsstiftenden Wirkung einerseits schon seit dem späten 19. Jahrhundert immer mehr auf einen Leipziger Thomaskantor verengt, andererseits sich an einer immer gleichförmiger und meist simpler werdenden Musiksprache orientiert, wie sie im ‚Neuen Geistlichen Lied' erkennbar wird. Im Ergebnis lässt sich feststellen, dass jene so hochgepriesene evangelische Kirchenmusiktradition mit ihren unzähligen Kantaten, Motetten und Psalmen heute meist nur noch in Form von Konzerten

erlebbar ist, in denen die Aufführung in die Hände von teuren professionellen Sängern und Instrumentalisten gelegt wurde. Die noch vor wenigen Jahrzehnten mit Gemeindegeld gekauften Noten größerer Chorwerke liegen heute dagegen oft ungenutzt und verstaubt in den Regalen hinter so mancher (verstummter) Kirchenorgel. Nur die wenigsten Laienchöre und -orchester sind noch in der Lage, die großartigen Werke selbst aufzuführen – im Idealfall im Rahmen eines Gottesdienstes und nicht bloß einmal im Jahr zu einem besonderen Anlass. Hat dies noch wirklich mit Lebendigkeit und Attraktivität des musikalischen Gemeindelebens zu tun, für das gerade Thüringen berühmt war? Allzu gerne wird das legendenbehaftete, schon Jahrhunderte vor der Reformation anscheinend durch den heiligen Bonifatius († 754/55) geäußerte „Thuringia cantat" („Thüringen singt") bemüht, wenn es um die angebliche Sangesfreude in Thüringen geht. Doch es scheint, dass zumindest im kirchlichen Kontext ein „Thuringia cantavit" droht, ein „Thüringen hat gesungen".

Heute sind wir weit entfernt davon, dass die Jugend in der Breite noch einen Musikunterricht erhält, durch den sie schon in jungen Jahren komplexe mehrstimmige Stücke schnell einstudieren und ansprechend aufführen oder diese sogar direkt vom Blatt singen könnte. Diese Fähigkeiten vermittelten einstmals die in den Kirchen besoldeten Kantoren als praktizierende Schulmusiker, die gemäß entsprechender, schon im 16. Jahrhundert entwickelter Schulordnungen mehrfach in der Woche intensiven Unterricht gaben und ihre Helfer für die anspruchsvolle chorische und instrumentale Kirchenmusik selbst ausbildeten. Damit legten sie den Grundstock für die berühmte Kultur der Adjuvantenchöre (lat. adjuvare, d. h. helfen), ohne die weder die großen Komponisten (Bach, Händel oder Telemann) denkbar gewesen wären noch die hoch professionellen Hofkapellen, die neue gut ausgebildete Mitglieder einfach rekrutieren konnten. Musikalische Bildung wurde nicht im Sinne einer ganzheitlichen, durch Trommeln und Klangschalen vermittelten Körper- und Bewusstseinserfahrung verstanden, sondern war ein selbstverständlicher, aber anspruchsvoller Bestandteil einer generationenübergreifenden kulturellen Bildung, die jeden Einzelnen in seiner Identität prägte, ihn mit umfassenden musikalischen Fähigkeiten ausstattete und ihn zugleich aber in eine gemeinsame christlich geprägte Kultur einbettete. Dieses reiche und qualitätvolle Musikleben war nicht allein ausgerichtet auf das berühmte „Soli Deo Gloria" („Allein zur Ehre Gottes"), sondern übernahm durch die Adjuvantenvereine vielfach zusätzliche, höchst wertvolle soziale Aufgaben.

So aktuell und zugleich rückwärtsgewandt die Klage über den weitgehenden Verlust dieser so reichen christlich geprägten Kulturtradition gerade in der heutigen Zeit klingen mag, so historisch ist sie zugleich. Zwar zeichnete sich schon im 18. Jahrhundert ein Niedergang ab, doch erst im 19. Jahrhundert wurde der Verlust der Adjuvantenvereine allgemein beklagt, als der „Kirchengesang und das gesammte Kirchenmusikwesen immer tiefer herabgesunken war".[3] Die eingangs zitierte Äußerung von Karl Bähr (1861) ist ebenfalls in diesem Kontext zu verstehen. Der Niedergang insbesondere im Bereich der kirchenmusikalischen Grundbildung führte dazu, dass bereits um etwa 1800 herausragende Persönlichkeiten wie Herder, Pestalozzi und Naegeli immer mehr die Wichtigkeit der Musik und des Singens für die Ausbildung breiter Bevölkerungsschichten wieder propagierten, weshalb später „der gewaltige Aufschwung, welche in unserem Jahrhundert das Volksschulwesen gewann, die Schulmänner immer mehr der unmittelbaren Theilnahme an jenen [kirchlichen] Anstalten [entzog]. Anstatt dieselben zu reformiren, ließ man sie lieber ganz eingehen oder sie doch nur kümmerlich fortsiechen".[4] Neben der Musikpädagogik entwickelte sich in der Folge auch die Musikwissenschaft, die methodisch das wachsende Interesse an der alten Musik begleitete, am gregorianischen Choral ebenso wie am Luther-Choral, an Palestrina und Lasso ebenso wie an Gabrieli, Schütz, Praetorius und vielen anderen Meistern, die für die Adjuvanten der früheren Zeit selbstverständlich zum Repertoire der konfessionsübergreifenden Kirchenmusik in den Städten und Dörfern Thüringens gehörten. Man begann sich an Johann Sebastian Bach zu erinnern, den man später sogar zum ‚Fünften Evangelisten' erhob. Tatsächlich erlebte gerade das Chorwesen in der Folge einen enormen Aufschwung, an dem viele weltliche Männerchöre und die gemischten Kirchenchöre nicht unerheblich beteiligt waren. Manche werden sich vielleicht noch heute an das kirchenmusikalische Leben in ihrer eigenen Jugend erinnern, das damals als lebendig und attraktiv erschien.

Doch seien wir ehrlich: Das aus dem eigenen Erleben gespeiste Wissen um die Musiktradition schwindet zusehens und kann mangels Nachfolge nur noch selten an die nächste Generation lebendig weitergegeben werden. Den immer weniger werdenden hauptamtlichen Kantoren gelingt es selbst durch viel Engagement und zusätzlicher ehrenamtlicher Unterstützung nur noch in Ausnahmefällen, Kinder und Jugendliche für die Mitgestaltung des kirchlichen Lebens zu gewinnen und sie durch ihre Mitwirkung bei Kantaten- und Oratorienaufführungen einen Hauch der einst reichen Musiktradition erfahren zu lassen. Stattdessen expandieren aufgrund hoher Nachfrage spezialisierte Musikschulen und private Kinder- und Jugendchorprojekte, die teils auf hohem Niveau beachtliche Erfolge feiern können – leider meist außerhalb des kirchlichen Rahmens. Zugleich ist in den staatlichen Schulen ein nennenswerter Musik- unterricht im Sinne einer wirklichen musikalischen Ausbildung in der Breite (wie es einst Pestalozzi forderte) kaum mehr zu finden.

Es dürfte kein Zufall sein, dass sich parallel zu diesen Entwicklungen in den letzten Jahren die Zahl der kirchlichen Notensammlungen, die als Dauerleihgaben an das Hochschularchiv/Thüringische Landesmusikarchiv Weimar übergeben wurden, drastisch erhöht hat. Man scheint retten zu wollen, was noch an wertvollen Überresten zu retten ist. Vielleicht erinnert man sich ja eines Tages wieder – wie schon vor 200 Jahren – an die große Musiktradition Thüringens und führt sie zu neuer Blüte. Dann sollten die Kirchen aber mit gut ausgebildeten und mit auskömmlichen Stellen versorgten Kantoren (und Kantorinnen!) in ausreichender Zahl bereitstehen, die die einst für viele Generationen erfolgreiche Idee der Adjuvanten in moderner Form als Vorbild für eine qualitätvolle Musikbildung der Jugend nehmen, damit diese Erben tatsächlich einmal ein großes musikalische Erbe wieder erben können. Doch dazu braucht es Mut, Weitblick, Geduld und ein gesundes Gottvertrauen.

Anmerkungen:
1. Karl Christian Bähr, Vorwort zu: Justus Thibaut, Ueber Reinheit der Tonkunst, Heidelberg ⁴1861, XVI.
2. www.luther2017.de/de/reformation/und-kultur/musik/ (25.07.2018).
3. Christian Keferstein, Die Cantorwahl in Großschwabhausen, in: Neue Zeitschrift für Musik 22 (1845), 19.
4. Ebd.

Die Reformation als Bildungsbewegung

Rigobert Möllers

Reformationsprojekte für die Schule
Das ThILLM 2017

Wie nähert man sich der Bedeutung Luthers und seiner Epoche für Schülerinnen und Schüler im Hier und Jetzt, wenn man wie wir, im Thüringer Institut für Lehrerfortbildung, Lehrplanentwicklung und Medien, kurz ThILLM, dafür zuständig ist, Lehrkräfte darin zu unterstützen, zeitgemäßen Unterricht für die ihnen anvertrauten Schülern zu machen und dabei religiös und weltanschaulich neutral zu sein hat? Nun, vielleicht am ehesten, wenn man sich hineinversetzt, wie Heranwachsende die Bedeutung von Personen heute einschätzen, nämlich durch die Anzahl von ‚Klicks', ‚Likes' und ‚Followern'. Das klappt mit Luther nicht ganz, weil nur Lebende in sozialen Netzwerken wirklich interagieren können. Man geht also einen kleinen Umweg und gibt Luther in eine bekannte Suchmaschine ein und siehe da: 128 Millionen Einträge – wow. Wenn man die Einträge zu anderen historischen oder aktuellen Personen vergleicht, so stellt man schnell fest, Luther hält auch nach 500 Jahren stand. Fazit in Jugendsprache: ‚Voll krass, Alter.' Nun, bei Jugendlichen ist mit solchen Kommentaren die Aufmerksamkeit geweckt, irgendwas muss ja dran sein an dem Luther. Damit stellt sich aber auch die Frage, wo soll man im Zusammenhang mit ihnen anfangen angesichts unübersehbarer Literatur über Luther.

Die Vorbereitungen auf das Jubiläum *Luther2017* innerhalb der Lutherdekade ermöglichten es, über eine Ausstellung ein langfristiges Bildungsprojekt anzulegen. Als Prof. Dr. Jens Brachmann und ich im Jahr 2009 das Konzept dafür entwarfen, war der Auftrag klar: Die Veränderungsprozesse der Reformationsepoche und Luthers Beitrag zur Kultur der Moderne sollten nicht für Fach-, Kirchen- oder Bildungshistoriker aufbereitet werden, sondern für die Nutzung durch Schüler und Lehrkräfte. Konsequent war es nicht zuletzt vor diesem Hintergrund auch, Studierende der Erziehungswissenschaften einzubinden. Es entstanden sieben Stelen, jede mit haptischen Elementen versehen, deren Inhalte für die schulische Arbeit auch dann nutzbar sind, wenn die Ausstellung selbst nicht zur Verfügung steht. Diesem Anliegen dient auch die Darstellung der einzelnen Stelen der Ausstellung auf den Internetseiten des Thüringer Schulportals.

Die Stärke dieser Ausstellung des ThILLM mit dem sperrig wirkenden Titel *Martin Luther und der kulturelle Wandel im konfessionellen Zeitalter* besteht in der verdichteten und gebündelten Form von eigentlich bekanntem Wissen auf den Stelen, so dass zeitaufwendige Recherchen zur Epoche entfallen. Das ist wichtig mit Blick auf die verfügbare Unterrichtszeit. Sie sind Luthers Denkfigur des geistigen und des weltlichen Regiments zu jeweils drei Stelen verpflichtet, die bis heute den modernen säkularen Staat westlicher Prägung kennzeichnet.

Wir waren überrascht und erfreut zugleich über das Interesse der Erwachsenen, vor allem

von Familien, an dieser Ausstellung, ob auf der Wartburg, in den Landesvertretungen in Berlin und Brüssel, Museen, Kirchen und Institutionen im deutschsprachigen Raum: Insgesamt gab es 40 Ausstellungsorte in den Jahren 2010 bis 2017.

Jede der Stelen greift ein eigenes Themenfeld auf, das für gesellschaftliche Wandlungsprozesse allgemein bedeutsam ist und in jeder Gesellschaft bearbeitet wird. Das ermöglicht es, historische Aspekte dialogisch ins Heute zu übersetzen. Aus diesem Grund ist die historische Quelle auf jeder Stele der Ausstellung Anlass, die aktuellen Fragen unserer Zeit konstruktiv in Verbindung zu bringen. So wandert der Blick sozusagen immer hin und her, zwischen dargestellter Vergangenheit und dem Betrachter, der sich fragt: Was bitte soll uns das, was da steht, heute und jetzt sagen?

Eine der drei Stelen, in denen die thematische Auseinandersetzung mit der refor-

matorischen Kernidee erfolgt, ziert Luthers berühmte Passage von 1520 über die Freiheit eines Christenmenschen. Der Satz zeigt Luthers juristische Fähigkeiten. Die Ambiguität ist typisch für seine Denkfiguren, und diese kann auch mit Blick auf die Lebenswelt der Schüler vereinfacht Anwendung finden. So ist es für einen Heranwachsenden unserer Tage vielleicht ein Widerspruch, wenn einerseits von Freiheitsrechten gesprochen wird, aber in seiner Welt Schulzwang herrscht. Sind die Freiheitsrechte eines Schülers weniger wert als die eines Erwachsenen?

Um das Hin- und Herwandern des Blicks der Schülerinnen und Schüler zwischen dargestellter Vergangenheit und dem, was uns heute bewegt, zu schärfen, kann aber genau diese Ambiguität als mögliches initiierendes Beispiel gelten. Denn muss man sich nicht gleichzeitig auch danach fragen, ob jemand seine Chancen nutzen könnte, wenn er die Möglichkeit hätte, sich als Kind oder Jugendlicher gegen Bildung zu entscheiden? Würde dieser junge Mensch später nicht zu Recht der Gesellschaft vorwerfen, dass er als junger Mensch noch nicht selbst erkennen konnte, wie wichtig Bildung ist?

Möglicherweise ist die Erkenntnis für manche Schüler zunächst enttäuschend, dass Wandlungsprozesse niemals absolute Freiheit, sondern immer nur Formen von in Verantwortung gebundener Freiheit hervorbringen – übrigens ein zutiefst christlicher Ansatz. Während die Jugendsprache dem Zeitgeist folgt, währt das Spannungsfeld zwischen Freiheit und Verantwortung ewiglich. Und es muss immer wieder neu über eine entsprechende Gewichtung von Freiheitsrechten entschieden werden. Und dieses Spannungsfeld verstehen Schüler, weil es ihr Lebensumfeld betrifft.

Jedenfalls kann man über diesen Umweg die Ambiguität aller lutherischen Grundgedanken mit Schülern thematisieren und vielleicht auch, dass der Freiheitsbegriff bei Luther eben ein anderer ist. Die Bezüge der Ausstellungsinhalte zur Lebenswelt heute können, je nach Alter und Kenntnisstand der Schüler, in verschiedensten Facetten und Schwierigkeitsgraden hergestellt werden. Ältere Schüler sensibilisiert man für die Herausforderungen einer um Vorurteilsfreiheit bemühten Sprache vielleicht schon mit dem Lutherwort: „Niemand soll seinem Nächsten, Freund oder Feind, mit der Zunge schädlich sein noch Böses von ihm reden, gleichviel, es sei wahr oder erlogen." Wenn man diesen Ausspruch in Beziehung zu dem Stichwort ‚Fake News' setzt oder wenn man weiß, dass jeder dritte Schüler bereits Erfahrungen mit Mobbing hat, dann wird dessen Aktualität schnell deutlich.

Intensiver wird es, wenn man thematisiert, dass da im Katechismus kein Punkt kommt, sondern Luther weiter ausführt: „... so nicht aus Befehl oder zu Besserung geschieht." Die so sensibilisierten Schüler fragen: Was nun, darf man doch Böses über andere reden und Lügen über sie verbreiten? Vier Jahre vor seinem Tod verfasste Luther die Schrift *Von den Juden und ihren Lügen*, vielleicht weil er nicht auf Besserung durch Bekehrung der Juden zu seiner Lehre hoffen durfte. Dass es nur ein kleiner Schritt dahin ist, dass die Abwertung der „Unverbesserlichen" befehlsmäßig erfolgt, wurde und wird oft erst zu spät erkannt.

Wir, die Lehrkräfte, müssen den Dialog in der Fortbildungsarbeit miteinander so führen, dass der konkrete Situationsbezug und Interessenzusammenhang hinter den Argumenten deutlich wird. Diese Transparenz sind wir der heranwachsenden Generation schuldig, wenn wir von ihr erwarten, dass sie auch den Dialog der Kulturen und der Religionen friedlich führen soll. Seit dem Frühjahr 2010, als wir die Ausstellung erstmals im Augustinerkloster Erfurt zeigten, begleiteten wir sie daher mit Fortbildungsveranstaltungen, die zugleich stets auch die Themenjahre der Dekade spiegelten, mit denen die großen Fragen unserer Zeit aufgegriffen und diskutiert werden konnten.

Dazu wollen nicht nur die Ausstellungsinhalte, sondern auch das ergänzende virtuelle Angebot im Thüringer Schulportal anregen. Es trägt der Tatsache Rechnung, dass sich Kinder und Jugendliche teilweise besser in virtuellen digitalen Welten bewegen als im realen Leben. Unser Engagement bedient jedoch nicht einfach willfährig diese Entwicklung, sondern versucht, beide Welten zusammenzuführen und mit Erkenntnisgewinnen für die Schüler zu verbinden. Im Thüringer Schulportal findet sich ein umfangreiches Portfolio einschlägiger, nach den Ausstellungsthemen geordneter und aufbereiteter Materialien. Diese sind für unterschiedliche Niveaustufen konzipiert und erlauben die vertiefende Beschäftigung mit dem Leben Martin Luthers und dem kulturellen Wandel im konfessionellen Zeitalter.

Wir verknüpfen diese Ausstellung zudem auch mit dem Ansatz des Lernens am anderen Lernort. Auch ein Gotteshaus vorurteilsfrei als solchen wahrzunehmen, bedeutet für so manchen, einen Perspektivwechsel zu vollziehen. Dort, wo dieser gelingt, eröffnen sich plötzlich ungeahnte Lernmöglichkeiten, die alle weiterbringen – bequem ist das nicht. Aber so entsteht die notwendige Sensibilität, auch für die langen Spuren der Vergangenheit, die in uns bis heute wirken. So hat z. B. die Einstiegsbetrachtung von Luthers Reiselöffel im Thüringer Schulportal eine Reihe Thüringer Schulklassen in das Museum der Stadt Saalfeld geführt. Ganz nebenbei haben die Schülerinnen und Schüler dabei Caspar Aquila, einen wichtigen Weggefährten Luthers kennengelernt und viel über die Entwicklung des Schulwesens in der Reformationszeit erfahren.

Das Reformationsjubiläum *Luther2017* hat zu einer erheblichen quantitativen und qualitativen Verbesserung des Bestands an einschlägigen Lehr- und Lernmaterialien, auch mit konkreten Thüringer Bezügen, geführt.[1]

Wir setzen diese Arbeit nachhaltig fort und werden bis zu den nächsten Jubiläen, Bibelübersetzung (2021) und Bauernkrieg (2024), sowohl die Ausstellung als auch die Lernmaterialien und Lernorte im Thüringer Schulportal thematisch darauf abgestimmt weiter ausbauen.

Anmerkungen

[1] Alle Materialien sind in der Mediothek des Thüringer Schulportals (www.schulportal-thueringen.de/web/guest/media/) mit der dortigen Freitextsuche, z. B. unter dem Stichwort ‚Reformation', zu finden, hier eine kleine Auswahl:

- Die Abenteuer der Abrafaxe – Ablasshandel
- Empörung, Widerstand, Hoffnung – Luther und Hessel im Dialog
- Humanität ist der Charakter unseres Geschlechts
- Rückbezüge Herders auf Luther
- Auf gut Teutsch – Der Luther-Koffer
- Cranach in Thüringen entdecken

Das ThILLM ist zudem mit einer Reihe von Materialien auf der offiziellen Dekadehomepage www.Luther2017.de vertreten (www.luther2017.de/materialien/unterricht-schule/), hier findet man auch die Wanderausstellung (www.luther2017.de/de/materialien/wanderausstellungen/ausstellung-martin-luther-und-der-kulturelle-wandel-im-konfessionellen-zeitalter/).

Dorothea Höck

Mit Jugendlichen philosophieren
DenkWege zu Luther

> (Denk-)„Wege entstehen dadurch,
> dass wir sie gehen."
> Hans Kudszus

Oktober 2017 in der Jugendbildungsstätte Junker Jörg in Eisenach: Zum dritten Mal hatten sich Jugendliche zweier Gymnasien, des Casimirianums in Coburg und des Ernestinums in Gotha, zu einem Ost-West-Tandem im Rahmen der *DenkWege zu Luther* zusammengefunden. Unter dem Motto „Entscheide dich! Die Qual der Wahl – Schwierigkeiten mit der Freiheit" wurde ihnen Zeit und Raum gegeben, über eigene Lebenserfahrungen zu sprechen, die der anderen zu verstehen und eigene Texte zu verfassen.

Gemeinsam suchten die Gymnasiasten nach Spuren der Reformation, diskutierten, philosophierten und lernten sich kennen. „Wer bin ich?", „Wer will ich sein?", „Bin ich frei?" waren Einstiegsfragen, die sie zum Gespräch über Martin Luthers Satz „Nur wer sich entscheidet, existiert" führte. Weiter gingen ihre philosophischen Betrachtungen mit der Frage, was unsere Entscheidungen prägt, wie es um Luthers Entscheidungen stand und wie sie persönlich überhaupt sinnvoll Entscheidungen treffen können – beispielsweise die Berufswahl –, ohne vorweg die Folgen einschätzen zu können. Die Quintessenz ihres gemeinsamen Nachdenkens lautete schließlich: „Wir sind frei in Entscheidungen, aber gezwungen, sie zu treffen."

Nach einer Woche Denkarbeit in gemischten Gruppen präsentierten die Jugendlichen die Ergebnisse im virtuellen Gespräch mit dem Reformator. Sie zeigten ganz unterschiedliche Denkansätze, manche lobten Luthers Entscheidungen, andere hinterfragten ihr eigenes Verhältnis zu Freiheit und Entscheidung, überlegten dabei, vor welchen Entscheidungen sie zukünftig persönlich stehen könnten. Eine Gruppe analysierte, ob Martin Luther wirklich ein Antisemit war. Aus ihrer Sicht sei der Reformator eher ein Antijudaist, erklärten sie.

Zum Seminarprogramm gehörten das Lutherhaus und die Nationale Sonderausstellung auf der Wartburg. Ein Teil des Teams der *DenkWege zu Luther* hatte diese Woche in enger Zusammenarbeit mit den Lehrern und Lehrerinnen monatelang vorbereitet.

Das gemeinsame Vorhaben der Evangelischen Akademie Thüringen und der Akademie in Sachsen-Anhalt war das einzige bundesweit ausgerichtete Jugendbildungsprojekt der Reformationsdekade. Es begann klein: Als 2008 die Lutherdekade begann, vermissten wir Angebote für Jugendliche. Es schien auch absurd: Warum sollten sich Jugendliche im 21. Jahrhundert für ein Ereignis interessieren, das vor 500 Jahren seinen Anfang nahm und bei dem es um Dinge ging, die zumindest auf den ersten Blick in keiner Weise ihre Lebenswelten berühren? Schließlich war die Reformation eine religiös geprägte Bewegung, aber

für moderne junge Menschen in Deutschland ist Religion schlicht kein Thema, viele nehmen sogar eine ablehnende Haltung ein.

Ein Jahr später erreichten uns von verschiedenen Seiten Anfragen: Wir hatten uns da schon ein Fundament langjähriger eigener guter Erfahrungen im Philosophieren mit jungen Menschen zu den unterschiedlichsten Fragen und Themen angeeignet (seit 1992 im philoSOPHIA e. V., seit 1998 an der Evangelischen Akademie Thüringen, erreichbar unter www.philopage.de). Können wir uns vorstellen, die *DenkWege*, seit Jahren erprobte philosophische Seminare für Schüler der neunte bis zwölfte Klasse, auf Reformationsthemen wie Freiheit, Anerkennung, politisches Engagement usw. zu erweitern? Wir fingen schnell Feuer: Für uns war das eine willkommene Gelegenheit, entlang den Jahresthemen der Reformationsdekade mit jungen Menschen in intensive Gespräche zu kommen. Also stellten wir uns der fast unlösbaren Aufgabe, religiöse und theologische Fragestellungen in säkulare Sprache und Verständnisweisen zu übersetzen und umgekehrt. Wir philosophierten miteinander über Freiheit und Gewissen, Gott und Glaube, Politik und Moral, Freude und Vertrauen, Wahrheit und Toleranz und luden dazu Reformatoren und Humanisten sowie Philosophen, Literaten und Künstler von der Renaissancezeit bis in die Gegenwart als virtuelle Gesprächspartner zu den Lebensfragen Jugendlicher ein. Historische Orte wurden einbezogen und damit zu Lernorten. Ganz nebenbei entstanden neue Methoden und Zugangsweisen in der Bildungsarbeit mit Jugendlichen. Dazu gehörten neben einem erweiterten Repertoire von Arbeitsweisen des Philosophierens durch Theater, Musik und Schreibwerkstatt und künstlerisches Gestalten auch das thematische Geocaching und die „Seminare unterwegs". Das war möglich, weil die vorwiegend nebenamtlich tätigen Mitglieder des pädagogischen Teams der *DenkWege zu Luther* in ihrer bunten Zusammensetzung selbst ein breites Spektrum abbildeten, sowohl weltanschaulich als Protestanten, Katholiken, Agnostiker als auch mit ihren Fachgebieten Philosophie, Theologie, Medien- und Theaterpädagogik, Mediation, Politik- und Sozialwissenschaften, Musik, Pädagogik, Religionswissenschaft. Parallel zu den Seminaren fand ein kontinuierlicher Teambildungsprozess statt: „Bildung" im doppelten Sinn – in regelmäßigen mehrtägigen Klausuren und ausführlichen Vorbereitungstreffen zu den einzelnen Seminaren wurde das methodische, pädagogische, philosophische und theologische Wissen erweitert und allen zugänglich gemacht. So haben wir uns die Agenda der Reformationsdekade mit ihren Themenjahren für die Bildung mit jungen Menschen erschlossen, mit vorbereitenden Konferenzen mit Lehrern und anderen Erwachsenen in der Jugendbildung und Publikationen zu den jeweiligen Jahresthemen mit Grundsatzartikeln und methodischen Hinweisen. Alle Erfahrungen und Ergebnisse sind auch nach dem Ende der Reformationsdekade nicht nur in Broschüren, sondern auch online zugänglich und können für alle fruchtbar gemacht werden, die mit jungen Menschen und Erwachsenen zu philosophischen und geistesgeschichtlichen Fragen ins Gespräch kommen möchten.

Wir haben für die *DenkWege zu Luther* spezielle Themeneröffnungen und Übungen entwickelt, die je nach Seminar-Situation eingesetzt, variiert und weiterentwickelt werden können. Das setzt voraus, dass ein großer Teil des Seminars freien, sokratisch orientierten Gesprächen vorbehalten ist, bei denen man miteinander auf dem Weg ist. Beim praktischen Philosophieren geht es nicht um die theoretische Aneignung philosophischer Systeme bzw. Welterklärungsmodelle. Diese sind zum Teil nötiges Denkwerkzeug. Es geht um Philosophie als Lebensform.

Wir möchten die jungen Menschen dazu ermutigen, Autoren ihres Lebens zu werden, Verantwortung zu übernehmen, Freiheit gekonnt zu leben. Zu den Leitfragen im Gespräch mit Jugendlichen gehört: „Wofür lebst du?", „Wer willst du sein?" statt: „Was willst du haben?"

Dabei geht es nicht nur um den Einzelnen: Welche globalen, politischen, gesellschaftlichen Einflüsse sich auf unser Leben auswirken, wie wir sie umgekehrt mitgestalten können, erkennen wir nur, indem wir uns bemühen, sie zu begreifen. Das Gespräch mit vielfältigen geistigen Gestalten in Geschichte und Gegenwart kann aus scheinbarer Alternativlosigkeit zu gesellschaftlichen Zwängen wie Macht, Erfolg und Reichtum heraushelfen, indem es eine Vielzahl von möglichen Richtungen aufzeigt und prüfen lässt, die ein Leben nehmen kann. Nicht nur lebenspraktische Philosophen wie Sokrates oder Nietzsche, auch Luther und Melanchthon haben uns einiges zu sagen. Der Pädagoge Luther unterschied zwischen theoretischem Wissen und „beherzigender Praxis": „Es steht in Büchern genug geschrieben, ja, es ist aber noch nicht alles in die Herzen getrieben."

In Zahlen sieht die Projektarbeit unseres im Schnitt zwölfköpfigen überwiegend nebenamtlich arbeitenden Teams so aus: Seit dem Projektbeginn 2009 – zunächst nur in Sachsen-Anhalt und Thüringen und ab 2011 bundesweit – wurden 430 Seminartage mit insgesamt 3.400 Jugendlichen und 2.100 Multiplikatoren der (außer-)schulischen Jugendbildung realisiert. 98 Seminare waren mehrtägige Veranstaltungen (bis sieben Tage und bis zu 80 Teilnehmer), und nur 58 Seminare bzw. Workshops waren einfache Tagesveranstaltungen.

Aber nicht nur inhaltlich und methodisch, auch strukturell und institutionell entstand Neues mit den *DenkWegen zu Luther*: Ohne eine großzügige Finanzierung durch die Evangelische Kirche in Mitteldeutschland, durch die Bundesbeauftragte für Kultur und Medien und Mittel aus den Fördertöpfen für die Reformationsdekade der Bundesländer Thüringen und Sachsen-Anhalt wäre die große Zahl drei- bis fünftägiger Seminare an außerschulischen Lernorten in Bildungsstätten mit bis zu 100 Schülerinnen und Schülern undenkbar gewesen. Für bundesweite Lutherschultreffen in Zusammenarbeit mit der AG Schule und Bildung beim Lenkungsausschuss zur Vorbereitung des Reformationsjubiläums wurden Ländergrenzen überschritten, ebenfalls für gemeinsame Seminare von Schulen aus Thüringen und Hessen oder Sachsen und Bayern. Durch die engagierte Unterstützung durch viele Entscheidungsträger auf allen kirchlichen und staatlichen Ebenen wurden neue Formen der Zusammenarbeit geschaffen.

Mit dem Reformationsjubiläum 2017 wurden auch die *DenkWege zu Luther* beendet. Wir werden weiter mit jungen und erwachsenen Menschen DenkWege gehen, denn die intensiven Lernprozesse waren auch für uns Protagonisten eine in jeder Hinsicht fruchtbare Erfahrung. Von den meisten Veranstaltungen gaben uns die jugendlichen Teilnehmenden solche Rückmeldungen wie: „Ich hätte nie gedacht, dass Denken so einen Spaß machen kann." Oder: „Überrascht hat mich, dass es Fragen gibt, wo alle keine richtigen Antworten wissen, aber jeder sich diese Fragen stellt."

Die Projektleitung hatten:
Dorothea Höck, Pfarrerin, Philosophische Praktikerin, Erfurt
Carsten Passin, Philosophischer Praktiker, Pädagoge, Kemberg-Gniest
Axel Große, Politologe, Jugend- und Erwachsenenbildner, Erfurt

Ergebnisse des Projekts finden Sie unter:
www.denkwege-zu-luther.de/detail/ thematisches_geocaching.asp
www.denkwege-zu-luther.de/de/publikationen.asp

Mehr über das Philosophieren mit Jugendlichen:
www.philopage.de

Alice Frontzek, Anna Ruffert

Lutherfinder
Qualifizierte Gästebegleitung an den authentischen Orten

Besonders im Hinblick auf das heiß erwartete Reformationsjubiläum 2017 – 500 Jahre Reformation hatte sich die Evangelische Kirche in Mitteldeutschland rechtzeitig darüber Gedanken gemacht, wie man Gästen, Bildungsreisenden, Touristen, Kirchenmitgliedern – allgemein: Interessierten – qualifizierte Informationen zum Reformator Martin Luther, seinen Wirkungsstätten und seinen Lehren zur Verfügung stellen kann.

Man wollte das nicht allein mit Informationsbroschüren und einem gesteigerten Angebot an thematischer Literatur bewerkstelligen, sondern es sollte Menschen geben, die dazu in der Lage waren, andere interessierte Menschen kompetent zu beraten und auf ihrer Suche nach dem Reformator begleiten zu können. Und so ergab sich bei einer Bedarfsanalyse, dass Stadt- und Kirchenführer, Kirchenmitarbeiter, Kirchengemeindemitglieder und alle, die Besuchern gerne Auskunft geben, eine spezielle Schulung erhalten sollten.

Die Evangelische Erwachsenenbildung Thüringen entwarf unter der Leitung von Geschäftsführer Thomas Ritschel 2010 ein Ausbildungskonzept, welches durch das Angebot von spezifischen Seminaren und Exkursionen zu einer perfekten Schulung von Lutherfindern führen sollte.

Das Interesse war riesig. In drei Durchgängen besuchten zunächst über 60 Bildungswillige Lutherfinder-Veranstaltungen in Thüringen. Insgesamt 38 Teilnehmende aus Erfurt, Weimar, Jena, Eisenach, Gotha oder Arnstadt erreichten einen Ausbildungsabschluss. Die Letzten legten im August 2016 ihre Prüfungen ab. Die Zahl der Absolventen ist im Laufe der Ausbildungsjahre stetig angestiegen. Ein zunehmendes Interesse machte sich auch aus den angrenzenden Bundesländern Sachsen-Anhalt und Bayern bemerkbar, so dass die Lutherfinder-Ausbildung ab 2015 ebenso in Halle und ab 2016 auch im Coburger Raum angeboten wurde.

Diese Lutherfinder waren zunächst selbst auf der Suche nach dem Reformator in Eisleben, Mansfeld, Erfurt, Eisenach, Wittenberg und an vielen anderen Orten, an denen Martin Luther Spuren hinterlassen hat. Sie bildeten sich in einführenden Seminaren zur Geschichte der Reformation in Thüringen, zur Theologie Martin Luthers oder zur Rezeptionsgeschichte weiter und nahmen beispielsweise an Vorlesungen über Musik, Bildwelt und Kirchenraum in der Reformationszeit teil. Hierfür hatte das Land Thüringen gemeinsam mit der EKM der Evangelischen Erwachsenenbildung finanzielle Mittel bereitgestellt, welche wiederum versierte Dozenten verpflichtete.

Neben der historisch-geisteswissenschaftlichen Ausbildung der Lutherfinder nahm die Schulung unter kommunikationspädagogischem Aspekt einen ebenso wichtigen Stellenwert ein: Wie begegne ich Gästen, wie gehe ich am besten auf ihre Bedürfnisse ein, was ist bei Gästen aus dem englischsprachigen Raum zu beachten? Eigens dafür wurde das Seminar Englisch für Lutherfinder angeboten, geleitet von einem gebürtig amerikanischen Pastor, welcher die Teilnehmenden mit den Besonderheiten amerikanischer Touristen vertraut machte und sie dafür mit speziellem Vokabular ausrüstete.

Neben den erwachsenen Lutherfindern trafen sich im Juni 2012 im Augustinerkloster Erfurt interessierte Jugendliche des Evangelischen Ratsgymnasiums zu einem Lutherfinder-Sommerworkshop. Der Grundgedanke war dabei, das Wissen zu Martin Luther an authentischem Ort zu vermitteln und speziell ausgebildete Schülerinnen und Schüler dazu zu befähigen, junge Gäste auf der Suche nach dem Reformator durch ihre Stadt zu begleiten. Die Lutherfinder bilden eine eigene Sparte in der Stadtführungslandschaft und können unter der Homepage www.lutherfinder.de oder über www.erfurt-tourismus.de gefunden und gebucht werden. Aber nicht nur dort gibt es sie. Auch die eine oder andere Kirchenaufsicht freut sich, zur Reformation fundiert Auskunft geben zu können.

Zertifizierte Lutherfinder dürfen sich die Absolventen dieser Ausbildung nennen, die, nach dem Sammeln von Creditpoints, mit einer Prüfung, welche aus einem selbst erarbeiteten Führungskonzept und dessen Präsentation besteht, ihren Abschluss fand.

Ich als eine der Absolventinnen hatte das Vergnügen, meine Hausarbeit „Erfurt – Geburtsort der Reformation" noch vor dem ehemaligen Kurator des evangelischen Augustinerklosters, Lothar Schmelz, verteidigen zu dürfen.

Seit 1999 gehöre ich schon zur Riege der Erfurter Gästeführer und biete neben der allgemeinen Altstadtführung auch Lutherführungen oder Führungen in der Alten Synagoge und der mittelalterlichen Mikwe an. Mit dem Lutherfinder-Zertifikat in der Tasche fühle ich mich als evangelisch-lutherisches Kirchenmitglied der Thematik besonders verbunden und gewachsen und freue mich als ehemalige Übersetzerin sehr, wenn ich amerikanischen Lutheranern die authentischen Lutherstätten in Erfurt nahebringen kann. Bei ihnen ist die Kirche unverkennbar ein lebendiger Ort mit vielen aktiven Gemeindemitgliedern, und es macht große Freude, sie glücklich ergriffen zu sehen, wenn sie in Luthers Kirche *Eine feste Burg ist unser Gott* mit überraschender Textsicherheit schmettern. Auch Luthers Verbindung zu Meister Eckhart, dem Begründer der deutschen Mystik, im ehemaligen Dominikanerkloster, der heutigen Predigerkirche, zu erläutern, erfüllt mich mit Stolz auf unsere Stadt.

Ungläubige und ehrfürchtige Blicke ernte ich, wenn Gäste meiner Führungen im Rathaus die Gemälde zu Martin Luthers Leben zwischen seinem 17. und 27. Lebensjahr in Erfurt sehen. Das hätten sie nicht gewusst ...! Luthers Studium der Sieben Freien Künste an einer der berühmtesten Universitäten des Heiligen Römischen Reiches Deutscher Nation nach Prag, Heidelberg, Wien und Köln; das Gewittererlebnis 1505 bei Stotternheim mit seinem Schwur, Mönch zu werden; Luthers erste juristische Vorlesungen und dann seine Bitte um Aufnahme ins Augustinerkloster am 17. Juli 1505; sein Mönchsgelübte 1506; Luthers Weihe zum Priester 1507 im Erfurter Dom St. Marien; danach seine Primiz in der Augustinerkirche, in der er auch das Motiv seines Siegels (die sogenannte Lutherrose) in den alten Fenstern entdeckte. „Thüringisches Rom" nannte er Erfurt, die Universität „seine Mutter, der er alles zu verdanken habe, die Stadt am besten Orte gelegen, doch nicht mehr als ein Bier- und Hurhaus (zuweilen)". Hier studierte, lebte, liebte (?) und feierte er. Er war mit dem Humanistenkreis Erfurts um Eobanus Hessus verbunden, in dem auch Teile der Dunkelmännerbriefe verfasst wurden. Er nannte den Mediziner Dr. Georg Sturz aus der Engelsburg seinen Arzt und Freund. In Erfurt gelangte Luther zu bleibenden Einsichten und

bildete viele seiner Ansichten aus, hier ist seine geistige Heimat.

Dass er durch die übliche Veröffentlichung seiner Diskussionsthemen für die kommenden Vorlesungen am 31. Oktober 1517 in Wittenberg die Kirche spalten würde, hatte er nicht beabsichtigt. Aber er vertrat seine Kritik, die dank der Revolution im Druckverfahren durch Johannes Gutenberg (der auch einst in Erfurt studiert hatte) eine schnelle Ausbreitung fand, und wurde aufgrund dessen, im Gegensatz zu früheren Erneuerern der Kirche, zu *dem* deutschen Reformator. Seine Ideen setzte für ihn in Erfurt sein Freund und Augustinerbruder Johannes Lang um, dessen Grab sich in der Michaeliskirche befindet.

Wie sein berühmter Zeitgenosse Adam Ries, der sein erstes Rechenbuch in deutscher Sprache in Erfurt drucken ließ, damit der einfache Bürger endlich Rechnen lernen und der Händler ihn nicht länger betrügen konnte, so übersetzte Luther die Bibel in die deutsche Sprache, indem er ausgehend von der Sächsisch-Thüringischen Kanzlei (der regionalen Amtssprache) „dem Volk aufs Maul schaute" und mit seiner Übersetzung die deutsche Einheitssprache begründete. Ja, es gibt viel Lutherisches in Erfurt zu studieren, zu sehen und zu hören!

Neben den hochinteressanten Lutherfinder-Seminaren und den Ausflügen, welche teilweise bezüglich des Wetters, der Stimmung und der Gesellschaft Urlaubscharakter hatten, sind wir Lutherfinder auch über die Ausbildung hinaus zu einer freundschaftlichen Verbundenheit zusammengewachsen und haben in der gemeinsamen Zeit stimmungsvolle Adventsfeiern und unterhaltsame Nachmittage erlebt. Auch heute profitieren wir noch wechselseitig von unseren neu entstandenen Kontakten und unserem bestehenden Lutherfinder-Netzwerk.

Richtig rund wurde unsere Mission durch den Entwurf eines eigenen Logos und dazu passenden Ansteckern. Die eigens für uns Lutherfinder eingerichtete Homepage (www.lutherfinder.de) sollte zudem für unsere Bekanntmachung und zur Buchung unserer umfassenden Angebote behilflich sein. Mich hat das Ganze so begeistert, dass ich zusammen mit dem Blickverlag ein weiteres Büchlein geschrieben habe: „Martin Luther und wie in Erfurt alles begann …" Eine Lutherführung (nicht nur) für Kinder!

Wir Lutherfinder sind von der Evangelischen Erwachsenenbildung ausgebildete und zertifizierte Gästebegleiter, die kompetent an die Orte führen möchte, die mit Luthers Schicksal und den Ereignissen der Reformation verknüpft sind. „Wer sucht, der findet. Wer anklopft, dem wird aufgetan" (Mt 7,8). In diesem Sinne sind wir allen Suchenden behilflich, auf Luthers Spuren zu wandeln, und öffnen gerne Tor und Türen zu den original Lutherschauplätzen in unseren Städten!

Kulturelle Innovationen der Lutherdekade

Jonas Zipf, Birgit Liebold

Neue Veranstaltungsformate 2017 in Jena: *Propaganda* und *Bewegtes Land*

In Jena (und Weimar) standen die zahlreichen Denkanstöße im Reformationsjubiläumsjahr unter dem Motto „Nun sag, wie hast du's mit der Religion?". Mit der Gretchenfrage aus Goethes *Faust* sollten nicht nur Luthers Thesenanschlag von 1517 und die darauffolgende Reformation der katholischen Kirche gewürdigt, sondern vor allem Assoziationsräume eröffnet werden. Was bedeutete das konzeptionell? Ein kirchliches Jubiläum? Ein 500. dazu, allerdings angesichts weniger noch vorhandener authentischer Orte im Stadtraum. Was war angemessen, zeitgemäß, inspirierend?

Eines wurde allen Initiatoren – aus Kirchen, Stadt, Wissenschaft, Wirtschaft, Vereinen – und all den zivilgesellschaftlichen Akteuren schnell klar: Es konnte nicht um eine musealisierende Feierkultur gehen, vielmehr war der Diskurs über die bis heute virulenten Grundfragen der Reformation anzustoßen.

Mit dieser Setzung war zugleich ein gelingender Brückenschlag zwischen kulturinteressiertem Bildungspublikum und konfessionell gebundenen Bürgern intendiert. Immerhin ist bei einem Großteil der hiesigen Bevölkerung die DDR-Vergangenheit im Erbgut persönlicher Überzeugungen eingeschrieben, was sich besonders in einem signifikant niedrigeren Prozentsatz konfessionell Gebundener im Vergleich zu den alten Bundesländern widerspiegelt.

Die Programmgestaltung hatte dem Rechnung zu tragen. Und sie litt unter einem dritten Problem. Die Lutherdekade seit September 2008 hatte das Thema bereits ziemlich ‚verbrannt'. Vom Ansatz her war der Dekadengedanke aus unserer Sicht brillant, sollten doch auf diese Weise die üblichen Strohfeuer von Themenjahren vermieden und auch dauerhafte Effekte erzielt werden. Blickt man auf die zahlreichen Investitionsprojekte, von denen erfreulicherweise auch eines in Jena gelang – die Instandsetzung und Zugänglichmachung der Fragmente des einstigen Karmelitenklosters am Engelplatz –, ist dieses Konzept ohne Frage aufgegangen. Gleichwohl erwies es sich als Schwierigkeit, über einen so langen Zeitraum hinweg den thematischen Spannungsbogen zu halten.

Was also war zu tun?

Zuallererst wurde zusätzlich zu einem attraktiven, aber eher traditionellen Programm mit Ausstellungen, Konzerten, Lesungen, Vorträgen u. Ä. nach neuartigen, diskursiven und partizipativen Veranstaltungsformaten gesucht. Diese sollten überraschen, Beteiligung stiften, Diskurse initiieren, vor allem Einheimische ansprechen, statt auf utopische touristische Effekte zu hoffen, das vermeintlich ‚alte' Thema in frischem Gewand mit neuen Annäherungsmöglichkeiten präsentieren. Einige in diesem Sinne besonders gelungene Jenaer Projekte seien im Folgenden chronologisch vorgestellt.

Multimediale Messe

Das ambitionierte Projekt der Jenaer Musik- und Kunstschule einer multimedialen ökumenischen Messe wurde zum Kirchentag zweimal in der Stadtkirche St. Michael aufgeführt. Verhandelt wurden die Grundfragen des menschlichen Lebens.

Der Kammerchor der MKS erforschte dabei die durch die Jahrhunderte unterschiedlichen Rezeptionen des Luther-Textes *Verleih uns Frieden gnädiglich* und brachte Kompositionen von Balthasar Resinarius, Heinrich Schütz, Johann Sebastian Bach, Hugo Distler, Mario Wiegand und Peter Helmut Lang zu Gehör.

Ausschnitte aus der Jazzmesse von Peter Schindler setzten den interkonfessionellen Akzent. Jazzchor, Jugendorchester sowie eine JazzCombo interpretierten die tradierte Messliturgie der katholischen Kirche und übersetzten sie in Jazzmusik.

Mittels Lichtinstallation, die den Charakter der einzelnen Musikstücke aufgriff, wurden spannende visuelle Effekte erzeugt, die in der Kombination von Gesang und gesprochenem Wort die Wirkung der Messe potenzierten. Insgesamt wirkten ca. 100 Akteure – Laien und auch Profis – im Alter zwischen 13 und 66 Jahren an der Aufführung mit. Die musikalische Leitung hatten Pedro Andrade, Ines Krautwurst, Claudia Zohm, allesamt im Lehrerkollegium der Musik- und Kunstschule Jena.

Martin Luther Propagandasymposium

Jena hat bereits seit 1997 einen eng an das Theaterhaus Jena geknüpften städtischen Preis für junge Dramatik. Dieser folgt keinem ritualisierten Verfahren, sondern erfindet sich von Ausgabe zu Ausgabe immer wieder neu, um so den jeweils aktuellen (Theater-)Entwicklungen Rechnung tragen zu können.

In seiner siebten Auflage wurde ein erweiterter Autorenbegriff ins Zentrum der Koproduktion von JenaKultur und Theaterhaus Jena gesetzt. Was ist damit gemeint? Es sollten Formen eines gesellschaftlich engagierten Theaters gewürdigt werden, die das traditionelle Primat des Textes vor der Produktion aufheben.

Die Vergabe des Jakob-Michael-Reinhold-Lenz-Preises erfolgte erstmals direkt; das Preisgeld wurde mit einem Arbeitsauftrag verknüpft. Das Ergebnis war das dreitägige *Martin Luther Propagandasymposium*, kuratiert von Boris Nikitin. Es setzte zwei Begriffe miteinander in Beziehung, die vielleicht auf den ersten Blick nicht zusammen gehören: ‚Martin Luther' und ‚Propaganda'.

Dieses experimentelle Symposium und künstlerische Happening wurde zugleich zu einer Collage verschiedener Formen, Geschichten, Gesichter und Körper, die sich zusammen zu einem heterogenen, expressionistischen und deutschen Bild in theatraler Echtzeit zusammensetzten.

Neben Nikitins Kirchenperformance *How to win friends & influence people* zeigten Markus & Markus mit *Ibsen: Gespenster* eine der radikalsten und zugleich berührendsten Theaterarbeiten der letzten Jahre. Monster Truck beschäftigten sich mit den Reden der AfD, Laura de Weck zeigte eine Lecture Performance zum Thema Selbstdarstellung im Netz. Oliver Zahn und Julian Warner kamen mit ihrer Lecture Performance *Minstrelsy* nach Jena. Daniel Boyarin, Professor für Talmud Studies in Berkeley, hielt den Eröffnungsvortrag über die Konversion des Judentums nach Luther. David Schmidt analysierte den 17. Juni. DJ und Soundkünstler Adolfina Fuck verwandelte Videobilder von Transgender-Demos in Beats, Vera Lengsfeld und Christian Weißgerber stellten sich im Interview ihren ‚Coming-outs' in neue politische Überzeugungen, und die Evangeliumsgemeinde Jena vollzog ihre Sonntagsmesse im Theaterhaus.

Sie alle erzählten an diesem Wochenende gemeinsam ein avantgardistisches Gedicht Deutschlands – ohne Anspruch auf Vollständigkeit, schillernd, propagandistisch und auch ein wenig asozial.

Wie sehr dieses Format in seiner Verbindung von künstlerischen und wissenschaftlichen Elementen zur Wissenschafts- und Lichtstadt Jena passt, zeigte die erfreuliche Resonanz auf das Experiment, auf das bereits Planungen für neue Veranstaltungen mit ähnlichem Format folgten.

Bewegtes Land
Über mangelnde Wahrnehmung konnte auch ein weiteres innovatives Projekt von Hohes Gut e. V. und Datenstrudel e. V. in Zusammenarbeit mit dem Kunstfest Weimar, JenaKultur und der Bauhaus-Universität Weimar nicht klagen. Am letzten Augustwochenende verwandelte sich die Bahnstrecke zwischen Jena und Naumburg in eine überdimensionale, ca. 25 Kilometer lange Theaterbühne. *Bewegtes Land* machte die Zugreisenden zum Publikum. Entlang der Strecke inszenierte das Berliner Künstlerduo Datenstrudel Begegnungen. Dafür reiste es selbst ein halbes Jahr lang innerhalb der Region von Ort zu Ort und warb unermüdlich über 300 Akteure für eine Teilnahme und Unterstützung des Mammutprojektes. So war auch bereits der Weg das Ziel:

Die Reisenden wurden mit detailreich und liebevoll gestalteten unverhofften Interventionen konfrontiert: Fliegende Heuballen, rennende Büsche, Schneelandschaften mitten im Sommer, ein Hai in der Saale und der schnellste Mann im Saaletal überraschten diejenigen, denen sonst die Zugfahrt lediglich Mittel zum Zweck ist, um von A nach B zu gelangen. Das Projekt schuf so im Reformationskernland unerwartete Begegnungen der Reisenden mit dem anderen, dem Fremden, den Ortsansässigen, mit der Landidylle. Die Zugreise wurde zum Erlebnis, weil plötzlich das, was zwischen deren Start- und Zielpunkt liegt, mit Bedeutung aufgeladen wurde. Auf witzige Weise sollte so auch die wegfallende ICE-Verbindung zwischen Jena und Berlin thematisiert werden.

Abschlusskonzert

Zu Beginn des Abschlusskonzertes im Reformationsjahr 2017 spielte die Jenaer Philharmonie unter Simon Gaudenz, dem neuen Generalmusikdirektor, im Beisein des Komponisten Enjott Schneider dessen sinfonisches Gedicht *Ein feste Burg*, das 2010 in Essen uraufgeführt worden war. Die Zwillingsschwestern Ferhan und Ferzan Önder brachten das zweite Ricercata aus Bachs *Musikalischem Opfer* in einer Bearbeitung für zwei Klaviere von Peter Benary (1931–2015) zu Gehör. Es folgte das Konzert für zwei Klaviere und Orchester des türkischen Komponisten Fazil Say. Dem Stück zugrunde liegen friedliche Proteste gegen den Bau eines Einkaufszentrums im Istanbuler Gezi-Park. Höhepunkt und Abschluss des Abends bildete Ludwig van Beethovens 7. *Sinfonie in A-Dur*, op. 92. Mit der häufig in Jena gespielten Sinfonie hat die Jenaer Philharmonie auch 1989 in eine neue Zeit begleitet, ihr Wiederhören unter Simon Gaudenz hat Nachdenklichkeit erzeugt und klargemacht, dass Recht und Freiheit täglich neu errungen werden müssen.

Das mit „Widerstand und Freiheit" überschriebene Konzert am 9. November 2017 nahm auf diese Weise auch nochmals Bezug auf das Jenaer Bühnenprogramm zum Kirchentag. Jeder der beiden Werte hatte dort das Motto für einen Programmtag geliefert und Bezüge und Assoziationen zur jüngeren Geschichte, aber auch zu den aktuellen weltpolitischen Bewegungen geschaffen.

Das Gesamtexperiment, Vergangenes zu erinnern und aufzuarbeiten, um Gegenwärtigem näherzukommen, kann aus Jenaer Sicht als durchaus geglückt angesehen werden und wird mit Sicherheit für künftige Jubiläen und Themenjahre als eine Blaupause dienen können. Wir in Jena verstehen unsere Rolle im Geflecht der Thüringer Residenzstädtchen als Ort der Gegenwärtigkeit und Zukunftsforschung, auch und gerade in den kirchlichen und zivilgesellschaftlichen, kulturellen und künstlerischen Bereichen.

Annette Seemann, Sigrun Lüdde für das Projekt-Team

Sechs Jahre *Weimarer Kinderbibel* – und kein Ende

„Früh am Morgen ist es am See Genezareth am schönsten – der Fischgeruch hängt mit einer leichten Frische in der Luft und die Vögel singen ihr Morgenlied."

So beginnt Marie-Luise, zwölf Jahre alt, ihre Version der biblischen Geschichte von der Berufung der ersten Jünger. Das Mädchen hat sich ganz und gar in die Situation von Jesus und seinen Jüngern eingefühlt, sich die Landschaft vorgestellt, ist buchstäblich am See Genezareth anwesend.

Ihr Zugang spiegelt die Besonderheit des Projekts *Weimarer Kinderbibel*, dessen Ziel keineswegs in erster Linie die Entwicklung einer Bibel als geschriebenes Buch (oder mehreren Bänden derselben) war, sondern eine nachhaltige, „radikale", wie Thomas A. Seidel es formuliert hat, Auseinandersetzung mit der Reformationsgeschichte, der Zeit um 1500, als Luther an einer wiederum radikalen Zeitenwende seine neue Bibelübersetzung und seine neue Auffassung des christlichen Glaubens entwickelte.

Ganze Klassen aus Schulen aller Typen in Weimar und bald auch darüber hinaus, Schüler und Schülerinnen in den Klassen vier bis sieben, haben während der von den Lehrkräften vor Ort je nach Zielhorizont ihrer Klassen selbst ‚designten' und jeweils zu Projektbeginn durchgeführten Projektwochen oder -tagen zum Teil zum ersten Mal in ihrem Leben eine Kirche betreten. Sie haben authentische Lutherorte wie das Augustinerkloster in Erfurt, die Wartburg oder die Herderkirche in Weimar besichtigt, haben in der Herzogin Anna Amalia Bibliothek alte, kunstvoll gestaltete Bibeln – etwa auch die Lutherbibel von 1534, die aus dem Brand der Bibliothek 2004 gerettet wurde – angeschaut, haben die Gemälde von Lucas Cranach mit den Konterfeis Luthers und Katharina von Boras im Weimarer Schlossmuseum oder der Herderkirche bestaunt. Oder sie haben alte Handwerkstechniken kennengelernt und Rezepte aus der Lutherzeit gekocht und gegessen. Sie beschäftigten sich mit Luthers Leben und Werk, lernten die Medienrevolution um 1500 als genauso spannend wie die digitale um 2000 kennen. Und vieles, vieles mehr.

Es ging bei den Projektwochen um die Vorbereitung auf zum Teil schwierige Inhalte und die gleichzeitige Einbettung dieser. Die aktive und ausdauernde Auseinandersetzung mit einer für die Kinder fremden Zeit war der Beginn des Prozesses der Vermittlung oder Vertiefung komplexer Themen und biblischer Texte, die jeweils nicht als Glaubensinhalte, sondern als solche der kulturellen oder sprachlichen Bildung außerhalb kirchlichen Umfelds in ganzen Klassen verschiedener Schulen Eingang fanden.

Auf die jeweils für die einzelnen Klassen zugeschnittenen Projektwochen folgte nämlich die Geschichtenerzählerphase. Es waren Externe, Christen verschiedener Bekenntnisse, alle sehr sprachmächtig, die den jeweiligen Klassen (vier bis fünf pro Jahrgang) bis zu vier Bibelgeschichten erzählten. Den Kontakt zu dieser Gruppe engagierter und authentischer Menschen hat vor allem unsere Projektpartnerin Ulrike Greim über die Jahre hinweg

aufrechterhalten und auch die Auswahl der Geschichten aus dem Alten und Neuen Testament begleitet. Unmittelbar danach hatten die Kinder die Aufgabe, eine der ausgewählten Geschichten mit eigener Schwerpunktsetzung wiederzugeben. Vielfach folgten sie den Vorschlägen, sich in die Geschichtenwelt zu versetzen oder die Geschichte in unsere Zeit zu transferieren, bestimmte Aspekte zu betonen usw.

Das Gefühl, in einer kulturell und sprachlich bedeutsamen Tradition zu stehen, machte auch die teils erst unbeholfen Schreibenden stolz. Kinder, die sonst ungern schrieben, fühlten sich ohne jeglichen Benotungsdruck freier. Viele Kinder betrachteten die Geschichten als ethische Orientierungshilfen oder Spiegel bestehender gesellschaftlicher Probleme. Dies ergab sich aus unseren Projektfragebögen, die nach jeder Phase des Projekts über die sechs Jahre hinweg an alle Mitwirkenden ausgegeben wurden.

In der dritten Projektphase kamen Studierende der Bauhaus-Universität Weimar an die Schulen, vorbereitet durch einen Workshop und ein Didaktikseminar unter Prof. Dr. Andrea Dreyer vom Lehrstuhl Kunst und ihre Didaktik, die diesen Projektteil in unserer Partnerschaft verantwortete. In jedem Jahr seit 2011 kam dort eine neue, jeweils experimentell aufgefasste Gestaltungstechnik zum Einsatz, von der Kalligraphie als der ältesten Technik bis zur computergestützten digitalen Gestaltung. Nachdem die Studierenden im Workshop einen eigenen Zugang zu der jeweiligen Technik gefunden hatten, war es im zweiten Schritt ihre Aufgabe, ein Vermittlungskonzept für die ihnen zugeordnete teilnehmende Klasse zu entwickeln.

Diese Phase fand in der Regel den größten Anklang bei den neun- bis 13-jährigen Schülern und Schülerinnen, wie überhaupt der Einsatz vieler externer Partner eine Besonderheit des fächer- und generationenübergreifenden Projekts war. Dies verlangte uns als Projektleitung sehr viel Logistik und Moderation bei 70 bis 80 direkten Projektpartnern pro Jahr ab.

Als Pilotprojekt angelegt war es daneben insbesondere die von Anfang an konsequent aufgebaute Website (www.weimarer-kinderbibel.de), die großen Zuspruch erhielt (92.577 Besuche im letzten Jahr). Ulrike Greim war es besonders wichtig, den richtigen Ton zu finden, der Kindern einen einfachen Zugang ermöglicht, sollten sie sich doch hier wiederfinden. Und wirklich hat diese Seite und großes persönliches Engagement der Projektleitung zusätzlich dazu geführt, dass das Projekt in Teilaspekten etwa in Herisau (Schweiz) oder als Ganzes in Worms (mehrjährig) und in Berlin (2016/17) Nachahmer fand, die es aus eigenen Kräften sehr erfolgreich durchführten.

Ausstellungen der Ergebnisse des Projektes *Weimarer Kinderbibel* vor Ort, immer wieder in der Eckermann-Buchhandlung und in der Stadtbibliothek, daneben in Neudietendorf, Erfurt, auf der Wartburg schließlich im Themenjahr *Reformation – Bild und Bibel* innerhalb der Reformationsdekade, in Worms und Paderborn sowie in Wittenberg (beide 2017) taten ihr Übriges, um die Projektidee zu streuen.

Gerade die Übertragbarkeit und Resonanz waren es dann vermutlich, die dazu führten, dass der Literarischen Gesellschaft Thüringen e. V. als Projektträgerin im Jahr 2014 für das Projekt der Thüringer Kulturpreis zugesprochen wurde. Der Preis war sowohl Ausdruck inzwischen anerkannter allgemeiner Wertschätzung als auch finanzieller Anschub zur Fortsetzung des wesentlich durch öffentliche Gelder geförderten Projekts: Immer wieder hatten zuvor kleinere und größere Bedarfslücken durch private und selbst eingeworbene institutionelle Spender, die begeistert werden konnten, geschlossen werden müssen. Unter den privaten Spendern ist insbesondere Prinzessin Dagmar von Sachsen-Weimar und ihr Freundeskreis hervorzuheben. Die Prinzessin war es auch, die es mit ihrem Engagement ermöglichte, dass wir die Ausstellung der Weimarer Kinderbibelarbeiten im Themenjahr *Bild und Bibel* auf der Wartburg durchführen konnten.

Wie aus all dem hervorgeht, war uns die Reaktion der Zielgruppe, der Kinder und Ju-

gendlichen, die am Projekt über die Jahre hinweg teilgenommen hatten, insgesamt 493 Kinder aus 37 Schulklassen, am allerwichtigsten, und wir arbeiteten kontinuierlich an einer Optimierung des Projekts und an der Einbeziehung und Sichtbarmachung der Wertschätzung aller Partner. Dazu dienten spontane Fragen, Hospitationen während der Projektphasen und die erwähnten Fragebögen, die neben jeweils identischen Fragen an alle auch den Kindern Raum gaben, mitzuteilen, was ihnen etwa die ihnen erzählten Bibelgeschichten sagen konnten, ob sie sie mochten und warum oder warum eben nicht. Die überwiegende Zahl aller Teilnehmenden hatte sich positiv geäußert, etwa auch in Kommentaren wie: „Kommt bitte immer wieder. Es war so schön." Oder: „Ich wünsche mir, dass möglichst viele Kinder das tolle Projekt mitmachen können."

Dazu kam beispielsweise von einem Kind, das zuvor angekreuzt hatte, es habe in unserem Kontext zum ersten Mal in seinem Leben eine Bibelgeschichte gehört, die Antwort: „Ich mag sie einfach. Wegen der reinen Worte." Ein anderes Kind, das in einem jungen Alter eine sehr schwere familiäre Lebenssituation zu meistern hatte, hatte die Geschichte von Aron als seine liebste gekennzeichnet, offenbar, weil sie zu seiner Lebenssituation passte. Es hatte auf die Frage, warum es gerade diese Geschichte so gut fand, geantwortet: „Aron klagt nicht."

Das Leitungsteam hatte allerdings neben der regulären Durchführung des dreiphasigen Kinderbibelprojekts einen weiteren sehr ambitionierten Plan, und zwar bereits seit 2013. Ausgehend von dem immer wieder beschworenen Gedanken der Nachhaltigkeit war ja immer klar gewesen, dass das Projekt in seiner geschilderten Struktur nur bis zum Reformationsjubiläum durchgeführt werden konnte, schon auch, weil danach keine Gelder mehr zur Verfügung stehen würden. Was aber, wenn es etwas gäbe, das die Idee der *Weimarer Kinderbibel* aufgreifen und gleichzeitig womöglich ausweiten würde, ein Raum, der als festes Angebot für Kinder- und Jugendgruppen zugänglich wäre, am besten ein Raum innerhalb eines kirchlichen Kontexts? Der Raum sollte also eine Verstetigung und gleichzeitig Weiterentwicklung im Sinne einer Ausweitung auf andere Altersgruppen von Kindern und Jugendlichen sein, sollte womöglich alle Kinder ab Klasse vier bis zum Abitur mit einem altersgerechten Vermittlungsmodul begrüßen können. Dieser Raum wurde, quasi als Geschenk an das Projekt, zur Einrichtung und Entwicklung eines Vermittlungskonzepts von der Evangelisch-Lutherischen Kirchgemeinde Weimar zur Verfügung gestellt. Er befindet sich in der Stadtkirche St. Peter und Paul (Herderkirche) im ersten Obergeschoss rechts hinter der Empore.

Erneut war es eine studentische Gruppe aus dem Seminar von Prof. Dr. Andrea Dreyer, die im Sommersemester 2015 einen beeindruckenden Gestaltungsentwurf erarbeitete, der bis zum Reformationsjubiläum unter Aufbietung aller gebündelter Kräfte nach einer durch die Kirchgemeinde finanzierten Ertüchtigung des Raums umgesetzt wurde.

Der Forscher- und Entdeckerraum hat erste Probeläufe mit unterschiedlichen Klassen durchlaufen und erfährt derzeit letzten Feinschliff. Es ist in ihm nach Anmeldung im Sekretariat der Herderkirche eine selbstständige Nutzung durch am besten von zwei Lehr- oder Betreuungskräften begleitete Kinder- und Jugendgruppen ab etwa neun Jahren bzw. Schülern und Schülerinnen von Klassenstufe vier bis zum Abiturjahrgang möglich.

Hierbei wird einerseits das Projekt *Weimarer Kinderbibel* leicht abgeändert für die Klassen vier bis sieben dort verstetigt. Doch haben diese außerdem die Möglichkeit, sich spielerisch dem Bildprogramm der Herderkirche über ein Suchspiel zu nähern. Dies war insgesamt auch der große Wunsch der Kirchgemeinde: ein Vermittlungskonzept zu erhalten, um dieses einzigartige Kunstensemble im Kirchenraum auch für Kinder und Jugendliche erfahr- und verstehbar zu machen.

Für die Klassen sieben bis neun ist das Modul ein anderes: Ausgehend von den fünf zentralen Symbolen auf dem Cranach-Altar im Altarraum sammeln die Schüler in den Schubladen des Raums vorhandenes Wissen, teilen es miteinander und lösen mehrere Rätsel, die ihnen die Entschlüsselung des „Cranach-Codes" ermöglichen und damit als Belohnung eine unverhoffte nahe Begegnung mit dem Altarbild (bitte ausprobieren!).

Das Modul für die Klassen zehn bis zwölf bietet indes einen forschenden und Kreativität herausfordernden Zugang zu den drei die Kirche zentral bestimmenden Themen: Renaissance, Reformation und Aufklärung. Hier ist der Raum – möglichst nach einer vorgeschalteten Kirchenführung – lediglich Ausgangspunkt für im Stadtraum bzw. in den beiden Partner-Bibliotheken der Stadt zu erledigende Recherche- und Kreativaufgaben, wobei die Herzogin Anna Amalia Bibliothek auf inhaltliche Fragestellungen vorbereitet ist und die Bibliothek der Bauhaus-Universität Weimar Literatur für gestalterische Aufgaben bereithält.

Bei allen drei Modulen wurde der Lehrplanbezug sehr stringent bei der Aufgabenstellung beachtet, so dass der Raum vollgültig als außerschulischer Lernort im fächerübergreifenden Unterricht für die Fächer Deutsch, Geschichte, Ethik, evangelische/katholische Religionslehre sowie Kunst gelten kann (www.entdeckerraum-herderkirche-weimar.de; www.forscherraum-herderkirche-weimar.de).

Thomas Seidel hat unser Projekt im Vorwort zu unserem Auswahlband aus sechs Jahren *Weimarer Kinderbibel* als kulturell barrierefrei bezeichnet. Dasselbe trifft aus unserer Sicht auch auf den Forscher- und Entdeckerraum zu und war von Anfang an ein Hauptziel.

ACHAVA. Ein jüdischer Impuls für den interreligiösen Dialog

Martin Kranz, Angelika Kranz

Die Festspiele – Idee und Realisierung

Dass sich aus Vorurteilen und Unwissenheit gespeister Hass und Gewalt gar nicht erst entstehen – dafür setzen sich die ACHAVA Festspiele Thüringen ein. Das Festival für den interkulturellen Dialog findet 2018 zum vierten Mal statt und hat bereits einen festen Platz in der Thüringer Kulturlandschaft.

Kultur ist die Sprache, Aufklärung und Verständnis das Ziel. Der Kernpunkt ist der interreligiöse und interkulturelle Dialog, der von den Gedanken in den Schriften jüdischer Propheten des Alten Testaments ausgeht. Sie bilden die Grundlage der jüdischen Ethik und der christlichen, europäischen Werte. Der hebräische Begriff ‚ACHAVA' – Brüderlichkeit – ist dafür ein Schlüsselwort. Es entspricht auch dem humanistischen Grundgedanken, die Existenz des Menschens durch aus Kenntnis entwickelte Mitmenschlichkeit zu verbessern.

Die gesellschaftlichen Entwicklungen der letzten Jahre haben gezeigt, dass in Politik und Alltag wieder Platz für Ausgrenzung, Nationalismus und Abschottung war und ist. Wozu das vor 100 Jahren und 80 Jahren – erneut – geführt hat, gilt es zu verhindern.

Die ACHAVA Festspiele Thüringen sehen ihre Aufgabe darin, Menschen aller Altersklassen in Thüringen und darüber hinaus die persönliche Begegnung mit Menschen anderer Herkunft, Religion, Kultur und Sprache zu

ermöglichen. Darüber hinaus kann der Austausch auch neue Impulse für das eigene Leben geben.

Im Rahmen der Reformationsdekade des Landes Thüringen wurden die *Erfurter Religionsgespräche* vom Reformationsbeauftragten der Thüringer Landesregierung, Dr. Thomas A. Seidel, konzipiert und in die ACHAVA Festspiele integriert. Bei dieser Reihe, die bereits im Gründungsjahr der Festspiele 2015 erstmalig umgesetzt wurde, widmeten sich verschiedene Podien den vielfältigen Fragen zur Reformation gestern und heute sowie in dem sie prägenden Umfeld. Redner und Diskutanten aus den Bereichen Theologie, Sozialwissenschaften, Kultur, Literatur, Religion, Geschichte, Politik und Geografie beleuchteten die Reformation und den Reformator Martin Luther aus unterschiedlichen Blickwinkeln.

Dass Religion keinen kaltlässt, zeigte auch die mediale Aufmerksamkeit, die das Reformationsjahr bereits im Vorfeld erhielt. Über drei Jahre entwickelte sich die Gesprächsreihe zu einem festen Bestandteil der ACHAVA Festspiele Thüringen. Jedes der letzten drei Jahre bot unterschiedliche Schwerpunkte, denen die Erfurter Religionsgespräche eine interessante Bühne boten:

2015
Opium oder Orientierung?

- Reformation oder Revolte?
- Heilige Bücher?
- Heilige Bilder?

Die erste Auflage der Diskussionsreihe beschäftigte sich mit der Reformation als neue Bewegung im 16. Jahrhundert, die Bahnbrechendes bewirkt hat. Die Deutungshoheit der Katholischen Kirche für den Glauben und die Bibel als das Heilige Buch wurden innerhalb weniger Jahre infrage gestellt. Die Gespräche drehten sich um die Ökumene, die Buchreligionen allgemein und die Bilderstürmerei der Geschichte.

2016
Islam. Der große Unbekannte

- Wie ist der Islam entstanden?
- Wie demokratiefähig ist der Islam?
- Wie zukunftsfähig ist der Islam?

Ein Beispiel für das erfolgreiche Konzept der *Erfurter Religionsgespräche* war beispielsweise die Reihe *Islam. Der große Unbekannte*: Im Jahr, nachdem Deutschland mehrere Tausend Flüchtlinge aus Syrien aufgenommen hatte, konnten die Veranstaltungen besonders viele Besucher verzeichnen. Diese Reaktion zeigte, dass neue Entwicklungen in der Gesellschaft nicht zwangsläufig mit Gleichgültigkeit oder sogar Ablehnung registriert werden, sondern man sich durchaus mit Interesse und Neugier informiert, um eine eigene sachlich begründete Antwort zu finden.

2017
Religion. Moral. Politik – Staatskunst in Zeiten der Empörung

- *Von den Juden und ihren Lügen* (Martin Luther, 1543) – Religionsfreiheit und der säkulare Staat
- *Wider die mörderischen Horden der Bauern* (Martin Luther, 1525) – Gewalt und das Gewaltmonopol des Staates
- *Von der Freiheit eines Christenmenschen* (Martin Luther, 1520) – Freiheit und Rechtsstaat

Im Reformationsjahr selbst widmeten sich die *Erfurter Religionsgespräche* durchaus provokanten bis hin zu unsäglichen Thesen Martin Luthers. Die Diskutanten erläuterten jeweils den historischen und persönlichen Hintergrund, der Luther zu diesen Sätzen bewegt haben könnte, aber auch, was in den Jahrhunderten danach daraus gemacht wurde.

ACHAVA Festspiele Thüringen 2018

Es war in den letzten drei Jahren immer wieder ein erfreuliches Erlebnis, zu sehen, wie Festivalbesucher in Konzerten neue Musikrichtungen und Künstler für sich entdeckten, durch Ausstellungen Lücken in der eigenen Geschichte füllen konnten und auf dem ACHAVA Straßenfest 2017 ihre Stadt ganz neu kennenlernten.

Mit einem Forum startete 2016 ein Schülerprogramm, das jetzt stetig ausgeweitet wird. Die Resonanz der teilnehmenden Schulen beim Forum im Landtag und den Workshops und Panels in den verschiedenen Thüringen Schulen war äußerst positiv. Hierbei sind die intensive Vorbereitung und die anschließende persönliche Begegnung mit Betroffenen entscheidend. Leistungsstarke und gut vernetzte Partner, wie das ThILLM und die Evangelische Schulstiftung unterstützen uns dabei.

Regelmäßig werden Zeitzeugen eingeladen, die die Erinnerung an vergangene und aktuelle Fehler und Gräuel der Geschichte wachhalten. Ihre Erfahrungen sollen für Zivilcourage und Mitmenschlichkeit plädieren, damit sich Genozid und Krieg nicht wiederholen.

Auf Podiumsdiskussionen mit bekannten Rednern kann auf aktuelle politische und gesellschaftliche Fragen eingegangen werden. Daraus ergaben sich interessante und gut besuchte Veranstaltungen. Auch hier engagieren sich die Thüringer Staatskanzlei, politische Stiftungen, Verlage und NGOs aktiv mit.

Die vierten ACHAVA Festspiele Thüringen finden vom 20. bis 30. September 2018 in Erfurt statt. Bewährte Programmformate wie klassische und Jazzkonzerte sowie Ausstellungen, ein Straßenfest, Podiumsdiskussionen und ein umfangreiches Schülerprogramm für Demokratie, Toleranz und Respekt bilden den Rahmen für viele weitere Veranstaltungen in diesem Jahr.
www.achava-festspiele.de

Jascha Nemtsov

Erfurter Religionsgespräche und *Luther 2017*

Wie kann die vor 500 Jahren von Luther angestoßene geistige Erneuerung angesichts ihrer erschreckenden Begleiterscheinungen, wie etwa Judenhass oder religiösem Fanatismus, gefeiert werden? Welche Rolle spielt das vielfach ambivalente Erbe Martin Luthers im heutigen Deutschland? Was bedeuten die Erfahrungen der Reformation für den gegenwärtigen Dialog der Kulturen und Religionen? Ist die heutige Kirche, deren öffentliches Wirken in mancher Wahrnehmung auf den Widerhall der Politik und der Mainstream-Medien beschränkt ist, überhaupt noch imstande, die Gesellschaft mit eigenen geistigen Impulsen zu beeinflussen?

Diese und andere Fragen standen im Mittelpunkt der drei Erfurter Religionsgespräche 2017, die gemeinsam vom Beauftragten der Thüringer Landesregierung zur Vorbereitung des Reformationsjubiläums und den ACHAVA Festspielen Thüringen veranstaltet wurden. Die Konzeption wurde von Dr. Thomas A. Seidel erarbeitet, der auch die Moderation der Gesprächsrunden zusammen mit dem Autor dieser Zeilen übernahm. Die Gespräche wurden entlang dreier programmatischer Texte Luthers gestaltet, mit diesen Texten wurden zugleich Bezüge zu zentralen Themen der Gegenwart hergestellt.

So konzentrierte sich das erste Gespräch mit Dorothea Wendebourg, die in Berlin Kirchengeschichte lehrt, und dem Tübinger Religionswissenschaftler und Judaisten Matthias Morgenstern, der eine neue kritische Ausgabe der Schrift *Von den Juden und ihren Lügen* (1543) vorbereitete, nicht nur auf das problematische Verhältnis Martin Luthers zum Judentum, sondern auch generell auf die Religionsfreiheit in einem säkularen Staat. Luthers Judenhass, der in seinen letzten Lebensjahren einen bedeutenden Platz in seinem Weltbild einnahm, ist inzwischen allgemein bekannt, er wurde auch während der Jubiläumsfeierlichkeiten häufig zum Anlass von kritischen Reflexionen. Viel weniger wurde in diesem Zusammenhang allerdings thematisiert, dass Luthers Judenhass auch eine Folge der fortschreitenden Fanatisierung und Radikalisierung der Reformationsbewegung war. Je mehr totalitäre Züge Luthers Wirken annahm, desto weniger war er bereit, die Existenz der Juden zu akzeptieren. Während seine späten antijüdischen Schriften, allen voran *Von den Juden und ihren Lügen*, bis in das 20. Jahrhundert hinein nur wenig rezipiert wurden und somit am Entstehen des modernen rassischen und sozialen Antisemitismus kaum direkten Anteil hatten, wurde der protestantische Fanatismus in wechselndem Gewand hingegen zu einem prägenden kulturellen Code. Die ursprünglich religiöse Idee einer geistig-kulturell homogenen Gemeinschaft wirkt auf diese Weise heute noch nach. „Trotz allem Stolz auf den Individualismus, auf die Vielfalt der Gesellschaft, auf Multikulti scheint sich selbst der progressivste Deutsche im tiefsten Innern nach der Volksgemeinschaft zu sehnen, nur dass sie dieses Mal nicht rassisch definiert ist, sondern ihr Ideal in der geistigen Einheit sucht. Wer ihr widerspricht oder ausschert, der hat ihren inquisitorischen Eifer zu fürchten und sein Recht auf

Meinungsfreiheit verwirkt", schrieb dazu im Jubiläumsjahr der Publizist Jacques Schuster in einem Artikel unter dem resignierten Titel *Mit unserer Meinungsfreiheit ist es nicht weit her*.[1] Als verbissene und realitätsfremde Ideologie der Weltverbesserung ist das Erbe Luthers mit einem modernen bürgerlichen säkularen Staat unvereinbar.

Dr. Luc Jochimsen, Soziologin, Fernsehjournalistin und frühere kulturpolitische Sprecherin der Linksfraktion im Bundestag, sowie Prof. Dr. Richard Schröder, bedeutender evangelischer Theologe und Philosoph, waren unsere Gesprächspartner bei der folgenden Diskussion, deren Schwerpunkt Gewalt und das Gewaltmonopol des Staats im Zusammenhang mit Luthers Schrift *Wider die mörderischen Horden der Bauern* (1525) war. Luthers Erfolg auf der politischen Bühne seiner Zeit basierte weitgehend auf der Tatsache, dass er kein Revoluzzer war, sondern den Staat als Garanten der gesellschaftlichen Stabilität und Sicherheit wertschätzte. Seine Verurteilung der Bauernaufstände und blinden Gewalt des Mobs sicherte ihm die Unterstützung der einflussreichen Fürsten.

Das Thema Gewalt ist in Deutschland inzwischen wieder brandaktuell. Wenn die Bürger das staatliche Gewaltmonopol schwinden sehen, wie soll sich der Staat in ihren Augen noch legitimieren? Das Thema hat aber auch wichtige moralische Implikationen. Luthers Kontrahent Thomas Müntzer, ein fanatischer Prediger und Bauernanführer, der seine Vorstellungen einer gerechten Gesellschaftsordnung ohne Rücksicht auf Verluste durchzusetzen versuchte und so für unzählige Tote verantwortlich war, galt in der DDR als Held des Klassenkampfes. Auch heute noch wird Müntzer von Sozialromantikern und linken Weltverbesserern verehrt, hatte er doch ein religiös begründetes kommunistisches Experiment zeitweise realisiert — eine Art Bauerndiktatur mit sich selbst an der Spitze als Richter und Prophet. Ist nun die Gewalt „für einen guten Zweck" und speziell für „soziale Gerechtigkeit" – wie man diesen populären Terminus auch immer interpretieren mag – moralisch vertretbar? Dass eine linke Politikerin diese Frage unumwunden bejahte, war wohl keine Überraschung.

Luthers Schrift *Von der Freiheit eines Christenmenschen* (1520) stand schließlich im Zentrum des letzten Gesprächs über Freiheit und Rechtsstaat. Die prominente Besetzung schloss den früheren Präsidenten des Bundesverfassungsgerichts und herausragenden Rechtswissenschaftler Prof. Dr. Dres. h. c. Hans-Jürgen Papier, den evangelischen Theologen und Bürgerrechtler Friedrich Schorlemmer und last but not least den Ministerpräsidenten des Freistaats Thüringen Bodo Ramelow ein. Luthers frühe Schrift gilt zu Recht als einer der Schlüsseltexte der Reformation, der ein neues Verständnis der Freiheit postulierte. Der Mensch wurde nicht mehr als Teil einer von der Kirche festgelegten „heiligen Ordnung", sondern als selbstverantwortliches Individuum aufgefasst, das auf der Suche nach Heil und Erlösung nicht mehr auf das geweihte Priestertum – die damalige ‚Elite' – angewiesen war.

Was bedeutet aber die protestantische Gewissensfreiheit heute? Wie sieht es generell mit der geistigen Freiheit in unserer Gesellschaft aus? Und welche Rolle steht noch dem Rechtsstaat zu, wenn das Recht immer mehr durch Moral ersetzt wird? Ist der mündige Bürger überhaupt noch eine wünschenswerte Vorstellung in einem Staat, der sich mit der Erziehung „richtiger" Gedanken beschäftigt und sich dadurch immer mehr in einen Gesinnungsstaat verwandelt? Noch nie in der Nachkriegszeit war in Deutschland die Freiheit des Denkens mehr gefährdet als heute. Kann das Erbe Luthers in dieser Hinsicht als Orientierung dienen? Nach Luther ist die individuelle Freiheit des Menschen ausschließlich im (christlichen) Glauben begründet und als christliche Glaubensfreiheit legitim. Eine Freiheit des Unglaubens, des Andersglaubens oder gar der Religionskritik war nicht vorgesehen. So läuft der lutherische Freiheitsbegriff letztlich doch auf eine Glaubensgemeinschaft der Gleichgesinnten hinaus. Nicht die Religion – egal wie progressiv sie ausgelegt wird –, sondern die Herrschaft des Rechts wurde zur Voraussetzung unserer freiheitlich-demokratischen Grundordnung, die in der Verfassung garantiert ist.

Auch wenn Diskussionen keine abschließenden Antworten auf die aktuellen Fragen der Gegenwart geben können, so haben doch die Erfurter Religionsgespräche zum Nachdenken angeregt und einmal mehr gezeigt, dass das Wirken Luthers auch abseits der Jubiläumsfloskeln noch immer relevant ist. Eine kritische Auseinandersetzung damit könnte uns weiterbringen.

Anmerkung:
1. www.welt.de/debatte/kommentare/article1666698745/Mit-unserer-Meinungsfreiheit-ist-es-nicht-weit-her.html. Letzter Zugriff am 12.06.2018.

Dem Volk aufs Maul schauen ... und schauen lassen

Die mediale Begleitung der Lutherdekade

Boris Lochthofen

Heiter gelassen bis beglückt –
Das Reformationsjahr im MDR

Bilanzen zum Jubiläumsjahr wurden schon ausgestellt, als 2017 noch gar nicht zu Ende war. Ab Januar 2018 konnte man sich dann vor den unzähligen Versuchen, den Erfolg oder Misserfolg des Epochenjubiläums analytisch in den Griff zu bekommen, kaum noch retten.

Vieles von dem, worüber dabei gesprochen wurde, fand natürlich direkt bei uns in „den Medien" statt – in unzähligen Zeitungsartikeln, Gesprächssendungen und Magazinbeiträgen, in denen sich Protagonisten aus den Reihen aller Sorten Mitwirkender Gedanken darüber machten, wie dieses Jahr denn nun zu bewerten sei.

Wir Medien selbst hingegen haben es – abgesehen von den allfälligen Jahresrückblicken – eher nicht so sehr mit der Rückschau. Denn wir sind im Aktualitätsgeschäft. Und wir sind eher immer schon wieder dabei – wie es gelegentlich in einem nachgerade lutherischen Wort heißt –, „die nächste Sau durchs Dorf zu jagen".

Aber natürlich hat für einen Sender, der das „Mitteldeutsche" im Namen führt, das Reformationsjubiläum eine sehr viel größere Bedeutung als irgendein Allerweltsjubiläum. Die Schauplätze des Reformationsjahres sind genuin unsere eigenen, unser Sendegebiet war und ist der zentrale Hallraum von Luthers Sein und Wirken zwischen Erfurt, Wittenberg und Wartburg.

Kein deutsches Medienhaus hat so wie der MDR in eine angemessene Darstellung und Berichterstattung zu diesem Jahrhundertjubiläum investiert. Insofern ist es selbstverständlich, dass nach einem Jahr mit unzähligen Programmstunden gerade auch in unserem Haus danach gefragt wurde, wie die Macherinnen und Macher das Geschehene und Gesehene einschätzen und ob es sich gelohnt hat, so intensiv auf dieses Thema zu setzen. Die Antwort lässt sich schlicht geben.

Ja – für unser Haus ist das Jubiläum außerordentlich geglückt. Und es hat sich gelohnt.

Es ist natürlich sehr befriedigend, zu einem solchen Fazit bei einem senderübergreifenden Programmprojekt zu kommen, das hinsichtlich des Gesamtaufwands in der Dimension etwa einem halben Dutzend Olympischer Spiele entspricht, wenn man die produzierten Sendeminuten in allen Angeboten und Formaten addiert.

Als ausschlaggebende Punkte für unsere positive Sicht auf das Zurückliegende wäre eine Vielzahl von Themen und Aspekten anzuführen – drei seien herausgegriffen, die unser Votum illustrieren.

Ein absoluter Höhepunkt der medialen Umsetzung des Reformationsjahres – hinsichtlich der Relevanz für das Publikum und hinsichtlich der inhaltlichen wie filmischen Umsetzung – war ganz sicher die ARD-Produktion *Katharina Luther*.

Der Spielfilm, der unter der redaktionellen Verantwortung des MDR an vielen regionalen Schauplätzen entstanden ist, erreichte aus dem Stand 7,5 Millionen Menschen bei der Erstausstrahlung. Und in ungewöhnlicher Einigkeit bescheinigten die Kritiker der Arbeit von Regisseurin Julia von Heinz, erfolgreich die Brücke zwischen fiktionaler Unterhaltung zu

einer durchaus relevanten Befassung mit dem kulturhistorischen Zeithorizont und theologisch-religiösen Fragestellungen geschlagen zu haben. Schöner als die Formulierung des renommierten Filmkritikers Elmar Krekeler kann ein Kompliment für unsere Redaktion unter Leitung von Jana Brandt dann auch kaum ausfallen: „Man möchte Katharina Luther allen Filmhochschulen, Fördereinrichtungen und ARD-Redaktionen anempfehlen, als Urmeter für künftige Jubiläumsjahrfilme."

Ein weiterer herausragender Markstein des Jubiläumsjahres war ganz sicher die ebenfalls unter der Federführung des MDR entwickelte Themenwoche der ARD im Juni 2017: „Woran glaubst Du?", fragte ein breit gefächertes Programmangebot aus Dokumentationen, Reportagen, Gesprächssendungen, Spielfilmen – natürlich ein passender Tatort aus Dresden – und eine Fülle an Radio- und Onlineberichterstattungen mit umfassender Publikumsbeteiligung; alles inhaltlich rückgebunden an die existenziellen Fragen der großen Konfessionen in einem bedeutenden Jubiläumsjahr.

Den ersten Platz unter den Programmhöhepunkten für unser Haus im Reformationsjahr belegt allerdings trotz des enormen Erfolgs der genannten überregionalen Produktionen ganz klar die regionale Berichterstattung. Das umfassende, kontinuierliche, chronologische Mit-Erleben, das die Abbildung der Reformationsthemen mit ihren Facetten in unseren Programmen dem Publikum ermöglichte, ist sicher ein zwar weniger spektakulärer, aber umso nachhaltigerer Wert unserer medialen Begleitung des Reformationsjubiläums.

Es gab beginnend im Herbst 2016 bis zum Ende des Reformationsjahres 2017 keinen Tag, an dem der MDR insgesamt, aber auch und insbesondere der MDR in Thüringen nicht über die Reformation, den Reformator und die Seinen oder über das Jubiläum berichtet haben.

Die Zahl der Beiträge geht bei MDR Thüringen weit in den dreistelligen Bereich – von den allfälligen Auftakt- und Endveranstaltungen, unzähligen Gottesdiensten, den Myriaden von dörflichen Festen, den erfolgreichen Ausstellungsprojekten an den Originalschauplätzen in Eisenach und Schmalkalden, Dokumentationen, Reportagen, Sonder- und Magazinsendungen – und aller sonstigen denkbaren Darstellungsformen und vor allem eine nimmermüde Rezeption durch unsere Zuschauerinnen und Zuschauer.

Direkt im Anschluss an das Jubiläumsjahr wurde eine Diskussion geführt um den „Gehalt" des Reformationsjahres, um die Ernsthaftigkeit der Befassung mit dem, was uns heute in einem engeren theologischen Sinne das Jubiläum bedeutet. Und natürlich ist die Frage legitim, ob das Jubiläum zu säkular-kitschig oder zu trivial-konsumistisch begangen wurde. Auch wir haben uns die Frage angesichts dessen, was wir berichtet und produziert haben, natürlich gestellt.

Waren wir zu trivial?

Natürlich haben wir sicher nicht in jedem Inhalt oder Stück Bekenntnisjournalismus gemacht oder akademisch theologische Grundsatzfragen der Reformation erörtert. Aber sowohl in den vorgenannten herausgehobenen Produktionen wie *Katharina Luther* oder in der Themenwoche der ARD und mit der regionalen Widerspiegelung und Berichterstattung zu außerordentlich vielen Ereignissen haben wir allein mit der Abrechnung unserer messbaren, enormen Reichweite in Mitteldeutschland einen Beleg dafür, dass wir im Rahmen dieses Jubiläums eine unglaublich große Zahl von Menschen mit Themen, Gegenständen und Fragen in Berührung gebracht haben, um die sie sonst – ob bewusst oder unbewusst – einen Bogen machen oder zu denen sie sich in der Regel nicht ohne weiteres hinwenden würden.

Selbstverständlich war auch in unserer medialen Umsetzung nicht alles Jubel. Wir haben in zahlreichen Sendungen die kritischen Stimmen aus der Kirche und anderen Institutionen am Verlauf und den Inhalten des Jubiläums immer wieder eingefangen und prominent thematisiert – etwa in der Bilanzsendung zum Reformationsjahr mit dem Titel *Außer Thesen nichts gewesen? Mitteldeutschland im Reformationsjahr 2017*.

Und zum Kritischen gehört auch, dass bei unserer Berichterstattung nicht alles geklappt hat, was wir im Programm gemacht haben, und dass nicht alles unseren Erwartungen entsprochen hat.

Natürlich teilen wir ein wenig die Enttäuschung der Veranstalter über die eher zurückhaltende Teilnahme der Menschen an den *Kirchentagen auf dem Weg*. Ebenso haben wir bei der Fülle von Themen auch manchen journalistischen Bock geschossen, wie etwa die Ausrufung Weimars als „gottloseste Stadt Deutschlands", was natürlich Quatsch war und auf einer zusammenhanglosen Interpretation einer Statistik beruhte.

500 Jahre Reformation war einer der größten Themenschwerpunkte, den der MDR bisher journalistisch umgesetzt hat. Wir haben dabei gerade mit Blick auf den gesellschaftlichen Raum der Kirchenferne in Mitteldeutschland in den unterschiedlichsten journalistischen Formaten jeweils sehr großen Wert darauf gelegt, ein kirchenhistorisches und gesellschaftspolitisches Ereignis von Weltrang mit unseren publizistischen Möglichkeiten in die Gegenwart zu übersetzen, für ein Publikum, dass in seiner Breite nur noch wenig von diesen Ereignissen vor 500 Jahren berührt ist.

Wenn man versuchen würde, unsere Bilanz des Reformationsjahres vor dem weiteren Horizont der übergreifenden Diskussion zu verorten, lassen sich dazu zwei akademische Stimmen in kurzen Zitaten gegeneinander stellen, die ganz gegensätzlich auf die zurückliegenden Monate des Jahres 2017 schauen.

Einmal Thomas Kaufmann, Professor für Kirchengeschichte an der Universität Göttingen, dem wir mit *Erlöste und Verdammte* eines der spannendsten Sachbücher zur Reformation verdanken. In der *Frankfurter Allgemeinen Zeitung* spricht er von einem „vergeigten Jubiläum". Er sagt, dass „[a]ngesichts dessen, dass die Jubiläumsblase mit ihren phantastischen Zielen (Sommermärchen, Generation 2017, ‚Wachsen gegen den Trend') und hypertrophen Besuchererwartungen inzwischen geplatzt ist, könnte sich auch die Evangelische Kirche in Deutschland fragen, ob sie gut daran getan hat, die akademische Theologie bei der Planung und Konzipierung des Jubiläums weitestgehend auszuschließen. (...) Am Ende dieses vergeigten Jubiläums daran zu erinnern, heißt auch, es noch nicht völlig abgeschrieben zu haben."

Dieser Ansatz, der aus dem Wirken und der inhaltlichen Arbeit von Thomas Kaufmann durchaus nachvollziehbar ist, ist aus meiner und unserer Erfahrung der medialen Umsetzung des Jubiläums im MDR aber sicher nicht zu teilen.

Unser Fazit ist eher bei Christoph Markschies zu verorten, Professor für Ältere Kirchengeschichte an der Humboldt-Universität zu Berlin, der ebenfalls in der *FAZ* schreibt: „Nahezu jeder, der sich etwas gründlicher in Wittenberg oder anderen Orten Mitteldeutschlands umgesehen hat, kann davon berichten, wie beeindruckt dem Christentum eher Fernstehende davon waren, etwas begriffen zu haben von Anliegen der Reformation. Ein wenig heitere Gelassenheit bei der nun anstehenden Betrachtung des Reformationsjubiläums täte gut. (...) Nein: Getroste, ja heitere Gelassenheit ist eben auch die Haltung, in die das Menschen frei machende Wort Gottes führen will. Sie ist also vielleicht die tiefste Form, im Umfeld des Reformationsfestes 2017 Reformation zu feiern – und auch in den Jahren danach."

Das ist sehr viel näher an dem Gesamtbild, mit dem wir auf dieses Jahr blicken. Das überwältigende Interesse an der Reformation in Thüringen hat uns allen einmal mehr gezeigt, wie gesegnet wir sind mit den Wundern unserer Geschichte und ihren Geschichten.

Wir müssen sie nur erzählen.

Andreas Postel

„Starker Typ, starkes Programm"
500 Jahre Reformation und das ZDF in Thüringen

Die Welt würde anders aussehen, hätte es dieses Ereignis nicht gegeben. Als Martin Luther am 31. Oktober 1517 seine 95 Thesen veröffentlichte, war dies Auftakt für einen tiefgreifenden Wandel mit Folgen für Religion, Gesellschaft und Politik. Die Reformation ist nicht nur als historisches Ereignis zu bewerten, ihre Impulse für den Glauben und das Leben reichen bis in die Gegenwart. Deshalb nahm das ZDF die Zeit der Reformation mit einem umfangreichen Programmangebot in den Blick.

Luther hätte vermutlich seine wahre Freude an der medialen Präsenz gehabt, die das 500. Reformationsjubiläum rund um das Jahr 2017 hatte. Bereits zum Auftakt übertrug das ZDF am 30. Oktober 2016 den Festgottesdienst aus Eisenach, und das Landesstudio Thüringen berichtete in der Hauptnachrichtensendung *heute* um 19 Uhr von der im Gottesdienst vorgestellten neuen Übersetzung der Lutherbibel. EKD-Ratsvorsitzender Heinrich Bedford-Strohm hob im Interview mit ZDF-Studioleiter Andreas Postel die Bedeutung der aufwendigen Neuüberarbeitung als aussagekräftiges Signal für den Start ins Reformationsjubiläumsjahr hervor. Die Bibel biete starke Geschichten, um die Wirklichkeit, um uns selbst zu verstehen. Reformationsbotschafterin Margot Käßmann machte darauf aufmerksam, dass die Bibel nicht nur ein Glaubens-, sondern auch Bildungsbuch sei. Jedes Kind sollte z. B. die Geschichte von Noahs Arche kennen. Gegen den Fundamentalismus unserer Tage helfe, so Margot Käßmann, dass wir die Bücher, die uns heilig sind, auch kritisch lesen dürften. Thüringens Ministerpräsident Bodo Ramelow betonte in dem Bericht, dass Martin Luther, Eisenach und Erfurt untrennbar mit dem verbunden seien, was den gesamten reformatorischen Prozess eingeleitet habe. Daher, so der Protestant, sei das Reformationsjubiläum nicht nur eine historische Erinnerung an den Thesenanschlag in Wittenberg, sondern es sei der Aufbruch in die Moderne gewesen. Am Gottesdienst wirkten zudem die Landesbischöfin der Evangelischen Kirche in Mitteldeutschland, Ilse Junkermann, und der frühere Thüringer Landesbischof Christoph Kähler mit.

Am Reformationstag selbst übertrug das ZDF den Festakt zum Auftakt des Reformationsjubiläums im Konzerthaus Berlin live. Hauptredner war Bundespräsident Joachim Gauck. Anschließend, um 18.30 Uhr, begab sich Petra Gerster in der Dokumentation *Martin Luther* auf die Spuren des Reformators auch durch Thüringen.

Wenn wir nach den Grundlagen unserer Demokratie wie Gewissens- und Glaubensfreiheit fragen, so ZDF-Intendant Thomas Bellut zum Reformationsjubiläum, dann begegnen wir auch jenem Mönch, der sich vor den damaligen staatlichen und kirchlichen Autoritäten auf sein Gewissen und seinen Glauben berufen hat. Plötzlich rückten Gewissensent-

scheidung und Eigenverantwortlichkeit des Einzelnen in den Mittelpunkt und wurden Teil einer neuen Freiheitsgeschichte. In Zeiten von Fake News und „alternativen Fakten" lohne es, so ZDF-Intendant Bellut, sich mit Luther und seiner Zeit zu beschäftigen. Die Devise der Reformatoren hieß: „Zurück zu den Quellen!" Bloße Behauptungen und eigennützige Interpretationen reichen nicht mehr. Luther übersetzte die Bibel ins Deutsche und verfasste einen großen Teil seiner Flugschriften auf Deutsch. Er wollte, dass die Menschen mündig werden. Sie sollten selbst lesen, verstehen und entscheiden. Das war ein starker Impuls für die demokratische Meinungsbildung, denn Wissen ist schließlich die wichtigste Voraussetzung für die Wahlmündigkeit der Bürger.

Was wären die Deutschen ohne die Reformation? Dieser großen Frage widmete sich ein feuilletonistischer Blick des Thüringer Studioleiters Andreas Postel im *heute-journal*. Anlass war die nationale Sonderausstellung zum Reformationsjubiläum 2017 auf der Wartburg. Mit dem Theologen Friedrich Schorlemmer, der stellvertretenden EKD-Ratsvorsitzenden Annette Kurschus und dem Kirchenhistoriker Thomas Kaufmann reflektiert der Bericht den Einfluss der Reformation auf Sprache, Bildung und Freiheitsbegriff der Deutschen und warf einen Blick auf Licht und Schatten der Lutherrezeption in den vergangenen 500 Jahren. Mit Luther machen sich die Deutschen auch im Jahr 2017 immer noch ein Bild von sich selbst, so das Fazit. War bereits im Frühjahr ein Kamerateam des Landesstudios für das Mittagsmagazin mit einer historischen Kutsche auf Luthers Spuren durch Thüringen unterwegs, so gab es im Laufe des Jahres aus dem ZDF-Landesstudio in Erfurt eine ganze Reihe von Berichten über Thüringens Stätten der Reformation.

Mit der Luther-App durch Thüringen – zum Auftakt des Jubiläumsjahres 2017 berichteten die Kollegen des ZDF-Landesstudios über die touristischen Highlights im Lutherland Thüringen. Von der Wartburg bis zum Lutherhaus wurden die zahlreichen authentischen Orte der Reformation vorgestellt. Bärbel Grönegres, Geschäftsführerin der Thüringer Tourismus GmbH, berichtete von einer starken

Nachfrage besonders aus den USA, wo viele Pastoren mit ihren Gemeinden bereits Anfang des Jahres eine Reise ins Lutherland Thüringen fest gebucht hatten. Jochen Birkenmeier vom Lutherhaus Eisenach warb für die Ausstellung zu Luthers Bibelübersetzung und deren Bedeutung für die deutsche Sprache.

Mit Luther, Bach und den Juden beschäftigte sich das Landesstudio Thüringen unter anderem in einem Bericht für 3sat-*Kulturzeit*. Aus Bach spreche ein theologischer Antijudaismus, der im Luthertum der Zeit verwurzelt war, so Joshua Rifkin, Dirigent und Musikwissenschaftler, der die Matthäuspassion in Israel aufführte und damit sehr zwiespältige Reaktionen auslöste. Eine Ausstellung im Bachhaus Eisenach widmete sich dem Antijudaismus von Martin Luther in der Musik von Johann Sebastian Bach.

Am 30. Oktober 2017 wurde im ZDF um 20.15 Uhr der historische Fernsehfilm *Zwischen Himmel und Hölle* ausgestrahlt. Martin Luther ist dabei kein einfacher Held. Der Film versucht, ihn in seiner Widersprüchlichkeit zu fassen und die Reformation als eine vielstimmige Bewegung zu erzählen. Im Zentrum stehen dabei Menschen wie Thomas Müntzer, Andreas Bodenstein und die entlaufenen Nonnen Käthe und Ottilie. Sie ringen um den rechten Weg. Thomas Müntzer will eine gerechtere Welt auch mit Waffen gegen die Landesfürsten durchsetzen. Martin Luther lehnt jede Gewalt gegen die Obrigkeit ab. Reformation steht gegen Revolution. Aus Freunden werden bald erbitterte Feinde.

Ein weiterer Beitrag zur dokumentarischen Betrachtung des Reformationsgeschehens stellte die 30-minütige Dokumentation *Martin Luther – Wegbereiter der Moderne* in der Reihe „God's Cloud" am 31. Oktober dar. Luthers Rede auf dem Wormser Reichstag zeichnet ihn aus als einen Menschen, der sich allein seinem Gewissen und Glauben verpflichtet sah. Damit war er einer von denen, die den Weg frei gemacht haben zu einem modernen Denken. Die Dokumentation veranschaulicht den Entwicklungsprozess Martin Luthers und geht der Frage nach, welche Erkenntnisse ausschlaggebend für ihn waren.

Musikalisches Highlight des Reformationsjubiläums war LUTHER – *Das Projekt der 1.000 Stimmen*. Das ZDF übertrug die Abschlussveranstaltung des Pop-Oratoriums mit Chören aus ganz Deutschland live aus Berlin.

Die aktuellen Sendungen der ZDF-Programmfamilie wie *heute*, das *heute-journal*, das *ZDF-Morgenmagazin*, der *Länderspiegel*, *heute in deutschland*, *drehscheibe* oder *Kulturzeit* begleiteten das Reformationsjubiläum über das Jahr hinweg. Der Festakt aus Wittenberg am 31. Oktober 2017 wurde live übertragen. Alle Sendungen zu 500 Jahre Reformation wurden in der ZDF-Mediathek als Dokumentationsschwerpunkt gebündelt. In *musstewissen*, dem schulbegleitenden ZDF-Format für *funk* auf Youtube, wurden Luther und die Reformation rund um den Reformationstag fächerübergreifend eine Woche lang behandelt. *Terra X: Der große Anfang – 500 Jahre Reformation*. In der dreiteiligen Dokumentation (Karfreitag, 14. April, Ostersonntag, 16. April, Ostermontag, 17. April 2017, jeweils 19.30 Uhr) ordnete Moderator Harald Lesch die Reformation historisch ein und fragte nach ihren Auswirkungen bis heute.

Ein Blick auf unsere Landkarte mit den Bundesländern zeige, so ZDF-Intendant Thomas Bellut, wie weit die Auswirkungen der Reformation reichten. Ehemalige Grenzen der Religionszugehörigkeit sind heutige Landesgrenzen. Vielfalt und föderale Struktur der Bundesrepublik wurden durch die Reformation – teilweise nach schmerzlichen Konflikten – mit in die Wege geleitet. Auch die Landkarte Europas hat sich stark verändert, und Amerika wäre ohne religiös motivierte Einwanderung nicht vorstellbar.

Die Reformation vor 500 Jahren hat eine zentrale Bedeutung für die europäische Freiheitsgeschichte. Ihre Auswirkungen bestimmen unser Zusammenleben bis heute. Wer dies entdecken wollte, der konnte das engagierte Programmangebot des ZDF nutzen. Mit Dokumentationen, einem Fernsehfilm, Liveübertragungen und der aktuellen Berichterstattung würdigte das ZDF ein Ereignis, das die Welt verändert hat.

Paul-Josef Raue

Die Thüringer „Luther-Dispute"
Der Reformator im Streit mit unserer Zeit

Dem Domprediger aus Braunschweig platzt der Kragen. „Was bin ich für Sie?", fährt er dem katholischen Bischof aus Erfurt in die Parade, der ihn als Bruder in Christus begrüßt und nett mit Worten gestreichelt hat. „Ich bin ordinierter lutherischer Theologe, habe Theologie studiert und einen wunderschönen Dom. Aber ich kann nicht erkennen, dass ich mir von Ihnen und Ihrer Kirche sagen lassen muss: Du bist nicht ganz in Ordnung."

Da blitzt Luthers Zorn auf in der vollbesetzten Kornmarktkirche in Mühlhausen. Joachim Hempel, der Domprediger, poltert wie einst Luther, wohl ein paar Tonlagen tiefer, denn Luther hätte auf eine ökumenische Umarmung noch weit heftiger reagiert. Was des Dompredigers Zorn erregt? Sein „Bruder", der Erfurter Bischof Joachim Wanke, erkennt ihn nicht als Priester an und spricht von Luthers Kirche als „kirchenähnlicher Gemeinschaft" (Abb. S. 254).

„Ich wünschte mir ein Wort der Befreiung und nicht nur immer eins, das uns in die zweite Reihe stellt", richtet der Domprediger seinen Wunsch an den katholischen Bischof, der wie eine Forderung klingt; wenige Wochen später, beim Papstbesuch in Erfurt, umarmen sich im Augustinerkloster der EKD-Ratsvorsitzende und Benedikt vor den Kameras der Welt – ohne ein Wort der Befreiung.

An dem eiskalten Winterabend in Mühlhausen wird der Luther-Disput zum echten Disput, bei dem sich die beiden Theologen streiten wie im Mittelalter. Der katholische Bischof, auch Professor für die Auslegung des Neuen Testaments, besteht darauf: Das Priesteramt wird nicht nur durch die Gemeinde gegeben, sondern durch Christus. Das stimmt den lutherischen Domprediger überhaupt nicht milde, er zürnt: „Ich bin es nach so vielen Jahrzehnten leid, dass mir auf der einen Seite mit Freundlichkeit begegnet wird, dass wir vieles gemeinsam tun können, aber auf der anderen Seite immer ein kleines Extra besteht." Er endet mit einem Basta: „Mein Amt am Altar ist ein priesterliches Amt."

Es folgt ein versöhnlicher, spannungsreicher und nachdenklicher Abend über die Kirchenväter und die orthodoxen Kirchen, also über die gemeinsame Geschichte der beiden Kirchen vor Luther. Keiner der Zuhörer geht vorzeitig.

Die Luther-Dispute sind Sternstunden während der Vorbereitung auf das Lutherjahr: 15 Abende, an denen je zwei Experten über Fragen debattieren, die schon Luther beschäftigten und die immer noch brennen für uns und unsere Zeit. Organisiert und moderiert haben die Dispute Thomas A. Seidel und der Chefredakteur der *Thüringer Allgemeine*.

Die Dispute dürften der Medien-Höhepunkt sein in der tiefen Auseinandersetzung mit dem Reformator: Rund 50 komplette Zeitungsseiten werden den Menschen in einem Land angeboten, das zwar Lutherland ist, aber das nach 40 Jahren Sozialismus den Kirchen gegenüber fremdelt.

Die Disputation folgt dem Ritual des Streitgesprächs, wie es im Mittelalter und noch zu Luthers Zeiten öffentlich geführt wurde. Luther schlug seine Thesen an die Kirchentür, die Disputanten der *Thüringer Allgemeine* veröffentlichten sie auf einer Zeitungsseite, also öffentlich wie im Mittelalter, aber nicht nur für eine gebildete Minderheit, sondern für Hunderttausende von Lesern: „Aus Liebe zur Wahrheit und in dem Bestreben, diese zu ergründen, soll über die folgenden Sätze disputiert werden", so beginnt Luthers Thesenanschlag in Wittenberg.

Vieles ist beim Thüringer Luther-Disput organisiert wie zu Luthers Zeiten, abgesehen vom bewaffneten Geleitschutz, den Luther 1519 in Leipzig brauchte, als er gegen den Ingolstädter Rektor Johann Eck antrat – begleitet von 200 Wittenberger Studenten unter Waffen. Notare saßen früher an Tischen aus Eichenholz und schrieben alles mit. TA-Reporter Hanno Müller und seine Kollegen sitzen auf den Kirchenbänken genauso wie alle übrigen Zuhörer und schreiben direkt in den Laptop.

Abschriften von Luthers *Disputationes* erschienen vor einem halben Jahrtausend in Erfurt und Paris und machten Luther zu einem Prominenten. Im *Thüringen Sonntag*, der Magazin-Beilage der *Thüringer Allgemeine* am Wochenende, erschien nicht minder prominent eine Doppelseite mit Auszügen aus dem Disput.

Mancher Disputant wäre wohl gerne mit einem Hintermann gekommen, der ihm einen Zettel zugesteckt oder ins Ohr geflüstert hätte – wie es Melanchthon bei Luther gerne tat, was etwa Eck, den Kontrahenten, verärgerte. So bringt gleich beim ersten Disput der Historiker Michael Wolffsohn von der Bundeswehr-Hochschule den Weimarer Theologen Edelbert Richter ins Schwitzen: Es geht in der Erfurter Klosterkirche Peter und Paul, in der wohl schon Luther gepredigt hatte, um den Krieg in Afghanistan, der 2010 noch unerbittlich tobt.

Aus Sicht des Weimarer Theologen Richter ist der Krieg am Hindukusch ungerecht: „Wir wissen ganz genau, dass der Krieg der USA gegen Afghanistan nicht ihrer Verteidigung dient, sondern ihren globalen Herrschaftsinteressen."

Michael Wolffssohn widerspricht: „Das Ausschalten der Taliban-Tyrannei und des von ihr geförderten weltweiten Terrorismus in Afghanistan war als Ziel richtig", und er fügt an: „Auch Luther war ein kriegerischer Mann; ihn nachträglich umzudeuten, das geht nicht."

Der bestbesuchte Luther-Disput ist der eingangs beschriebene über den Papst und die Einheit in Mühlhausen, der am schwächsten besuchte findet im Erfurter Augustinerkloster statt – in dem Saal, in dem sich der Papst mit den evangelischen Delegierten getroffen hatte: Gerade einmal eine Handvoll Zuhörer kommen zu „Luther und die Musik". Kann man darüber

überhaupt streiten? Man kann, wie Christoph Stölzl zeigt, der evangelisch erzogene Präsident der Musik-Hochschule in Weimar: „Ein katholischer Wallfahrtsgesang mit seiner Schwermütigkeit, mit seiner Gefühlsduselei ist etwas anderes als ein Evangelischer Kirchentag mit Gospelchor und straffen Posaunen."

Silvius von Kessel, Organist am katholischen Erfurter Dom, spricht dagegen: „Alle Musik ist in einem nichtkonfessionellen Sinne katholisch, also weltumspannend, menschheitlich. Luther war als Mönch auch von der Sakralmusik des Klosters geprägt. Luther hat eine sehr schöne Balance zwischen Wort und Musik geschaffen, nicht nur bei den Gassenhauern, also bei den durchschlagskräftigen Choralmelodien, sondern auch bei den kunstvollen Bearbeitungen."

„Luther und die Musik" ist, wie es Journalisten nennen, ein weiches Thema. Taugten die überhaupt für einen Disput? Das Gegenteil beweisen die Weimarer, die vor Weihnachten zu „Luther und Maria" eingeladen sind: In der Jakobskirche, in deren Sakristei Goethe Christiane Vulpius geheiratet hatte, ist sogar die Empore voll besetzt. Die Zuhörer sind begeistert, die am Ende des Disputs und in der Zeitung zu Wort kommen. Eine Leserin aus Bad Berka wundert sich, dass sich die evangelische Theologin Marie-Elisabeth Lüdde als große Marien-Verehrerin einig ist mit dem katholischen Pater und Bestsellerautor Anselm Grün, der sich so äußert: „Wir leben ja die Ökumene. Ich bin selbst katholisch, gehe aber sehr viel in die evangelische Kirche – das hat sich so ergeben."

Ein Leser aus Sömmerda kann mit der Dogmen-Gläubigkeit des katholischen Paters wenig anfangen: „Mit den starren katholischen Dogmen komme ich überhaupt nicht klar, da weiß ich, weshalb ich Protestant bin." Eine Leserin aus Weimar freut sich: „Mir ist in der Diskussion vor allem wieder das Bedürfnis nach mehr Weiblichkeit in der Kirche bewusst geworden." Und ein Erfurter beweist, dass der Luther-Disput nicht nur bei den wenigen Frommen in Thüringen Wirkung zeigt: „Ich muss ja ehrlich zugeben, dass ich kein übermäßig christlicher Mensch bin. Trotzdem fand ich den Abend und die Diskussion sehr interessant."

Das sind die Disput-Themen komplett im Überblick:

1. Luther-Disput: Luther, der Krieg und Afghanistan (in Erfurt)
2. Luther und der Papst (in Mühlhausen)
3. Luther – das Recht und die Freiheit (in Erfurt mit LINKE-Vorsitzender Gesine Lötzsch und dem Jenaer Philosophie-Professor Klaus-Michael Kodalle)
4. Luther, Benedikt XVI. und die Ökumene (in Erfurt mit Pater Eberhard von Gemmingen, einst Chef von *Radio Vatikan*, und Christian Leist-Bemmann, evangelischer Pfarrer in Probstzella)
5. Luther, Maria und die moderne Frau (in Weimar)
6. Luther und die Musik (in Erfurt)
7. Luther, das Eigentum und „Die Piraten" (in Nordhausen mit Christian Stawenow, designierter Regionalbischof des Sprengels Erfurt-Eisenach, und Gerald Albe, Chef der Piratenpartei in Thüringen)
8. Luther, Mohammed und das Fremde (in Apolda mit der Autorin Necla Kelek, Mitglied der deutschen Islamkonferenz, und Pfarrer Lothar König)
9. Darf der Mensch glücklich sein? (in Eisenach mit EKD-Präses Nikolaus Schneider und dem Philosophen Wilhelm Schmid) (Abb. S. 253)
10. Luther, Parteienstreit und Politik (in Gotha kurz vor der Bundestagswahl mit den Thüringer Abgeordneten Christian Hirte [CDU], Patrick Kurth [FDP] und Carsten Schneider [SPD])
11. Luther, die Sprache und der Pfarrer Predigt (in Erfurt mit dem „Sprachpapst" Wolf

Schneider und dem Pfarrer und Krimiautor Felix Leibrock)
12. Luther, der Zölibat und die Frauen (in Erfurt mit Margot Käßmann und dem katholischen Dompropst Gregor Arndt) (Abb.)
13. War Luther ein Antisemit? (in Erfurt mit Reinhard Schramm, Vorsitzender der Jüdischen Landesgemeinde in Thüringen, und der Kirchenhistorikerin Dorothea Wendebourg)
14. Luther – eine Katastrophe für unsere Zivilisation? (in Arnstadt mit dem Journalisten und „Welt"-Korrespondenten Alan Posener und dem Jenaer Uni-Rektor und Politikwissenschaftler Klaus Dicke)

Die Dispute enden mit dem Thema, das auch die Reihe eröffnete, es ist das meistdiskutierte: die Ökumene. Mittlerweile hat Erfurt auch einen neuen katholischen Bischof; Joachim Wanke ist in den Ruhestand verabschiedet. „Luther, das Lutherjahr und die Einheit" ist der abschließende, der 15. Disput im Benediktiner-Kloster Wigberti in Werningshausen: Erstmals tritt in großer Runde der neue Erfurter Bischof Ulrich Neymeyr auf und diskutiert mit dem Prior des Klosters, Pater Franz Maria Schwarz.

„Welche These hängen Sie nach 2017 an Ihre Kirchen?", ist die letzte Frage der Luther-Dispute. „Es muss ein kurzer, prägnanter Satz sein – 95 Thesen liest heute kaum noch jemand", antwortet Bischof Neymeyr. „Auf jeden Fall wäre es ein Satz, der auf ein Weiter auf dem Weg zur Einheit der Kirchen verweist."

Weniger zuversichtlich ist Pater Franz, der Prior des Klosters: „Ich habe Angst vor der Zeit nach 2017. Es braucht sich die Kirche keine Sorgen zu machen, die ein großes Gottvertrauen hat. Die Kirche, die sich aber nur sorgt, sich selber zu erhalten, wird merken, wie schwierig das ist. Und das spreche ich in beide Richtungen. Wir sind nämlich nicht nur dazu da, uns selbst zu ernähren, sondern haben eine Aufgabe, uns zu verzehren."

Pater Franz hat das letzte, dann doch versöhnliche Wort: „Ich glaube, dass nach 2017 die Einheit weitergehen wird und muss, weil es immer wieder Menschen gibt, die uns munter machen."

Willi Wild

Spagat – Herausforderung – Chance
Glaube und Heimat kommentiert das Weltereignis 2017

Dieser Beitrag sticht für mich heraus unter den vielen Berichten, Analysen, Essays oder Kommentaren im Reformationsjahr. Die Entstehung verdankt er den sogenannten sozialen Medien, genauer gesagt Facebook. Seit Januar 2016 bin ich mit Eisenachs Oberbürgermeisterin Katja Wolf (DIE LINKE) via Facebook verbunden oder wie es im neumedialen Fachjargon heißt ‚befreundet'. Das hat den Vorteil, dass man – je nach Nutzungsgepflogenheiten der ‚Freunde' – jemanden schnell und direkt erreichen kann. So geschehen, am 21. Oktober 2016, 16.13 Uhr über den Facebook-Boten, ‚Messenger' genannt: „Liebe Frau Oberbürgermeisterin Wolf, Sie sind heute beim Frauenmahl in der Nikolaikirche. Können Sie sich vorstellen, für die Kirchenzeitung Ihre Eindrücke aufzuschreiben? Lg ww"

– „Bin ich und freu mich drauf", antwortet mir die Oberbürgermeisterin schon eine halbe Stunde später. „Aufschreibenn kann ich nicht versprechen. Das setzt ‚Freiraum' voraus, der zurzeit leider kaum da ist. Lg kw", schränkt sie ein. Verständlich, kurz vor Beginn des Reformationsjahres. Wir haben danach noch telefoniert, und Katja Wolf hat begeistert vom Frauenmahl berichtet. Die Begegnung mit den Kirchenfrauen fand sie bereichernd, und die geistliche Gemeinschaft sei für sie eine schöne Erfahrung gewesen. Wie überhaupt die Beschäftigung mit Luther, der Reformation und dem Glauben eine Saite in ihr angeschlagen habe, die sie bislang nicht kannte. Noch habe sie aber mehr Fragen als Antworten, so die Linkenpolitikerin. Deshalb lese sie gerade das Buch von Christian Nürnberger und Petra Gerster: *Der rebellische Mönch, die entlaufene Nonne und der größte Bestseller aller Zeiten*. Ob sie uns darüber eine Rezension schreiben kann, frage ich sie. Sie sagt spontan zu. Später schreibt sie: „Der Teufel muss mich geritten haben, als ich das Schreiben einer Rezension zu einem Lutherbuch zusagte. Nichts qualifiziert mich dafür, kein theologischer Hintergrund, kein literaturwissenschaftlicher, kein geschichtlicher. Ganz dünnes Eis! Ich betrachte mich Religionen gegenüber als aufgeschlossen-neugierig. Dabei habe ich – da bin ich ein ‚typisches DDR-Kind' – diese nicht mit der Muttermilch aufgesogen. Mir ist Glaube und Kirche oftmals fremd und ich merke, wie sehr ich dies bedaure. Ich möchte mehr verstehen!" Kann man von einem Gedenkjahr mehr erwarten, als das Interesse zu wecken, eine fremde Welt zu entdecken? Die Ehrlichkeit und Offenheit der sehr persönlichen Rezension berührt mich. Das geht gleich vom Kopf ins Herz. Neben der publizierten theologischen, historischen und politischen Vielfalt vor, im und nach dem Reformationsjahr ist es dieser einfache und zutiefst lutherische Satz „Ich möchte mehr verstehen!", der für mich als Überschrift über dem Jubiläum und eigentlich auch über dem Leben Luthers und den 500 Jahren danach steht. Gottes Geist wirkt, wann und wo er will, und er wirkt bis heute. Das ist die Botschaft von Pfingsten, und diese Erfahrung hat damals auch der rebellische Mönch gemacht. Er straft alle die Lügen, die schon während der Lutherdekade zu wissen glaubten, dass das Reformationsgedenken die Menschen nicht erreichen würde.

2008, zu Beginn der Lutherdekade, war ich für den MDR als Berichterstatter Teil einer Gruppe, die von Erfurt nach Wittenberg pilgerte. Damals war nicht daran zu denken, dass ich im Jubiläumsjahr als Chefredakteur der Mitteldeutschen Kirchenzeitung *Glaube und Heimat* für die Berichterstattung im Epizentrum des Geschehens, im Auge des Orkans der Reformationsfeierlichkeiten stehen würde. 2017 war noch weit, und niemand konnte vorhersehen, ob nicht auf der langen Strecke bis dahin die Puste ausgeht oder man gar Luther und der Reformation überdrüssig würde. Als ich im Oktober 2015 das Amt des leitenden Redakteurs übernahm, stand die vermutlich vorletzte Sonderpublikation zur Lutherdekade an. Schon damals stellte ich mir die Frage, wie viel Reformator, Reformation und Vorbereitung auf das Festjahr den Leserinnen und Lesern zuzumuten sei. Ist es wirklich das, was die Menschen interessiert, oder geht es nicht vielmehr darum, den Fokus auf die Gemeindesituation des 21. Jahrhunderts zu lenken? Schrumpfende Gemeinden, versiegendes Gemeindeleben, überforderte Ehrenamtliche und immer weniger Pfarrer, die für immer mehr Kirchengemeinden verantwortlich sind. Lenkt das Jubiläum nicht von den eigentlichen Herausforderungen ab? Brauchen wir nicht wieder eine Reformation der Kirche statt eines Blicks auf Ereignisse von vor 500 Jahren, die so wenig in unsere Zeit zu passen scheinen? Oder kann das Jubiläum gerade neue Impulse für das Gemeindeleben setzen? Als Kirchenzeitung verbinden wir beides miteinander – jede Woche neu. Nach mehreren Leseranfragen haben wir Luthers Thesen im Reformationsjahr, mit Erklärungen versehen, veröffentlicht. Selbst damit ist es nur schwer nachzuvollziehen, welches Aufsehen die 95 Thesen damals auslösten und dann in der Folge zu der weltumspannenden Reformations- und Glaubensbewegung führten. Es war von vornherein klar, dass wir als regionale Wochenzeitung einen Spagat hinlegen werden. Wir wurden während der Lutherdekade und noch mehr im Reformationsjahr als Kirchengebietspresse mit einem Weltereignis konfrontiert, das es neben unserer regionalen Berichterstattung gleichsam galt abzubilden. Eine große Herausforderung, zumal als ‚a small fish in a big pool'. In unseren Vorbereitungsrunden und Redaktionssitzungen wurden wiederholt Zweifel geäußert, ob wir den Berg an historischen Ereignissen, vielfältigen Veranstaltungen und regionalen Besonderheiten überhaupt unter einen Hut beziehungsweise in unseren 14 Seiten (unter-)bringen können. Von Sonneberg im Süden bis Salzwedel im Norden und von Gerstungen im Westen bis Lauchhammer im Osten – so ausgedehnt ist unser Verbreitungsgebiet –, war die Erwartungshaltung groß. Und im Reformationsjahr gab es, je nach Betrachtungswinkel, ausschließlich wichtige Reformationsereignisse, ob es die Pflanzung einer Luthereiche in Süßenborn bei Weimar durch Kirchentagspräsidentin Christina Aus der Au, die Rekordergebnisse beim Verkauf des Playmobil-Luthers, die spektakuläre Kunstinstallation *in bed with Luther* am Eisenacher Lutherdenkmal oder die Pontonbrücke der Bundeswehr zum Abschlussgottesdienst in Wittenberg waren. Natürlich durften wir all die Orte nicht vergessen, die nicht im Dunstkreis der *Kirchentage auf dem Weg* lagen und auch ihren Anteil bei der Berichterstattung einforderten. Der Sprengel Meiningen-Suhl hatte dafür einen informativen, schön gestalteten Kalender aufgelegt, der uns bei jeder Redaktionsbesprechung daran erinnern sollte, dass wir nicht nur die Achse Eisenach – Erfurt – Eisleben – Wittenberg in den Blick zu nehmen haben.

Einem glücklichen Umstand hatten wir es zu verdanken, dass wir ausgerechnet im Reformationsjahr Martin Luther entdeckten. Er lebte bis dato unerkannt im südthüringischen Dermbach. Der Ruheständler engagiert sich in der Kirchengemeinde und bei den Pfadfindern. Diese Reportage[1] bescherte uns bundesweite Beachtung. Dass der Namensvetter dann auch noch zum Abschluss der Kirchentage mit seinen Pfadfindern nach Wittenberg reiste, war die Krönung. Als eine weitere Fügung erwies sich die Zusage von Dr. Eckart von Hirschhausen, ein exklusives Reformationsprogramm unter dem Titel *War Luther Komiker?* im Weimarer Spiegelzelt zu präsentieren. Die Veranstaltungskarten waren eine halbe Stunde nach dem Start des Vorverkaufs restlos vergriffen. Hirschhausen bescherte in der Folge *Glaube und Heimat* die wohl größte PR-Aktion in der fast 100-jährigen Geschichte. Über eine Anzeige im Refo-Journal konnten nicht nur die Tageszeitung lesenden Haushalte in Thüringen erreicht werden. Das Refo-Journal mit Auszügen aus dem Hirschhausen-Interview der Kirchenzeitung ist im Gepäck des Thüringer Ministerpräsidenten Bodo Ramelow (DIE LINKE) sogar bis nach Namibia gelangt und bei der Tagung des Lutherischen Weltbundes verbreitet worden. Doch nicht nur Luther, auch *Luthers ungeliebte Brüder*[2] und ihre alternativen Reformideen nahmen auf unserer Feuilletonseite einen breiten Raum ein.

Es ist uns natürlich nicht gelungen, alles abzubilden, und wir haben von Anfang an keinen Anspruch auf Vollständigkeit in der Berichterstattung erhoben. Dafür hatten wir gar nicht die Ressourcen. Unser Schreibtisch im alten Wittenberger Rathaus war oft verwaist. Das kleine Redaktionsteam, ausgerechnet in diesem Jahr krankheitsbedingt geschwächt, war ständig im Einsatz. Dank externer Hilfe konnten wir trotzdem mehrere Sonderpublikationen stemmen. Die Evangelische Kirche in Deutschland (EKD) hatte Wittenberg als temporäre protestantische Hauptstadt ausgerufen, und so konzentrierte sich auch unser Augenmerk auf die Lutherstadt. Da passierte es durchaus, dass die zweit- und drittplatzierten Reformationsstätten sich nicht ausreichend in der Kirchenzeitung gewürdigt sahen. Bei der Stadt Eisenach, die eben in früheren Zeiten als Bischofssitz der evangelisch-lutherischen Thüringer Landeskirche naturgemäß häufig im Fokus der Kirchenzeitung stand, sind wir vielleicht nicht immer den Erwartungen einer umfassenden Berichterstattung nachgekommen. Am Ende sorgte unsere Bilanz aus Luthers „lieber Stadt" für versöhnliche Töne. „Wenn es wieder mal irgendwelche Beschwerden oder Unzufriedenheiten über die Berichterstattung von G+H aus Eisenach gibt, können Sie – mindestens für ein Jahr, ggf. auch für zwei bis drei Jahre – auf *Glaube und Heimat* Ausgabe 44 (2017) verweisen. Vielen Dank für den wirklich schönen und auch ehrenden Artikel. Er würdigt auch die vielen, die in diesem Jahr ihr Bestes gegeben haben", schrieb Superintendent Ralf-Peter Fuchs in einer E-Mail.

Vieles hat funktioniert. Oft blieb die Resonanz hinter den Prognosen und Erwartungen zurück. Vor allem bei den *Kirchentagen auf dem Weg* ging die Rechnung des Organisationsvereins r2017 nicht auf. Auch Kritiker kamen in diesem Jahr selbstverständlich bei uns zu Wort. Sie relativierten das Bild, das mit den öffentlichen Sonntagsreden und Verlautbarungen von Kirche und Politik gezeichnet wurde. Die Geldgeber, die Kirchen- und sonstigen Steuerzahler hatten somit Gelegenheit, sich ihren eigenen Eindruck von der Mittelverwendung zu verschaffen. Wobei es bis heute noch nicht gelang, alle Kalkulationen und Abrechnungen öffentlich zu machen. Einer unserer Autoren schaffte es dann sogar mit seiner scharfen, kritischen Bilanz in den Abschlussbericht der Reformationsbeauftragten Margot Käßmann vor der EKD-Synode in Bonn: „Natürlich kann es nicht jedem recht gemacht werden in so einem Jahr, in dem wirklich alle mitbestimmen wollen. Aber insgesamt können wir dankbar sein. Sehr klug hat Christian Nürnberger das in *Glaube und Heimat* kommentiert: ‚Ja, es stimmt, die freundliche Harmlosigkeit des mit Frieden, Achtsamkeit, Toleranz, Respekt, Feminismus, Umwelt und Political Correctness beschäftigten Protestantismus steht in einem seltsamen Gegensatz zu seinem Jubilar, diesem fundamentalistischen Berserker Martin Luther. Aber: Hätten die Kritiker des heutigen Protestantismus lieber aggressiv-dogmatische Prediger als Galionsfiguren der evangelischen Kirche? Haben wir nicht schon genug misogyne, homophobe, xenophobe, nationalistische und fundamentalistische Prediger in fast allen Religionen und Konfessionen? Wer den Protestanten heute vorwirft, zu lieb und zu harmlos zu sein, argumentiert nicht nur gegenwarts-, sondern vor allem geschichtsvergessen.'"[3] Das erste und vermutlich einzige Mal, dass die Mitteldeutsche Kirchenzeitung *Glaube und Heimat* in der hohen Synode zitiert wurde.

Erstaunlich, wie ruhig es plötzlich nach dem 31. Oktober 2017 wurde. Reformationsmüdigkeit, oder wie es der Wittenberger Oberbürgermeister Torsten Zugehör ausgedrückt hat, „von der Schöpfung zur Erschöpfung". Ein Jahr nach den *Kirchentagen auf dem Weg*, dem Höhepunkt des Reformationsjahres mit seinen vielen größeren und kleineren Höhepunkten, haben wir in einer Ausgabe noch einmal zurückgeschaut, Bilanz gezogen und sind der Frage nachgegangen, was bleibt. Reformation geht weiter, heißt es trotzig auf dem Banner der Evangelischen Kirche in Mitteldeutschland (EKM), und für manche mag es geradezu wie eine Drohung klingen. Der Eisenacher Superintendent Ralf-Peter Fuchs trifft es, wenn er in seinem Rückblick schreibt: „Es gibt Dinge im Leben, die sind gut, wie sie sind, auch ohne dass man ihnen ihre Nützlichkeit nachweist. Es gibt die Gnade des gelungenen Augenblicks, und es reicht, dafür dankbar zu sein." Außerdem empfahl er, „die Selbstheilungskräfte der Kritik nicht als Störenfriede abzutun". Vielleicht sind es diese Kräfte, die nachhallen und wirken. Kirche ist jedenfalls in diesem Jahr an unterschiedlichen Ecken und Enden sichtbar geworden – wir als Redaktion der Kirchenzeitung hatten einen Anteil daran. Auch für uns bricht ein neues Zeitalter an. Was für Luther der Buchdruck, ist für uns heute die Digitalisierung. 2017 haben wir begonnen, ein Gemeindebrief- und Redaktionsportal (RePort) im Internet aufzusetzen. Kirchenzeitung und Gemeindebriefe auf einer Ebene, das ist keine Revolution, aber zumindest eine kleine Reformation. Wir werden zukünftig Inhalte digital austauschen können und online publizieren, mit unterschiedlichen Ausspielwegen (www.unser-gemeindebrief.de / www.meine-kirchenzeitung.de). Von diesen Möglichkeiten der Kommunikation konnte Martin Luther noch nicht mal träumen. Übersteigen sie ja schon unsere Vorstellungskraft.

Übrigens hatte der Ratsvorsitzende der EKD, Landesbischof Heinrich Bedford-Strohm, der Eisenacher Oberbürgermeisterin Katja Wolf angeboten, sie zu taufen. Ich habe die Oberbürgermeisterin gefragt, ob sie das Angebot annehmen wird. „Spannende Frage, aber sehr intim", antwortete sie mir im Facebook-Messenger. Da fällt mir ein, dass wir diese und andere Fragen bei einer Tasse Kaffee erörtern wollen. Der Termin steht noch aus.

Anmerkungen:
1. Diana Steinbauer, Martin Luther wohnt in Dermbach, in: Glaube und Heimat 21 (2017), 3.
2. Titel einer Sonderausstellung der Mühlhäuser Museen zur Reformation in Thüringen www.mhl-museen.de/sonderprojekte.html.
3. www.ekd.de/persoenlicher-rueckblick-der-botschafterin-des-rates-der-ekd-30615.htm.

Zu Gast bei (Luther-)Freunden

Tourismus für das Lutherland Thüringen

Carmen Hildebrandt

Wege zu Luther
Vom Sinn und Nutzen touristischer Netzwerke

Die Zusammenarbeit mit unterschiedlichsten Partnern ist für viele Touristiker tägliche Arbeit. Wir entwickeln Projekte, die uns helfen, Menschen auf unsere Städte und Regionen aufmerksam zu machen oder sie dazu zu bewegen, positiv über uns zu berichten. Ausdauer und Hartnäckigkeit müssen wir aufbringen, um die Themen, die uns wichtig sind, voranzubringen und am Leben zu halten. Und immer wieder können wir uns freuen, wenn eine neue Idee erfolgreich umgesetzt wird und ihre Anhänger und Unterstützer findet.

Die Mitstreiter kommen natürlich auf der einen Seite ganz unmittelbar aus der Tourismuswirtschaft. So erwarten die Betreiber der Hotels, Pensionen und Ferienwohnungen sowie der Tagungsstätten von den Touristikern Unterstützung bei der Auslastungssicherung ihrer Betriebe. Oder die Gaststättenbesitzer und Händler, die gerne viele Konsumenten sehen. Und die Gästeführer oder Reiseleiter erhoffen sich ebenfalls eine erfolgreiche Bewerbung der Stadtführungen und Rundfahrten. Museen, Theater, Kabarett und viele weitere Kulturveranstalter erwarten diese Bewerbung ebenfalls und brauchen touristische Besucher.

Auf der anderen Seite kommen die Mitstreiter auch aus vielen weiteren Bereichen, wie zum Beispiel aus Politik und Verwaltung, Kirchen und Religionsgemeinschaften, Medien und Sport, Wissenschaft und Bildung sowie Wirtschaft und Sozialem. Das Aufgabenspektrum von touristischen Organisationen kann dabei sehr unterschiedlich und vielfältig sein, vom klassischen Tourismusmarketing und dem touristischen Service bis hin zur Bewerbung als Wirtschaftsstandort, von der Tagungsakquise bis zum Hochschulmarketing oder der Betreibung der verschiedensten Angebote.

Die Zusammenarbeit in den unterschiedlichen Kooperationen kann spannend und anregend sein, kollegial und kooperativ, aber auch manchmal anstrengend und beschwerlich, da Menschen mit unterschiedlichen Zielstellungen und persönlichen Hintergründen aufeinandertreffen.

Durch Kooperationen und touristische Netzwerke eröffnen sich jedoch viele neue Chancen und Entwicklungspotenziale. So können Ressourcen gemeinsam effizient genutzt werden. Eine besondere Bedeutung hat dabei die Arbeit in thematischen oder regionalen Werbegemeinschaften, da die Präsenz über einen solchen Zusammenschluss den (Marketing-)Auftritt der Stadt oder Region in attraktiver und nützlicher Weise vervielfältigt.

Durch eine Beteiligung an solch einem Zusammenschluss ist es z. B. möglich, international stärker präsent zu sein, wie zum Beispiel auf Tourismusmessen und Workshops. Die Mitglieder vertreten sich gegenseitig und stellen die thematisch passenden Angebote der Partner vor. Darüber hinaus ist ein Großteil der Werbegemeinschaften in sozialen Netz-

werken vertreten, organisieren Presse- und Studienreisen und versenden Newsletter o. ä. Im Rahmen dieses gemeinsamen Auftritts können aktuelle touristische Meldungen prominent platziert und deren Reichweite bedeutend erhöht werden. Nicht zuletzt liefert der Austausch mit Partnern neue Impulse für die eigene Arbeit und vermittelt Ideen „außerhalb des eigenen Tellerrandes".

Die Reformationsdekade und das vergangene Reformationsjubiläum 2017 zeigten die Werbegemeinschaft Wege zu Luther e. V. als exzellentes Beispiel für eine langfristig arbeitende kulturtouristische Kooperation. Basis war hierfür die schon vor der Reformationsdekade begründete Zusammenarbeit der Partner und die Kooperation zwischen Vertretern aus Tourismus und Kultur.

Die Initiative *Wege zu Luther*

Die kulturtouristische Initiative *Wege zu Luther* wurde bereits im Jahr 2000 gegründet. In ihr vereinen sich Vertreter der Lutherstädte und Lutherstätten Mitteldeutschlands, um gemeinsam die Region als Kulturlandschaft zu vermarkten, den Bekanntheitsgrad der Mitglieder zu erhöhen und die Zahl der Touristen zu steigern.

Die Städte Altenburg, Eisenach, Erfurt, Halle/Saale, Schmalkalden, Torgau, Weimar, Eisleben und Wittenberg sowie die Kultureinrichtungen Wartburg Stiftung Eisenach, Stiftung Lutherhaus Eisenach, Evangelisches Augustinerkloster zu Erfurt und die Stiftung Luthergedenkstätten in Sachsen-Anhalt präsentieren sich gemeinsam als Reise- und Kulturdestinationen, in denen das Leben und Wirken von Luther in der Begegnung mit originalen Schauplätzen erfahrbar wird.

Die *Wege* führen die Gäste z. B. auf die Wartburg nach Eisenach, wo Luther das Neue Testament ins Deutsche übersetzte, in Luthers Geburts- und Sterbehaus nach Eisleben oder in das Augustinerkloster nach Erfurt, wo er seine theologische Ausbildung begann. An den historischen Orten erleben Besucher Dauer- und Sonderausstellungen zu verschiedenen Aspekten der Reformation und dem Leben Luthers, aber auch kompetente Führungen, Konzerte, Tagungen, Vorträge und vieles mehr.

Mehrmals im Jahr treffen sich die Mitglieder für einen gemeinsamen Erfahrungsaustausch und zur Abstimmung der Marketingaktivitäten. Des Weiteren präsentiert sich der Verein auf nationalen und internationalen Messen und organisiert Presse- und Studienreisen für Pressevertreter, Reiseveranstalter und Multiplikatoren aus dem In- und Ausland, welche erst durch die Werbegemeinschaft auf die verschiedenen Destinationen aufmerksam werden. Mit der in deutscher und englischer Sprache erhältlichen Broschüre *Wege zu Luther* bzw. *Routes to Luther*, die speziell für Individualgäste und Gruppen entwickelt wurde und in 2017 in der deutschen und englischen Neuauflage erschien, sowie der Zusammenstellung von touristischen Lutherangeboten, die besonders den Anforderungen von Reiseveranstaltern gerecht werden, hält die Werbegemeinschaft umfassende Informationen über die Lutherstädte in Mitteldeutschland bereit. Dies sind beispielhaft einige Aktivitäten, die kleinere Kommunen für ein touristisches Thema allein nur schwer selbst umsetzen können.

Das Reformationsjahr 2017 – ein arbeitsreiches Jahr

Der Verein Wege zu Luther e. V. kommuniziert die Themen Luther und Reformation kontinuierlich seit nunmehr fast 18 Jahren und hat besonders in der Reformationsdekade seine diesbezüglichen Aktivitäten nochmals verstärkt.

Ohne verlässliche Partner kann ein solch ‚großes' Thema nicht bearbeitet werden. So wurde der Kontakt zur Evangelischen Kirche in Mitteldeutschland und den Kirchenkreisen verstärkt, Museums- und Kulturverantwortliche angesprochen und eng mit der Staatlichen Geschäftsstelle „Luther 2017", der Geschäftsstelle der Evangelischen Kirche in Deutschland „Luther 2017 – 500 Jahre Reformation" und vielen weiteren Partnern zusammengearbeitet. Diese Kooperationen bringen unseren Verein und unsere Mitglieder voran und helfen vielen Akteuren in ihrem eigenen Wirkungskreis weiter.

Das Reformationsjahr 2017 gab dem Verein Anlass, seine Werbemaßnahmen weiter zu intensivieren. So präsentierten sich die Mitglieder z. B. auf dem Evangelischen Kirchentag in Berlin und der Verein nahm, wie auch in den Jahren zuvor, an der USA/Kanada-Roadshow in Hamilton (Ontario, Kanada), Atlanta (Georgia, USA), Addison und Houston (beide Texas, USA) teil.

Ein besonderes Ereignis war das Projekt *Kirchentag auf dem Weg*. Vom 25. Mai bis zum 27. Mai 2017 fand diese spezielle Veranstaltungsreihe statt, bei der sechs Kirchentage in acht Städten durchgeführt wurden, darunter auch in den *Wege zu Luther*-Mitgliedsstädten Erfurt, Halle/Eisleben, Weimar und Magdeburg. Jede Stadt feierte unter einem eigenen Motto 500 Jahre Reformation. In Erfurt stand der Kirchentag unter dem Slogan „Licht auf Luther", in Halle/Eisleben war das Motto „Zwei Städte für ein Halleluja", in Magdeburg hieß es „Sie haben 1 gute Nachricht" und in Weimar war es „Nun sag, wie hast Du's mit der Religion?". Diese Orte bildeten wichtige kulturelle, spirituelle und touristische Stationen auf dem Weg zu dem großen Festgottesdienst in Wittenberg.

Zwei der drei großen nationalen Sonderausstellungen im Jahr 2017 wurden ebenfalls in Mitgliedsstädten des Vereins durchgeführt: *Luther und die Deutschen* auf der Wartburg in Eisenach und *Luther! 95 Schätze – 95 Menschen* in der Lutherstadt Wittenberg.

Wirkungen des Reformationsjubiläums

Der Erfolg des Reformationsjubiläums für die Mitgliedsorte lässt sich vor allem an den erheblich gestiegenen Besucherzahlen im Jahr 2017 in den Lutherstädten und -stätten erkennen. Außerdem ist der Anteil internationaler Gäste aus den Quellmärkten USA, Nordeuropa und Südkorea stark angestiegen. In Erfurt konnte z. B. auch ein deutlich gestiegenes Interesse an Stadtführungen zum Thema Luther beobachtet werden. Mehr als doppelt so viele Gäste wie noch im Jahr 2016 nahmen an einem solchen thematischen Rundgang teil. Außerdem stieg die Nachfrage nach englischsprachigen Gottesdiensten.

Weitere positive Auswirkungen des Lutherjahres 2017 sind die umfangreichen und nachhaltigen Ertüchtigungen der Lutherstädte und Lutherstätten sowie der Infrastruktur. Insbesondere kleine Städte, wie z. B. Schmalkalden oder Torgau, konnten auch von dem hohen Medieninteresse profitieren. Besonders hervorzuheben ist außerdem die überaus erfolgreiche konfessionsübergreifende Zusammenarbeit, ganz im Zeichen der Ökumene. Ebenfalls wurden in den kleineren Mitgliedsstädten englischsprachige Materialien und Angebote entwickelt, die auch nach 2017 zur Verfügung stehen.

Fazit

Touristische Netzwerke sind für die touristische Arbeit von Städten und Regionen notwendig. Einzelkämpfer haben es sehr schwer und werden kaum wahrgenommen. Die verstärkte Zusammenarbeit bietet eine Möglichkeit, Kräfte zu bündeln, auf die veränderten Wettbewerbsbedingungen zu reagieren und gemeinsame Wege in der Produktgestaltung und im Marketing zu beschreiten.

Für *Wege zu Luther* sind schon die nächsten gemeinsamen Höhepunkte in der Planung, z. B. 500 Jahre Bibelübersetzung auf der Wartburg in 2021 und 500 Jahre Bauernkrieg in 2025.

Bärbel Grönegres, Christfried Boelter

Luther to go
Lutherweg in Thüringen

Zeit seines Lebens galt Martin Luther als Reisender. Getrieben von dem Gedanken und Wunsch, die Kirche grundlegend zu verändern, machte er sich immer wieder neu auf den Weg. Es heißt, Luther legte rund 12.000 Kilometer zurück, die meisten davon zu Fuß. Und treffender als er selbst könnte man es kaum formulieren: „Denn es ist besser, mit eigenen Augen zu sehen als mit fremden …"

Der Weg ist das Ziel

Luther war im ganzen Thüringer Land unterwegs – ob als Student, Mönch oder Reformator. Hinzu kommen seine Anhänger und Mitstreiter, die ihn begleiteten und deren Handeln ebenso Auswirkung auf die Entwicklung von Thüringen hatte. Bis heute sind all jene geschichtsträchtigen Orte erlebbar: Burgen, Schlösser, Klöster und Kirchen, die an das Werden der Reformation und an Martin Luther erinnern. Um diese Wirkungsstätten miteinander zu verbinden, wurde das *Lutherwege*-Netz geschaffen. Es umfasst rund 1.010 Kilometer und verbindet 21 authentische Lutherorte und -stätten miteinander. Was man dabei entdeckt? Wertvolle Kulturdenkmäler, historische Originalschauplätze, Einkehr und Entspannung sowie einen eindrucksvollen Reichtum der viel gerühmten Thüringer Natur.

Stimmen der Reformation

Entlang fünf thematischer Erlebnisregionen kann man sich den Stimmen der Reformation – so das Motto des *Thüringer Lutherweges* – nähern und dabei beeindruckende Landschaften durchstreifen. Im Zentrum liegt Erfurt mit dem dortigen Augustinerkloster; von hier aus führen die Abschnitte des *Lutherweges* durchs Land. Markiert sind die Wege mit einem grünen ‚L' auf weißem Grund.

1. *Luther, Bach und Bibel – Worte finden:* Eisenach ist so etwas wie das Herz der Reformation. Mit Luthers Übersetzung des Neuen Testaments auf der Wartburg kam es zu bahnbrechenden Entwicklungen für die deutsche Sprache: Luther festigte und formte sie. Das vollständig sanierte Lutherhaus in Eisenach beherbergt eine neue Dauerausstellung *Luther und die Bibel* und zeigt außergewöhnliche Exponate, die die weltgeschichtlichen Umbrüche des 16. Jahrhunderts und ihre Folgen veranschaulichen. Tagestouren in und um Eisenach laden dazu ein, sich der Familie Luthers und auch den Bachs zu nähern. So führt eine Etappe auch nach Möhra, dem Stammort und über Generationen hinweg der Heimat der Luthers. Ohne Luther kein Bach? Fakt ist, dass Johann Sebastian Bach selten eigene Choralmelodien komponierte, sondern auf Melodien anderer zurückgriff, so auch auf Luthers Kompositionen, wie die vielleicht berühmteste Bach-Kantate *Ein feste Burg ist unser Gott* beweist. Die Entstehung vieler Werke Bachs wird im Eisenacher Bach-Museum in einer modernen Ausstellung inklusive stündlicher Livekonzerte lebendig.

2. *Wunder der Heilung – die innere Stimme hören:* Unter diesem Motto verbergen sich landschaftlich besonders reizvolle Wegabschnitte durch den Thüringer Wald. Neben Naturgenuss wird an eine Menge von reformationsgeschichtlich bedeutsamen Ereignissen erinnert: Eine der Tagesetappen, die von Schmalkalden nach Tambach-Dietharz führt, entspricht sogar in Teilen dem historischen Reiseweg Luthers im Jahre 1537. Der Reformator veröffentlichte auf dem ‚Schmalkalder Fürstentag' seine Schmalkaldischen Artikel, das Glaubensbekenntnis der evangelisch-lutherischen Kirche. Aufgrund eines Nierenleidens, das ihm unerträgliche Schmerzen bereitete und ihn glauben ließ, dem Tod nahe zu sein, reiste Luther noch vor Ende der Bundestagung ab. Kurz vor Tambach soll Luther aus dem Dambachsborn (Lutherbrunnen) getrunken haben. Die Legende besagt, dass der Genuss des reinen Wassers am Lutherbrunnen – und wohl auch die holprige Fahrt im Wagen – dazu beigetragen haben, dass sich die Nierensteine lösen konnten. Eine weitere interessante Station ist Reinhardsbrunn. Martin Luther war als Junker Jörg von der Wartburg aus mehrfach im Kloster Reinhardsbrunn zu Gast und hat zum Erstaunen der Mönche gelehrte Gespräche geführt, wie der Gothaer Reformator Friedrich Myconius in seiner Reformationsgeschichte berichtet.

3. *Sprechende Bilder – Luther, Cranach und die Kirche:* Wo auch immer sich Martin Luther aufhielt und Station machte, füllte er bei seinen Predigten die Kirchen. Er traf Freunde wie den Maler Lucas Cranach, besuchte Klöster und diskutierte über seine Ideen. Wirkungsstätten befinden sich in Erfurt, Weimar, Apolda, Jena, Neustadt an der Orla und Weida. Luthers Eintritt in das Erfurter Augustinerkloster markiert den Anfang der folgenreichsten Wandlung der Kirchengeschichte. Das Kloster und weitere interessante Lutherstätten entdeckt man am besten über die Luthermeile – sie ist Teil des *Lutherweges*, der durch Erfurt führt.

In Weimar traf sich Luther nicht nur mit seinem Freund Georg Spalatin, sondern griff auch in die reformatorischen Debatten ein.

Im Inneren der Stadtkirche St. Peter und Paul, in der Luther predigte, dominiert ein imposanter Flügelaltar: Das monumentale Werk zeigt auch Martin Luther und neben ihm stehend Lucas Cranach d. Ä. Eine einzigartige Bibelsammlung, zu der auch die prachtvolle Lutherbibel aus dem Jahr 1534 gehört, befindet sich in der Weimarer Herzogin Anna Amalia Bibliothek.

4. Das Flüstern Spalatins: Entlang dieser thematischen *Lutherweg*-Etappen gelangt man zu historischen Schauplätzen der Reformation in und um Altenburg. Dabei steht Luthers Freund, Verbündeter und zugleich ‚Manager' der Reformation im Mittelpunkt: Georg Spalatin, Geheimsekretär des Kurfürsten und Domherr des Georgenstiftes Friedrichs des Weisen in Altenburg. Luther weilte oft in Altenburg und nahm Quartier im Haus seines Freundes. Zum wohl wichtigsten Aufenthalt zählt das Jahr 1519: Anlass war eine Begegnung mit Karl von Miltitz, dem päpstlichen Gesandten am sächsischen Hof. Dieser sollte herausfinden, ob Luther weiterhin auf seinen Wittenberger Thesen beharrte. Von einem ohnehin nicht lange währenden Schweigeabkommen abgesehen, verließ Miltitz die Stadt ohne Erfolg. Spalatin übernahm ab 1528 die Superintendentur und setzte Luthers Reformation nach seinen Vorstellungen administrativ um. Mitunter verhinderte Spalatin auch durch Luthers Impulsivität heraufbeschworene Konflikte, vor allem zwischen dem Reformator und dem sächsischen Kurfürsten.

Unterwegs auf dem innerstädtischen Spalatinpfad ermöglichen es zahlreiche historische Bauten, sich ein Bild von jener Zeit und ihren Begebenheiten zu machen. Luthers Ururenkel starb 1677 in Altenburg und liegt an der Brüderkirche begraben. Eine der *Lutherweg*-Tagesetappen führt von Altenburg zur 14 Kilometer entfernten Burg Gnandstein, die sich einst im Besitz der Familie von Einsiedel befand. Die Adelsfamilie bekannte sich als eine der Ersten offen zum lutherisch-reformatorischen Gedankengut. Ein intensiver Briefwechsel der Familie mit Martin Luther, Georg Spalatin und weiteren Mitstreitern ist bekannt.

5. Martin Luther und Thomas Müntzer – Der ungeliebte Bruder: Thomas Müntzer war Priester und hielt sich in Wittenberg auf – während dieser Zeit kam er mit den Ideen Luthers und des Humanismus in Berührung. Müntzer, zeitlebens ein Rebell, prangerte soziale Missstände so scharf an, dass er gleich zweimal seine Stellung verlor. Er floh nach Mühlhausen, wurde ausgewiesen, kehrte zurück und wurde Pfarrer an der Marienkirche, die heute Gedenkstätte ist. Der Theologe kämpfte auf der Seite der Bauern und verlor die Schlacht bei Bad Frankenhausen. Während des Bauernkrieges versuchte Luther, die Bauern mit Argumenten zu überzeugen, und veröffentlichte 1525 eine Denkschrift, die klarmachen sollte, dass man das Recht nicht mit Gewalt durchsetzen soll, sondern auf göttlichen Beistand hoffen muss. In dieser Schrift wird Thomas Müntzer als „Erzteuffel von Mühlhausen" bezeichnet, vor dem man warnen musste.

Der Innenraum der heutigen Kornmarktkirche beherbergt als Bauernkriegsmuseum eine Ausstellung, die über Verlauf, Höhepunkte und Nachwirkungen des Deutschen Bauernkrieges informiert. Empfehlenswert ist auch eine Altstadtführung durch Mühlhausen zum Thema „Thomas Müntzer und die Reformation". Weitere Spuren der Reformation und erlebnisreiche Wegabschnitte führen nach Bad Langensalza, Bad Frankenhausen und Nordhausen.

App zum *Lutherweg*: *Luther to go*

Für Thüringen-Besucher, Wanderfreunde und Pilger, die sich zu Fuß auf eine Reise durch das Lutherland Thüringen begeben möchten, nahezu unerlässlich und hilfreich: *Luther to*

go, eine multimediale Navigations- und Informations-App zum *Lutherweg* durchs Land. Hier sind 1.010 Kilometer digital verzeichnet. Neben der kartografischen Abbildung und Navigation bietet *Luther to go* im Tourenplaner individuelle Routenvorschläge, gastronomische Einrichtungen oder Unterkünfte, die direkt gebucht werden können, sowie Tipps und Informationen zum Wirken Luthers an den authentischen Stätten. Auch über aktuelle Veranstaltungen und das Wetter wird informiert.

Die Europäische Kulturroute der Reformation (ECRR)

Maßgeblich an der Entstehung des *Lutherwege*-Netzes beteiligt: der Verein Kirche und Tourismus e. V. mit Sitz in Reinhardsbrunn. Hier wurde im Sommer 2011 erstmals ein Thüringer Zentrum für Spirituellen Tourismus eingeweiht – einer der Schwerpunkte: die Vernetzung der Lutherorte und die Ausschilderung der Wege. Seit 2018 befindet sich hier außerdem das *Thüringer Lutherweg*-Informationszentrum. Das Infozentrum ist Teil der „Europäischen Kulturroute der Reformation".

Die guten Erfahrungen mit der Entwicklung und Umsetzung des *Thüringer Lutherweges* haben Kirche und Tourismus e. V. motiviert, das Thema ‚Wege der Reformation' auf europäische Ebene zu heben. Da dies nicht ohne personelle Ressourcen möglich ist, war für die Finanzierung ein europäisches Förderprogramm nötig. Die Erfahrungen mit einem INTERREG-Projekt in der vorletzten Förderperiode (Die Bedeutung von Klöstern für den religiösen Tourismus) bot dafür eine gute Basis.

Durch Unterstützung des EKD-Büros in Brüssel konnte das Konzept weiterentwickelt werden, von dort wurden die Verbindungen zu den evangelischen Kirchen in den Partnerländern hergestellt. Treffen mit Interessenten in Brüssel, Prag und Wien waren Schritte hin zur Antragstellung, 650 Anträge gingen 2015 im

Programmbereich INTERREG Zentraleuropa ein. Nach dem zweistufigen Antragsverfahren wurden 35 Projekte angenommen, darunter auch die Europäische Kulturroute der Reformation (Projektlaufzeit Mitte 2016 bis Mitte 2019 – Gesamtbudget 2,3 Millionen Euro).

Im Informations- und Ausstellungszentrum Spiritueller Tourismus wurde am 24. Juni 2016 die Route für Thüringen durch den Ministerpräsidenten und den Leadpartner, die Thüringer Landgesellschaft mbH, eröffnet.

Begegnungen und Konferenzen in den teilnehmenden Ländern helfen, Kontakte zu entwickeln und zu festigen. Ziel ist ein europäisches Netzwerk von Reformationswegen – vorhandene Routen (‚Weg des Buches' Österreich, Deutscher *Lutherweg*) werden mit neuen Wegen zusammengeführt. Um die Nachhaltigkeit zu sichern, wird durch Mitglieder aus den sieben beteiligten Ländern (Polen, Tschechien, Ungarn, Slowenien, Italien, Österreich und Deutschland) ein Trägerverein gegründet.

Die Europäische Kulturroute der Reformation will den Kontinent an seine Wurzeln erinnern, denn die Reformation gab entscheidende Impulse für die Entwicklung des heutigen Europa. Genauso wichtig ist die grenzüberschreitende Zusammenarbeit der Partner. Die Route soll durch den Europarat als offizielle Kulturroute anerkannt werden. Der Weg wird damit Teil des Netzwerkes der Europäischen Kulturrouten, es gibt Querverbindungen mit dem Hugenotten- und Waldenserpfad, mit der VIA REGIA, der Via Romea und der Transromanica.

Bislang regional strukturierte und organisierte Aktivitäten auf diesem Sektor werden also jetzt europäisch ausgerichtet, und der *Lutherweg* ist ein gutes Beispiel dafür, was solch ein Wegeprojekt in Bewegung setzen kann: finanzielle und infrastrukturelle Weiterentwicklung, Verbesserung der Zusammenarbeit von Kirche, Tourismus und Gebietskörperschaften, Stabilisierung der Zusammenarbeit von Kirche und Tourismus.

Der Thüringer *Lutherweg* ist ein Gemeinschaftsprojekt der Evangelischen Kirche in Mitteldeutschland, des Thüringer Wanderverbandes e. V. und der Thüringer Tourismus GmbH, unterstützt und gefördert durch die Landesregierung und kommunale Gebietskörperschaften.

Außer Thesen nichts gewesen?
Innen- und Außenansichten

Johannes Schilling

Perspektiven für das Reformationsjubiläum, Themenjahre und der Ertrag für Kirche und Gesellschaft –
ein Blick von außen

I.

Dass das Jahr 2017 für die evangelischen Kirchen und nicht nur für diese ein Jubiläumsjahr werden würde, konnten alle, die irgendwie mit Geschichte leben, wissen. 500 Jahre Reformation – Reformationsjubiläen haben seit 1617 eine jahrhundertelange Vorgeschichte. Und so würde auch 2017 ein Jubiläum zu begehen sein. Wer zuerst daran gedacht hat, wird sich kaum feststellen lassen, gibt es doch in diesem Land etliche Menschen, die irgendwie mit Geschichte leben. Sicher ist, dass der Präsident der Luther-Gesellschaft unter dem 8. November 2004 einen Brief an den Ministerpräsidenten des Landes Sachsen-Anhalt, Prof. Dr. Wolfgang Böhmer, richtete, in dem er diesen auf das bevorstehende Jubiläum und die Notwendigkeit rechtzeitiger Vorbereitungen hinwies.[1] Professor Böhmer lud daraufhin auf den 31. Oktober 2005 zu einem Treffen nach Wittenberg ein, auf dem erste Pläne für die Vorbereitung und Gestaltung des Jubiläums skizziert wurden.

Das Reformationsjubiläum 2017 hatte einen langen und zeitweise auch nicht ganz unbeschwerten Anlauf. Was sollte gefeiert werden? Und an welchen Orten? Wer würde für die Feierlichkeiten verantwortlich sein? Wie sollte und wie würde sich das Verhältnis von Staat und Kirche gestalten?

Es wurde ein Kuratorium gebildet, dessen Vorsitz nach Überzeugung der Beteiligten der Ratsvorsitzende der Evangelischen Kirche in Deutschland übernehmen sollte und auch einnahm. Bund und Länder sollten jeweils paritätisch vertreten sein. Das bedeutete, dass das Bundesministerium des Inneren die Vertretung im Kuratorium wahrnahm. Weiterhin gehörten dem Kuratorium zunächst die Ministerpräsidenten der drei mitteldeutschen Länder Sachsen-Anhalt, Sachsen und Thüringen an, dazu die leitenden Geistlichen der jeweiligen Landeskirchen sowie der Oberbürgermeister der Lutherstadt Wittenberg, unzweifelhaft der Hauptort eines Reformationsjubiläums.[2]

Zur inhaltlichen Vorbereitung des Jubiläums wurde ein Wissenschaftlicher Beirat berufen, dessen Vorsitz innegehabt zu haben mir eine große Ehre war und bleibt. Die Mitglieder des Beirats kamen aus unterschiedlichen Feldern der Wissenschaft; Theologen überwogen – der Sache nach zu Recht –, die Arbeit mit den akademischen Kollegen innerhalb des Gremiums erwies sich als fruchtbar.

Wir arbeiteten zunächst an einem Grundsatzpapier, in dem umrissen werden sollte, was die Reformation war und was man also mit Rücksicht auf das Ursprungsgeschehen zu feiern hätte. Angesichts der Komplexität der Sache und von zu erwartenden verschiedenen Ansichten war es nicht ganz einfach, die „Perspektiven für das Reformationsjubiläum" zu verfassen.

Einige Grundüberzeugungen aber gab es im Wissenschaftlichen Beirat von Anfang an: Das Jubiläum, das freilich – entgegen manchen Bedenken, nicht nur von römisch-katholischer Seite – als solches und nicht als ein „Gedenken" gefeiert werden sollte, sollte nicht auf Kosten anderer begangen werden und sich gegen niemanden profilieren wollen. Es sollte international und ökumenisch ausgerichtet werden – in diesen Zielsetzungen waren sich, so meine ich, alle Verantwortlichen in Kirche, Staat und Wissenschaft von Anfang an einig. Uneinigkeit bestand indes in der Frage der Lutherzentrierung – denn es war ja kein Luther-, sondern ein Reformationsjubiläum zu feiern und also auch keine „Lutherdekade", sondern eine Reformationsdekade. In den Debatten und Entscheidungen aber wurden sachliche und wissenschaftlich begründete Positionen und Argumente immer wieder Marketing-Gesichtspunkten geopfert. Den Tiefpunkt solcher Erwägungen stellte eine geplante Aktion „Deutschland sucht deine These" dar, die am Ende nicht zustande kam.

Die „Perspektiven" wurden offizieller Leittext für das Jubiläum. Als solcher ist er, vor allem von zahlreichen Politikern des Bundes und der Länder, auch genutzt worden. Er wurde in großer Auflage im Druck verbreitet, ins Englische, Isländische und Koreanische übersetzt und war im Internet zugänglich, wurde zeitweilig aus dem Netz entfernt und ist gegenwärtig (08.07.2018) als PDF-Dokument auf der Seite „luther2017" und auf einer Seite der Evangelischen Kirche im Rheinland zu lesen, dort ohne das Geleitwort des Ratsvorsitzenden Nikolaus Schneider und das Vorwort des Vorsitzenden.

Die „Perspektiven" wollten und sollten vor allem das Zentrum der Reformation zur Geltung bringen: dass es sich in und mit ihr zuallererst um einen religiösen Impetus handelte, der von diesem Zentrum aus seine umfassenden Wirkungen in Theologie, Kirche und Gesellschaft entfaltete.

II.

Die Idee, zur Vorbereitung auf das Jubiläumsjahr 2017 Themenjahre zu definieren, entstand in den Anfängen der Vorbereitungen, wohl im Jahr 2008.[3] 500 Jahre zuvor, im Jahr 1508, war Martin Luther nach Wittenberg gekommen. Für die kommenden Jahre bis 2017 wurden Themen gesucht, die die umfassende Bedeutung der Reformation zur Geltung bringen sollten und sich mit zum Teil ohnehin anstehenden Jubiläen aus den Kontexten der Reformation verbinden ließen. Einige Jahre waren durch Jubiläen bereits definiert: 2009 durch den 500. Geburtstag Jean Calvins, 2010 durch den 450. Todestag Philipp Melanchthons, 2012 durch das 800-jährige Jubiläum des Thomanerchors in Leipzig und 2015 durch ein seit längerem geplantes großes Projekt, die Malerfamilie Cranach und insbesondere Lucas Cranach den Jüngeren anlässlich seines 500. Geburtstages neu zu präsentieren. Entsprechend wurden diese Themenjahre wie folgt bestimmt: 2009 *Reformation und Bekenntnis*, 2010 *Reformation und Bildung*, 2012 *Reformation und Musik*, 2015 *Reformation – Bild und Bibel*. Es kam hinzu, dass seinerzeit die Abschlüsse der Überarbeitungen der Lutherbibel und der Einheitsübersetzung für 2015 erwartet wurden. Für die ausstehenden Jahre wurden weitere Themen gesucht. Das Themenjahr 2011 verdankt sich der damaligen Initiative der EKD, sich als „Kirche der Freiheit" zu präsentieren. Das Jahr 2013 hätte nach Ansicht des Wissenschaftlichen Beirats dem Thema „Reformation und Ökumene" gelten sollen und Bezug nehmen auf den Abschluss des Trienter Konzils im Jahr 1563. Stattdessen missriet es zum Themenjahr *Reformation und Toleranz* – wo doch die Reformation und ihre Gegner gerade Beispiele für heftige Intoleranz geben. 2014 galt dem unverzichtbaren Thema *Reformation und Politik*, 80 Jahre nach der Barmer Theologischen Erklärung von 1934 war auch dieses nicht ohne einen Erinnerungsaspekt. Und ein Jahr vor dem Jubiläum sollte mit dem Themenjahr *Reformation und die Eine Welt* der weltweiten Wirkung und der weltweiten Verantwortung der Reformation gedacht werden. Dass das Jubiläumsjahr selbst kein Motto hatte, zeigt die Schwierigkeiten des gegenwärtigen deutschen Protestantismus bzw. der EKD, offiziell zu erklären, worum es der Reformation ihrem Wesen und Ziel nach zu tun ist und was evangelisches Christsein in Deutschland heute eigentlich ausmacht.

III.

Thüringen war mit seinen zahlreichen Orten der Reformation für eine zentrale Rolle im Reformationsjubiläum geradezu prädestiniert. Und es hat diese Rolle – nach anfänglichen Irritationen – kraftvoll wahrgenommen. Denn in den Anfängen war eine – aus der Sicht von außen – deutliche, aber unnötige Konkurrenz zum Land Sachsen-Anhalt zu bemerken, die freilich mit den Lutherstädten Wittenberg und Eisleben die wichtigsten Lebensorte Luthers auf ihrem Gebiet versammelt, gegen die man nicht ankämpfen kann und sollte. Denn Thüringen verfügt mit der Wartburg ja selbst über einen Gedächtnisort der Reformation, des Protestantismus und der deutschen Geschichte überhaupt, dessen Bedeutung gar nicht überschätzt werden kann. Dass eine der Nationalen Sonderausstellungen dann auch auf der Wartburg gezeigt werden konnte, hat sich nachträglich als sinnvoll und bereichernd erwiesen – anfängliche Planungen hatten aus verschiedenen Gründen Nationale Sonderausstellungen in Wittenberg und Berlin vorgesehen. In der Trias der drei nationalen Sonderausstellungen – eine weitere war 2015 in Torgau vorausgegangen – konnten die Reformation und ihre Weltwirkungen ziemlich umfassend gezeigt werden – die Kampagne „3x Hammer" war und bleibt den seriös um die Sache Bemühten ein Gräuel. Was die Ausstellungen ihren Besuchern inhaltlich boten, hat zur Kenntnisnahme der Reformation und ihrer Ausstrahlungen nicht wenig beigetragen. Im Zentrum Wittenberg waren 95 Schätze zu sehen, die man kaum wieder so versammelt finden wird, dazu 95 Menschen aus aller Welt und allen Lebensbereichen; in Berlin konnte man die Weltwirkung der Reformation in ihren Spuren in Schweden, den Vereinigten Staaten, in Namibia und Korea aufsuchen, und die Wartburg zeigte das nicht unproblematische Verhältnis zwischen Luther und den Deutschen – eine lange Geschichte des kulturellen Gedächtnisses der Deutschen am authentischem Ort.

Jenseits der Landesgrenzen wurden wohl vor allem die zahlreichen Thüringer sehr qualitätvollen Ausstellungsaktivitäten wahrgenommen. Aber auch die Forschungsaktivitäten im Freistaat haben die Kenntnis der Reformationsgeschichte gefördert, und der literarische Ertrag kann sich ebenfalls sehen lassen. Dabei kam es vielen Autoren auch auf die Vermittlung an ein breiteres Publikum an – beispielhaft sei nur die Reihe „Orte der Reformation" erwähnt, die die Reformationsgeschichte der einzelnen Städte und Regionen einem solchen Publikum erschließen und in ihren Wirkungen bis in die Gegenwart zeigen sollte. Für den Bereich des Freistaats sind hier Magazine über Eisenach (2), Erfurt (3), Schmalkalden (7), Gotha (21), Weimar (26) und

Jena (30) entstanden – eine Reihe, die sich sehen lassen kann.[4]

IV.

Über mehr als ein Jahrzehnt sind Martin Luther, die Reformation in Deutschland und Europa und ihre Wirkungen in der Welt neu ins Bewusstsein gerückt worden. Die Anstrengungen waren vielfältig und zum Teil neuartig. Man könnte es so sagen: Das Reformationsjubiläum war für viele vor allem ein großes Geschäft. Die Tourismusindustrie hat von ihm ebenso profitiert wie andere Bereiche der Wirtschaft. Immerhin war das Jubiläum interessant genug, zahlreiche Menschen nach Deutschland und in die Kernlande der Reformation zu führen. Auch Thüringen dürfte nicht unerheblich von dieser Entwicklung profitiert haben.

Das Reformationsjubiläum war auch ein bemerkenswerter Bildungsimpuls. Zahlreiche Akteure waren daran beteiligt. Alle Gruppen der Gesellschaft hatten vielfältige Möglichkeiten, sich dem Thema in Veröffentlichungen, Ausstellungen, Diskussionen und Mitmachaktionen zu nähern und sich mit ihm vertraut zu machen.

Die „Gretchenfrage" aber betrifft das eigentliche Anliegen Luthers und der Reformation: Wie ist die Botschaft von der unverdienten und unverdienbaren Gnade Gottes bei den Menschen angekommen? Haben sie die Wiederentdeckung des Evangeliums von Jesus Christus durch Martin Luther als eine mögliche oder wirkliche Entdeckung auch für ihr Leben wahrgenommen? Denn darum ging es 1517 und danach, und nicht nur in den 95 Thesen: um die Botschaft von der freien Gnade Gottes, die ein neues Verhältnis der Menschen zu sich selbst, zu ihren Mitmenschen und zu ihrem Gott ermöglichen sollte.

Wo immer diese Botschaft auf offene Ohren und offene Herzen gestoßen ist, ist das eigentliche Ziel des Reformationsjubiläums erreicht worden.

Anmerkungen

1. Lutherstadt Wittenberg, Archiv der Luther-Gesellschaft, Ordner 219.
2. Später wurde das Kuratorium erweitert; der Stand 2017 ist unter www.luther2017 dokumentiert.
3. Nach Mitteilung von Stephan Dorgerloh, dem damals als Prälat Beauftragten des Rates der EKD für die Lutherdekade, wurde die Konzeption für die Themenjahre um die Jahreswende 2008/2009 von ihm erarbeitet, zunächst mit Stefan Rhein, dem Partner in der Staatlichen Geschäftsstelle, abgestimmt und dann als grundlegendes Konzept im Rat der EKD vorgestellt, wo es auch angenommen wurde. Danach ging sie an den Wissenschaftlichen Beirat mit der Bitte um kritische Würdigung. Schließlich wurde sie im Kuratorium Luther 2017 angenommen und verabschiedet.
4. Die Reihe ist in der Evangelischen Verlagsanstalt Leipzig erschienen und inzwischen abgeschlossen. – Vgl. auch: MICHAEL WELKER/MICHAEL BEINTKER/ALBERT DE LANGE (Hrsg.), Europa reformata, Leipzig 2016. Neben der deutschen gibt es auch eine englische und eine koreanische Ausgabe. Dieses Buch verbindet Orte mit Personen, in Thüringen Mühlhausen mit Thomas Müntzer und Orlamünde mit Andreas Karlstadt.

Kai Uwe Schierz

Facettenreich, multiperspektivisch, zeitgemäß
Die Lutherdekade in Thüringen – ein Blick von innen

Eine Bemerkung zu Beginn ist mir wichtig, unabhängig davon, was Einzelne wie ich erinnern werden: Dieses Ereignis war besonders und setzte Maßstäbe. Noch nie hat es in Deutschland ein so lange und umfassend vorbereitetes Jubiläum gegeben wie das Reformationsjubiläum 2017. Initiiert vom Lutherischen Weltbund, getragen vom Deutschen Nationalkomitee des Lutherischen Weltbundes und der Vereinigten Evangelisch-Lutherischen Kirche Deutschlands, wurde im September 2008 feierlich in Wittenberg eine ganze Dekade des Gedenkens und Reflektierens von historischen Ereignissen und Personen eröffnet, die mit dem Beginn der Lutherischen Reformation vor 500 Jahren zu tun haben. Hunderte Talkrunden, Lesungen, Konzerte, Ausstellungen, Aufführungen, Andachten, Wettbewerbe, Workshops, wissenschaftliche Tagungen, Buchveröffentlichungen etc. trugen dazu bei, das Spektrum dieser historischen Epoche des Umbruchs in möglichst großer Breite abzubilden und für die Gegenwart aufzubereiten. Es ging, denke ich, um kaum weniger als die exemplarische Erarbeitung eines zeitgemäßen Geschichtsbewusstseins, das historisch gewachsene Institutionen und Werte des deutschen und europäischen Kulturraums identifiziert, die über das Phänomen der christlichen Glaubensspaltung hinausgehen, sie vielmehr in den Kontext umfassender, komplex und nachhaltig wirkender Individualisierungsprozesse des ausgehenden Mittelalters und der frühen Neuzeit stellt – ein modernes Bewusstsein, das kritische Fragen genauso ermöglicht wie die zu erwartenden Würdigungen großer Geister, das (wissenschaftlich gestützt) differenziert argumentiert und kulturelle Identität stiftet, ohne zu pauschalisieren und auszugrenzen. Natürlich könnte man die Besonderheit dieser Dekade auch darin sehen, dass zwischen 2008 und 2017 das im Kern doch theologische und kirchenpolitische Phänomen der Reformation in einem Maße historisiert und breitgefächert kulturell angeeignet – sprich: säkularisiert – wurde wie nie zuvor. Hat die Reformationsdekade in Deutschland aber auch dazu beigetragen, das christliche Bekenntnis evangelischer Prägung in seinen Ursprungsregionen zu festigen bzw. erneut zu verbreiten? Wie steht es mit dem Thema des Jahres 2017 der Dekade: Gott neu vertrauen? Die Erfahrungen des Evangelischen Kirchentages 2017, der in Form von sechs *Kirchentagen auf dem Weg* in acht Städten begangen wurde, also sehr bewusst nicht nur zentral als Deutscher Evangelischer Kirchentag in Wittenberg und Berlin, zeigen, dass trotz des engagierten Einsatzes Tausender das Ziel einer breiten Rezeption der vielfältigen wie zahlreichen Angebote verfehlt wurde. Im Osten nichts Neues, könnte man konstatieren. Das quantitative Verhältnis zwischen Christen der verschiedenen Konfessionen und konfessionell Ungebundenen hat sich in den neuen Bundesländern seit 1990 kaum verändert. Was also glauben wir heute, was können wir, was wollen wir (noch) glauben?

Diese Frage leitet über zu einem ambitionierten Kunstprojekt, dass in und für Erfurt geplant wurde: *Credo – Bekenntnis und Kunst*. Angeregt wurde es durch Diskussionen im Fachbeirat *Luther 2017* – eines Gremiums, das durch den Thüringer Minister für Bildung, Wissenschaft und Kultur, Christoph Matschie, einberufen wurde und sich im August 2013 konstituierte. Der Fachbeirat sollte den Reformationsbeauftragten der Thüringer Landesregierung, den Theologen und Historiker Thomas A. Seidel, bei der Vorbereitung der folgenden Themenjahre der Dekade im Freistaat unterstützen, insbesondere mit Blick auf die Jubiläumsjahr-Dramaturgie 2017, er sollte aber auch Entscheidungen der Fördermittelvergabe fachlich begleiten.[1] In den Diskussionen nach der Sichtung der schon geplanten Projekte zum Reformationsjubiläum konstatierte das Gremium einen Überhang an historischen Themensetzungen und warf die Frage nach Möglichkeiten auf, inwieweit die aktuellen Künste hier ein Gegengewicht schaffen könnten. Diese Frage implizierte eine weitere: Gibt es heute noch eine nennenswerte Anzahl von überregional agierenden und anerkannten Künstlerinnen und Künstlern in Deutschland und darüber hinaus, die sich im Eigenauftrag (also ausdrücklich nicht im Auftrag der Kirchengemeinden) mit jenen Themen auseinandersetzen, die schon Luther und seine Zeitgenossen umtrieben? Und wenn diese Frage positiv zu beantworten wäre, wie könnte man sie und ihre Arbeit in die Thüringer kulturellen Aktivitäten der Reformationsdekade einbinden?

Vor diesem Hintergrund konzipierte ich 2015 ein künstlerisches Projekt für 2017, in dem es nicht nur allgemein um die Einflüsse religiöser Ideen auf die moderne bildende Kunst gehen sollte (wie das schon mehrmals seit 1980 gefragt und in Ausstellungen präsentiert wurde, zuletzt 2015 in Düsseldorf)[2], sondern speziell um Referenzen heutiger Kunstauffassungen in den Ideen, Haltungen und Vorgängen der ab 1517 von Wittenberg ausgehenden Reformation.[3] Als Mitstreiter und erfahrenen Netzwerker gewann ich den Berliner Kunsthistoriker und Kurator Eckhart Gillen. Anspruch unseres Projektes war es, fünf aktuelle, überregional bzw. international aktive Künstlerinnen und Künstler einzuladen, im Stadtraum von Erfurt temporäre, themen- und ortsspezifische Installationen zu schaffen. Die Kunsthalle Erfurt sollte als Knotenpunkt zur Erschließung der Werke dienen und zugleich das Schaffen der Beteiligten näher vorstellen. Primäres Auswahlkriterium war die Fähigkeit der Akteure, unabhängig von deren weltanschaulicher Orientierung in und mit ihrem Werk Referenzen zu zentralen Diskursinhalten der Reformation zu setzen, die noch heute eine starke Relevanz für uns haben. Also zuvorderst: Was glauben wir heute, was können wir, was wollen wir (noch) glauben?

Seit Beginn der reformatorischen Bewegungen ging es um die Verantwortung des Individuums für seinen Glauben. War der tschechische Reformator Jan Hus noch 1415 für seine öffentliche Infragestellung der päpstlichen Autorität und der obligatorischen Rolle der Kirche bei der Heilsvermittlung auf dem Konstanzer Konzil verbrannt worden, konnte Luther seine Haltung 1521 auf dem Reichstag zu Worms unbeschadet wahren. Er widerrief seine Ansichten nicht vor dem Kaiser, was spektakulär war, weil er sie mit Verweisen auf die Heilige Schrift, auf öffentliche, klare Vernunftgründe und das eigene Gewissen rechtfertigte.[4] Wer sich als Person einzig vor Gott verantworten müsse, so Luthers Botschaft, sei gegenüber weltlichen und geistlichen Herrschern ein freier Mensch. Vernunftgründe, individuelles Gewissen und die Eigenverantwortung der Subjekte wurden so zu leitenden Instanzen in Glaubensfragen erhoben.

Darüber hinaus spielten weitere Fragen aus dem Umfeld der historischen reformatorischen Ideen in unseren Diskussionen eine wichtige Rolle: Was bedeuten heute Begriffe wie ‚Gnade', ‚Zweifel', ‚Gewissheit'? Ist angesichts der multireligiösen Pluralität unserer Gegenwart überhaupt noch Gewissheit im individuellen Glauben (im Sinne einer transzendenten Letztbegründung der Welt) möglich? Kann man den Begriff ‚Protestantismus' heute mit neuen, säkularen Inhalten anreichern, beispielsweise mit Leitbegriffen von Protestbewegungen, wie sie Stéphane Hessel in seinem Text *Empört Euch!* formulierte, der mit dem Appell schließt: „Neues schaffen heißt, Widerstand leisten. Widerstand leisten heißt, Neues schaffen."?[5]

Wir sind es gewohnt, die Kunst unserer Gegenwart im Spannungsfeld von individuellen Überzeugungen und deren Form-Ausdruck, gewachsenen ästhetischen Konventionen und Infragestellungen derartiger Konventionen (durch Avantgardekünstler, Popkulturen, Subkulturen etc.) zu betrachten. Die künstlerische Praxis geht einher mit Behauptungs- und Selbstbehauptungsstrategien der Schaffenden in einem beweglichen kulturellen Resonanzfeld, das von professioneller Kritik bis zu öffentlicher und persönlicher Ignoranz, von groß angelegten Marketingmaßnahmen bis zu subjektiven Stellungnahmen von Betrachtern reicht, die nicht dem engeren Kreis der Kunstproduzenten, Kunstvermarkter und -vermittler angehören. Der zugrundeliegende Kunstbegriff ist historisch jung. Frei von expliziten Vorgaben (wie öffentlichen oder privaten Aufträgen) äußerte sich der Wille zur künstlerischen Selbstbehauptung – auch in der Ablehnung vorherrschender kultureller Diskurse oder der Meinung des Publikums – erstmals in Europa in der zweite Hälfte des 19. Jahrhunderts. Das nun etablierte Künstlerselbstbild bestärkte sich darin, unbeirrt nur den eigenen inneren Impulsen zu folgen, vorbildlich verkörpert von Malern wie Gustave Courbet, der den Pariser Salon 1850/51 mit seinem Monumentalbild *Un enterrement à Ornans* provozierte – oder 1855 mit seiner Gegenausstellung im selbstgeschaffenen „Pavillon du Réalisme". Wassily Kandinsky deutete die neue künstlerische Freiheit 1911/12 als ein inneres Streben und Formen nach dem „Prinzip der inneren Notwendigkeit", das allein auf die zweckmäßige Berührung der menschlichen Seele gerichtet sei.[6]

Credo – ich glaube erscheint vor diesem Hintergrund (bezieht man das Wort Glauben auch auf subjektive Glaubenssätze, Überzeugungen, Wertmaßstäbe, die als Paradigmen das Handeln bestimmen, ohne ständig hinterfragt zu werden) als ein wesentlicher Schaffensimpuls moderner Künstlerinnen und Künstler, die man deshalb als „Überzeugungstäter" bezeichnen könnte. Auch im Kontext des für Erfurt geplanten Kunstprojektes stand das lateinische Wort „credo" nicht nur speziell für „ich glaube" an einen Gott etc., sondern bezog sich in einem weiteren Sinne auf subjektive Überzeugungen/Glaubenssätze, zu denen sich eine Person offensiv bekennt. Möglich und zeitgemäß erschien uns aber auch die Kritik einer solchen „Credo"-Bekenntnishaltung. Auf Anfrage bekundeten mehrere Künstlerinnen und Künstler ihr Interesse an dem Projekt. Dass es dennoch nicht verwirklicht wurde, lag ganz pragmatisch am Scheitern des Finanzierungsplanes durch fehlende Fördermittel, die nicht im nötigen Umfang eingeworben werden konnten. So konzentrierten wir uns in Erfurt auf andere künstlerische Projekte im Jubiläumsjahr 2017. Die weit fortgeschrittenen Planungen zu *Credo – Bekenntnis und Kunst* zeigten uns aber, dass es möglich (und wünschenswert) ist, ein historisches Ereignis wie die Reformation gezielt auch mit zeitgemäßen, genuin künstlerischen Mitteln neu zu interpretieren, um es über den Horizont seiner Entstehung hinaus für die Gegenwart anzueignen und fruchtbar zu machen.

Anmerkungen:

1. Ihm gehörten unter dem Vorsitz des Reformationsbeauftragten die folgenden Wissenschaftler und Kulturfachleute an: Ulrike Bestgen (Abteilungsleiterin Neues Museum in der Klassik Stiftung Weimar), Frank Hiddemann (Kulturbeauftragter der Evangelischen Kirche in Mitteldeutschland), Wolfram Huschke (bis 2001 Rektor der Hochschule für Musik Franz Liszt Weimar, bis 2011 Professor an dieser Einrichtung), Kai Uwe Schierz (Direktor der Kunstmuseen Erfurt), Siegrid Westphal (Lehrstuhlinhaberin für Geschichte der Frühen Neuzeit und des Interdisziplinären Instituts für Kulturgeschichte der Frühen Neuzeit an der Universität Osnabrück, von 1994 bis 2004 an der FSU Jena tätig) und Hans-Rudolf Meier (Lehrstuhlinhaber für Denkmalpflege und Baugeschichte an der Bauhaus-Universität Weimar, zu dieser Zeit auch Prorektor für Forschung).

2. Vgl. *Zeichen des Glaubens. Geist der Avantgarde. Religiöse Tendenzen in der Kunst des 20. Jahrhunderts*, Große Orangerie Schloss Charlottenburg 1980, Kurator Wieland Schmied; *Luther und die Folgen für die Kunst*, Kunsthalle Hamburg 1983, Kurator Werner Hofmann; *The Spiritual in Art. Abstract Painting 1890–1985*, Los Angeles County Museum 1985, Kurator Maurice Tuchman; *Gegenwart Ewigkeit. Spuren des Transzendenten in der Kunst unserer Zeit*, Martin Gropius Bau Berlin 1990, Kurator Wieland Schmied; *The Problem of God*, Kunstsammlung Nordrhein-Westfalen K 21, Düsseldorf, 26.09.2015–24.01.2016, Kuratorin Isabelle Malz. In bescheidenerem Umfang widmete sich im Jahr 2003 die Ausstellung *Unaussprechlich schön* in der Kunsthalle Erfurt den Einflüssen mystischer Paradoxa auf die Kunst des 20. Jahrhunderts.

3. Dazu zählt die in der Endnote 2 bereits aufgeführte Ausstellung *Luther und die Folgen für die Kunst* der Kunsthalle Hamburg im Jahr 1983, wobei dort die Referenzen stark in die Richtung christlicher Ikonografie/Thematik verallgemeinert wurden, um Kunstwerke des 20. Jahrhundert einbeziehen zu können. In Erfurt fand 1983 die Ausstellung *Erfurt-Luther-Dialoge* statt, in der historische Dokumente, Kunstwerke und Kunst der DDR-Gegenwart präsentiert wurden. Auch hier waren die Bezüge der KünstlerInnen der Gegenwart nur selten direkt auf die Person Luthers oder auf sein Denken fokussiert.

4. Luther sah keinen Beweis gegen seine Thesen und Ansichten, der ihn bewegen könnte, sie zu widerrufen: „Es sei denn, dass ich mit Zeugnissen der Heiligen Schrift oder mit öffentlichen, klaren und hellen Gründen und Ursachen überwunden und überwiesen werde – denn ich glaube weder dem Papst noch den Konzilien allein nicht, (weil es am Tage und offenbar ist, dass sie oft geirrt haben und sich selbst widerwärtig gewesen sind) – und ich also mit den Sprüchen, die von mir angezogen und eingeführt sind, überzeugt und mein Gewissen in Gottes Wort gefangen sei, so kann und will ich nichts widerrufen, weil weder sicher noch geraten ist, etwas wider das Gewissen zu tun. Hier stehe ich, ich kann nicht anders. Gott helfe mir! Amen." Ins Neuhochdeutsche übertragen nach: Handelung Lutheri des Jars 1521 wider das Bapstthum, in: **Martin Luther**, Der Neundte || Teil der Buecher des Ehrnwirdi=||gen Herrn D.Martini Lutheri:|| darinnen die Propositionen vom Ablas wider Johan Tetzel begriffen ... || sampt vielen Sendbrieuē an Bapst/Keiser/Fürstē vñ Bischoue/vñ andern schrifften || von dem 17. bis in das 33. Jar/Auch die Acta von der Religion auff den || Reichstagen zu Worms Anno 1521. vnd zu Nuermberg/An=||no 1522. vnd zu Augsburg Anno 1530. sampt der || Confession vñ Apologia zu solcher zeit Kei.|| Mai. vberantwort.|| ... ||, Wittenberg, Hans Lufft, 1558, 110, Universitäts- und Landesbibliothek Sachsen-Anhalt, Halle/Saale, L 3341.

5. **Stéphane Hessel**, Empört Euch!, übersetzt von Michael Kogon, Berlin 2010, 21.

6. Vgl. **Wassily Kandinsky,** Über das Geistige in der Kunst, Bern 1952, 64 ff.

Tobias J. Knoblich

Glaube und Kulturgeschichte – eine anspruchsvolle Synthese
Die Reformationsdekade aus kulturpolitischer Sicht

Die Reformationsdekade war eine groß angelegte Erinnerungsperiode, die Staat, Kommunen und evangelische Kirche gemeinsam gestaltet haben, um ein wichtiges Erbe zu vergegenwärtigen. Die Bezüge zur Glaubenswelt und zu Kirchenfragen waren dabei von zentraler Bedeutung, sie prägten auch institutionell Programm und Programmatik der Reformationsdekade.

Ich möchte beleuchten, wie diese Verbindung von Kulturgeschichte und Protestantismus, die in historischen Phasen der Erinnerungskultur durchaus problematische Formen annahm, bearbeitet worden ist, und dabei aufzeigen, was aus kulturpolitischer Sicht vorteilhaft oder auch problematisch war. Dies kann hier allerdings nicht systematisch, sondern lediglich schlaglichtartig erfolgen. Dennoch ist mir dies ein wichtiges Anliegen, das neben der Würdigung des Erreichten und Geleisteten auch seine Berechtigung haben sollte.

Schon lange wird darauf hingewiesen, dass nicht erst seit der deutschen Wiedervereinigung die Entchristlichung in Deutschland voranschreitet. Eine Studie aus dem Jahr 2015 zeigt, dass Religion für den Alltag vieler Menschen keine Rolle mehr spielt, gleichwohl zahlreiche von ihnen noch konfessionell gebunden sind – zumindest im Westen der Republik.[1] Gerade die Regionen, in denen die Reformation in Deutschland ihren Ausgangspunkt nahm und die in den letzten zehn Jahren intensiv mit kirchengeschichtlichen und glaubensbezogenen Themen bespielt wurden, sind heute weitgehend atheistisch geprägt. Aber es ist dies auch ein europäischer Trend. Die Erinnerung an die Reformation erweise sich generell als durchaus „zerbrechlich", schreibt Gérald Chaix. Aus seiner Sicht scheint es gar unmöglich, „Prognosen über die zukünftige Gestalt dieses ‚Erinnerungsortes' in einer europäischen Gesellschaft abzugeben, die sich zum ersten Mal in der Geschichte als weitgehend agnostisch darstellt".[2] Dieser Befund wiegt auch für eine erinnerungskulturelle Befassung schwer, obwohl immer wieder und zu Recht betont worden ist, dass das Reformationsgeschehen eine kultur-, mentalitäts- und machtgeschichtliche Dimension aufweist, die auch für Menschen ohne Glaubensleben und Kirchennähe von hoher Bedeutung ist.

Für die Programmierung einer Luther- oder Reformationsdekade in Mitteldeutschland war das eine heikle Ausgangsposition. Es konnte zwar davon ausgegangen werden, dass es eine Bereitschaft der lokalen Bevölkerung für denkmalpflegerische, kultur- und territorialgeschichtliche sowie im weitesten Sinne intellektuelle Auseinandersetzungen mit dem Reformationserbe gab, aber ein

Sensorium für spirituelle und christliche Botschaften war nicht mehr umfassend ausgebildet. Das heißt, die *Aneignungsweisen des reformatorischen Erbes* durch die Menschen mussten differenter denn je ausfallen. Schaut man auf frühere Epochen des Luthergedenkens und seine politische Instrumentalisierung, wird zudem deutlich, dass nationale und andere patriotische Gefühle nicht mehr gestiftet werden konnten (und auch nicht sollten) und somit der Ansatz einer wie auch immer gearteten gezielten Identitätspolitik obsolet war. Zwei wesentliche emphatische Formen der Aneignung schieden also von vornherein aus. So dominierte dann auch trotz der starken Einbindung kirchlicher Funktionäre ein kulturgeschichtlich-generalistischer Ansatz der Vermittlung eines kulturellen Wandels, der stark mit der Aura authentischer Orte arbeitete. Die historische Figur Luther wurde – bei aller kritischen Beleuchtung – dennoch auch ikonisch herausgestellt –, so ikonisch heute ein mittelalterlich geprägter Theologe sein kann. Dass er als Playmobilfigur alle Rekorde brach, sagt wohl mehr über die Klischees unseres kulturellen Gedächtnisses als über die Ausstrahlungskraft seines Denkens auf uns Heutige.

Gleichwohl hat die Reformation Deutschland, vor allem Mitteldeutschland, erheblich geprägt.

Doch die Vergegenwärtigung dieser Prägung konnte weder zu einer umfassenden Revitalisierung der Glaubensinhalte führen noch auf neue Weise die kulturelle Identität stärken. Plurale Weltdeutungen und säkularisierte Alltagspraxen stehen dem entschieden entgegen. Es ist bekannt, dass die Kirchen selbst dem Wandel wenig entgegenstellen können; der gesellschaftliche Rahmen verändert sich zunehmend.[3] Für evangelische Christen sieht die Bilanz der Bemühungen um eine breite gesellschaftliche Verhandlung des Reformationsgeschehens freilich anders aus. Ihre Geschichte und ihr Bekenntnis wurden intensiv beleuchtet, gewürdigt und dadurch nobilitiert. Gerade für ostdeutsche Christen ist das sicher ein wichtiger Aspekt mit Blick auf die Erfahrungen mit dem staatlich eingeschränkten Glaubensleben in der DDR. Sie haben in den letzten zehn Jahren viel Aufmerksamkeit und umfassende

Förderung erfahren, die sich nicht zuletzt in singulären Großprojekten wie den *Kirchentagen auf dem Weg* widerspiegelt. Ihr Anspruch, davon selbstlos der Gesellschaft etwas zurückzuerstatten und sie an den „glänzenden Glaubensschätzen"[4] teilhaben zu lassen, dürfte indes nicht aufgegangen sein.

Der große Ertrag der Reformationsdekade lag aus meiner Sicht vor allem in der

- Rekonstruktion, Sanierung und neuen Erschließung historischer Bauwerke und Denkmale,
- Überarbeitung und teilweise Neuentwicklung musealer Orte und Präsentationen,
- Verdichtung von thematischen Bezügen und touristischen Leitsystemen,
- wissenschaftlichen und publizistischen Produktivität,
- Netzwerkarbeit, die kirchliche mit staatlichen, kommunalen und zivilgesellschaftlichen Organisationen in Beziehung setzte,
- Selbstvergewisserung der evangelischen Christen.

Mit Erwartungen etwas überfrachtet schienen hingegen Formate, die auf Begegnung und christliche Alltagskultur gerichtet wurden. Hier zeigte sich aus meiner Sicht das Problem, dass der gesellschaftliche Resonanzraum nicht mehr im erforderlichen Maße vorhanden war und über den Adressatenkreis offenbar Unklarheit herrschte.

Die vergleichbare Erfahrung hat die Stadt Erfurt bereits beim Besuch von Papst Benedikt XVI. am 23. September 2011 gemacht: Teilnehmende und Interessierte waren vor allem hiesige und angereiste Katholiken sowie Christen allgemein. Die örtliche Bevölkerung hingegen mied – nicht zuletzt aufgrund der hohen Sicherheitsvorkehrungen – sehr spürbar die Altstadt, was auch in der überregionalen Presse als sonderbarer Eindruck registriert worden war. Der Erfurter *Kirchentag auf dem Weg* (und nicht nur dieser) litt unter echter Beteiligungsbereitschaft, die sich vor allem im Erwerb von Tickets und einer gezielten Teilnahme an Angeboten ausdrückt. Bei kostenfreien Angeboten stellte sich indes das stets reichlich in Erfurt vorhandene „Laufpublikum" durchaus ein – was jedoch nicht schon als Erfolg gewertet werden darf.

Die Reformationsdekade hat Bund, Länder, Kommunen, aber auch die evangelische Kirche viel Geld gekostet. Der überwiegende Teil der Finanzierung des Ganzen erfolgte aus Steuermitteln, eine erste Gesamtberechnung beziffert diese auf über 250 Millionen Euro.[5] Gerade der Einsatz öffentlicher Haushaltmittel erfordert eine kritische Beleuchtung der Wirkungsmöglichkeiten und der Programmgestaltung für breite Zielgruppen. Diese ist nicht nur rückblickend auf die Reformationsdekade nötig, sondern kann auch überaus nützlich für kommende Großprojekte im Bereich der Erinnerungskultur sein, insbesondere für weitere Daten rund um das Thema Reformation, die in den nächsten Jahren zu Aktivitäten führen werden.

Folgende Aspekte sollten hier bedacht werden:

- Der Umfang von Angeboten, insbesondere solchen, die stark auf ein gläubiges oder spirituell interessiertes Publikum zugeschnitten sind, sollte überdacht werden. Wir neigen generell dazu, Themen der Erinnerungskultur auszuweiten. Es kommen immer neue Gedenkzyklen dazu, so dass sich auch eine „Erinnerungsmüdigkeit" einstellen kann.
- Angebote sollten nicht vordergründig mit touristischen Argumenten entwickelt, ausgeweitet und gerechtfertigt werden. Mindestens genauso wichtig wie touristischer Erfolg scheint mir die Akzeptanz bei der lokalen Bevölkerung, an deren Bedürfnissen Formen des Vergegenwärtigens und

Gedenkens ausgerichtet werden sollten. Wenn es etwa für lokale Projekte der Kultur- und Geschichtsarbeit eine defizitäre Förderkulisse gibt, Großveranstaltungen der Kirchen aber großzügig mitfinanziert werden, wird dies auch als ungerecht empfunden.

- Gerade bei offenen Angeboten im Rahmen von Kirchentagen (ein katholischer könnte in Erfurt in den nächsten Jahren folgen) muss mehr Augenmerk auf Themen und Diskursformen gelegt werden, die tatsächlich konfessionell Ungebundene erreichen und diese auf Augenhöhe einbeziehen können. Dies sollte mindestens ebenso wichtig sein wie Ökumene. Die Rede vom „gottlosen Osten", die man gelegentlich hört, erzeugt ein Narrativ des Makels. Dass die Menschen weltanschaulich frei sind und jede Region ihre Prägungen aufweist, sollte nicht als Verlustgeschichte verhandelt werden.

- Erinnerungskultur ist ein kulturpolitisches Thema. Dennoch waren insbesondere kommunale Kulturverwaltungen gelegentlich überfordert mit der Reformationsdekade. Größere Kommunen sollten mit den notwendigen personellen und finanziellen Ressourcen ausgestattet werden, damit sie gestaltend, organisationsstark und kommunikativ angemessen agieren können. Hierzu zählt auch eine mehrjährige Finanzplanung, etwa für größere Ausstellungsvorhaben, denn obwohl auf Landesebene die Planung langfristig und gut durchdacht war, gab es auf kommunaler Ebene zuweilen Planungsdefizite.

Anmerkungen

1. Vgl. Detlef Pollack/Gergely Rosta, Religion in der Moderne. Ein internationaler Vergleich, Frankfurt am Main 2015.

2. Gérald Chaix: Die Reformation, in: Etienne François/Hagen Schulze (Hrsg.), Deutsche Erinnerungsorte, München 2005, 48.

3. Vgl. Pollack/Rosta, Religion in der Moderne (wie Anm. 1), 98 ff. sowie 274 ff.

4. So die Bischöfin der Evangelischen Kirche Mitteldeutschland, Ilse Junkermann, in einschlägigen Interviews.

5. Vgl. Forschungsgruppe Weltanschauungen in Deutschland, Kosten der Lutherdekade 2008–2017, 31.10.2016 (https://fowid.de/meldung/kosten-lutherdekade-2008-2017, letzter Zugriff vom 13.06.2018).

Benjamin Hasselhorn

Mehr Luther wagen!
Ein Rückblick auf 2017

Ob wir uns nicht „überluthert" hätten, fragte ein Journalist im November 2017, kurz nach dem 500. Jubiläum des Thesenanschlags am 31. Oktober, dem Höhe- und Endpunkt des Reformationsjubiläums. In der Tat: 2017 war kein Vorbeikommen an Martin Luther. Eine Flut an Luther-Literatur überschwemmte den Buchmarkt. Die Medien waren voll von Zeitungsberichten, Radio- und Fernsehbeiträgen zur Reformation. Kein Abiturjahrgang Deutschlands wird wohl in den nächsten 500 Jahren so vieles zum Thema Reformation gelernt haben wie der von 2017. Das Kulturprogramm war atemberaubend, von Theaterstücken über zahllose Musikaufführungen bis hin zu etwa 150 Ausstellungen allein in Deutschland. All dies wurde begleitet von einem regelrechten Luther-Marketing-Bombardement: Luther-Bier, Luther-Schnaps, Luther-Apfelsaft, Luther-Kaffee, Luther-Nudeln, Luther-Tomaten, Luther-Bonbons, Luther-Kondome, Luther-Quietscheenten, Luther als Playmobil-Figur oder auch als Superheld auf einer Münze. Ja, man kann wirklich auf die Idee kommen, dass wir es 2017 mit Luther etwas übertrieben hätten.

Dabei bestand unter den Hauptakteuren des Reformationsjubiläums relativ früh ein Konsens, sich gerade nicht auf Luther fixieren und gerade *kein* Luther-, sondern ein *Reformations*jubiläum feiern zu wollen. In den zahlreichen Vorbereitungsgremien, die aus Vertretern der staatlichen Institutionen, der evangelischen Kirche wie der wissenschaftlichen Reformationsforschung bestanden, gab es eine große Einigkeit darüber, es 2017 grundsätzlich anders machen zu wollen als anlässlich der Reformationsjubiläen der Vergangenheit: International sollte gefeiert werden, im Gegensatz zu den nationalistischen Reformationsfeiern 1917 und 1817. Ökumenisch sollte gefeiert werden, im Gegensatz zu den konfessionalistischen Jubiläen 1717 und 1617 (mit Blick auf den katholischen Partner war daher auch vom Reformations*gedenken* statt dem Reformations*jubiläum* die Rede, wobei sich die ökumenische Zielsetzung nicht auf die katholische Kirche beschränkte, sondern auch die anderen Religionen, sowie die Konfessionslosen umfasste). Und schließlich betonten Kirche und Wissenschaft, dass es keinesfalls so lutherzentriert zugehen dürfe wie in der Vergangenheit, dass stattdessen die Reformation als Ganze im Blick bleiben und deutlich werden solle, dass Luther nur einer unter vielen Reformatoren war, dass es gleichberechtigt daneben auch Zwingli und Calvin gab, Melanchthon und Bugenhagen und, wie die kirchliche Reformationsbotschafterin Margot Käßmann nicht müde wurde zu betonen: auch Katharina von Bora, Felicitas von Selmenitz und Argula von Grumbach, dass also Frauen von Anfang an einen ebenso großen Beitrag zur Reformation geleistet hätten wie Männer.

International, ökumenisch, sorgfältig auf Gleichberechtigung bedacht und darauf, nicht im Stile des 19. Jahrhunderts den ‚großen Mann' in den Mittelpunkt zu stellen: Waren diese Zielsetzungen vielleicht etwas zu sehr auf politische Korrektheit bedacht? Fehlte da nicht ein wenig die Neugier darauf, jenseits dessen, was man dem Publikum sowieso immer erzählt, Anstöße zu geben, zum Beispiel zu erklären, warum es eigentlich zur Kirchenspaltung kam und was der Unterschied zwischen Katholiken und Protestanten ist? Warum Luther und die Reformation bei aller Weltwirkung doch gerade für die deutsche Geschichte so wichtig sind? Und wieso man es drehen und wenden kann, wie man will, aber Martin Luther doch der wichtigste, und seien wir ehrlich: interessanteste Reformator bleibt?

Die Besucherzahlen der kirchlichen Großveranstaltungen zum Jubiläum jedenfalls blieben hinter den Erwartungen zurück. Das begann mit dem Kirchentag in Berlin, flankiert durch Kirchentage „auf dem Weg" in acht mitteldeutschen Städten und zulaufend auf den Festgottesdienst auf den Wittenberger Elbwiesen am Sonntag nach Christi Himmelfahrt Ende Mai 2017. An alle Orte waren weniger Menschen gekommen als erwartet. „Von einem Ruck zu reden, der von diesem Kirchentag ausginge, wäre reichlich übertrieben", urteilte die *taz*. Mit Blick auf Leipzig, wo statt der erwarteten 50.000 nur 15.000 Besucher gekommen waren, meinte die *Leipziger Volkszeitung*, die kirchlichen Erwartungen seien von „Größenwahn" geprägt gewesen. Wo eigentlich die Grenze „zwischen Kirchentag und Wahlwerbung" verlaufe, wollte die *Frankfurter Allgemeine Zeitung* angesichts zahlreicher Politikerauftritte wenige Monate vor der Bundestagswahl wissen. Ob die Kirche nicht bei einer derartigen Schwerpunktsetzung auf politische Themen in der Gefahr stehe, „ihre religiöse Botschaft zu verlieren und sich selber zu säkularisieren", fragte die *ZEIT*. Als dann deutlich wurde, dass auch die kirchliche *Weltausstellung Reformation* in Wittenberg nur sehr schleppenden Besucherzuwachs erreichte, titelte die *FAZ*: „Luther – die Pleite des Jahres".

Das wiederum war ein eklatantes Fehlurteil. Denn wenn etwas im Jubiläumsjahr 2017 funktionierte, dann war es Luther. Die Lutherstätten verzeichneten sämtlich Besucherrekorde. Wer befürchtet hatte, dass die vielen kulturhistorischen Ausstellungen zur Reformation ein Überangebot schaffen würden, sah sich in positiver Weise enttäuscht. Das historische Erbe der Reformation lockte so viele Besucher an wie noch nie. Allerdings musste man auch den Mut haben, das historische Erbe als *eigenes* Erbe zu präsentieren. Es möglichst fremd und abstoßend zu machen, war kein sinnvoller Weg, sondern führte nur zu übermäßiger Distanz – und zur Langeweile, wie die Warnung lautete, die westdeutsche Journalisten schon 1983 den Verantwortlichen für die Feierlichkeiten zu Luthers 500. Geburtstag mit auf den Weg gegeben hatten. Heutige kulturhistorische Ausstellungen, sogar solche über zweifellos ‚fremde' Kulturen wie die 2016 in Speyer gezeigte Ausstellung über die Maya, versuchen ganz in diesem Sinne, Verständnis für Geschichte zu wecken und Fremdheit zu überbrücken. Im Hinblick auf das eigene Erbe, wie es die Reformation darstellt, sollte dies noch viel mehr gelten.

In der wissenschaftlichen Reformationsforschung allerdings sah man das anders. Hier wurde in den Jahren der Reformationsdekade ein Lutherbild stark gemacht, das vor allem auf seine ‚Fremdheit' abhob. Luther, so meinten Historiker wie Heinz Schilling, Thomas Kaufmann oder Volker Leppin, das sei der Fremde, der ganz andere, der, der mit uns, mit unserer Zeit und unseren Fragen nichts mehr zu tun habe. Luther sei ein Mensch des 16. Jahrhunderts, des ausgehenden Mittelalters, voll und ganz befangen in mittelalterlichen Vorstellungen, voller Glaube an Geister, Hexen und Dämonen. Er habe in einem Reich gelebt, das heute nicht mehr existiert, in einer Kirche, die völlig anders als heute das gesamte Leben bestimmte. Luthers Lebensthema, seine Suche nach dem gnädigen Gott, habe mit unseren Lebensthemen des 21. Jahrhunderts nichts mehr zu tun. Hinzu kämen die vielen fremden, weil dunklen Seiten des Reformators: seine Recht-

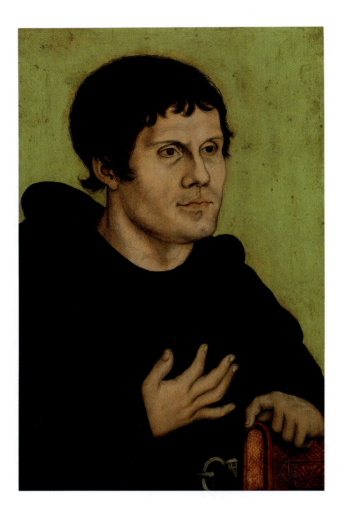

haberei und Polemik, sein leidenschaftlicher Hass auf alle, die ihm nicht in seiner Reformation folgen wollten, seine Ausfälle gegen die Bauern, gegen die ‚Schwärmer', die ‚Papisten', die Türken und die Juden.

Man fragte sich zuweilen, wieso 2017 überhaupt gefeiert werden sollte. Die Folge jedenfalls dieses „Fremdelns"[1] der Wissenschaftler mit dem Reformationsjubiläum, das von manchem gar als „grummelige Meckerstimmung"[2] kritisiert wurde, war ein „Abschied der Wissenschaft aus der Jubiläumskultur"[3] – jedenfalls jener Variante von Wissenschaft, die ihr Verhältnis gegenüber der Öffentlichkeit zunehmend als „Abschottung"[4] betreibt und historische Jubiläen allenfalls als eine Art massenhaftes „Oberseminar"[5] begangen sehen möchte. Diejenigen dagegen, die neben der Historisierung der Reformation auch deren Aktualisierung als legitimes Anliegen anerkannten und konstruktiv umzusetzen versuchten, wurden zu den eigentlichen inhaltlichen Akteuren dieses Reformationsjubiläums.[6] Dabei kam es aber nicht nur darauf an, *dass* man sich historisierend *und* aktualisierend mit Luther auseinandersetzte, sondern auch *wie*: „Verfehlt ist eine Luther-Memoria, die in ihrer vergeblichen Liebesmüh, den Reformator zum gesamtgesellschaftlichen Event zu machen, gerade das verdeckt, was an ihm zu fesseln vermag: seine charakterliche und religiöse Widerborstigkeit; seine psychosomatische Unwucht; die von Beklommenheiten unterfangene, ungeheure Energie seines Schaffens. Mit anderen Worten: Luther, diese von brachialen wie zärtlichen Impulsen gleichermaßen befeuerte Ausnahmeerscheinung, darf nicht zum Opfer einer smarten Luther-Ideologie werden. Sein Reiz ist hin, sobald man ihn als glatten Apostel einer Mainstream-Moderne verzeichnet."[7]

Wer im Jubiläumsjahr 2017 kulturelle Angebote machte, bei denen Luther weder als der völlig Fremde noch einfach als Vorkämpfer unserer Moderne präsentiert wurde, der konnte die Erfahrung machen, dass Luther tatsächlich, jenseits solcher Klischees, noch heute fasziniert. Er gehört zu unserem kulturellen Erbe, er ist als Mensch interessant, und seine Botschaft ist gleichzeitig zutiefst modern und zutiefst antimodern – sprich: Luther provoziert. Er schreibt einen Bestseller über die „Freiheit eines Christenmenschen", nur um wenige Jahre später einen Bestseller über die Unfreiheit des menschlichen Willens zu schreiben. Er wird auf dem Reichstag in Worms zum Gewissenshelden, aber er lehnt es scharf ab, wenn Leute sich mit ihrer Privatmeinung über die Bibel stellen wollen. Er predigt leidenschaftlich das Evangelium, aber er erklärt gleichzeitig: Die Welt nach dem Evangelium regieren, das hieße, die wilde Bestie loslassen.

Das Fremdeln mit Luther, das im Jubiläumsjahr nicht nur die Wissenschaft, sondern auch die evangelische Kirche erfasste, erscheint vor diesem Hintergrund als Fehler. Denn wer Luther ernst nimmt und sich mit ihm beschäftigt, kommt an den gerade für die Kirche wichtigen religiösen Fragen auf keinen Fall vorbei. Luthers reformatorische Botschaft ist eine religiöse Botschaft, die auf den Einzelnen in seiner Beziehung zu Gott zielt. Hier liegt ein Markenkern des evangelischen Glaubens, den es wiederzuentdecken gilt, wie überhaupt Luther einen sehr zuverlässig davor bewahrt, in Banal- und Kitschtheologie abzudriften.

Haben wir uns also 2017 überluthert? Auf keinen Fall! Wem Luthers Botschaft immer schon zu anstrengend war, der mag froh sein, ihn mit dem Ende des Reformationsjubiläums wieder loszuwerden. Aber jenseits solcher Bequemlichkeitserwägungen kann die Bilanz von 2017 eigentlich nur lauten, dass wir nicht weniger, sondern mehr Luther brauchen. Die evangelische Kirche hat im Grunde noch gar nicht richtig angefangen, sich mit Luther zu befassen, und eine Rückbesinnung auf die wesentlichen Anliegen Martin Luthers kann ihr als Korrektiv zu den 2017 so harsch kritisierten Vereinseitigungen der Gegenwart nur guttun. Das gilt aber nicht nur für die Kirche. Auch für den weiteren Umgang mit unserem historisch-kulturellen Erbe lautet die Lehre von 2017: Mehr Luther wagen!

Anmerkungen

1. **Mathias Pohlig**, Vom Fremdeln mit dem Reformationsjubiläum 2017. Über die Rolle der Geschichtswissenschaft bei den Aktivitäten zum Luther-Gedenken: www.uni-muenster.de/imperia/md/content/religion_und_politik/aktuelles/2014/10_2014/ansichtssache_reformationsjubilaeum_matthias_pohlig.pdf.
2. **Thies Gundlach**, Perspektiven vermisst. Die akademische Theologie verstolpert das Reformationsjubiläum, in: zeitzeichen 3 (2017), 47–49, hier 48
3. **Stefan Rhein**, Innenansichten. Aus dem Maschinenraum des Reformationsjubiläums, in: Reformation 2017 – eine Bilanz, hrsg. vom Kulturbüro des Rates der Evangelischen Kirche in Deutschland (EKD) und der Stiftung Luthergedenkstätten in Sachsen-Anhalt, Leipzig 2017, 144–149, hier 147.
4. **Pohlig**, Vom Fremdeln (wie Anm. 1).
5. **Christoph Markschies**, Aufbruch oder Katerstimmung? Zur Lage nach dem Reformationsjubiläum, Hamburg 2017, 92
6. Vgl. zu diesem Zusammenhang auch **Benjamin Hasselhorn** (Hrsg.), Luther vermitteln. Reformationsgeschichte zwischen Historisierung und Aktualisierung, Leipzig 2016.
7. **Christian Geyer**, Martin Luther – Freiheitskämpfer oder Volksverhetzer?, in: Frankfurter Allgemeine Zeitung vom 19.11.2014.

Autorenverzeichnis

RALF-UWE BECK
Referatsleiter Presse- und Öffentlichkeitsarbeit der Evangelischen Kirche in Mitteldeutschland

DR. SONJA BEECK
Geschäftsführende Gesellschafterin Chezweitz, Büro für museale und urbane Szenografie

ELKE BERGT
Projektinitiatorin *500 Kirchen 500 Ideen – Querdenker für Thüringen* 2017; Leiterin des Baureferats im Landeskirchenamt der Evangelischen Kirche in Mitteldeutschland

DR. JOCHEN BIRKENMEIER
Kurator zahlreicher Ausstellungen, u. a. der neuen Dauerausstellungen *Luthers letzter Weg* in Luthers Sterbehaus (Lutherstadt Eisleben, 2013) und *Luther und die Bibel* im Lutherhaus Eisenach (2015) sowie die Sonderausstellungen *Die Bibel in Bildern. Zeichnungen von Julius Schnorr von Carolsfeld* (Eisenach, 2016) und *Ketzer, Spalter, Glaubenslehrer – Luther aus katholischer Sicht* (Eisenach, 2017); wissenschaftlicher Leiter und Kurator der Stiftung Lutherhaus Eisenach

DAGMAR BLAHA
bis 2018 Leiterin des Hauptstaatsarchivs Weimar; heute: Erfurt-Hochstedt

CHRISTFRIED BOELTER
Reformationsbeauftragter des Kirchenkreises Waltershausen-Ohrdruf, Präsidium der Lutherweggesellschaft, Vorsitzender von Kirche und Tourismus e. V. – Reinhardsbrunn (Station des Lutherweges und der Europäischen Kulturroute der Reformation); Pfarrer i. R.

HEIDI BRANDT
war während der Reformationsdekade als Mitglied der Lenkungsgruppe von Stadt Eisenach und Wartburgkreis für die Organisation der Wandertouren beim 117. Deutschen Wandertag verantwortlich; im Landratsamt Wartburgkreis ist sie für Tourismus und Kulturentwicklung zuständig

PROF. DR. KLAUS DICKE
Mitglied (bis 2014 Vorsitzender) des Initiativkreises Wissenschaft und Kirche und des Netzwerks Reformationsforschung; bis 2014 Rektor der Friedrich-Schiller-Universität Jena

ULRIKE EYDINGER
Koordinatorin der Projektgruppe Reformationsgeschichte; heute: Kuratorin des Kupferstichkabinetts der Stiftung Schloss Friedenstein Gotha

DIETRICH EHRENWERTH
Landeskirchenmusikdirektor der Evangelischen Kirche in Mitteldeutschland

DR. DORIS FISCHER
Direktorin der Stiftung Thüringer Schlösser und Gärten

DR. FRIEDEGUND FREITAG
Projektleiterin der Thüringer Landesausstellung 2016 *Die Ernestiner. Eine Dynastie prägt Europa* für den Ausstellungsteil Gotha, Kuratorin des Themenfelds „Die Ernestiner und die Familie"; heute: stellvertretende Direktorin der Abteilung Wissenschaft und Sammlungen der Stiftung Schloss Friedenstein Gotha

CARSTEN FROMM
seit 2013 Kurator des Evangelischen Augustinerklosters zu Erfurt

ALICE FRONTZEK
Lutherfinderin und Autorin eines Luther Kinderführers; Übersetzerin, Buchautorin, Stadtführerin und DaF-Dozentin in Integrationskursen

RALF-PETER FUCHS
Superintendent des Kirchenkreises Eisenach-Gerstungen

RALF GEBAUER
Dekan des Evangelischen Kirchenkreises Schmalkalden

HARALD R. GRATZ
Künstler

PROF. DR. WERNER GREILING
Leiter des Forschungsprojekts *Thüringen im Jahrhundert der Reformation*, Professor für Geschichte der Neuzeit an der Friedrich-Schiller-Universität Jena

BÄRBEL GRÖNEGRES
Geschäftsführerin der Thüringer Tourismus GmbH, die für das touristische Marketing zum Reformationsjubiläum verantworlich war

Dr. Ulf Häder
2016/17 zusammen mit Claudia Persch und Matthias Rupp Konzipierung der musealen Präsentation im Jenaer Karmelitenkloster; Historiker und Kunsthistoriker, seit 2015 Direktor der Städtischen Museen Jena

Dr. Jörg Hansen
Kurator u. a. der Sonderausstellung *Luther, Bach – und die Juden* 2016; Geschäftsführer und Direktor des Bachhauses Eisenach

Dr. Anselm Hartinger
Direktor der Erfurter Geschichtsmuseen

Elisa Haß
zuständig für die Dokumentation der Stiftung Thüringer Schlösser und Gärten

Dr. Dr. Benjamin Hasselhorn
Kurator der Nationalen Sonderausstellung *Luther! 95 Schätze – 95 Menschen*; wissenschaftlicher Mitarbeiter der Stiftung Luthergedenkstätten in Sachsen-Anhalt

Dr. Carmen Hildebrandt
Geschäftsführerin der Erfurt Tourismus und Marketing GmbH; zweite Vorsitzende des Vereins Wege zu Luther e. V. (2000–2017)

Dorothea Höck
Pfarrerin, Philosophische Praktikerin (www.philosophische-praktikerin.de); Beauftragte für die Fort- u. Weiterbildung in der Evangelischen Erwachsenenbildung (EEBT), Regionalstelle West in Gotha

Johanna Huthmacher
wissenschaftliche Volontärin am Panorama Museum Bad Frankenhausen

Bischöfin Ilse Junkermann
Landesbischöfin der Evangelischen Kirche in Mitteldeutschland

Propst Diethard Kamm
Regionalbischof Gera-Weimar der Evangelischen Kirche in Mitteldeutschland

Birgit Keller
Thüringer Ministerin für Infrastruktur und Landwirtschaft (TMIL)

Sebastian Kircheis
Pfarrer an der Stadtkirche St. Peter und Paul in Weimar

Sebastian von Kloch-Kornitz
Geschäftsführer der Neues Kloster Ichtershausen GmbH & Co. KG

Dr. Tobias J. Knoblich
Koordination der kommunalen Aktivitäten im Rahmen der Reformationsdekade; Kulturdirektor der Landeshauptstadt Erfurt

Stephan Köhler
Pfarrer an der Stadtkirche St. Georgen Eisenach, geschäftsführender Pfarrer der Evangelisch-Lutherischen Kirchengemeinde Eisenach, stellvertretender Superintendent des Kirchenkreises Eisenach-Gerstungen

Prof. Dr. Dr. Ralf Koerrenz
Professor für Historische Pädagogik und Globale Bildung am Institut für Bildung und Kultur der Friedrich-Schiller-Universität Jena

Angelika Kranz
Presse- und Öffentlichkeitsarbeit der ACHAVA Festspiele Thüringen; KRANZ PR

Martin Kranz
Intendant der ACHAVA Festspiele Thüringen

Reinhard Kwaschik
von 2007 bis 2016 geschäftsführender Pfarrer der Evangelisch-Lutherischen Kirchengemeinde Altenburg, Leiter der Altenburger Akademie – Programmentwicklung zu den Themenjahren der Reformationsdekade, Beauftragter des Evangelischen Kirchenkreises für die Reformationsdekade, Projektsteuerung Sanierung der St. Bartholomäikirche, der Dauerausstellung *Spalatin – Steuermann der Reformation*, des „Informationszentrums am Lutherweg" und des „Spalatin-Denkmals", Implementierung des Familienzentrums, Organisation der „Offenen Kirche"; Pfarrer i. R. in Altenburg

Prof. Dr. Eckart Lange
em. Professor an der Hochschule für Musik Franz Liszt Weimar, Direktor der Thüringischen Landesmusikakademie Sondershausen, Präsident des Kulturrates und des Landesmusikrates Thüringen

Dr. Kai Lehmann
Direktor des Museums Schloss Wilhelmsburg Schmalkalden und der angeschlossenen Museen; Lehrbeauftragter an der Friedrich-Schiller-Universität Jena und Mitglied der Historischen Kommission für Thüringen

Birgit Liebold
Projektkoordination des Jenaer Reformationsjahres 2017 in städtischem Auftrag; Diplomgermanistin, bei JenaKultur zuständig für Unternehmenskommunikation und Sonderprojekte

Gerd Lindner
Direktor des Panorama Museums Bad Frankenhausen

Boris Lochthofen
Direktor des MDR Thüringen

Sigrun Lüdde
Mitglied im Projektleitungsteam der *Weimarer Kinderbibel* und des *Forscher- und Entdeckerraumes* in der Herderkirche Weimar; Geschäftsführerin der Literarischen Gesellschaft Thüringen e. V.

Dr. Christoph Meixner
Kurator der Wanderausstellung *Die Reformation und ihre Musik* in Thüringen; Leiter des Hochschularchivs| Thüringischen Landesmusikarchivs Weimar

Rigobert Möllers
Referat Öffentlichkeitsarbeit im Thüringer Institut für Lehrerfortbildung, Lehrplanentwicklung und Medien (ThILLM)

Dr. Thomas T. Müller
Direktor der Mühlhäuser Museen und Vorsitzender der Thomas-Müntzer-Gesellschaft

Prof. Dr. Jascha Nemtsov
künstlerischer Leiter der ACHAVA Festspiele Thüringen; Pianist und Musikwissenschaftler, Professor für Geschichte der jüdischen Musik an der Hochschule für Musik Franz Liszt Weimar, Akademischer Direktor der Kantorenausbildung des Abraham Geiger Kollegs an der Universität Potsdam

Sebastian Neuß
Superintendent im Evangelisch-Lutherischen Kirchenkreis Jena; Koordinator des Jenaer Reformationsfestjahres 2017 von kirchlicher Seite; Vorsitzender des Programmausschusses *Kirchentag auf dem Weg* Jena/Weimar

Bischof Dr. Ulrich Neymeyr
Er pflegt als Bischof des Bistums Erfurt traditionell gute Beziehungen zur evangelischen Kirche in Thüringen/Mitteldeutschland.

Dr. Kathrin Paasch
Direktorin der Forschungsbibliothek Gotha

André Poppowitsch
von März 2015 bis Ende Oktober 2017 Referent für die Lutherdekade im Evangelisch-Lutherischen Kirchenkreis Weimar; heute: Referent im Referat Mittlere Ebene, Landeskirchenamt der Evangelischen Kirche in Mitteldeutschland

Andreas Postel
Leiter des ZDF-Landesstudios Thüringen

Bodo Ramelow
Ministerpräsident des Freistaats Thüringen

Paul-Josef Raue
Moderator des Luther Disputs in Thüringen, Autor von *Luthers Stil-Lehre* und anderen Sachbüchern; ehemaliger Chefredakteur in Erfurt, Braunschweig, Magdeburg und Eisenach

Jürgen Reifarth
seit 2015 Beauftragter für das Reformationsjubiläum 2017 des Kirchenkreises Erfurt; seit 2017 Referent für Erwachsenenbildung (Familien und Ältere) im Dezernat Bildung der Evangelischen Kirche in Mitteldeutschland

Holger Reinhardt
Landeskonservator, Thüringer Landesamt für Denkmalpflege und Archäologie

Dr. Matthias Rein
2013–2014 Vorsitzender der Steuerungsgruppe Reformationsdekade des Evangelischen Kirchenkreises Erfurt; 2014–2017 Vorsitzender des Programmausschusses des Erfurter Kirchentages auf dem Weg, 25.–28. Mai 2017; seit 2012 Senior des Kirchenkreises Erfurt

Ulrike Rothe
Projektleiterin Internationale Bauausstellung (IBA) Thüringen

Anna Ruffert
Ausbildungskoordinatorin Lutherfinder, EEB Thüringen

Prof. Dr. Kai Uwe Schierz
Direktor der Erfurter Kunstmuseen

Prof. Dr. Dr. Dr. h. c. Johannes Schilling
Vorsitzender des Wissenschaftlichen Beirats für das Reformationsjubiläum 2017, seit 1999 Erster Präsident der Luther-Gesellschaft e. V.; von 1993 bis 2016 Professor für Kirchen- und Dogmengeschichte und Direktor des Instituts für Kirchengeschichte (und Kirchliche Archäologie) der Theologischen Fakultät der Christian-Albrechts-Universität zu Kiel

Prof. Dr. Uwe Schirmer
Leiter des Forschungsprojekts *Thüringen im Jahrhundert der Reformation*; Professor für Thüringische Landesgeschichte an der Friedrich-Schiller-Universität Jena

Dr. Albrecht Schröter
Oberbürgermeister der Reformationsstadt Jena; seit 2018 im Ruhestand

Günter Schuchardt
seit 1995 Burghauptmann der Wartburg, Direktor/Vorstand der Wartburg-Stiftung

Ronny Schwalbe
Historiker und Musiker; intensive Beschäftigung mit der lokalen Musikgeschichte der Reformationszeit sowie den Kirchenverhältnissen im Orlaraum; Leiter des Lutherhauses und Kulturamtsleiter der Stadt Neustadt an der Orla

Dr. Annette Seemann
initiierte im Rahmen der Lutherdekade das Projekt *Weimarer Kinderbibel* und leitete es gemeinsam mit Prof. Dr. Andrea Dreyer, Ulrike Greim und Sigrun Lüdde; zuletzt gehörte sie dem Projektteam *Forscher- und Entdeckerraum* zur Verstetigung des Projekts in der Weimarer Herderkirche an (www.entdeckerraum-herderkirche-weimar.de)

Dr. Thomas A. Seidel
Reformationsbeauftragter der Thüringer Landesregierung von 2010 bis 2017; seit dem 01. September 2018 als Beauftragter für pastorale Dienste im Kirchgemeindeverband Ichtershausen tätig

Dr. Martin Sladeczek
bis 2018 Reformationsbeauftragter des Kirchenkreises Arnstadt-Ilmenau; gegenwärtig wissenschaftlicher Mitarbeiter am Historischen Institut der Friedrich-Schiller-Universität Jena

Prof. Dr. Christopher Spehr
Präsidiumsbeauftragter der Friedrich-Schiller-Universität Jena für das Reformationsjubiläum; Inhaber des Lehrstuhls für Kirchengeschichte an der Theologischen Fakultät der Friedrich-Schiller-Universitä Jena

Wolfgang Tiefensee
Minister für Wirtschaft, Wissenschaft und Digitale Gesellschaft in Thüringen

Dr. Timo Trümper
Kurator verschiedener Ausstellungen zur Reformationsdekade, u. a. *Bild und Botschaft. Cranach im Dienst von Hof und Reformation*, *Der Gothaer Tafelaltar. Ein monumentales Bilderbuch der Reformationszeit*, außerdem beteiligt an verschiedenen internationalen Kooperationen zum Lutherjubiläum; Direktor der Abteilung Wissenschaft und Sammlungen der Stiftung Schloss Friedenstein Gotha

Dr. Gert-Dieter Ulferts
Vertreter der Klassik Stiftung Weimar in Gremien der „Reformationsdekade" auf Bundes-, Landes- und kommunaler Ebene; Projektvorstand für den Weimarer Teil der Thüringer Landesausstellung *Die Ernestiner. Eine Dynastie prägt Europa* (2016); Abteilungsleiter Kunstsammlungen und Stellvertreter des Generaldirektors der Museen der Klassik Stiftung Weimar

Willi Wild
Chefredakteur der in Weimar erscheinenden Evangelischen Wochenzeitung *Glaube+Heimat* (www.meine-kirchenzeitung.de)

Friedemann Witting
Superintendent des Evangelisch-Lutherischen Kirchenkreises Gotha

Katja Wolf
Oberbürgermeisterin der Stadt Eisenach

Dr. Thomas Wurzel
war bis April 2018 Geschäftsführer der Sparkassen-Kulturstiftung Hessen-Thüringen und Mitglied im Landesdenkmalrat; heute befindet er sich im Ruhestand.

Jonas Zipf
seit 2016 Werkleiter von JenaKultur (Eigenbetrieb der Stadt Jena)

Bildnachweis

Umschlag (Vorderseite) Foto: André Nestler, Eisenach. – **Umschlag (Rückseite)** Foto: Michael Gruschwitz. – **Umschlag (Klappe)** Annette Seemann. Foto: Maik Schuck; Thomas A. Seidel. Foto: A. Müller; Thomas Wurzel: © hr/Sebastian Reimold. – **S. 2** Lucas Cranach d. Ä., Luther als Junker Jörg, 1522, Holzschnitt, Wartburg-Stiftung, Inv. Nr. G1359. – **S. 6** Foto: TSK. – **S. 9** Porträtdarstellung Luthers. Entwurf Karl Schulz (Dresden), Ausführung Werkstatt Urban (Dresden) 1911 aus der Evangelischen Kirche Lauscha. Foto: Werner Streitberger, Bildarchiv TLDA. – **S. 15 u. 16** Einladungskarten zur Eröffnung und zum Abschluss des Reformationsjubiläums vom 10. November 2016 bzw. 10. November 2017.

Geschichte und Identität. Das Netzwerk Reformationsforschung
S. 24 Porträt Martin Luthers auf einem Einband aus der Werkstatt von Lukas Weischner, um 1599, Forschungsbibliothek Gotha, Theol 4° 502/3. © Forschungsbibliothek Gotha. – **S. 29** Das Team des Forschungsprojekts *Thüringen im Jahrhundert der Reformation* vor dem Gemälde zum Streitgespräch Martin Luthers mit Karlstadt 1524 im Gasthof zum Schwarzen Bären zu Jena, v. l. n. r.: Uwe Schirmer, Martin Sladeczek, Julia Mandry, Thomas Wurzel (Geschäftsführer der Sparkassen-Kulturstiftung Hessen-Thüringen), Doreen von Oertzen Becker, Philipp Walter, Andreas Dietmann, Alexander Krünes, Julia Beez, Werner Greiling. © Werner Greiling. – **S. 30** Bände 6 u. 9 der *Quellen und Forschungen zu Thüringen im Zeitalter der Reformation*. © Böhlau Verlag, Köln/Weimar/Wien. – **S. 31** Band 1 der *Beiträge zur Reformationsgeschichte in Thüringen*. © Vopelius Verlag Jena. – **S. 35** Bernhard Jobin, Allegorische Darstellung auf die Lasterhaftigkeit der Deutschen, Holzschnitt mit Typentext, [Straßburg?] um 1560–1575, Stiftung Schloss Friedenstein Gotha, Inv. Nr. 3,11. © Stiftung Schloss Friedenstein Gotha. – **S. 36** Bestandskatalog zu den Flugblättern des 15. und 16. Jahrhunderts der Stiftung Schloss Friedenstein Gotha. © Stiftung Schloss Friedenstein Gotha, Ulrike Eydinger. – **S. 38/39** Startseite des Reformationsportals Mitteldeutschland. © Dagmar Blaha. – **S. 43** Historischer Bibliothekssaal, der heutige Pfeilersaal der Forschungsbibliothek Gotha. © Forschungsbibliothek Gotha. – **S. 45** Eigenhändige Bibelübersetzung Martin Luthers, Handschrift, Coburg 1530–1532, Forschungsbibliothek Gotha, Chart. B 142, Bl. 29^v. © Forschungsbibliothek Gotha.

Vergangenheit vergegenwärtigen. Ausstellungen und Projekte der Lutherdekade
S. 60/61 (oben) Sonderausstellung *Georg Spalatin. Martin Luthers Weggefährte* in Altenburg, 3. Mai 2015 bis 26. November 2017 in der Stadtkirche St.-Bartholomäi. Foto: Christine Büring. – **S. 60 (unten)** Thüringens Kultusminister Christoph Matschie spricht zur Auftaktveranstaltung des Themenjahrs *Reformation und Politik* am 17. Januar 2014 in der Brüderkirche in Altenburg. Foto: Uwe Wessel – **S. 62** Das Tor zum Jubiläumsjahr wird am 10. November 2016 in Eisenach durchschritten, v. l. n. r.: Eisenacher Oberbürgermeisterin Katja Wolf, Ministerpräsident Bodo Ramelow, die schwedische Erzbischöfin Antje Jackelén, Landesbischöfin Ilse Junkermann, Bischof Dr. Ulrich Neymeyr, Superintendent Ralf-Peter Fuchs. Foto: Michael Reichel. – **S. 65** Ökumenischer Gottesdienst auf dem Elisabethplan bei der Wartburg im Rahmen des 117. Deutschen Wandertages. Foto: Annette Brunner. – **S. 69 u. 70** Bachs theologische Bibliothek im Bachhaus Eisenach. © Bachhaus Eisenach, Foto: André Nestler. – **S. 74** Ansicht des Lutherhauses Eisenach nach der Sanierung. © Stiftung Lutherhaus Eisenach, Foto: Anna-Lena Thamm. – **S. 77** Voller Vorfreude unterwegs auf Luthers Spuren – die Wanderführer beim 117. Deutschen Wandertag. Foto: Tobias Kromke. – **S. 78** Illumination des Kreuzganges des Augustinerklosters von Ingo Bracke beim *Kirchentag auf dem Weg*. Foto: Matthias Schmidt, Erfurt. – **S. 84** Ausstellung im Erfurter Stadtmuseum *Barfuß ins Himmelreich? Martin Luther und die Bettelorden* in Erfurt (18.05.–12.11.2017). Foto: Dirk Urban. – **S. 87** Kaffeetrinken auf dem Domplatz während des *Kirchentages auf dem Weg* 2017 in Erfurt. Foto: Matthias Schmidt, Erfurt. – **S. 92/93** Im Jahr 2011 eröffnete im Mühlhäuser Bauernkriegsmuseum Kornmarktkirche unter dem Titel *Sichtungen und Einblicke* eine Kooperationsausstellung mit dem Deutschen Bauernkriegsmuseum Böblingen zur künstlerischen Auseinandersetzung mit den Themen Reformation und Bauernkrieg. © Mühlhäuser Museen. Foto: Thomas T. Müller. – **S. 94** Die bundesweit beachtete Ausstellung *Umsonst ist der Tod – Alltag und Frömmigkeit am Vorabend der Reformation* war von 2013 bis 2015 in Mühlhausen, Leipzig und Magdeburg zu sehen. © Mühlhäuser Museen. Foto: Tino Sieland. – **S. 96** Ausstellung 2013 *Eine Stadt und ihr Altar*. © Kulturamt Neustadt, Foto: Ronny Schwalbe. – **S. 97** Videomappingprojekt 2017. © Kulturamt Neustadt, Foto: Ronny Schwalbe. – **S. 99** Stationenweg. Foto: Kevin Voigt. – **S. 103** Blick in die Ausstellung über den Schmalkaldischen

Bund und das begehbare Stadtmodell. Foto: Axel Bauer. – **S. 106** Blick in die Schlosskirche von Schloss Wilhelmsburg zu Schmalkalden mit den großformatigen Bildern des Künstlers Harald R. Gratz. Foto: Axel Bauer.

Landesausstellungen der Lutherdekade
S.111 Blick in die Ausstellung *Bild und Botschaft. Lutherporträts der Cranach-Werkstatt* (02.04.–19.07.2015). Foto: Wartburg-Stiftung Eisenach. – **S.115** Impressionen der Ausstellung *Bild und Botschaft. Cranach im Dienst von Hof und Reformation.* Im Hintergrund das 1529 von Lucas Cranach d. Ä. geschaffene Gemälde *Gesetz und Gnade.* © Stiftung Schloss Friedenstein Gotha. – **S. 116** Vermutlich unmittelbar vor der Schlacht bei Mühlberg am 24. April 1547 inszenierte Lucas Cranach d. J. in einem kolorierten Holzschnitt Kurfürst Johann Friedrich den Großmütigen als Kämpfer für den protestantischen Glauben. © Stiftung Schloss Friedenstein Gotha. – **S. 120** Porträts dreier Kurfürsten von Sachsen aus der Werkstatt Lucas Cranach d. Ä.: Friedrich III. der Weise (1463–1525), Johann I. der Beständige (1468–1532) und Johann Friedrich I. der Großmütige (1503–1554), Klassik Stiftung Weimar, Inv-Nr.: G 16, G 18, G 17. © Klassik Stiftung Weimar. – **S. 123** Ölgemälde der Weimarer Schloßkirche, sogenannte Himmelsburg (1652–1774) von Christian Richter I. (1587–1667), Klassik Stiftung Weimar, Inv-Nr.: G 1230. © Klassik Stiftung Weimar. – **S. 125** Foto: Wartburg-Stiftung Eisenach.

Das Erbe bewahren.
Denkmalpflege in der Reformationsdekade
S. 129 Wolfersdorf, Schloss Fröhliche Wiederkunft. Foto: Werner Streitberger, Bildarchiv TLDA. – **S. 131** Neustadt an der Orla, Stadtkirche Cranach-Altar. Foto: Werner Streitberger, Bildarchiv TLDA. – **S. 133** Weimar, Stadtkirche St. Peter und Paul, Luther-Triptychon. Foto: Werner Streitberger, Bildarchiv TLDA. – **S. 134** Erfurt, Augustinerkloster Glasfenster. Foto: Werner Streitberger, Bildarchiv TLDA. – **S. 135** St. Bartholomäikirche Stadtkirche am Markt Altenburg. Foto: Jens Paul Taubert. – **S. 141** Veste Heldburg, Französischer Bau, Hoffassade. © Stiftung Thüringer Schlösser und Gärten, Foto: Constantin Beyer. – **S. 142** Schmalkalden, Schloss Wilhelmsburg, Schlosskirche, Altar. © Stiftung Thüringer Schlösser und Gärten, Bildarchiv Foto: Marburg. – **S. 144** Foto: Stephan Köhler. – **S. 145** Foto: Wartburg-Stiftung Eisenach. – **S. 147** Georgenkirche Eisenach. Foto: Stephan Köhler. – **S. 149** „Bausteine der Neuzeit" – Vitrineninstallation in der Dauerausstellung *Luther und die Bibel.* © Stiftung Lutherhaus Eisenach, Foto: Tobias Wille. – **S. 151** © Museum Schloss Wilhelmsburg. – **S. 153** Augustinerkloster Gotha, Kreuzgang. Foto: Hans-Peter Albrecht. – **S. 155** Arnstadt, Oberkirche, Südemporen mit Bauteilen aus der Mitte des 16. Jahrhunderts. Foto: Martin Sladeczek. – **S. 157** Foto: Michael Möller, Weimar. – **S. 159** Augustinerkloster Erfurt, Südansicht. © Evangelisches Augustinerkloster zu Erfurt. – **S. 161** Panorama Museum mit Bronzeplastiken von Lotta Blokker. Foto: ZK-Medien. – **S. 163** Herderche Weimar, Innenraum. © Evangelisch-Lutherische Kirchengemeinde Weimar. – **S. 165** Karmelitenkloster Jena. © Markus Löwe, Jena. – **S. 167** Foto: Werner Streitberger, Bildarchiv TLDA. – **S. 169** Bartholomäikirche Altenburg. Foto: Christine Büring.

Orte des Heiligen?
Kirchengebäude nach der Reformation
S. 173 Querdenker-Ausstellung in der Kaufmannskirche. © IBA Thüringen, Foto: Thomas Müller. – **S. 175** St. Annen-Kapelle Krobitz. © IBA Thüringen, Foto: Thomas Müller. – **S. 179** Foto: Ralf-Uwe Beck.

Die Kirchen(n) und die theologischen Impulse der Reformation
S. 185 Eröffnung der Spalatin-Ausstellung in Altenburg unter der Schirmherrschaft von Frau Ministerpräsidentin Christine Lieberknecht und Frau Landesbischöfin Ilse Junkermann am 17. Mai 2014. © Jens Paul Taubert. – **S. 193** Martin Luther und der heilige Martin von Tours treffen sich auf den Erfurter Domstufen beim Eröffnungsgottesdienst des *Kirchentages auf dem Weg.* © Matthias F. Schmidt, Erfurt. – **S. 196/197** Foto: Pfarrer Günther Widiger. – **S. 201** Multimediale ökumenische Messe in der Stadtkirche St. Michael Jena am 26. Mai 2017. Foto: Frank Rebner.

Reformation und Musik in Thüringen
S. 205 Im Rahmen des Festkonzertes am 18. Januar 2012 in der Erfurter Thomaskirche wurden, in Anwesenheit des damaligen Kultusministers Christoph Matschie, einige Werke des zum Themenjahr *Luther und die Musik* erschienenen Luther-Chorbuches „…. ich kann nicht anders" vom Loh-Orchester Sondershausen und verschiedenen Thüringer Chören unter der Leitung von Markus L. Frank uraufgeführt. Foto: Ricarda von Tresckow. – **S. 207** Unter dem Motto „Reich mir die Hand und lass uns seh'n, wie Töne über Grenzen geh'n!" trafen sich ungarische und deutsche Kinderchöre zum Internationalen Kinderchorfestival an der Thüringer Landesmusikakademie. Den Höhepunkt des viertägigen Treffens bildete ein gemeinsames Abschlusskonzert im Achteckhaus. Foto: Jana Groß. – **S. 210** Thambrücker Adjuvanten. © HSA/ThLMA Weimar.

Die Reformation als Bildungsbewegung
S. 215 © ThILLM. – **S. 219** Seminarwoche des Martin-Luther-Gymnasiums

Eisenach in Neudietendorf 2012. Foto: Matthias Steinbach. – **S. 224** Lutherführung. © Anna Ruffert. – **S. 225** Logo Lutherfinder. © Evangelische Erwachsenenbildung Thüringen (EEBT).

Kulturelle Innovationen der Lutherdekade
S. 229 *Bewegtes Land – Inszenierungen für vorbeifahrende Züge* verwandelte im August 2017 die Zugstrecke Jena Paradies – Naumburg in eine riesige Bühne. Foto: Anita Back. – **S. 233** Die Fußwaschung, Prozessbild zur Gestaltungsphase der *Weimarer Kinderbibel* im Staatlichen regionalen Förderzentrum Weimar. Foto: Maik Schuck. – **S. 234** Im Forscher- und Entdeckerraum der Weimarer Herderkirche befinden sich Schubkästen mit Geschichten und Aufgaben zum BIBEL-CODE. Foto: Andrea Dreyer. – **S. 237 u. 238** ACHAVA Straßenfestival. © ACHAVA e. V., Foto: Elena Kaufmann. – **S. 241** Podiumsdiskussion 2016: Erfurter Religionsgespräche zum Thema Islam mit Thomas A. Seidel, Mouhanad Khorchide und Jascha Nemtsov. © KRANZ PR.

Dem Volk aufs Maul schauen ... und schauen lassen.
Die mediale Begleitung der Lutherdekade
S. 245 Lichtershow der Firma Nivre auf der Wartburg zum Start des Reformationsjahres am 10. November 2016. Foto: Michael Reichel/www.ari-foto.de. – **S. 249** Im Lutherzimmer auf der Wartburg: Petra Gerster beim Dreh. © obs/ZDF. – **S. 253** In der Eisenacher Georgenkirche debattierte EKD-Präses Nikolaus Schneider (links) mit dem Philosophen Wilhelm Schmid beim Luther-Disput über „Luther, das Glück und das Leid". © Thüringer Allgemeine, Foto: Marco Kneise. – **S. 254** In der voll besetzten Mühlhäuser Kornmarktkirche debattierten über „Luther und der Papst" der Erfurter Bischof Joachim Wanke (links) und der Braunschweiger Dompredigter Joachim Hempel; dazwischen die Moderatoren Thomas A. Seidel (links) und *TA*-Chefredakteur Paul-Josef Raue. © Thüringer Allgemeine, Foto: Alexander Volkmann. – **S. 256** Margot Käßmann debattierte mit dem Erfurter Dompropst Gregor Arndt im Luther-Disput der *Thüringer Allgemeinen* über „Luther, der Zölibat und die Frauen". © Thüringer Allgemeine, Foto: Alexander Volkmann. – **S. 259** Zweimal ausverkauft: Die beiden Vorstellungen von Reformationsbotschafter Dr. Eckart von Hirschhausen (Mitte) unter dem Motto „War Luther Komiker?" im Weimarer Spiegelzelt präsentierte die Mitteldeutsche Kirchenzeitung Glaube+Heimat im Mai 2017. Der Erlös von 27.000 Euro kam der Stiftung „Humor hilft heilen" zugute. Den Spendenscheck überreichen Chefredakteur Willi Wild (l.) und der Intendant des Spiegelzelts Martin Kranz. © G+H, Foto: Maik Schuck.

Zu Gast bei (Luther-)Freunden. Tourismus für das Lutherland Thüringen
S. 265 Lutherstein bei Stotternheim. © Erfurt Tourismus und Marketing GmbH, Foto: Barbara Neumann. – **S. 269** Wandern auf dem *Lutherweg*. © Thüringer Tourismus GmbH, Foto: Guido Werner. – **S. 271** Lutherweg. © Thüringer Tourismus GmbH, Foto: Joachim Negwer.

Außer Thesen nichts gewesen? Innen- und Außenansichten
S. 283 Ausstellung im Angermuseum Erfurt *Luther. Der Auftrag. Martin Luther und die Reformation in Erfurt. Rezeption und Reflexion* (23.04.–18.06.2017). Foto: Dirk Urban. – **S. 288** Martin Luther als Augustinermönch, Lucas Cranach d. Ä., nach 1546, Germanisches Nationalmuseum, Nürnberg (Leihgabe der Paul Wolfgang Merkel'schen Familienstiftung), Inv.-Nr. Gm 1570. Foto: D. Messberger.